U0524515

法官心理与司法技巧

法官成长的心理机制

陈增宝 著

人民法院出版社

图书在版编目（CIP）数据

法官心理与司法技巧：法官成长的心理机制 / 陈增宝著. -- 北京：人民法院出版社，2024.1
ISBN 978-7-5109-3977-8

Ⅰ．①法… Ⅱ．①陈… Ⅲ．①法官－心理学－研究 Ⅳ．①D916.17

中国国家版本馆CIP数据核字(2023)第246477号

法官心理与司法技巧——法官成长的心理机制
陈增宝　著

策划编辑	张　奎　责任编辑　杨佳瑞
封面设计	东合社
出版发行	人民法院出版社
地　　址	北京市东城区东交民巷27号（100745）
电　　话	（010）67550638（责任编辑）　67550558（发行部查询）
	65223677（读者服务部）
客服QQ	2092078039
网　　址	http://www.courtbook.com.cn
E－mail	courtpress@sohu.com
印　　刷	天津嘉恒印务有限公司
经　　销	新华书店
开　　本	787毫米×1092毫米　1/16
字　　数	447千字
印　　张	28.25
版　　次	2024年1月第1版　2024年1月第1次印刷
书　　号	ISBN 978-7-5109-3977-8
定　　价	108.00元

版权所有　侵权必究

作者简介

陈增宝，1975年出生，浙江三门人，现为杭州互联网法院院长，国家法官学院浙江分院兼职教授，最高人民法院西部讲师团成员、浙江省"七五"普法讲师团成员，历任浙江省高级人民法院刑事审判第二庭副庭长，杭州市萧山区人民法院副院长（挂职），浙江省高级人民法院研究室主任、审判管理处处长、审判委员会委员等职务，2012年被授予首届全省审判业务专家称号，2014年被最高人民法院评为第三届全国审判业务专家，2015年入选全国法院"司法人才库"。

在《人民司法》《法律适用》《中国法律评论》《中国刑事法杂志》《人民检察》《浙江社会科学》《法治研究》《党政视野》《刑事审判参考》《经济犯罪审判指导》《法理学论丛》《刑事法判解研究》《人民法院报》《检察日报》《法治日报》《浙江日报》等刊物发表法学专业论文100余篇，其中法律核心期刊20余篇，有的论文被《新华文摘》《法学文摘》等刊物摘编、转载，获奖多篇，主持或参与最高人民法院、浙江省高级人民法院、浙江社会科学规划重点调研课题多项。已出版专著：《裁判的形成——法官断案的心理机制》（法律出版社2007年版）、《法官心理与司法技巧》（中国法制出版社2012年版）、《经济犯罪疑难问题司法认定与要案判解》（法律出版社2019年版）、《法官如何阅卷——案卷材料的阅读技能与审查方法》（人民法院出版社2023年版）、《法官如何庭审——庭审的驾驭技能与处置方法（人民法院出版社2023年版）、《法官如何讨论——案件的汇报技能与讨论方法》（人民法院出版社2023年版）等。

第一版序

法律本身是个广泛、独立的知识领域,但法学从来都不是一门封闭、自足的学科。记得美国联邦最高法院大法官霍姆斯在一篇题为《法律是一种职业》的论文中,就曾强调指出"要掌握任何一门知识,你就必须掌握与这门知识相邻的那些知识"。而心理学是一门以解释、预测和调控人的行为为目的,通过研究、分析人的行为,揭示人的活动规律的科学。随着各种学科交叉研究的兴起,心理学对法学的影响也越来越深远。

在国外,心理学与法律问题的结合研究起步还属比较早。19世纪,弗洛伊德就把世界的注意力引向人脑的内部活动,他试图证明,人的行为实际上大多受无意识的冲动所驱策,而不是基于逻辑和道德。这种分析驱使当时的法学家重新探讨他们关于犯罪行为的责任的假设,开始关注在审理案子的时候,法官本身在何种范围内受到各种心理因素的影响,而不受法律规则或原则的影响。同时,俄国的巴甫洛夫通过对狗的研究表明神经系统在活动时可能建立起一系列条件反射。这种研究对于了解人类行为的意图同样有重要的作用。包括法官和法学家在内,是否受训练和环境的制约而以预定的模式对情况和周围环境作出反应。在德国,完形心理学家则企图用动作或思想的整体来解释人的行为,因此表明适用法律的一项判决或对情况的评价是对周围环境的整体观察的结果。美国的行为主义者则研究认为,人的行为在本质上是对环境刺激的机械反应。有的学者还用心理学的知识解释人的经济行为。晚近,特别是美国等国家,在陪审心理学、证据心理学、犯罪鉴定心理学、审判心理学等方面都取得了显著的进展。

在我国，用心理学研究法律问题则相对比较薄弱。值得欣慰的是，近年来，在日益强调法学与其他学科的交叉研究以及拓宽法学研究视野的学术背景下，法律与心理学的互补与渗透这一趋向已越来越明显。陈增宝同志的新作《法官心理与司法技巧》在学术旨趣和研究特色上就体现了这一特点。运用心理学的知识和方法研究法官心理与司法技巧问题，体现法律与心理学的交叉结合，这是本书的主要特点。

本书的特点之二是论述的全面性和系统性。该书以法官心理学问题为主线，具体从法官普通心理与司法素质、法官社会心理与司法活动、法官职业心理与司法效能、法官健康心理与司法压力四方面展开全面、系统的论述。法官普通心理与司法素质篇，从法官认知、情感和意志、个性等方面展开论述，揭示了法官的认知规律与影响因素、情感因素对司法裁判的影响、法官意志品质及其培养、法官个性与职业的匹配等内容。法官社会心理与司法活动篇，从法官的角色、职业内外活动、司法合作等方面，论述了研究法官角色对加强审判工作的特殊意义，社会对法官的角色期待，法官角色的多重性，法官的角色学习、扮演与冲突，法官的角色差异，法官的活动要求，法官合作与群体心理等内容。法官职业心理与司法效能篇，从法官选拔和培训、专家型法官的形成、法官激励与管理等方面作了论述。法官健康心理与司法压力篇，分析了职业压力对法官心理健康的影响、法官职业的压力源与管理策略等内容。内容相当丰富全面，组织合理，结构严谨、完整，对问题的讨论也颇具深度。

本书具有的特点之三是具有较强的实用性。近年来，全国各级人民法院的普遍情况是法官办案任务越来越重、心理压力越来越大，同时，人民群众对于运用司法解决矛盾纠纷的需求和期望越来越高，法院时常处于社会矛盾的风口浪尖，法官的职业被视为一种高压力、高强度、高风险的职业。面对这一形势，法官不仅应具有专业的法律知识，还应该掌握一定的心理学知识与司法技巧。本书的作者是一名长期从事审判实践的法官，具有扎实的法学理论功底和丰富的司法实践经验，对法官心理与司法技巧等有着丰富的感性认识和深刻的切实体会，同时也具有较好的心理学基础。本书以法官这一审判活动中起主导作用的核心人物为对象，从心理学角度研究和解释这一角色在司法审判活动和成长培养过程中涉及的各种心理现象、基本规律，并为司法审判、法官选拔、职业培训、能力培养、法官心理健康的维护等提出了科学的建议和策略。全书能够理论联系实际，知识性和可读性强。不仅对于法官有指导价值，可以作为法官职业培训教材，而且对于律师等其他法律人，甚至一般的读者，通过阅读本书，也可以获得有关心理学在法官选拔、教育培训以及审理案件中的应用知识。

当然，由于本书的作者是在紧张的办案之余进行专业创作，其不足和缺陷也在所难免，我想同行专家们、读者们是会理解的。法官心理学作为一门学科本身离成熟还有一段不小的距离。作为一名较早关注法律心理学问题的研究者，我更真诚地希望这本书可以激起大家对法律心理学及法官心理与司法技巧的持续关注及钻研兴趣，从而取得更大的进步。

中国心理学会副会长
中国政法大学法律心理学博士生导师、教授
乐国安
2011年6月

第一版前言

关于法治的两大因素——制度与人——孰为重要的争论在世界上从未停止过。司法中的人——法官应处于何种位置也经历了从"复印机式的法官"到"能动的法官"的历史演变。到今天，成功的经验与理性的学说都告诉我们，制度因素与人的因素对法治的实现均不可或缺，它们的位置至少应该是平衡的。[①] 正如庞德所指出的，法律的生命在于实施。一部良法能否真正实现其应有的法律价值和社会价值，不仅取决于公众认知度及其所处的整个社会环境，而且更取决于司法人员特别是法官的法律适用。法律适用的过程，实际上是社会期待法官运用法律解决社会冲突的理性思维过程，是通过法官自己的思维活动与理性判断，把法律规定正确适用于具体个案的过程。然而在这一过程中，由于"司法者"与"被司法者"的认知、意志和情感等非理性因素的介入，司法难免具有某种不确定性，而高素质的法官则是保障法律正确实施的关键和前提。因此，通过对法官进行心理学研究，帮助法官个体成长，启迪每一位法官更好地认识"自己"、完善"自己"，带动更多法官更多地去发现"自己"、研究"自己"，对于法治的实现意义非常重大。

心理学是一门以解释、预测和调控人的行为为目的，通过研究、分析人的行为，揭示人的活动规律的科学。在写作《裁判的形成——法官断案的心理机制》一书过程中，笔者深感"人的因素"对司法裁判形成的重要影响，而"法官因素"无疑是司法过程中众多"人的因

[①] 参见吕忠梅教授为《裁判的形成——法官断案的心理机制》一书所作的主编按语。

素"中最为关键的因素。于是,逐渐产生了对法官职业和具体工作中的心理学因素进行独立研究的学术兴趣。法官因素,既包括先天因素,也包括后天因素。对法官的先天因素和后天因素进行合规律性的探究,关注法官心理与司法技巧、探索法官成长的心路历程以及促进发展这一过程的心理学方法,这正是本书所要研究的主题。

  您或许已经是一位法官,或许将要成为一名法官,或许是一名律师经常要和法官打交道,或许是作为一般的社会公众,虽不是法官将来也不想当法官,但很想对法官有些真实的了解。通常的疑问是,法官究竟是什么样的人?怎样才能成为一名合格的法官?我们的时代究竟需要怎样的法官?这些都是一个涉及法官角色心理的心理学课题。不管您是否已经意识到,作为一名法官,您心目中总有一套有关法官角色、司法过程的假设和观念,这些假设和观念无形之中支配着您的审判决策、司法技巧甚至业外活动。从初任法官到成为一名合格、优秀(或被称作专家型)的法官,将要经历一条什么样的心路历程?作为一名新手法官,如何合理行动才能尽快地适应法官角色的需要,最终成为一名公认的"专家型法官"?而专家型法官又是什么样的呢?要成为一名专家型法官,究竟需要具有怎样的业务知识和司法能力,具备什么样的心理品质和司法技巧,怎样才能算是达到了"审判业务专家"的标准?审判实践中,遇到案件问题解决时"专家型法官"和"新手型法官"的区别究竟体现在什么地方?现实生活中,作为一个特殊群体,法官职业的一系列行为规范,究竟给他们带来了哪些普通人体会不到的精神与心理压力?有关法官人事管理部门,怎样才能缓解法官群体的心理压力,有效维护法官群体的心理健康?对于一个有事业心的法官或关心法官的人来说,这些都可能是您曾经提出过、曾经想过、曾经付诸行动的问题,而这也正是本书所要全面系统、深入探究的理论问题。

  为了弄清楚,您还可能会追踪某几个新手法官开始几年的工作,观察和采访他们,评查他们所办的案件。您也可以拿他们与专家型法官进行比较，看他们在阅卷、开庭、撰写审理报告、制作裁判文书以及日常司法技艺、审判管理上有什么区别。这些方法实际上就是研究法官成长机制、司法效能和执业技巧的心理学方法。本书的目的之一就是要向您概括展示法官成长的过程以及促进发展这一过程的方法，从中您或许能够学到一些研究问题的方法，从而把它们运用到审判实践中。显然，对法官心理与行为的研究有助于我们了解审判方面的专家知识，了解法官的成长过程和发展加快这一过程的知识。作为一名普通读者，要想成为一名法官，或想对法官有所了解，研究和学习法官心理与司法技巧也是一条重要的途径。本书希望能够通过对法官心理学问题的专题探究，将一个合格法官必须具备的条件与素质阐述清楚，给那些决心成为优秀法官的人提供一些参考或建议。同时，运用心理学研究的一般成果，对法官心理健康问题展开系统、深入的探究，对法官心理健康的维护提供一定的理论支持。总之，希望本书不仅对于法官有指导价值，而且对于一般的读者，通过阅读本书，也可以获得有关心理学在法官选拔、教育培训以及审理案件中的应用知识。

法官心理学是以法官——这一审判活动中起主导作用的核心人物为对象，从心理学角度研究和解释这一角色在司法审判活动和成长培养过程中涉及的各种心理现象、基本规律，并为司法审判以及法官选拔培训培养工作服务的一门独立的学科，有自己独特的理论旨趣、研究方法、问题和技术。本书以《法官心理与司法技巧》为题，与作者于2007年通过法律出版社出版的著作《裁判的形成——法官断案的心理机制》一书均以法官的心理与行为为研究对象，在内容上有着紧密的联系。但二者关注的问题、应用的范围、研究的侧重点显然又有所不同。如果说《裁判的形成——法官断案的心理机制》一书是直接研究法官的断案活动、寻求最佳判决形成规律的一本法律心理学交叉研究著作，而本书则是一个在更广泛意义上关注法官的角色心理、成长机制以及发展促进这一过程的方法和司法技巧的法律心理学作品。

再版自序
——让心理学全面融入司法工作

全面依法治国最广泛、最深厚的基础是人民，必须坚持为了人民、依靠人民。习近平总书记强调，努力让人民群众在每一个司法案件中感受到公平正义。为进一步把习近平总书记的重要指示精神落到实处，在最高人民法院学习贯彻习近平新时代中国特色社会主义思想主题教育动员部署会上，张军院长明确要求："要始终坚定人民立场，时刻牢记'感受到'公平正义的主体是人民群众。"时刻牢记"感受到"公平正义的主体是人民群众，意味着司法工作理念的深度聚焦和升华，彰显了习近平法治思想的立场、观点和方法，为新时代人民法院各项工作的高质量发展提供了遵循、指明了方向。而在具体的案件中，人民群众能否感受到公平正义，这不仅是一个法学问题，而且是一个心理学问题。

心理学具有百年的历史，至今已成为一门理论体系完整并广泛应用的学科。然而，在法律领域的心理学应用虽已开始被认识，但还缺乏普遍、系统的重视。过去，人们普遍认为，法学与心理学的关系主要体现在犯罪心理学上，而今随着各种学科交叉研究的兴起，心理学对法学的影响开始越来越深远。近十几年来，浙江法院致力于心理学在司法领域的跨界融合，截至2016年，就已连续6年针对法院工作人员开展心理咨询师的专项培训工作，共有588名干警获得国家二级、三级心理咨询师资格，各级法院实现心理咨询师全覆盖，在立案接待、息诉罢访、审判调解、法官心理健康的有效维护等实际工作中发挥作用日益明显，这一重要成绩来之不易，值得为此点赞、叫好。

记得霍姆斯大法官在一篇题为《法律是一种职业》的论文中，就曾强调指出"要掌握任何一门知识，你就必须掌握与这门知识相邻的那些知识"。新时代新征程，紧紧围绕习近平总书记提出的"努力让人民群众在每一个司法案件中感受到公平正义"的司法目标，聚焦"公正与效率"工作主题，强化对"法律与心理学"跨界融合这一经验做法的理论认同和实践认同，全面倡导心理学对司法工作的介入，充分发挥司法与心理学"正能量"的叠加效应，夯实司法为民公正司法的人本基础，真正彰显人本主义法治精神，具有十分重大的法治理论价值和现实意义。

关注司法中的人：以人为本是法治建设的逻辑起点

司法是人的行为过程，作为人的现象而存在。凡是人的现象都可以成为心理学研究的内容。法律心理学作为一门心理学与法学结合的交叉学科，其实质就是用心理现象来解释法律问题，为实践提供更为科学的理论支持。我们所熟知的心理学鼻祖冯特先生对法律心理学十分重视，他强调心理学对实践的服务。每一种法律制度、司法政策和每一个法律活动的研究都应建立在对人的本质的看法和对决定人的行为的方式的正确理解基础上。就此而言，"以人为本"应当成为法治建设理论和实践的逻辑起点。

从历史来看，关于法治的两大因素——制度与人——孰为重要的争论在世界上从未停止过。司法中的人——法官应处于何种位置也经历了从"复印机式的法官"到"能动的法官"的历史演变。到今天，成功的经验与理性的学说都告诉我们，制度因素与人的因素对法治的实现，正如车之两轮，鸟之两翼，不可或缺。司法公正要从一种理念倡导变为生动的社会现实，法官便是其中最活跃、最关键的因素。而在庄严的法庭和黑色的法袍背后，每一位法官其实都有着生动的面孔。政治过硬、身心健康、品德优良、业务精湛的高素质法官无疑是保障法律正确实施的关键和前提。心理学对司法研究的介入，不仅可以帮助法官提升司法能力和专业水平，而且还可以帮助法官拓展自身的心理自由度，有效应对和缓解办案压力，维护法官自身心理健康。

司法中的人，除了上述"司法者"与"被司法者"这一基本范畴，还包含着诸如证人、受害人等所有参与司法的相关主体。目击证人的辨认、测谎、法律能力的评估、受害人的心理恢复等，都是非常重要的法律心理学议题。事实上，法律心理学的思想源远流长。意大利刑法学家贝卡利亚在 1764 年出版的《论犯罪与刑罚》一书中谈到的证人可信度、讯问与口供等问题，就已涉及许多心理学的内容。1908 年，应用心理学奠基人闵斯特伯格所著《在证人席上》一书中，用大量的实验材料论述了证言的可靠性问题，率先倡导在证人质证程序中运用心理学知识与技术，引发了法学界特别是诉讼法学界的强烈反响，至今仍然具有重要的指导意义。

司法不是纯粹理性的独角戏：认知视野中的司法公正及其情感依赖

心理学认为情感是非理性的，是人对客观事物的主观态度、心理体验及相应的行为反应。司法裁判中的情感因素是指法官在形成裁判的过程中对影响案件事实形成与法律理解和发现等案件相关因素作出的诸如喜怒哀乐、好恶倾向等内在的心理反应。在以规则为支撑、以理性为导向的司法过程中，法官是否因情感因素影响司法裁判，不少实务界的法官似乎并不隐瞒自己肯定的观点，但古今中外的法学理论争辩中却始终有肯定与否定两种主张。如何科学、理性地看待并合理调控司法裁判中的情感等非理性因素，自觉提升法官自身的情感素养，筑牢公正司法的情感基础，实现法理情的有机统一，并致力于科学的程序设计和有效的制度防范，全面保障司法公正的有效实现，无疑是一个值得研究的重大课题。

法律心理学研究告诉我们，公正从一开始就不全然是一种客观性的存在，作为一种价值理想准则一直都与人们的主观价值判断如影随形，社会公众对司法公正的认知和评判难免会存在情感依赖。法律既有赖于国家规范的刚性指引与强力保障，也离不开人们的情感支撑。依笔者浅见，严格司法固然是公正司法的前提和基础，正确的法律和客观的案件事实毋庸置疑是判决时应考虑的最重要的两大因素，但司法绝不是纯粹理性的"独角戏"，而是心与脑对话的过程，是逻辑与价值、理性因素与非理性因素相互博弈、协调互融的过程。正因为如此，美国卡多佐大法官才感叹道："即使我们已经竭尽全力，我们仍然不能使自己远离那个无法言传的情感王国，那个根深蒂固已经成为我们本性一部分的信仰世界。"

情感是人性中最为璀璨的光芒和不可回避的色彩，在司法理论研究中无视或决意排除法官情感因素对司法裁判的影响既是不现实的，也是不必要的，关键在于科学地揭示情感因素对司法裁判的影响规律，从而更加理性防范与调控情感因素对司法裁判的消极影响。而要了解情感因素究竟如何影响司法裁判，则必须借鉴心理学尤其是法律心理学的有关研究成果进一步加以实证考察。

首先，现代心理学通过对人类心理活动深层机制的科学研究，证实了认识、情感和意志，作为人们对客观事物反映的心理过程的三个不同方面，是互相联系、不可分割的心理因素。情感是伴随着认识过程产生的，它影响着人的认知活动，能推动人的认识活动向纵深发展，丰富充实人的认知内容。情绪、情感是意识获得动力的重要源泉之一，而意识活动则是调控因素，因而人的情绪、情感会深刻地影响自身及其所从事的一切活动。司法审判是一种认知活动，在该活动中不可避免地掺杂着法官的情感等非理性因素。不仅即时的情绪、情感会影响审判，而且旧时的情绪、情感记忆也会影响审判。正如列宁所说："没有人的情感，就从来没有也不可能有人对于真理的追求。"

其次，情感对司法行为既有促进作用也有干扰作用。人的情感复杂多样，可以从不同的观察角度进行分类。比如，根据价值的正负变化方向的不同，可分为正向情感与负向情感；根据事物基本价值类型的不同，可分为真感、善感和美感，道德感和价值感等。实践证明，人性中真善美等方面积极的情感因素，如仁爱、诚信、宽容、乐观、热情、自信等具有激励法官的作用。凡积极而强烈的情感都能产生巨大的力量，推动法官去实现司法公正，起到"润滑剂""催化剂"和"稳定剂"的作用。当法官的心灵被消极的情绪、情感所笼罩时，就会严重干扰审判行为。因此，情感在法官司法过程中具有双重功能：一方面，可能使司法判决在合法的前提下更具合理性，能够较好地实现个案公正。例如，全国优秀法官宋鱼水曾审理一起一位老作家状告出版社的案件，由于其用了近3个小时耐心听完这位老作家的陈述而感动了老作家，尽管案件还没有出审理结果，这位老作家就诚恳地说："宋法官，矛盾发生以后，你是第一个完完整整听完我讲话的人。你对我的尊重让我信任你，法庭说怎么办就怎么办。"这反映了情感对司法认知的积极影响。另一方面，情感也可能使司法判决失去理性，从而导致司法公正丧失。

其三，法官、人民陪审员等裁决者的个体心理因素对司法审判具有重大影响，此点已经被众多心理学家、法学家研究所证实。1924年，马斯顿在美国进行了开创性的模拟陪审团实验，研究陪审员通过法庭质证程序获取信息的情况，成为心理学家中直接研究法律问题的先驱。晚近，特别是在美国，司法决策、审判心理学亦已成为热门的研究议题。美国法学家舒伯特是将行为科学引入法学的代表人物，着重以社会心理学的观点分析法官行为，在1964年出版的《司法行为》一书中阐述了司法行为学说。他强调，作出判决的决定因素是法官的态度，而这种态度的形成受法官的政治、宗教、种族关系、所受的教育、职业、家庭等复杂因素的影响。心理学与法学之间的密切联系还导致晚近出版了《心理分析法理学》（埃伦茨维格著，1971年）《心理学与法律：新领域的探索》（尼米斯和维德马著，1976年）等著作。

心理学如何"滋养"法学：夯实公正司法的情感基础

司法是人的行为过程，理性思考与情感体验相互交织，当事人

（社会公众）对司法的评判与他们所感受到的公正程度和司法体验密切相关。这就意味着，让群众感受到公正，不仅要与"司法者"的视角联系在一起，而且应当和"被司法者"的视角联系在一起，站在"用户体验"的角度提升司法的认同度。正如美国法官菲力克斯·弗兰克福特曾在"哥伦比亚特区公共设施委员会诉波拉克"一案判决中指出："司法不仅实际上必须公正，并且在外观上也应该保持公正的形象。"如何通过完善的制度设计和良好的实务操作，实现司法者"行为公正"与公众"认同公正"之间的协调统一，无疑是法律心理学需要研究解决的重大课题。

依笔者浅见，要达到司法中的行为公正与认同公正的统一，除了致力于制定严格的司法细则、程序规则等制度建设和进行严格的实务操作外，还要统筹兼顾法律标准与心理标准，密切关注个案当事人"司法公正感"的具体形成与有效实现。所谓兼顾心理标准，意味着在把法律标准作为第一遵循的前提下，坚持目标导向和问题导向相统一，致力于发现民众对司法程序的主观愿望和正当期待，通过加强司法过程中的人文关怀、公开透明、论证说服和恢复性以及民众的可控制感等共性因素来实现。近年来，全国各级法院在最高人民法院的统一部署下，以数字化改革为牵引，从司法"入口"开始，大力推进智慧法院建设，不断提升司法的互动服务效能，以提高工作效率、方便群众快捷查询等有形途径切实减轻诉讼负担，这些都是已经被实践证明行之有效的重要举措和司法经验。

司法虽然依赖刚性的法律制度，而公正的力量却又来自柔性的情感支撑。就法官个体而言，不仅应具有专业的法律知识、为民的司法情怀，还应该掌握一定的心理学知识与司法技巧。特别要重视在理性的制度程序中注入"情感"因素，以"如我在诉"的态度尽心尽力履职，善于化解当事人的诉讼心结。就组织层面而言，强化心理服务对传统思想政治教育领域的介入，有利于维护法官的心理健康、促进法官队伍的可持续发展、保证裁判公正。

公正司法的浙江探索：从"三大机制"到"全域数字法院"建设

近十几年来，浙江法院聚焦"公正与效率"工作主题，牢牢把握、充分发挥政治优势，持续放大"一张蓝图绘到底、一任接着一任干"的政治定力，忠诚履职，久久为功，成效明显。其中，2006年，浙江省高级人民法院提出"三项承诺"，努力做到不使有诉求的群众因经济困难打不起官司，不使有理有据的当事人因没有关系打不赢官司，不使胜诉当事人的合法权益因执行不力、不公得不到保护；2009年，提出抓好能动司法、和谐司法、民本司法、协同司法、规范司法、阳光司法、廉洁司法、基层司法"八项司法"；2016年提出"大立案、大服务、大调解"的"三大机制"建设；2018年，提出加强政治建设、规范化建设、智能化建设和基层基础建设"四项建设"。前述"三项承诺""八项司法""三大机制""四项建设"一以贯之、压茬推进，以政治建设统领工作高质量发展，以智慧建设和司法体制改革双轮驱动法院工作变革，以全方位的诉讼服务便利化增强人民群众的司法满意度和获得感。无论是"三项承诺""三大机制"，还是如今以智能化建设为牵引的"全域数字法院"改革，其间为了实现司法公正而"守正创新""以人为本"的法治建设逻辑栩然跃在纸上，蕴含着丰富的心理学探索。

其中，2016年9月以来，浙江法院系统以信息化技术为支撑，在全国率先全面开展"大立案、大服务、大调解"三大机制建设，致力于为当事人提供优质司法服务，有效增强人民群众对司法的获得感，对法院工作的满意度和对司法公信的认可度取得显著成效，"三大机制"建设的理念倡导和实践探索具有重大的法治价值和现实意义。依笔者体会，将"三大机制"建设贯穿运用于人民法院立案、信访、审判、执行等各个环节，让"三大机制"成为广大干警的共识和自觉行动，引导包括书记员、法警甚至临时聘用人员等在内的每一名干警职工牢固树立大服务意识，掌握司法技巧，提升服务水平，各司其职，这不仅是坚持以人民为中心、落实司法为民宗旨的题中应有之义，而且是运用心理学知识有效缓解案多人少矛盾、提升司法公信的一把"金钥匙"。

其一，"大立案"机制使立案方式更加快捷便民，直接把诉讼服务送到老百姓家门口、心目中，全面深化了立案登记制改革。浙江省高级人民法院于 2016 年 9 月印发了《关于建立健全"大立案、大服务、大调解"机制的指导意见》。2017 年 3 月，又印发了《浙江法院网上立案规则（试行）》和《浙江法院跨域立案规则（试行）》，针对律师、金融机构等不同人群以及山区、海岛等地域特征，积极创新网上立案、跨域立案和延伸立案等新型立案方式，为"大立案"机制的有效落地提供了行动指南，使立案在时间、空间、质量、内容四个维度得到实质性提升，努力实现"100%的案件最多跑一次、50%的案件一次不用跑"，切实打通立案服务的"最后一公里"。

其二，"大服务"机制使司法服务模式更加周全有效，起到对外服务群众、对内服务法官的作用。大力推进新型诉讼服务中心建设，将原先分散在各庭室的材料收转、文书送达、档案查阅和执行事务等功能集聚到诉讼服务中心统一办理，构建一个除庭审环节之外的、涵盖所有司法服务功能的全新体系，通过提供一站式、综合性、全方位的诉讼服务，加强人民群众的诉讼权益保障。主动适应互联网发展大趋势，推进智慧法院建设，通过开发智慧法院 App，整合网上引导、网上立案、网上查询、网上阅卷等线上服务，让当事人足不出户就可以参加诉讼，切实做到"人民群众的司法需求发展到哪里，人民法院的司法服务就跟进到哪里"。

其三，"大调解"机制使纠纷解决模式更加高效多元，成为破解案多人少、非员额出路等现实难题的重要举措。建立未入额法官参与调解机制，精心设计引导调解、特邀调解和法官调解"三调合一"的大调解工作机制，打造"枫桥经验"升级版，充分运用"诉前化解—立案调解—简案速裁—繁案精审"四步解纷法，构筑三道案件过滤网，努力实现繁简案件"二八分流"和纠纷的分层递进化解。浙江是法院受案大省,实践表明,"大调解"这一做法在案多人少矛盾突出的法院意义特别重大。

其四,杭州互联网法院于2017年8月18日正式挂牌运行。作为世界首家互联网法院,杭州互联网法院为构建适应网络法治时代的司法新形态提供了又一宝贵经验和鲜活样本。杭州互联网法院开创"网上案件网上审"的历史先河,实现数字时代审判模式的革命性重塑,入选改革开放40年40个"第一",写入"党的十八大以来大事记",引起国际社会广泛关注,成为展示我国司法改革成果的"重要窗口"。同时,浙江法院总结推广利用微信小程序打官司的宁波经验,让当事人和法官充分感受"指尖诉讼、掌上办案"的便利。2019年"浙江移动微法院"上升为"中国移动微法院",2022年更名为"人民法院在线服务",目前已接入全国3500多家法院,访问35亿次。疫情期间,移动微法院大显身手,全省法院网上立案395.8万件、开庭14.4万次,做到审判执行"不打烊"、司法服务"不打折"。移动微法院获评首届人民法院改革创新奖,为建设全球领先的移动电子诉讼体系贡献了浙江经验。

其五,2021年以来,浙江法院又大力推进"全域数字法院"建设。以线上线下深度融合、内网外网共享协同、有线无线互联互通为基本要求,巩固提升"杭州互联网法院""移动微法院"等创新成果,变"盆景"为"风景",努力打造全生命周期司法平台、全时空在线司法服务、全流域智能司法模式、全方位变革司法制度的现代化法院。建成"一体化办案办公平台",全省106家法院、1.5万名干警在同一平台上办案办公,每年为群众提供在线服务近5亿次。打造"浙江法院智慧大脑",融合司法数据123亿条、司法案例635万个,构建法律知识图谱85个,推动人工智能与司法活动深度融合,办案效率提升14.1%。在线诉讼、异步审理、区块链存证、电子送达等浙江首创经验被最高人民法院《人民法院在线诉讼规则》吸收。浙江智慧法院建设综合评价连续3年全国第一，并在世界互联网法治论坛、数字经济法治论坛上介绍经验，在国际上引起良好反响。

司法重在公正，难在满意。浙江法院从"三大机制"到全域数字法院等建设成果之所以受到广泛好评，关键在于坚持以人民为中心，彰显了司法公正为民的核心理念，主动回应了人民群众在新时期尤其是互联网时代对诉讼服务的新需求和新期待，充分体现了人本主义法治精神。司法机关的职责无疑是执法办案。诉讼当事人也不是商业领域的"顾客"，固然不能简单地以当事人对个案是否满意作为评价司法的唯一标准。但是，实践证明，司法虽然依赖刚性的法律制度，而公正的力量却又来自柔性的情感支撑。司法作为人的行为过程，理性思考与情感体验必然相互交织，当事人对司法的评判与他们所感受到的公正程度密切相关。这就意味着，让群众感受到公正，不仅要与"司法者"的视角联系在一起，而且应当和"被司法者"的视角联系在一起。从"三大机制"到"全域数字法院"的核心技术，在于以"用户体验"的视角，站在人民的立场提升司法的心理认同度，立审执全程兼顾，从司法"入口"开始，不断夯实为民公正司法的情感基础，让服务更快捷便利、让公正更看得见摸得着，最终赢得群众的信赖和满意。

浙江法院的探索实践经验表明，司法体制改革是一项系统性工程，改革目标的实现需要各项举措的协同推进。立案登记制等重大改革虽然已经"落地"，但"落地"绝不是司法体制改革"完成时"。新时代新征程，尤其要主动适应互联网发展大趋势，以法律心理学的视角，主动拥抱新一轮科技革命，构建人力和科技深度融合、体制机制改革和科技应用双轮驱动的司法运行新模式，让科技为司法服务插上腾飞的翅膀，实现"制度因素"与"人的因素"的统筹兼顾，不断创造司法公正为民的"中国经验"。要时刻牢记感受到公平正义的主体是人民群众，以"如我在诉"的意识，准确把握人民群众多层次需求，不断适应人民群众的新要求新期待，运用科技等手段不断提升司法能力水平，以优质高效的司法服务，让人民群众在每一个司法过程中，最大限度地实现对法治、公平、效率、正义等价值的追求，让公平正义可预期、看得见、有温度。

陈增宝
2023年国庆节于杭州

目　录

引论：法官内涵是研究法官心理的前提 ……………………………… 1
 第一节　法官是什么 ………………………………………………… 1
  一、法官的地位 …………………………………………………… 1
  二、法官的职责 …………………………………………………… 5
 第二节　法官职责决定法官的心理要求 …………………………… 15
  一、法官职责决定法官的认知要求 …………………………… 15
  二、法官职责决定法官的情意要求 …………………………… 16
  三、法官职责决定法官的个性要求 …………………………… 17
  四、法官职责决定法官的角色要求 …………………………… 18
  五、法官职责决定法官的活动要求 …………………………… 19
  六、法官职责决定法官的合作要求 …………………………… 19
  七、法官职责决定法官的选拔要求 …………………………… 20
  八、法官职责决定法官的发展要求 …………………………… 21
  九、法官职责决定法官的激励要求 …………………………… 21
  十、法官职责决定法官的健康要求 …………………………… 22

第一篇　法官普通心理与司法素质

第一章　法官认知 ……………………………………………………… 25
 第一节　法官的认知活动 …………………………………………… 26
  一、法官的感知 …………………………………………………… 26
  二、法官的记忆 …………………………………………………… 31
  三、法官的思维 …………………………………………………… 36

四、法官的言语 ·· 41
　　五、法官的想象 ·· 43
　第二节　法官的认知指向 ·· 45
　　一、事实指向：法官对客观事实的认知 ·························· 45
　　二、法律指向：法官对法条的认知 ······························ 46
　　三、社会指向：法官对社会的认知 ······························ 49
　第三节　法官的认知影响 ·· 54
　　一、认知者因素：法官自身因素 ································ 54
　　二、认知对象因素 ·· 61
　　三、认知情境因素 ·· 63
　第四节　法官的认知偏差 ·· 65
　　一、事实认知偏差 ·· 65
　　二、法律认知偏差 ·· 66
　　三、社会（人际）认知偏差 ···································· 67

第二章　法官情感和意志 ·· 74
　第一节　法官的情感 ·· 74
　　一、法官情感概述 ·· 74
　　二、情感因素对司法裁判的影响 ································ 78
　　三、情感因素如何影响司法裁判：法律心理学的实证考察 ········· 83
　　四、法官在司法活动中的情感调控：自我调适和制度保障的
　　　　合力支撑 ·· 85
　第二节　法官的意志 ·· 91
　　一、法官意志概述 ·· 91
　　二、法官意志行动的冲突与决策 ································ 93
　　三、法官意志品质及其培养 ···································· 96
　第三节　知、情、意的辩证关系 ·································· 99
　　一、法官心理活动的三种基本形式 ······························ 99
　　二、认知、情感与意志的辩证关系 ····························· 100

第三章　法官个性 ········· 102
第一节　法官的个性概述 ········· 102
一、个性的定义和特征 ········· 102
二、个性的形成 ········· 104
三、个性与职业的匹配 ········· 105
四、法官个性的构成 ········· 106

第二节　法官个性倾向性 ········· 107
一、法官的需要：以实现司法公正为需要 ········· 107
二、法官的工作动机：以无私工作作为人生追求 ········· 110
三、法官的信念与世界观：坚定的法律信仰和稳固的法治信念 ········· 113

第三节　法官的个性心理特征 ········· 117
一、法官的能力 ········· 117
二、法官的气质 ········· 125
三、法官的性格 ········· 128

第四节　法官的自我意识 ········· 131
一、法官的自我认知 ········· 131
二、法官的自我体验 ········· 132
三、法官的自我控制 ········· 135

第二篇　法官社会心理与司法活动

第一章　法官角色 ········· 141
第一节　角色概述 ········· 141
一、角色的含义 ········· 141
二、角色的类型 ········· 143
三、研究法官角色对加强审判工作的特殊意义 ········· 145

第二节　社会对法官的角色期待 ········· 147
一、角色期待的概念和作用 ········· 147
二、角色期待内容的变化：法官传统角色期待的部分破除 ········· 149

三、法官角色期待的理性认识：行动中的法官 …… 154

四、社会公众心目中的好法官——以宋鱼水法官为样本的分析 …… 157

第三节　法官角色构成的多重性——法官角色的法社会学分析 …… 162

一、法官是人：自然存在中的法官 …… 162

二、法官是社会人：社会结构中的法官 …… 163

三、法官是法律人：法律世界中的法官 …… 166

四、法官是政治人：权力结构中的法官 …… 169

第四节　法官的角色学习、扮演与冲突 …… 171

一、法官的角色学习 …… 171

二、法官的角色扮演 …… 173

三、法官的角色冲突 …… 175

第五节　法官的角色差异 …… 179

一、年龄差异 …… 180

二、性别差异 …… 182

三、心理差异 …… 185

第二章　法官活动 …… 187

第一节　法官的职业活动 …… 187

一、立案（咨询接待） …… 188

二、阅卷 …… 191

三、庭审 …… 192

四、调解 …… 205

五、合议 …… 213

六、裁判文书的制作 …… 215

七、执行 …… 217

八、涉诉信访的处理 …… 223

九、协调 …… 228

第二节　法官的业外活动 …… 230

一、受邀请参加座谈或研讨 …… 231

二、受邀请参加社团组织或联谊活动 …… 231

三、从事写作、授课等司法职务外活动 …………………………… 232
　　四、接受新闻媒体与法院工作有关的采访 …………………………… 233
　　五、本人在日常生活中与他人发生矛盾 …………………………… 234
　　六、亲友与他人发生矛盾要求帮助解决 …………………………… 234
　　七、本人及家庭成员遇到纠纷需通过诉讼方式解决 ………………… 234
　　八、出入社交场所注意事项 …………………………… 235
　　九、家人或者朋友约请参与封建迷信活动 …………………………… 235
　　十、因私出国（境）探亲、旅游 …………………………… 235
第三节　法官活动中的细节 …………………………… 237
　　一、司法细节的含义 …………………………… 237
　　二、细节决定成败 …………………………… 238
　　三、怎样注意司法细节 …………………………… 241

第三章　法官合作 …………………………… 246
第一节　合作概述 …………………………… 246
　　一、合作的含义与基本条件 …………………………… 246
　　二、合作的类型 …………………………… 247
　　三、法官合作的必要性：源自法官的个体差异 …………………………… 247
第二节　法官个体决策与群体决策 …………………………… 248
　　一、法官个体决策方式 …………………………… 249
　　二、作为法官合作方式的群体决策 …………………………… 250
　　三、个体决策与群体决策的比较 …………………………… 263
第三节　法官的群体心理 …………………………… 265
　　一、群体心理与行为特征 …………………………… 265
　　二、影响法官决策的群体规范 …………………………… 267
　　三、群体思维与群体决策的冒险转移 …………………………… 269
　　四、理想情境中的群体决策 …………………………… 272

第三篇　法官职业心理与司法效能

第一章　法官选拔和培训

第一节　法官的背景 …… 283

一、法官的背景因素 …… 284

二、法官的背景对审判决策的影响 …… 286

第二节　法官的选拔 …… 290

一、法官心理选拔 …… 290

二、心理测试 …… 292

三、面试 …… 303

第三节　法官的培训 …… 307

一、法官培训概述 …… 307

二、学院制还是学徒制 …… 309

三、心理学对法官培训的介入：法官心理训练 …… 310

第二章　专家型法官的形成

第一节　法官的自我监控 …… 313

一、审判监控能力的分类 …… 313

二、法官审判监控能力的发展 …… 314

三、法官审判监控能力的提高 …… 315

第二节　法官的效能感 …… 317

一、法官效能感作用的机制 …… 317

二、法官效能感的形成趋势 …… 318

三、外部环境因素对法官效能感的影响 …… 318

四、法院因素对法官效能感的影响 …… 319

第三节　法官的职业发展 …… 321

一、法官职业发展的核心：审判专长 …… 321

二、职业发展的起点：新手型法官 …… 322

三、职业发展的关键点：熟手型法官 …… 324

四、职业发展的目标：专家型法官 ………………………… 325

第三章 法官激励与管理 ……………………………………… 329

第一节 法官激励概述 ………………………………………… 329
一、法官激励的含义 ……………………………………… 329
二、激励过程的基本模式 ………………………………… 330
三、法官激励的种类与方法 ……………………………… 331
四、法官激励的重要性 …………………………………… 332

第二节 激励理论与法官管理 ………………………………… 333
一、内容型激励理论 ……………………………………… 334
二、过程型激励理论 ……………………………………… 338
三、行为修正型激励理论 ………………………………… 342

第三节 法官的考评机制 ……………………………………… 344
一、法官考评的功能 ……………………………………… 344
二、法官考评的原则 ……………………………………… 345
三、法官考评的基本要素 ………………………………… 347
四、法官考评的方法 ……………………………………… 354
五、法官考评的程序 ……………………………………… 356

第四节 法官的奖惩机制 ……………………………………… 357
一、奖惩的功能 …………………………………………… 357
二、奖励模式的设定 ……………………………………… 359
三、惩戒模式的设定 ……………………………………… 361

第四篇 法官健康心理与司法压力

第一章 法官心理健康概述 …………………………………… 367

第一节 法官心理健康的含义与标准 ………………………… 367
一、法官心理健康的含义 ………………………………… 367
二、法官心理健康的基本标准 …………………………… 369

第二节　关注法官心理健康的重要意义 ……………………… 371
　一、法官心理健康是确保法官正常思维、作出公正裁判的前提 …… 371
　二、法官心理健康是确保法官队伍健康可持续发展的现实需要 …… 372
　三、法官心理健康是确保法官完成使命履行审判职责的重要保障 … 372
　四、法官心理健康是法官廉洁司法的基本保证 ………………… 373

第二章　法官的职业压力与心理健康 ……………………………… 375
　第一节　职业压力与法官心理健康 ……………………………… 375
　　一、压力概述 ………………………………………………… 375
　　二、职业压力对法官心理健康的影响 ……………………… 376
　第二节　法官职业的压力源分析 ………………………………… 378
　　一、社会环境压力源 ………………………………………… 379
　　二、工作压力源 ……………………………………………… 379
　　三、个体差异方面的因素 …………………………………… 383
　　四、家庭因素 ………………………………………………… 384

第三章　法官职业压力的应对策略 ………………………………… 385
　第一节　组织层面的应对策略 …………………………………… 385
　　一、加强法官心理健康教育，提高队伍整体应对能力 …… 386
　　二、建立法官心理机构，提供专门的心理咨询服务 ……… 386
　　三、发挥法官协会的职能作用，提供充分的情感支持 …… 386
　　四、加强法院文化建设，营造健康的法院组织文化 ……… 387
　　五、完善法官职业保障，提供优良的执业条件 …………… 388
　　六、深化司法改革，改进法官的工作设计 ………………… 389
　　七、树立司法权威，创设良好的司法环境 ………………… 390
　第二节　法官个体的应对策略 …………………………………… 391
　　一、识别自己的压力信号 …………………………………… 391
　　二、减少或者改进实际的压力源 …………………………… 392
　　三、建立法官个人心理支持网络 …………………………… 392
　　四、建设和保持良好的心态 ………………………………… 393
　　五、追求健康的生活方式 …………………………………… 395

六、练习日常的放松技巧 …………………………………………… 396
　第三节　法官心理健康的系统维护 ……………………………………… 398
　　一、从《精神卫生法》的高度维护法官心理健康 ………………… 398
　　二、新手法官成长的内外支撑 ……………………………………… 399
　　三、熟手法官职业倦怠的有效预防 ………………………………… 401
　　四、构建法官心理辅导的长效工作机制 …………………………… 403

参考文献 ……………………………………………………………………… 406
　一、书籍类 …………………………………………………………………… 406
　二、论文类 …………………………………………………………………… 412
初版后记 …………………………………………………………………… 414
再版后记 …………………………………………………………………… 416

引论：法官内涵是研究法官心理的前提

法官，这是一个不同寻常的职位。对法官的合理界定，对于明晰法官角色定位与心理需求，提高法官职业能力与司法技巧，具有重要意义。对法官群体的认知规律、个性心理、角色扮演、行为要求、群体规范、职业发展、激励奖惩、心理压力的管理等心理学问题的科学探究，都必须建立在对法官的地位、作用和职责的深入了解与理性把握基础之上。可以说，法官内涵的合理界定直接决定法官的心理要求与行为规范，同时，也基本框定了法官心理学的研究边界。

第一节 法官是什么

法官是什么，这是一个在法治语境下研究法律需要追问的本源性问题，也是研究法官心理与行为必须回答的前提性问题。因此，在研究法官的心理学问题之前，本书将对这一问题先作一定的理论探讨。对"法官是什么"的回答，不妨从法官的地位、作用和职责等几个角度加以展开。

一、法官的地位

法官的地位，是指法官在一个国家法律、政治、社会生活系统中所享有的身份和尊严，所处的位置。

（一）法律地位：法官在法律系统中的位置

法官行使着国家的审判权，在法律系统中依法独立掌握司法权，处于司法者、裁判者的法律地位。世界各国对法官的司法者地位均以宪法、法官法等法律形式作了明确规定。从理论上讲，法官在法律系统中的司法者地位，又可以从以下几方面进行解读：

其一，法官不是立法者，而是法律的执行者。立法权与司法权等的分立和制衡是国家权力配置的基本规则。尤其是在大陆法系国家，"法官造法"被普遍禁止的情况下，法官只能作为"负责法律实施"的"司法者"来出现。

其二，法官处于法律实施过程的终端，是法的实现者。法是社会关系的调节器，而法院处于这个调节器的终端，法官是这个调节器的直接掌控者。法院作为实现社会公平正义的最后一道防线，与司法作为权利保护和救济的最后手段，本质上完全一致，已成为当今社会的普遍期待。

其三，法官扮演矛盾纠纷的裁判者和解决者的角色。当前，伴随着我国社会转型，大量社会矛盾纠纷以案件的形式涌向法院。而法官则成为各类矛盾纠纷的最终化解者和裁决者。由于法官处于原被告或控辩双方的中间位置，与争议双方必须保持等同的距离，始终保持司法客观中立的基本立场，发挥居中裁判的职能，才能有效维护社会公平正义，化解矛盾纠纷，促进社会和谐。

其四，法官不同于一般的公务员。根据各国惯例，法官是一种不同于一般公务人员的职位。在司法体制改革过程中，党的十八届三中、四中全会提出了《关于建立符合职业特点的司法人员管理制度》这一重大改革任务。原中央全面深化改革领导小组（现中央全面深化改革委员会）会议审议通过的《法官、检察官单独职务序列改革试点方案》，使得业内呼吁多年的法官、检察官单独职务序列改革终于步入全国层面，这充分突出了法官、检察官的职业特性。

其五，法官是社会公平正义的化身和人类良知的守护神。法官的司法性，本身就意味着法官的公正性，意味着法官应以实现社会公平正义为己任。而公正性也意味着法官的独立性、中立性和权威性。法官的独立性和中立性的法律地位则是法官实现司法公正的重要保障。法官的权威性，即法官是法律的象征和代言人，尊重、服从法官的裁判就是遵从法律。法官的权威源自司法的权威性，而司法的权威则源自法治的权威性。

（二）政治地位：法官在政治系统中的位置

从某种意义上说，法官的政治地位实际上就是法院的政治地位，它的核心问题是作为司法权的掌控者和其他国家机构的工作人员之间是一种什么样的关系。

从理论上讲，司法不同于政治。人们普遍反对以政治手段干预司法的原因是，司法是脆弱的，而政治是强势的，不论是专制还是民主国家，为了全面保障和实现司法公正，都需要防止政治对司法的不正当干预，有效保障司法机关依法独立行使审判权。

但实际上，司法与政治之间往往难以分割，可以说，司法与政治之间的关系历来比较密切，全世界都如此。虽然公正的观念与法官的概念不可分割，但法官"只依据法律判决"的理论却未被普遍接受。在剧烈社会变革的时期，法官执行着明确的政治职能。对此，意大利法学家皮罗·克拉玛德雷在《程序与民主》一书中就曾指出："在所有这些情形中，法官都没有把自己的判决建立在先定的规则上；相反，他的判决来源于他作为政治人（political being）的情感，他生活于社会当中，并分享着社会的经济和道德渴求，这个社会的喜好和憎恶，以及它的荒诞，所有这些可以合称为当时的政治气候。"[①] 在司法造法的理论下，由政治到司法判决的通路可能更加迅速而直接，法官难免沉浸在政治之中。在立法机关制定法律的理论下，法律处于政治家和法官的中间。但法律仍然是政治的产物，法官在判决中仍然具有自身的政治情感和道德情感。在民主社会中，法律表达了活跃于全体社会成员良知中的欲求。法官必须在自身中寻求法律得以生成的社会良知的映象；他必须从自身良知来解读他的同胞们打算通过法律实现的普遍目标。[②]

笔者认为，任何司法制度的确立都必须从自身的国情出发，根植于本国的历史和文化传统。在我国，法官要忠于宪法和法律，要围绕党和国家中心服务大局，要把讲政治放在重要位置。法官不仅是法律人，也是政治人，在

[①] ［意］皮罗·克拉玛德雷：《程序与民主》，翟小波、刘刚译，高等教育出版社2005年版，第18页。

[②] ［意］皮罗·克拉玛德雷：《程序与民主》，翟小波、刘刚译，高等教育出版社2005年版，第19-28页。

法庭外，法官还应当具有相当的协调能力，合力维护社会和谐稳定，在办案效果上，必须注重法律效果、社会效果和政治效果的有机统一，这些都说明国家和社会公众对法官司法能力的要求较之其他国家公职人员更高，也表明了我国法官的政治地位。

（三）社会地位：法官在社会系统中的位置

所谓法官的社会地位，是指法官职业群体在各种社会关系网络系统中所处的位置，也即权利和义务的综合。法官的社会地位是对决定法官身份和地位的各要素综合考察的结果。这些要素包括法官个人的阶级归属、政治倾向、经济状况、家庭背景、文化程度、生活方式、价值取向及其所担任的角色和拥有的权力等。抽象意义上的社会地位具体到法官群体，可以理解为法官在整个社会以及某一地域社会关系中所处的位阶，此种位阶既是政治制度目的性设计的产物，也是社会成员基于实际要素的量值而心理认同的结果，并且，制度设计与实际状况间有可能形成差距。

司法、法治权威需要法院及法官具备必要的社会地位与权威。司法地位高低的一个重要标准是法官在社会生活和政治生活中的地位，对法官地位的认知反映了社会对司法权威的基本评价。一个国家，法官的社会地位越高，司法的功能发挥得越充分，司法就越具权威，国家的法治也就越健全。从世界范围内的历史和现实来看，由于政治、经济、法律文化、历史背景等各方面的差异，各国关于法官的具体社会地位有所不同。在普通法系国家，法官的社会地位尊贵，深受人们尊敬。在公众心目中，法官就是法律的塑造者以及法律传统和理想的捍卫者，是正义和法律的化身。在他们看来，法官是有修养的人，甚至有着父亲般的"慈严"。而大陆法系审判过程所呈现出来的画面是一种典型的机械式活动的操作图，法官的形象就是立法者所设计和建造的机械操作者。大陆法系中的伟大人物很少出自法官，而是出自那些立法者，如查士丁尼、拿破仑，或者法学家，如盖尤斯、萨维尼等。从总体上看，大陆法系的法官比普通法系的法官地位更为逊色。[①] 但是，在大陆法系，法官仍

---

① 参见［美］约翰·亨利·梅利曼：《大陆法系》，顾培东、禄正平译，李浩校，法律出版社2004年版，第34—37页。

然是一种光荣的职业,受到普遍的尊重。在现实生活中,由于法官群体出色的表现,也使得法官职业作为一种具有很强荣誉感的职业,吸引着众多的青年才俊步入这一行业。经过司法考试和职业培训而成为法官的青年法律人才也同样发挥着重要的作用,执掌着司法权。一些法官在司法实践中依靠渊博的法律知识、精湛的审判艺术、公正的判决和超乎常人的道德标准同样赢得了社会公众的广泛赞誉。

长期以来,我国法官的现实地位并不是很高。法官的宪法地位没有得到配套的制度、体制保障,社会成员也没有普遍认同法官的社会地位。现实化偏低的社会地位,也在一定程度上削弱了法官在社会事务中的话语权,法官作出的裁判无法建立起应有的权威,容易引起民众产生司法疑虑,以及不信任的社会心态,法官解决纠纷的司法功能自然会受到抑制。但是,随着时代的发展和司法改革的深入,尊重法官的氛围已经越来越浓,法官的社会地位和司法公信力正在不断提升。在我国,法官已经成为一个光荣的职业。人们在谈论法官的时候总是充满着敬意,这样的社会心理就充分表明法官享有崇高的社会地位。

二、法官的职责

法官是为法律而存在的。抽象而言,法官的职责就是正确适用法律,惩治犯罪,定分止争。但是,作为一个具体的职业岗位和工作环节,法官有着更为明确的责任、权利和义务。了解法官的具体职责、权利和义务是研究现实中法官的工作性质、内容范围、操作标准、司法技巧的前提和基础。

(一) 法官职责根源于法院的职能定位

像其他复杂的机构一样,法院履行着数种职能,但有几项职能是首要的:一是解决纠纷;[①] 二是执行法律;三是发展和充实法律规则;四是实现社会公平正义。这些抽象的职能具体落到法官的身上,就是法官的司法职责。

[①] 参见 [美] 迈尔文·艾隆·艾森伯格:《普通法的本质》,张曙光等译,法律出版社2004年版,第5页。

1. 解决纠纷

在任何社会和社会发展的任何阶段，都会有这样那样的纠纷。和谐社会并不是一个没有纠纷的社会，关键在于能否有效地消解纠纷。"在现代社会，法官的基本职能就是解决纠纷。"[1] 法院是执行法律的司法机关，法官处在化解矛盾、解决纠纷的最前沿，在构建社会主义和谐社会进程中扮演着十分重要的角色。首先，法院致力于"依法"解决纠纷；其次，法院致力于"公正"解决纠纷；再次，法院致力于"权威"解决纠纷；最后，法院致力于"有效"解决纠纷。

法官对各类案件的审理均可视为解决纠纷的过程。根据法官审判案件的性质，法官具体的作用又可作如下划分：一是惩罚犯罪；二是定分止争；三是制约权力。

2. 执行法律

法律是社会控制的重要手段之一，将纸面上的条文转化成现实中的法律必须依靠执法者的法律实践，而法官在执法者中始终起着主导性的作用。法官的重要工作职责之一就是执行国家的法律和政策，保障国家法律政策的正确实施。马克思曾经指出："要应用法律就需要法官。如果法律可以自动运用，那么法官就是多余的了。"[2] 法官适用法律时是法律的发现者还是创造者，在理论界存在争议，因为两大法系的法官有着不同的表现，进而大致形成了三种不同的观点，即法律宣告说、法律创造说和折中说，直接影响和制约着法官作用的发挥。法律宣告说认为，司法的职能仅仅在于裁判纠纷，解决当事人之间的争议；法官在审理案件的过程中只是将立法者制定出来的法律运用到法官手头的案件中，然后作出判决。法官判决的过程只不过是对已经存在的法律加以宣告，法官只是法律的发现者、实施者、执行者，而不是创造者，坚决反对"法官造法"。如孟德斯鸠认为，"国家的法官不过是法律的代言人。"[3] 布莱克斯通认为，法官只有审判职能，只能"发现"或"宣告"法律"。[4] 法律创造说主张法官能够重新构建法律，法官有绝对的自由裁量

---

[1] 梁迎修：《法官自由裁量权》，中国法制出版社2005年版，第37页。
[2] 《马克思恩格斯全集》（第1卷），人民出版社1956年版，第76页。
[3] [法] 孟德斯鸠：《论法的精神》，张雁深译，商务印书馆1995年版，第163页。
[4] 沈宗灵：《比较法总论》，北京大学出版社1987年版，第259-261页。

权。如美国现实主义法学的代表人物卢埃林和弗兰克就是这种观点的代表，他们都是以法律的不确定性为出发点，强调"书本上的法"并不是法律，而法官的行为当中体现出来的东西才是法律。面对纷繁复杂的人生和变幻不定的社会关系，法律永远是不确定的。[①] 一般而言，普通法中的法官具有造法的作用，而大陆法系国家的法官则被禁止造法。美国学者梅利曼对大陆法系的法官形象就作过生动的描摹："法官酷似一种专业书记官，除了很特殊的案件外，他出席法庭仅是为解决各种争讼事实，从现存的法律规定中寻觅显而易见的法律后果。他的作用也仅仅在于找到这个正确的法律条款，把条款与事实联系起来。"[②]

3. 充实和发展法律规则

充实法律规则是法院的重要职能之一，也是法官发挥能动作用的具体体现。"我们的社会需要大量的法律规则，以便行为人能借此生活、计划和调处纠纷。立法机构无法充分满足这样的需要。立法机构生成法律规则的能力是有限的，而其中大部分的能力被配置用于制定跟政府事务有关的法律规则，比如经费、税收和行政管理；制定被认为属于法院能力范围之外的规则，比如界定犯罪；制定最好是由官僚机器来执行的规则，比如对受管制的产业设定税率的规则。此外，我们的立法机构在某种意义上并没有人员可以让它们行使全面立法职能以管制私人部门的行为。最后，在很多领域里司法规则的灵活形式比立法规则的规范形式更可取，所以社会要求法院发挥作用充实规制社会行为的法律规则的供给。当然不是把制定规则当作一项完全自立的职能，而是在将法院解决纠纷职能作为法院专有职能的前提下，对法院创造规则的职能给予更多的重视。"[③]

在成文法国家，法官事实上也在发挥着充实和发展法律规则的职能。由于成文法的局限性，法律对应规定的事项由于立法者的疏忽或情势变更，导致对某一法律事实未规定或规定不清，且依狭义的法律解释不足以使规范明

[①] 参见梁迎修：《法官自由裁量权》，中国法制出版社 2005 年版，第 39 页。

[②] 参见 [美] 约翰·亨利·梅利曼：《大陆法系》，顾培东、禄正平译，李浩校，法律出版社 2004 年版，第 36 页。

[③] [美] 迈尔文·艾隆·艾森伯格：《普通法的本质》，张曙光等译，法律出版社 2004 年版，第 6 页。

确,一方面,法官不得以法律没有规定或规定不明确为由拒绝裁判案件;另一方面,当共性的法律难以弥合其与个案间的缝隙时,法官均应依照法律规范的目的对法律漏洞加以弥补。法律漏洞的不断补充显然充实着法律的规则体系,有助于促进法律的成长和发展。

4. 实现社会公平正义

如果对法官的作用加以抽象进行高度概括的话,那就是在全社会实现公平正义。公平正义是衡量一个国家法治程度的重要标尺,而法官是公平正义的化身。公平正义,是自古以来人类社会的共同理想和不懈追求,是各个社会普遍追求的价值取向。虽然不同的社会对此有不同的解读,但对其通常的内涵早已形成了共同的看法。公平正义的朴素含义包括惩恶扬善、是非分明、平等对待、处事公道、利益平衡、多寡相匀等。作为法治理念的公平正义,是指全社会成员能够按照法律规定的方式公平地实现权利和义务,并受到法律的保护。从中国古汉语中"法"字包含平之如水,触不直以去之的含义,到英语中司法"justice"与公正同义,我们都可以看到,法、司法本身都包含有公平、正义、正直、不偏不倚的含义。仅有完善的法律体系、硬性的制度规定、健全的工作机构并不是法治的全部,法治更深层的意义在于公平正义的精神和价值通过法官的审判实践,在司法中得到实现、彰显和弘扬。也因为如此,司法公正应当成为人民法院审判事业的生命线,也是衡量和评价人民法官作出的裁判是否正确的最终标准。从终极意义上说,人民司法的核心价值就是公正为民,评判裁判的最佳标准离不开公正。尤其是随着中国特色社会主义法治事业的不断推进,人民对司法公正越来越关心和渴望,对司法公正的新要求新期待也将更加突出。在伟大的时代背景下,法官的地位作用也必将更为重要,大有作为。

(二)法官的具体职责和权利义务

我国《法官法》规定的法官职责是:(1)依法参加合议庭审判或者独任审判案件;(2)法律规定的其他职责。根据这一条规定,结合司法实践,法官的具体职责可概括为以下几方面:

1. 审判案件

法官是具体行使国家审判权的人员,因此,法官的主要工作就是审判案件，即依法参加合议庭审判或者独任审判案件，这是法官最基本的职责。审判案件是指法官依照法律的规定，通过对案件的审理，查明案件事实，根据法律规定裁判的活动。根据我国法律的规定，法院审判案件采用合议制和独任制两种审判组织形式。采用合议制审理的案件，一般由审判员组成合议庭，一审案件也可以由审判员与人民陪审员组成合议庭。对于简单的民事案件和轻微的刑事案件，可以由审判员一人独任审判。法官履行审判职责的具体方式就是参加合议庭，作为合议庭成员审理案件，或者独任审理案件。

在审理案件过程中，法官可以依法行使各种法定职权，如法庭调查、审理过程的指挥权等。当然，法官行使职权是受到法律的严格制约的，既包括法院组织法和法官法对法官行为的规范，也包括各种实体法和程序法。

根据法律的规定，法官除了直接审判案件外，有时还需承担一些与审判工作密切相关的工作：依法裁定予以减刑、假释；依法裁定采取诉前保全或者先予执行措施；依法裁定采取诉讼保全措施；依法对妨害诉讼者决定给予强制措施；依法解决下级法院之间管辖权争议；依法指导下级法院工作；依法向有关单位提出司法建议等。

根据我国《人民法院组织法》和《法官法》的规定，人民法院的院长、副院长、审判委员会委员、庭长、副庭长既是法官，又担任着其他职务。作为法官，人民法院的院长、副院长、审判委员会委员、庭长、副庭长的基本职责也是审判案件，除了履行法官的审判职责以外，还要履行与其所担任的职务有关的其他职责。具体来说，院长的其他职责主要包括两类：一类是与审判活动直接相关的职责，如主持审判委员会、对本级法院已经生效的确有错误的判决或者裁定决定提交审判委员会处理、指定合议庭的审判长、决定审判人员的回避、决定对妨害诉讼者给予强制措施等；另一类是与审判活动没有直接联系的职责，如处理人民法院的日常行政事务。副院长的其他职责主要是根据分工协助院长工作。庭长、副庭长的其他职责也可以相应分为两类，除了与审判活动直接相关的事务外，还负有管理本庭日常行政工作的职责。审判委员会委员的其他职责主要是指参加审判委员会，讨论决定本院有关审判工作的问题或者总结审判经验。

具体到审判案件过程中，法官的职责是审查判断证据，居中裁判，建构和认定案件事实，寻找和发现裁判的法律规范，对事实与规范进行匹配，在匹配过程中对事实和法律进行解释，然后根据事实和法律作出裁判，制作裁判文书等。在审判案件过程中，法官要忠实执行宪法和法律，全心全意为人民服务，严格依法办事，不得夹杂个人的判断，切实保障司法公正，提高司法效率。

2. 调查研究

加强法院调查研究是增强司法能力的重要途径、确保司法公正的重要手段、推进法院改革的重要环节。重视调查研究，历来是我们党的优良传统和基本工作方法。毛泽东同志早在革命战争年代就提出"没有调查就没有发言权"。当前，我国处于一个重要发展阶段和关键时期，社会转型中出现的经济主体多元化、经济行为多样化、经济利益独立化，以及人们社会价值观念不断地发生变化，使法院不断面临各种新问题和新矛盾，给审判工作带来巨大压力和挑战，迫切需要调查研究，提高对法律的深刻理解和准确把握能力，提出司法对策和立法建议，推进我国法律制度的完善和审判工作高质量发展。因此，参与调查研究成为法官的职责之一。

最高人民法院于2000年1月3日颁布的《关于加强人民法院调查研究工作的规定》指出，调查研究工作，是各级人民法院坚持实事求是的思想路线，在审判工作和其他工作中，正确贯彻执行党的路线、方针和政策，正确适用法律，研究和解决法院工作面临的新情况、新问题，实行科学决策的基础性工作。具体包括以下几方面：一是总结审判工作经验，为领导科学决策和宏观指导提出意见和建议；二是办理解答或者向上级人民法院请示本院和下级人民法院在审判实践中遇到的具体适用法律问题的有关事宜；三是参与有关法律、法规、规章和司法解释的研究、修改工作；四是起草有关审判工作的规范性文件，掌握审判工作综合情况；五是承担司法统计、统计分析和统计监督工作；六是协助院领导开展审判工作管理，完成院领导交办的其他工作；等等。

3. 宣传法律

司法的功能主要是通过审判案件解决纠纷，但不仅仅是为了解决纠纷，更是为了通过解决纠纷来维护法律所宣示的社会公平正义和良好秩序。法官除了肩负审判案件的职责外，还承担一定的社会责任。它要求法官必须摒弃孤立办案、就案办案的片面意识，通过对案件的审判，达到宣传法律、弘扬法制、消除矛盾纠纷、促进稳定和谐的目的。法官作为司法权运行的主体，不能仅仅以机械地适用法律、表面地解决纠纷作为自己的职责，而应更加重视自己的审判行为可能带来的各种社会效果，最大限度地通过适当的审判行为增进社会经济利益、道德利益等社会利益，宣传和维护国家法律的正确实施，充分发挥裁判活动的社会导向和行为指引作用。《人民法院组织法》第二条第二款规定："人民法院通过审判刑事案件、民事案件、行政案件以及法律规定的其他案件，惩罚犯罪，保障无罪的人不受刑事追究，解决民事、行政纠纷，保护个人和组织的合法权益，监督行政机关依法行使职权，维护国家安全和社会秩序，维护社会公平正义，维护国家法制统一、尊严和权威，保障中国特色社会主义建设的顺利进行。"据此，结合审判工作，开展社会主义法制宣传，维护国家法律政策的正确实施，应成为法官的职责之一。

审判实践中，法官是践行司法为民宗旨、追求办案的法律效果和社会效果统一的真正主体。法官应当利用公开开庭、宣判等机会，选择典型案件，就案讲法，努力扩大办案的社会效果。现实生活中，法官们还可以利用自己的审判实践经验及丰富的法律知识，为诉讼中的当事人或前来咨询的群众讲解法律纠纷防范和处理原则。法院可以通过宣传栏、"两微一网"等形式重点宣传民事诉讼的风险，诉讼费用交纳办法、法律规定的有关办理刑事、民事、行政案件、执行工作的期限等法律知识。

4. 指导人民调解工作

根据法律规定，人民法院与司法行政机关共同承担着对人民调解的指导职能。司法所负责对人民调解工作的日常指导和管理；基层人民法庭承担对人民调解工作的业务指导。支持与指导人民调解工作，是人民法院的法定职责，也是法官的具体职责之一。有人认为，人民调解工作是司法行政机关的事情，法院只要抓好司法裁判和司法调解就行了，没有必要在指导人民调解工作上花气力；法官开展指导人民调解工作，是"种了别人的田，荒了自己的地"。在这些思想认识支配下，一些法官对指导人民调解工作消极应付，喊得多，做得少。事实上，指导人民调解工作不仅是法官的职责所系，还是新时期下完善多元化纠纷解决机制、促进和谐社会建设的重要措施。法院支持和指导好人民调解工作，将大量民间纠纷化解在基层和萌芽状态，不仅可以降低行政调解形成的行政成本，减轻法院讼累，而且可以真正实现社会矛盾纠纷就地化解，最大限度地将各种消极因素转为促进社会和谐的积极因素。

因此，法官对人民调解工作的指导必须做实、做好、做出成效。当前形势下，要注重采取有效措施，努力实现诉讼调解、人民调解、行政调解的相互衔接与配合，把指导人民调解工作与审判质量效率评估体系建设结合起来，用制度激励、引导法官在实践中努力实现审判活动与非诉讼程序的协调运行。

根据《法官法》规定，法官应当履行下列义务：

1. 严格遵守宪法和法律

严格依法办案是法官的基本职责，也是法官的首要义务。依法，就是依照宪法和其他法律的规定审判案件。宪法作为国家的根本法，具有最高的法律效力，是一切法律的制定依据，是赋予法官审判权的法律。作为行使审判权的法官必须严格遵守宪法和法律所规定的原则，依照法律规定行使审判权，不受行政机关、社会团体和个人的干涉，坚持法律面前一律平等的原则，维护宪法和法律的尊严。

2. 审判案件必须以事实为根据，以法律为准绳，秉公办案，不得徇私枉法

法庭是实现公平正义的场所，完全或较大程度地偏离客观事实的审判必将使公平正义的实现失去基础，出于对公平正义的追求，法官自然不能放弃对案件事实真相发现的努力。我们虽然不能完全再现发生在过去的案件原初真实，但可以通过制度的设计和发挥人的主观能动性，使建构出来的案件事实最大限度地接近客观真实。因此可以说，法官的职责必然是寻求一个与客观事实最接近的裁判。我国有关诉讼法律都把"以事实为根据"作为诉讼活动的一项原则，这也表明，"以事实为根据"作出裁判是法律对法官裁判提出的要求。以法律为准绳，是指法官必须以法律为标准，要求法官断案必须严格按照法律规定，以法律的规定作为定案的依据，不偏不倚。既要严格按照实体法办案，也要严格遵守程序法的规定。所谓"秉公办案，不得徇私枉法"，是要求法官在办理案件过程中，必须是出于公心，而不是为了谋取私利，或者出于本地区或者某个部门的局部利益，地方保护主义或者部门保护主义去办理案件，更不得在办理案件过程中徇私利、徇私情，以权谋私，这是对法官职业素质最基本的要求。

3. 依法保障诉讼参与人的诉讼权利

依照法律的规定，在不同的诉讼、不同的诉讼阶段，诉讼参与人享有相应的诉讼权利，诉讼参与人的诉讼权利贯穿整个诉讼过程的始终，如被告人

的辩护权，律师的调查取证权，证人的出庭作证权，当事人的上诉权、反诉权等，法官有义务依法保障诉讼参与人的诉讼权利，确保审判活动依法顺利进行。

4. 维护国家利益、公共利益，维护自然人、法人和其他组织的合法权益

法院是维护国家政权的重要工具，其性质决定了法官必须忠于国家。法官行使国家的审判权，是代表国家对案件进行审判，必须维护国家利益和公共利益。在任何国家，完全脱离政治不为国家安全和国家利益服务的司法机关是不存在的，那些抹杀司法政治属性的观点既是错误的，也是不现实的。同时，法官还代表国家维护自然人、法人和其他组织的正当合法权益。因此，依法维护国家、集体和个人的合法权益是法官应尽的职责。

5. 清正廉明，忠于职守，遵守纪律，恪守职业道德

职业道德是人们在职业实践中形成的行为规范。每一个职业都有每一个职业的道德。法官职业的特殊性决定着法官的职业道德要求更高。2010年12月修订的《法官职业道德基本准则》规定，法官职业道德的核心是公正、廉洁、为民，基本要求是忠诚司法事业、保证司法公正、确保司法廉洁、坚持司法为民、维护司法形象。审判实践中，法官必须清正廉明，忠于职守，遵守审判纪律。法官是否具备优良的品行、高尚的道德情操，这对确保公正司法、维护国家法治尊严意义重大。一名优秀的法官，不仅要有坚定正确的政治立场、深厚扎实的法律素养，而且还必须具有高尚的道德和情操。近几年来，法院队伍中出现了一些问题，其中有些问题就是由于某些法官道德水平、生活情趣低下造成的。

6. 保守国家秘密和审判工作秘密

法官在审判案件过程中掌握的信息既有涉及国家利益的秘密，又有涉及个人隐私、商业领域的秘密，案件的合议结果、过程也是保密内容。法官应当严格依照法律规定，采取保密措施，不得随意泄露和传播。严格保守国家秘密和审判秘密是一名法官必须具备的素质。

7. 接受法律监督和人民群众监督

主要体现在以下几个方面：一是接受同级人大及其常委会的监督；二是接受检察机关的监督；三是接受其他国家机关、社会团体和组织的监督；四是自觉接受舆论媒体和社会公众的监督。

赋予法官一定的权力和权利是法官履行好职责的前提和基础。根据《法官法》第十一条和《人民法院组织法》的规定，法官享有下列权利：

1. 履行法官职责应当具有的职权和工作条件

法官的主要职责是依法审判案件。《刑事诉讼法》《民事诉讼法》《行政诉讼法》等法律均规定了法官履行职责应当具有的职权，如庭审指挥权，对当事人进行提问或讯问权，调查核实权，对违反诉讼纪律的当事人、辩护人进行制止或制裁权等。为了进行正常的审判活动，法官还必须具备相应的工作条件，包括合格的审判场所、办公地点、办公用具、法官服装、法警保障等。

2. 依照法律行使审判权，不受行政机关、社会团体和个人的干涉

这是宪法确定的一项重要司法原则，《人民法院组织法》第四条也规定了这一原则。这一规定主要是指法官审判案件必须依法进行，法官审理案件只服从法律，对于任何依仗权势以言代法、以权压法，非法干涉办案活动的行为，都有权抵制，不受任何行政机关、社会团体和个人的干涉。

3. 非因法定事由、非经法定程序，不被调离、免职、降职、辞退或者处分

法律明确规定了哪些情况下法官才可以被调离、免职、降职、辞退或者处分。法官是经过人大常委会任命，或者人民法院任命的（如助理审判员由本院院长任命），如果需要对法官调离、免职、降职、辞退或者处分，也必须经过法定的程序。其中，法定被免职的情形主要指丧失中华人民共和国国籍，调出本法院，职务变动不需要保留原职务，经考核确定为不称职，健康原因长期不能履行职务，退休，辞职或者被辞退，因违纪、违法犯罪不能继续任职等情形。

4. 获得劳动报酬，享受保险、福利待遇

劳动权和获得报酬权是宪法规定的公民的基本权利。法官作为国家的劳动者，同样有权获得劳动报酬，还享受法律规定的保险和福利待遇。

5. 人身、财产和住所安全受法律保护

法官担负维护国家法律，惩办一切犯罪分子，解决民事纠纷，保护国家、集体和个人的合法权益的任务，其在执法过程中，往往更容易受到打击报复，因此，法律对法官的人身、财产和住所的安全受保护专门作了规定。最高人民法院高度重视司法人员履职保障工作，致力于健全完善法官和审判辅助人

员履职保障机制。2016年7月，中共中央办公厅、国务院办公厅发布《保护司法人员依法履行法定职责规定》，2017年2月7日，最高人民法院正式印发实施《人民法院落实〈保护司法人员依法履行法定职责规定〉的实施办法》，切实保障司法人员的依法履职行为。

6. 参加培训

法官是法律的执行者，加强培训，是正确理解和把握法律规定的内容的关键，法官只有不断学习，才能正确运用法律审判案件。参加培训，不断学习，从而提高业务素质，是法官的一项重要权利。

7. 提出申诉或者控告

申诉权和控告权是法官对于自身权利受到侵害或者对处理不服时的一种救济的权利。法官对于国家机关及其工作人员侵犯本人权利的，有权提出控告。对于本人的处分或者处理不服的，有权向原处分、处理机关申请复议，并有权向原处分、处理机关的上级机关申诉。法官提出申诉和控告，应当实事求是，不得捏造事实、诬告陷害。

8. 辞职

法官辞职，是法官的自由，是其一项应有的基本权利。应当注意的是，根据法律规定，法官辞职应当由本人提出书面申请。法官辞职后，依照法律规定的程序免除其职务。

第二节 法官职责决定法官的心理要求

关注法官的心理学问题，必须建立在对法官职责的准确认识基础上。前面之所以先详细论述法官的地位、作用和职责问题，目的是为探究法官的心理学问题奠定事实基础和基本要求。

一、法官职责决定法官的认知要求

法官的职责决定法官审判工作的内容和要求。而认知活动是法官审判工作的重要组成部分。因此，法官的地位、作用和职责问题直接与法官的认知要求挂钩。根据心理学原理，认知是法官从外界获取案件信息的最初渠道，也是裁判活动的前提和基础，是法官作为人最基本的心理过程。一方面，案件事实建构和裁判规范的发现建立在法官对事实和法律所认知的最初信息基础之上。另一方面，认知也是法官在诉讼活动中了解他人情绪情感、性格特征和人际关系的基础。社会心理学家认为，认知是个人对他人的心理状态、行为动机和意向作出推测与判断的过程。据此，认知是法官在办案过程中把握当事人心理特征、有效采取诉讼策略和审判技术、制定审判方案的前提。法官的认知不仅包括法官对案件事实和法律的认知，还包括法官对社会的认知。法官对外界或案件信息的认知过程往往是多种心理活动同时进行的，包括法官的感知、记忆、想象、思维和语言等具体活动。对法官作用与职责的不同把握，往往决定着法官的认知指向与效果。法律对法官地位、作用和职责的明文规定，事实上规定着法官职业活动的具体要求与程序步骤，代表着社会的普遍期待。

二、法官职责决定法官的情意要求

情感、情绪是人对客观事物的态度体验及对相应行为的反应。喜、怒、哀、乐、忧、惧、爱、憎等都是不同形式的情绪、情感。情绪更倾向于法官个体基本需求欲望上的态度体验，往往与自然需要相联系；而情感则更倾向于法官社会需求欲望上的态度体验，与法官的社会需要相联系。法官的职责限制着法官的自然需要，规定着法官的社会追求，因此决定着法官的情感、情绪要求。法官情感是法官态度这一整体中的一部分，它与态度中的内向感受、意向具有协调一致性，是态度在生理上一种较复杂而又稳定的生理评价和体验。整体而言，法官情感主要表现为法官对司法审判形成的道德感、价值感和美感。其中道德情感左右着法官对某种思想、观念、行为的接受与拒绝。情感对司法行为既有促进作用也有干扰作用。积极的情感具有激励法官，有效地控制自己的行为，使行为能持续地、有方向性地指向预定的审判目标，推动法官实现司法公正。当法官的心灵被消极的情绪、情感所笼罩时，就会严重干扰审判行为，使司法判决失去理性，从而导致司法公正的丧失。在司法过程中排除法官情感对司法裁判的影响是不现实的，也是不必要的，关键在于理性防范与控制情感因素对司法裁判的消极影响，对法官提出合理的情感要求。

意志是指为了达到目的，自觉地调节与支配自己的行动，并同克服困难联系在一起的心理过程。由于意志的最大特征是与克服困难联系在一起的，或者说对于克服困难而言，意志是最活跃最起作用的一个因素。那么，对于颇具风险与困难挑战的审判活动来说，意志就成为一个法官必不可少的心理因素。法官的意志表现为法官对自己行为的调节与控制，与法官意志相关的比较稳定的方面，就是法官的意志品质。法官肩负着实现司法公正的重要职责，法官的职责决定着法官的意志要求。司法实践中，只有那些意志坚定的法官才会正视自身的弱点，并下决心勇于改进，使自己的人格逐渐趋于完善。

三、法官职责决定法官的个性要求

个性，当初是指演员在舞台上戴的面具，与我们今天戏剧舞台上不同角色的脸谱相类似，后来心理学借用这个术语用来说明每个人在人生舞台上各自扮演的角色及其不同于他人的精神面貌。个性心理作为整体结构，包括个性倾向性和个性心理特征两大系统。个性影响人的行为，当然也包括影响人的职业行为。

一个人要想取得成功，一定要选择适合自己的职业。决定这种人岗"适合性"的因素固然有多种，但主要源于人们之间的千差万别和具体职业对人要求的各种各样。随着职业的复杂化和高深化，人的更深层的心理因素对人与职匹配的影响越来越不容忽视，"个性"的作用日益受到关注。在司法领域，人的个性与法官职业是否匹配的"人岗相适"问题也就成为选拔、培训、考核法官的关键问题。法官职业的地位、作用和职责决定着法官的个性要求。个性心理作为法官心理品质的一个方面，对于法官工作的影响是相当大的。目前，不少国家已经将个性心理作为选拔、遴选和训练法官的重要内容，并把它作为评定优秀法官的一个重要指标。因此，对人的个性与法官职业是否匹配展开研究，对于法官的选拔、遴选和任用工作是非常有意义的。

同时，法官的个性心理与法官的心理过程密切联系、不可分割。一方面，个性心理是通过心理过程形成的。没有法官对客观现实的认知和对外部世界的情感体验，以及对案件问题积极解决的意志行动，法官的性格、能力、信念和世界观就不可能形成；另一方面，已形成的个性心理也可以调节心理过程的进行，在心理过程中得以表现。因此，对法官个性心理的探究，有助于加深对法官心理过程的理解和控制，直接提高案件的审判质量。

四、法官职责决定法官的角色要求

社会角色种类繁多，不同职业、不同地位、不同行为特征都有与之相对应的角色。任何一种角色都与一系列行为模式相关，一定的角色必有相应的权利义务。人的一生也常常需先后或同时承担多种角色，如一个人在单位是教师，在家里是妻子和母亲，如果住院了，她的角色又是病人。角色可以是暂时的，如病人角色；也可以是长期的，如母亲角色。角色是人们对处于一定社会位置的人的行为期待，社会要求每一个人按自己的角色行事，如护士角色必须符合护士的要求，母亲角色必须符合母亲的标准，法官应当像法官一样行事，"像法律人那样思考"。法官的角色是指与法官的特殊（法律、社会、政治）地位、身份相一致的一整套权利、义务的规范与行为模式，它是人民群众对法官职业行为的期待。

研究法官的角色要求显然必须建立在国家和社会对法官的地位、作用和职责的认识基础上。法官在法律系统、社会系统、政治系统中独特的地位决定着他必然承担的法律人角色、社会人角色和政治人角色。实践证明，法官只有明确的角色意识和适宜的角色行为，才能完成好审判工作。亦即，法官只有知道自己应尽的职责和义务是什么，负有什么样的责任，享有什么样的权利，才能更好地决定自己应按什么样的方式去行动。法官只有明确自己的职责，认清自己的角色（包括角色行为模式和社会期待），才能进一步增强自己的角色意识，明确自己的角色适应行为，掌握角色认识技巧，提高角色行为能力，适应角色工作需要。

五、法官职责决定法官的活动要求

法官的职责决定着法官的具体活动要求，包括职业活动和业外活动。法官的职业活动是展现法官形象，实现司法公正的关键。司法活动中的细节问题看似微不足道，实质上却决定司法公正的实现与当事人对司法能否形成公正印象。司法的权威从来不在于构建多么宏大的制度话语体系，而是更深刻地蕴含在司法活动的细节之中，藏纳于统一、规范、严谨的裁判行为里。随着公民法律意识的增强，法官这一职业已超出了自身单纯的职业范畴，承载着普通人的道德期待，在人民群众眼里，法官是社会公平正义的"守护者"，不仅要有一丝不苟的职业素养和司法操守，而且对法律要有发自内心的信仰。在公众眼里，正气的感觉来自法官的行为细节，他们基于法官的行为细节进而得出肯定或否定、赞扬或非议的结论，并由此评定司法能力的强弱。法官的职业活动范围很广，主要包括立案（咨询接待）、阅卷、开庭、调解、合议等活动，本书将以心理学知识为基础，根据法官行为规范，对法官主要职业活动的性质与功能、司法技巧与方法等问题进行细致探究。同时，法官形象的形塑不仅在司法活动之中，也在法官的业外活动之中。业外活动中的不良表现也会直接影响法官的形象，从而影响法官作为特殊群体的公正形象。因此，本书还针对法官在各种社会场合中的行为要求加以探讨。

六、法官职责决定法官的合作要求

大多数情况下，审判是以合议庭、审判委员会讨论等集体决策的形式进行，体现了法官之间的合作。审判实践中，法官的个体差异很大，不仅体现在年龄、性别上的差异，还体现在心理上的差异。从年龄的角度讲，年长的法官一般具有丰富的社会阅历和对社会现实相对深刻的理解，办案经验丰富，而年轻法官则社会阅历相对简单，经验比较缺乏。由于年龄的差异，不同的法官继承不同的法律职业传统，对知识和技能的掌握程度不同。从性别角度看，男女法官在个性、行为、能力、成就等方面具有差异性。比如说，女法官在离婚、未成年人犯罪案件等特殊类型案件的审判活动中往往表现出独特的优势和专长；在裁判方法的把握上，男法官往往更重视法条，注重技术细节、规则、严格解释，而女法官则更强调衡平，更重视宽泛的标准、实质性的正义考量。从个体心理差异的角度看，不同的法官具有不同的教育背景、工作经历和年龄状况，这不但导致法官的司法理念不尽相同，而且影响着法官的气质、个性等心理特征，最终影响司法裁判。法官个体差异如此之大，正好说明了法官合作的必要性与重要性。审判应当是一种合作的事业。只有相互合作，才能取长补短，发挥集体决策的优势，实现司法公正，维护社会公平与正义。而法官究竟应当如何合作，在合作中应遵循哪些规则，这些实际上是由法官的地位、作用和职责所决定的。如果对法官的地位、作用和职责的认识不同，那对法官合作要求的把握也会有所不同。在心理学上看，合作实际上是指个人与个人、群体与群体之间为达到共同目的，彼此相互配合的一种联合行动。在联合行动中，合作者必须遵守共同认可的社会规范和群体规范。法官的地位、作用和职责规定着审判决策所应遵循的群体规范，这也就决定着法官的合作要求。对法官合作的细致研究，离不开对司法活动中的群体决策规律与群体心理等问题的探索。

七、法官职责决定法官的选拔要求

审判既是一种专业，也是一种职业。法官职业的地位、作用和职责要求决定着法官的培养、成长要求。法官的职责决定着我们需要选拔、培养什么样的法官，决定着法官职业培训应当培训什么。事实证明，不是任何人都能胜任法官的职业需要，并非人人都适合当法官。对于每个人来说，都存在一个"职业适应性"问题。在较为充分的选择条件下，如果求职者与职业岗位能够相互适应、匹配，可以使大家各得其所、各尽其职，从而形成人力资源的合理布局和正向流动，有利于保障社会主义法治事业的顺利进行。法官的教育背景、家庭背景、成长经历与法官个性因素具有密切的联系，什么样的教育、家庭、成长经历等后天因素决定着塑造出什么样的法官。倡导对法官实行职业心理选拔，有利于明确法官职业的特定心理要求，显示个体职业适合性倾向，增进人职匹配，加强人的职业适应性，提高法官职业活动效率和职业培训效益。心理选拔仅仅是由法官求职者转变成法官的第一步，经过心理选拔合格的法官,还必须接受培训,才能形成和达到规定的心理指标与素质要求。

八、法官职责决定法官的发展要求

法官的职业发展,要经历一个从新手到专家的成长过程。无论在哪一个领域,被冠以"专家"的美誉都意味着莫大的荣耀。近年来,在检察、法院系统先后开展检察业务专家、审判业务专家的评选活动。但评比过程中,可能面临的难题是,如何制定一个相对客观的标准。在国际象棋中,我们可以从棋手的获胜概率和实力等级来划分什么是专家,大家都认同这种客观的标准。而在社会科学领域,特别是司法审判实践领域,评估谁才是真正的审判业务专家确实比较困难。但有一点必须肯定,法官的职责决定着专家型法官的基本要求。审判案件是法官的本职工作,专家型法官必须在司法审判领域具备某一方面的业务专长,在办案中应表现出较普通法官无法比拟的专长和特殊优势,比如说人家解决不了的案件他能够解决,他能够为疑难案件寻求一个更好的解决方案与出路。为了帮助法官个体缩短从新手到专家的成长历程,以及促进专家型法官考虑如何通过合作共享将审判经验传授给新手和熟手,更好地履行法官职责,有必要对法官职业发展的新手阶段、熟手阶段、专家阶段在审判策略、人格、工作动机、职业心理等方面的差异进行心理学探索。

九、法官职责决定法官的激励要求

法官的职责决定着法官的审判工作任务和管理要求。特别是近年来,随着社会经济的迅猛发展和体制转型,由此产生的冲突和矛盾日益增加,大量的纠纷和矛盾以案件形式涌向法院,人民法院案多人少的矛盾非常突出。审判工作最终都要落实到每位法官身上,司法效能的高低最终将取决于办案的法官。如何有效地行使法官激励职能,促进法官以更快的速度,办结质量更好的案件,无疑是各级人民法院面临的重大课题。激励是管理心理学上一个非常重要的概念,也是管理心理学研究的热点问题之一。法官激励就是要激发法官的自动力，调动法官的工作积极性，使法官都朝组织的目标作出持久的努力。激励理论是研究如何调动人的积极性的理论。根据法官的职责要求，运用管理学家、心理学家和社会学家从不同角度提出的激励理论，探讨法官的激励问题无疑具有十分重要的现实意义。

十、法官职责决定法官的健康要求

作为国家法律的执行者，法官职业职责的特殊性，决定了对法官心理素质的要求更高。法官是一个让人羡慕的光荣职业，但是法官与普通人一样，脱掉那身法官服，也会回归凡人的本性，有恐惧、牢骚、生活的压力，有职业的竞争，有人际的困惑。特别是职业的规范给他们带来更多普通人体会不到的精神与心理压力。法官的心理压力与心理健康问题已经成为各级人民法院当前面临的突出问题之一。法官只有心理健康，才能以良好的精神状态投入学习和审判工作，而且以较强的自制力来调节自己的行为，控制自己的情绪，优质高效地完成审判工作任务。心理学家对心理健康问题已有比较深入的研究，提出了心理健康的标准和内容等多项成果，但目前的法学理论与实践部门对法官的心理健康问题却少有专门研究。如何立足法官的职责要求，运用心理学研究的成熟成果，对法官心理健康问题展开系统、深入的探究，为法官心理健康的系统维护提供充足的理论支持，是一个非常重要的现实课题，应当成为法官心理学研究的重要组成部分。

第一篇
法官普通心理与司法素质

第一章　法官认知

认知心理学认为，认知是指人对事物知觉的过程，包括对事物的注意、辨别、理解、思考等复杂的心理活动。基于此，对知觉过程的意义而言，凡是以记忆、理解、想象、思考等行为与心理过程为研究题材的，都属于认知心理学。狭义的认知心理学则限于解释人凭感官接收信息、贮存信息以及运用信息的历程。① 认知心理学运用信息加工观点来研究认知活动，其研究范围要包括感知觉、注意、想象、记忆、思维和言语等心理过程，以及儿童的认知发展和人工智能。认知心理学的核心是揭示认知过程的内部心理机制，即信息是如何获得、贮存、加工和使用的。

法官的认知是法官从外界获取案件事实信息的最初渠道，是裁判活动的前提和基础。一方面，案件事实建构和裁判规范的发现建立在法官对事实和法律认知的最初的信息基础之上。正如西方有学者所言："不管人们赋予法律制度以什么性质，它总具有每一个程序共有的特点。首先，要有输入，从制度一端进来的原料……下一步是法院，法院工作人员开始对输入的材料进行加工……然后，法院交付输出：裁定或判决。"我国学者李安博士借助认知科学的研究范式来考察刑事裁判的思维模式，将刑事裁判分为三个环节：输入、加工和输出。其中，加工就是法官对案件的思维运作，案件与判决之间存在着一个"加工通道"，法官对规则的理解和事实的认知均发生在"通道"加工之中，从而颇具创新性地提出了"加工通道"的法律思维理论。② 这也同时为我们指出了法官认知与司法裁判之间的密切关系。另一方面，认知是法官在诉讼活动中了解他人情绪情感、性格特征和人际关系的基础。认知是个

---

① 人民教育出版社师范教材中心组编：《心理学》，人民教育出版社1999年版，第7页。
② 参见李安：《刑事裁判思维模式研究》，中国法制出版社2007年版，第7页、第13页。

人对他人的心理状态、行为动机和意向作出推测与判断的过程。据此，认知是法官在办案过程中把握当事人心理特征、有效采取诉讼策略和审判技巧、制定审判方案的前提。法官的认知不仅包括法官对案件事实和法律的认知，还包括法官对社会的认知。

认知心理学还强调策略与技巧的作用。由于信息加工系统的能力有限，人不能同时应用一切可能的信息，也不能采取一切可能的行动，因此人必须采取一定的行动方案、计划或策略，从而体现出人的主动性和智慧性。为了全面探究法官的认知活动，提高法官认知水平，必须找出影响法官认知的心理因素，同时对法官认知偏差的情况进行规律性总结，为规范法官的认知奠定基础。借助认知科学特别是认知心理学的有关知识对法官的认知活动进行探究，可帮助人们或法官了解或规范法官的认知。

第一节　法官的认知活动

法官接受外界（主要指案件）输入的信息，经过头脑的加工处理，转换成内在的心理活动，再进而支配法官的审判行为，这个过程就是法官对案件信息进行加工的过程，也就是法官的认知过程。法官对外界或案件信息的认知过程往往是多种心理活动同时进行的，包括法官的感知、记忆、想象、思维和言语等具体活动。

一、法官的感知

（一）什么是感知

感知是对感觉、知觉这两种心理现象的简称，属于对客观事物的认识过程的组成部分，是为了弄清客观事物的性质和规律而产生的心理活动。感觉是指人脑对直接作用于感觉器官的客观事物的个别属性的反映，[①] 包括视觉、

[①] 参见人民教育出版社师范教材中心组编：《心理学》，人民教育出版社1999年版，第58页。

听觉、嗅觉、味觉、皮肤觉、运动觉、平衡觉和内脏觉等多种现象。比如，听到树叶的沙沙声，看到光亮、颜色，尝到滋味，闻到气味，摸到物体知道软硬、冷热等，这些都是感觉现象。感觉是认识的入口和开端，没有感觉便不会有比较高级和复杂的知觉、想象和思维等心理活动，而且在后来的心理活动中仍然需要感觉给予充实和修正。在感觉的基础上，人们根据感觉的结果进一步辨认出这是刮风、阳光，那是花朵、果实等，这些就属于知觉。知觉是指客观事物直接作用于人的感觉器官，人脑对客观事物整体的反映。[1]

感知对于法官办案十分重要。首先，与案件有关的人和事是法官感知的源泉和反映的内容，[2] 感知是法官对案件事实和法律规范进行认知的基础。其次，感知是法官学习法条和法条发现的基础。法官是决定案件处理的主体，法官认知活动中包含着法官对法条的感知。法官对法条的认知是法官习得法条的心理活动，始于感知终于储存。

（二）感知的基本规律

1. 感觉的基本规律

根据心理学研究成果，感觉的基本规律主要有以下几点：

第一，感觉强度对刺激强度的依从性。我们生活的这个环境存在许多刺激，但并不是所有刺激都能引起我们的感觉。例如，落在我们皮肤表面的灰尘、专注听课时旁边同学轻微的翻书声等，我们便觉察不到。法官在审理活动中，作为刺激的案件事实及法律信息的强度必须是适宜的，才能引起法官的感觉。

第二，人的感受性并非一成不变，感觉具有适应现象。感受性指感觉器官对适宜刺激的感觉能力。感觉适应是指由于刺激物对感受器的持续作用，

---

[1] 参见人民教育出版社师范教材中心组编：《心理学》，人民教育出版社1999年版，第59页。
[2] 知觉既包括对物的知觉，又包括对人的知觉（社会知觉）。其中，对人的知觉反映的是社会成员的行为和表现。它可以分为对他人的知觉、人际知觉和自我知觉。通过对人的外部特征、言行表现以及其他可观察到的特点的了解，从而认识某人的一般心理特点，这是对他人的知觉。通过人与人之间的相互感知，从而对彼此的态度、观点等有所体察并能作出适当的评价，这是人际知觉。把自己作为知觉的对象，通过自己的言行与身心状态，自己在社会中的地位、作用的审察，从而认识和估价自己，这是自我知觉。参见人民教育出版社师范教材中心组编：《心理学》，人民教育出版社1999年版，第65页。

使感受性发生变化的现象。当我们从暗处来到光亮处，刚开始会觉得目眩，看不清周围的东西，几秒钟后才逐渐看清周围的物体，这是视觉适应。当我们去参加一个舞会，刚到舞会现场时会觉得音乐声很大，待一会儿后，会觉得音乐声没有刚开始听起来那么大，这是听觉适应。当我们吃了甜的食物，再吃酸的食物时会觉得更酸，这是味觉适应。感觉适应对于法官来说具有积极的意义，能够帮助法官在变化的环境中不断感知外界事物和案件事实，进而调整自己的审判行为，以便更好地作出决策。

第三，感觉能相互作用。包括同一感觉的相互作用和不同感觉的相互作用。同一感觉的相互作用是指同一感受性中的其他刺激影响着对某种刺激的感受性的现象。同一感觉相互作用的突出事例是感觉对比。例如，一个灰色方块放在黑色背景上比放在白色背景上看起来亮些。"月明星稀"就是感觉对比的现象。不同刺激先后作用于感受器时，产生继时对比。例如，吃了糖果后再吃苹果，会觉得苹果是酸的。不同感觉的相互作用指不同感受器因接受不同刺激而产生的感觉之间的相互影响。生活中，我们能体验到味觉和嗅觉的相互作用。如果闭上眼睛，捏住鼻子，我们将分不清嘴里吃的是苹果，还是土豆；感冒的人常常味觉不敏感。不同感觉的相互作用还有一种特殊表现——联觉，指一种感觉兼有另一种感觉的心理现象。例如，切割玻璃的声音会使人产生寒冷的感觉；看见黄色产生甜的感觉，看见绿色产生酸的感觉；红、橙、黄色使人产生暖的感觉，绿、青、蓝使人产生冷的感觉。这些都是感觉的相互作用。

第四，感受性在实践中发展。由于人与人之间的生活实践不同，其感受性也有很大差异。受过某种专门训练的人，他们的某些感觉器官的感受性比未受过训练的人高得多。例如，有经验的磨工能看出 0.0005 毫米的空隙，而常人只能看出 0.1 毫米的空隙。法官是一种受过严格训练的特殊职业，对感受性的要求较高，比如需要通过观察当事人言辞是否合理、神色是否从容、气息是否平和、精神是否恍惚、眼睛是否有神等情形，综合判定其陈述的真实性。在人类司法的历史上，我国古人独树一帜，发展出了著名的"五听"断狱的审判方法。如《周礼·秋官·小司寇》所载："五声听狱讼，求民情：一曰辞听（观其出言，不直则烦），二曰色听（观其颜色，视不直则赧然），三曰气听（观其气息，不直则喘），四曰耳听（观其听聆，不直则感），五曰目听（观其眸子，视不直则眊然）。"审判实践本身是发展法官感受性的主要途径，法官只有多办案，在实践中多锻炼，才能提高自己的感受能力。

2. 知觉的基本规律

知觉活动的规律主要体现在知觉的选择性、整体性、理解性和恒常性等方面。

第一，知觉的选择性。在复杂的环境中，在同一时刻，作用于人的感觉器官的刺激多种多样。法官在审判案件，阅卷审查时也是如此。法官不可能对同时作用于他的刺激全部清楚地感受到，也不可能对所有的刺激都作出相应的反应。有经验的法官总是把与案件处理有密切联系的某些事物作为知觉的对象，作为审查的重点，而其他事物作为知觉的背景。在刑事案件开庭审判时，当法官注意看被告人、听取被告人的辩解时，被告人的一切举动、表演以及言语成为法官知觉的重点，而法庭上的公诉人、辩护律师、旁听群众等便成为知觉的背景；当法官注意听律师的辩护时，律师的声音便成为法官知觉的对象，而周围公诉人、旁听者的行为表现便成为法官知觉的背景。知觉的重点对象和背景之间的关系是相对的，这表现在知觉的对象和背景可以互相切换。法官接触到的法律条文丰富多彩，名目繁多。当法官打开法律手册时，作用于法官感觉器官的刺激即法条是非常多的，但法官不可能对同时作用于他感觉器官的法条全都清楚地感知到，也不可能对所有的法条都作出相应的反应。在同一时刻里，他总是对少数法条知觉得格外清楚，而对其余的条文知觉得比较模糊。知觉得特别清楚的部分法条，我们称之为法官知觉的对象，知觉得比较模糊的部分法条自然成为知觉的背景。当法官在阅读法条的时候，其知觉对象和背景的关系并非固定不变，而依一定的主客观条件经常转换。如某刑事审判庭的法官有意识地想寻找有关侵犯财产罪的刑法法条，《刑法》第五章的内容就成为其知觉的对象，而其余刑法条文则成为其知觉的背景。在知觉过程中，凡是与办案法官的当前需要、愿望、工作任务及以往知识经验联系密切的法条，都容易成为知觉的对象。

第二，知觉的整体性。客观事物是由不同部分、不同属性组成的，我们总是把客观事物作为整体来感知，即把客观事物的个别特性综合为整体来反映，这就是知觉的整体性。案件是一个整体，法官对案件局部事实往往作为整体来感知。法官知觉的法条是由不同的章、节、条、款、句、词、字等不同部分、不同部分的不同属性组成的。当它们对法官发生作用的时候，是分别作用或者先后作用于法官的感觉器官的。但法官在阅读法条的时候并不是孤立地反映这些部分、属性，而是把它们结合成有机的整体。法条的性质、特点和法官的知识、经验是影响知觉整体性的两个重要因素。一般来说，案件事实的关键情节和法条的关键部分在法官知觉的整体性中起着决定性的作用。

第三，知觉的理解性。我们在知觉任何事物的过程中，总是根据已有的认知或经验来解释它，赋予它一定的意义，并用语言、词汇来描述它。这一特点就是知觉的理解性。法官审判活动中，对事实进行认知的过程中伴随着对事实的理解和解释。在感知当前法律条文时，总是借助于以往的知识经验来理解它们，并用词把它们标示出来。比如一看到《刑法》第二百六十三条，如果是一位刑事法官，马上就会知道这是有关抢劫罪的法律规定，并知道蕴含在法条背后的具体抢劫犯罪的构成要件是什么。对法条的熟悉程度决定了其能知觉出法条所需时间的长短。这里面，以往的经验显然是最重要的，有经验的法官可以从法条的部分规定就知道法条的全部内容。心理学研究还表明，知觉的理解性会受到情绪、意向、价值观和定势等的影响。在知觉信息不足或复杂的情况下，知觉的理解性需要语言的提示和思维的帮助。一块像小狗的石头，也许开始看不出来，但如果有人提示，就会越看越像。在法条认知活动中，有时也会遇到类似情形。如果法条能够被理解，那么对法条的知觉就更为深刻、精确和迅速。

第四，知觉的恒常性。在知觉过程中，当知觉的条件（距离、角度、照明等）在一定范围内发生变化时，知觉映像却保持相对不变，这就是知觉的恒常性。当知觉的法条在一定范围内变化的时候，知觉的映像仍然保持相对不变，这是法官对法条知觉的恒常性。其中，视觉的恒常性表现得特别明显。例如，一个法条印在不同版本的法律手册或教科书上，它在我们视网膜上的空间大小是不同的，但是我们总是把它知觉为一个内容一样的法条。知觉的恒常性还普遍存在于其他各类知觉中，如同一法条，尽管宣读的人不同，使用的语言也不一样，我们却总是把它知觉成同一条文。知觉的恒常性是因为法条本身具有相对稳定的结构和特征，而我们法官对这些法条有比较丰富的经验，无数次的经验校正了来自每个感受器的不完全的甚至歪曲的信息。

（三）观察与感知的联系与区别

观察是在感知过程中以感知为基础形成起来的，脱离了感知就无所谓观察。这是二者的联系。二者的主要区别在于：观察是一种主动认识对象的形式，而感知是由对象的特点或人的兴趣所指引的；观察是知觉、思维和语言相结合的活动过程，而感知只是在分析器的综合活动中体现思维和语言的作用；观察过程要求观察者保持稳定的有意注意，而感知则没有这一要求；观察受到人的情感和意志的影响，而感知活动则较少受到这种影响。因此，观察是感知的特殊形式，它是有预定目的、有计划的、主动的知觉，在生活实践的各个领域都有重要的作用和意义。法官阅卷、开庭等审理活动都离不开法官对事物的观察。如果没有周密的、精确的、系统的观察，法官就不可能收集到大量有价值的事实信息材料，并从中发现新的规律，完成案件事实的建构。审判工作中，优秀法官通常能够通过观察，了解当事人或被告人的道德品质、个性特征、平时表现情况等，然后才能实现个案公正。而观察的效果是由一个人的观察力决定的。法官的观察力是指法官有目的、主动地去考察事物并善于正确发现事物的各种典型特征的知觉能力。培养法官的观察能力要从训练他们的知觉技能入手。为了使观察得到良好的效果，必须注意有明确的观察目的、积极的观察态度、充分的知识准备、完善的观察计划，以及对观察结果进行及时整理和总结。

二、法官的记忆

（一）什么是记忆

人感知过的事物、思考过的问题和理论，体验过的情绪和情感等，这些经历过的事物都会在头脑中留下痕迹，并在一定条件下呈现出来，这就是记忆。所谓记忆，是指在人脑中积累和保存个体经验的心理过程，有"心灵的仓库"之美称。根据不同的标准，心理学将记忆作不同的分类：

第一，根据记忆内容的不同，可分为形象记忆、运动记忆、情绪记忆和语义逻辑记忆。法官对法条的记忆属于语义逻辑记忆的范畴，该种记忆是以语词、概念、原理为内容的记忆。① 这种记忆所保持的不是具体的形象，而是反映客观事物本质和规律的定义、定理、公式、法则等。这些内容都是通过严密的逻辑思维过程所形成的，又与语词密不可分。语义逻辑记忆的信息是以意义为参照，它是人类所特有的，具有高度概括性、理解性、逻辑性和抽象性的记忆，对我们学习理性知识起着重要作用。

第二，根据记忆材料保持时间的长短，可分为感觉记忆、短时记忆与长时记忆。我们上法律课时边听边记下教师讲课的法律内容，是靠短时记忆。所谓长时记忆，是指有关信息在记忆中的贮存时间超过一分钟，直至数日、数周、数年乃至一生的记忆。实验研究表明，短时记忆的内容若加以复述、运用或进一步加工，可转变为长时记忆，但也有些长时记忆可由印象深刻一次形成。

第三，按记忆的意识参与程度，可分为外显记忆和内隐记忆。所谓外显记忆，是指个体在意识的控制下，有意识地或主动地收集某些经验用以完成当前任务时所表现出的记忆，又称受意识控制的记忆。所谓内隐记忆，是指个体在不需要意识、有意回忆的情况下，过去经验自动对当前任务产生影响而表现出来的记忆，又称无意识记忆。在认知法条的活动中，法官大脑中除了具有可以知晓、有意识的法条信息加工方式外，还可能具有未被知晓、无意识的但确实存在的法条信息加工方式。

记忆是法官积累案件事实信息和法律知识经验的功能之一。法官通过阅卷、讯问被告人、开庭审理等活动，对案件事实中的人和事物进行感知，获取案件事实信息，再通过记忆贮存下来。这些贮存下来的案件信息即使对于法官知觉本身来说也是十分重要的。记忆在法官的整个心理活动中处于突出的地位。法官的任何一个心理活动和心理现象都离不开记忆的参与。记忆将法官心理活动的过去、现在和将来联成一体，使案件审理顺利进行。此外，法官对法条的掌握和运用也离不开记忆。对于法官而言，对法条的记忆比对事实的记忆更为重要。

---

① 参见人民教育出版社师范教材中心组编：《心理学》，人民教育出版社1999年版，第88页。

(二) 法官对法条的记忆

法官对法条知识的记忆与感知一样，都是法官头脑对法条的反映，但是记忆是比感知更高级、复杂的心理现象。法官对法条的感知过程是反映当前直接作用于感官的法条，属于感性认识；而对法条的记忆反映的是过去的经验，是法官认识法条的积极、能动活动，兼有感性认识和理性认识的特点。在信息处理上，法条记忆是法官大脑对外界输入的法条信息进行编码、存储和提取的过程。

法官对法条的记忆具有以下几个特点：一是主要为语义逻辑记忆。包含着法官严密的思维逻辑过程，是法官学习法律知识、提高法律水平的重要途径。二是包含了感觉记忆、短时记忆与长时记忆。法官在审判实践中，遇到法律问题时经常会临时翻看法律适用手册，查阅有关法律规定，接触到有关法条规定时，法条刺激引起感觉，其痕迹就是感觉记忆；感觉记忆中呈现的法条信息如果受到法官的注意就转入短时记忆；短时记忆的法条信息若得到法官的及时加工或复述，就转入长时记忆。最近的心理学研究还表明，长时记忆的信息是以组织的状态被贮存起来的，主要以意义的方式对信息进行编码，通过整理、归类、贮存并提取。[1] 法官长时记忆贮存的法条信息时间长，可随时提取使用，与短时记忆相比，受到的干扰小，因此，司法实践中，长时记忆对法官司法审判能力的提高作用更大，运用更为广泛。三是既有外显记忆，又有内隐记忆。司法实践中，法官在审判活动中往往会因受到先前学习所获得法条信息的影响，或者因先前对法条知识的系统学习而使当下案件的审理变得更加容易，这种不知不觉的现象就可以认为是法条的内隐记忆在法官头脑中发挥了作用。

根据心理学对记忆环节的划分，法官对法条的记忆也应包括识记、保持、回忆这三个基本环节：

第一，法条识记。所谓法条识记，是指法官识别和记住法条，从而积累法律条文知识经验的过程，也就是人们日常所说的"背法条"。

第二，法条保持。所谓法条保持，就是指已获得的法条内容或知识经验

---

[1] 参见王甦、汪圣安：《认知心理学》，北京大学出版社1992年版，第171页。

在法官头脑中储存和巩固的心理过程。输入法官大脑的法条信息在经过法官个体的注意过程的学习后，便成了法官的短时记忆，若对以前学过的法条知识能够回忆起来，就是保持住了，但是如果不经过及时的复习，这些记住过的法条信息就会遗忘。法条保持的反面就是遗忘。所谓遗忘，是指法官对于曾经记忆过的法条知识不能再认，也不能回忆起来，或者错误地再认和回忆。

第三，法条再认与回忆。记忆的提取属于信息的输出过程，即记忆信息的提取。法条再认和回忆，都是法官对法条信息的提取。而提取的效果一方面依赖于储存；另一方面依赖于线索。倘若储存本身是有组织的、有条理的，是有层次结构的，提取时只要使层次网络中的某些节点激活，使与这些节点有关的法条信息处于启动状态，回忆就会很容易进行。若法条的储存是杂乱无章的，提取就不会顺利。线索在提取中起着重要的作用，线索的数量多、质量高，提取就容易。线索的质量是指线索中的法条信息与记忆痕迹中的法条信息匹配联系得紧密与否。一般来说，再认比回忆容易提取信息，这是因为再认时有关线索就是再认的感性依托，有较多的线索给予提示，可帮助尽快地确认。

（三）法条遗忘的一般规律

在法条记忆活动中，了解和掌握一些有关遗忘的心理规律是非常必要的，有利于为法条保持提供方法或策略。德国心理学家艾宾浩斯（Hermann Ebbinghaus，1850—1909），研究发现了记忆遗忘具有以下三条规律：

一是遗忘的进程受时间的约束，即"先快后慢"。艾宾浩斯通过实验发现，人在记忆的最初阶段遗忘的速度很快，后来就逐渐减慢，到了相当长的时候后，几乎不再遗忘。也即，随着时间的推移，遗忘的速度会减慢，遗忘的数量也就减少。由此告诉我们，每一位法官或其他法律职业工作者，在学习和掌握法律知识的过程中，均须勤于复习，只有经过及时的复习，那些有关法条的短时记忆才会成为长时记忆，从而在法官大脑中保持很长时间。同时，通过该条遗忘规律也不难看出，复习法条的次数可先多后少，间隔时间也可先短后长。

二是记忆不同性质的材料有不同的遗忘曲线。艾宾浩斯的实验表明，凡是理解了的知识，就能记得迅速、全面而牢固。不然，仅凭死记硬背，是费力不讨好的。这表明，人比较容易记忆的是那些有意义的材料，而对那些无意义的材料在记忆的时候比较费劲，在日后回忆起来也很不轻松。因此，艾宾浩斯又得出了不同性质材料具有不同遗忘曲线这一记忆规律。① 由此告诉我们一个简单的科学道理，在学习和掌握法律条文的时候，一定要注意对法条内容的理解，尽量避免死记硬背，在理解的基础上进行记忆，记忆的理解效果越好，遗忘的速度则越慢。

三是不同的人有不同的记忆。记忆规律具有个性化的特点。每个人的生理特点、生活经历不同，导致每个人有不同的记忆习惯、记忆方式、记忆特点。这可以为我们解释一个十分常见的现象，即法官对法条的记忆为什么往往存在个体差异，有的人善于学习法律，而有的人则不善于学习法律。由此也告诉我们一个道理，即每个法官要针对自己的个性特点寻找适合自己的记忆方法，唯有如此，才能获得更好的对法条的记忆成绩。这里顺便给那些正在准备国家法律职业资格考试的"预备法官"提个醒：目前，市场上有关考试的各类书籍很多，书中无不介绍各种各样的法条复习方法和记忆技巧，根据前述心理学原理，笔者建议，每个准备应试的考生应当根据自己的记忆特点加以选择使用，避免机械套用，否则，势必影响自己的考试成绩，到时追悔莫及。

心理学家还研究表明，最先记忆的内容印象最深刻，最先学习的和最后学习的单词的回忆成绩较好，而中间部分的单词回忆成绩较差。心理学家把这种现象称为系列位置效应。开始部分较好的记忆成绩称为首因效应，结尾部分较优的记忆成绩称为近因效应。②

---

① 参见崔丽娟等：《心理学是什么》，北京大学出版社2002年版，第137-140页。
② 参见崔丽娟等：《心理学是什么》，北京大学出版社2002年版，第141页。

三、法官的思维

（一）什么是思维

思维是多门学科研究的对象。不仅心理学研究思维，哲学、逻辑学、脑科学，甚至语言学都要研究思维，但对思维研究的侧重面是不同的。[①] 思维是人的心理过程中最复杂的心理现象之一，法官的思维是法律性思维。但究竟什么是思维，以及什么是法律思维，心理学家和法学家均存在不同的看法，至今尚没有统一的定义。本书立足前人的研究成果，主要借助心理学对思维的通常定义，对法官的思维进行探究。根据心理学通常定义，思维是人脑对客观事物的本质属性与内部规律性的直接和概括的反映。[②] 法官的思维具有间接性、概括性及思维必须要借助于语言来实现其特性等特征：

第一，思维的间接性。思维的间接性是指人通过其他事物为媒介来间接反映外界事物。比如，法官在建构合同诈骗案件事实的过程中，通过行为人有无签订履行合同的能力、有无履约的实际行动、事后对资金款项的处置等外在行为表现推断行为人在主观上是否具有非法占有他人财物的诈骗犯罪故意，靠的是法官的思维，体现了思维的间接性。法官对法条信息的思维活动可以把本来无直接关系的不同法条或法条信息联系起来，超越感知觉提供的法条信息，去揭露法条内在的本质和规律性，也靠推断。思维的间接性，使法官的认知能力突破了时空的限制，从具体的一事一物的认知局限中摆脱出来，拥有断案的智慧。

第二，思维的概括性。思维的概括性是指通过建立事物之间的联系，把一类事物的共同特征提取出来，加以概括，得出概括性的认识。一切法律概念、原理、规则，都是法律思维概括的结果，都是法律人对客观事物的概括

[①] 哲学是对人类思维的高度概括和总结，但不研究思维的具体过程。逻辑学研究思维的形式及其规律，但人的思维不一定按逻辑进行。脑科学主要研究思维活动的生理机制，研究思维活动的脑生理、化学、电的变化规律。语言学研究语言的操作规程，而心理学研究语言的操作活动。参见刘志雅主编：《思维心理学》，暨南大学出版社2005年版，第1-2页。

[②] 人民教育出版社师范教材中心组编：《心理学》，人民教育出版社1999年版，第115页。

的反映。思维的概括性能够帮助法官认识同一类事物或案件或现象的本质特征，能够帮助法官在多次感知的基础上发现案件事实与事实之间内在联系的必然性，舍弃它们之间那些偶然性的外部联系，摆脱对个别案件情节的直接依赖而转向更深刻、更正确地反映案件的本质，在对案件和有关法条进行感知的基础上，做到"去粗取精、去伪存真、由此及彼、由表及里"。

第三，思维必须要借助语言来实现其特性。语言是思维以及记载和巩固思维结果的工具。法官对法条的思维借助法律语言进行。法官对法律语言文字的概括，使法官的认识摆脱了具体法条的局限性和对具体法条的直接依赖性，并在思维的概括活动中形成法律概念和法律命题，这就无限地扩大了法官对法条的认识范围和加深了法官对法条的了解。现实生活中，法官对法律问题的思维活动经常是以概念陈述命题的形式而起作用。

在法学界，对于法律思维有不同的表述，如王泽鉴先生认为，法律思维是依循法律逻辑，以价值取向的思考、合理的论证，解释适用法律；① 葛洪义教授认为，法律思维的核心是法律语言；② 等等。李安教授对目前法学界关于法律思维的表述进行了归纳，他认为，目前人们对法律思维的定义主要从以下三个角度进行了界定：一是以法律思维的功能来界说法律的思维，将法律思维表述为法律适用、解决法律问题的具体办法；二是以法律思维的组成或特性来界定法律思维，认为法律思维的核心是法律语言，或认为法律思维的要素是判断、解释等；三是以法律思维的类型来解释法律思维的内容。目前法学界对法律思维的表述，从不同角度揭示了法律思维的内涵，但也反映出存在着的分歧。

（二）思维的过程和形式

心理学研究表明，思维是人脑对信息的编码和译码、存储和提取的驱动过程，其基本过程包括分析、综合、抽象、概括、比较、系统化和具体化等基本形式。③ 其中，分析是在观念里把事物整体分解为部分，把整体包含的各

---

① 王泽鉴：《法律思维与民法实例》，中国政法大学出版社2001年版，第4页。
② 葛洪义：《法律思维中的语言问题》，在第二届全国"法律方法与法律思维"主题学术研讨会上所作的报告。
③ 参见人民教育出版社师范教材中心组编：《心理学》，人民教育出版社1999年版，第120页。

个部分、各种属性分离开来的过程。综合是在观念里把事物的各个部分、各种属性结合起来形成整体的过程。抽象是在观念里把事物的共同属性、本质特征抽取出来，舍弃其有所不同的、非本质特征的过程。把抽象出的共同的本质特征结合在一起就是概括的过程。概括是以比较为前提的，通过比较，来确定事物诸特征之异同及其关系。而比较又以分析为前提，只有被分解开来的特征才能被比较；比较中要确定不同特征的关系，又是在综合中进行。具体化是在大脑中把抽象、概括出来的概念、原理、理论运用到实践中去的思维过程。系统化是在脑中把本质特征相同的事物，按照一定顺序归入一定类别系统中去的思维过程，系统化一般采用分类来完成。审判活动中，法官的上述思维过程是相互补充、协同活动的。分析、综合、抽象、概括、比较、系统化和具体化既是法官思考解决案件的思维过程，也是法官裁判的思维方法。

思维形式是相对于思维内容而言的。思维的形式有概念、判断、推理。概念是人脑对客观事物的本质属性，以及对具有这些属性的事物的概括反映的思维形式。形成概念也就是分类。推理，又称逻辑推理，是指从已知条件推导出未知结论的过程。它通常被区分为归纳和演绎两种推理。判断是用概念去肯定或否定某事物具有某种属性的思维形式。决策就是决定，它也是思维的重要方面。

（三）以问题解决为基础的法官思维：法感在司法过程中的作用

客观地讲，无论主张逻辑决定的法律形式主义，还是主张直觉决定的法律现实主义，抑或提供了一种批判性视点的概念法学，都没有在本源上全面、深入地回答逻辑运行机制及直觉机制的心理学问题。而要想了解法官思维和决策背后的逻辑运行机制及直觉机制，则必须借助认知科学、法律心理学等交叉学科知识进行更深层次的实证考察。

首先，日常生活经验和大量的实践都告诉我们，直觉对我们的思维判断具有重大影响。日常生活中，有很多时候，人们可能会迅速地对某一事物作出精准的判断，但在作出判断的同时，完全没有意识到自己是经过了思考。有时候，我们对于某个问题，依靠以前的方法根本不可能解决，原有的关于这个问题的知识经验似毫无用处，但是，突然之间灵机一动，你可能会想到把本来没有联系的因素连接起来，问题就迎刃而解了。在法律领域，证据法学家达马斯卡曾指出："促使人们对证据作出反应的因素对认知者而言并不十分透彻，甚或不易以命题表达，在证据和结论之间似乎存在着宛如跳跃一般的中断。"这些其实都是直觉、顿悟的结果。按照《牛津英语词典》的解释，所谓直觉，是一种"不需要任何推理过程影响的、通过心灵对事物的即时性的理解"。据此，直觉的核心特征是它在潜意识层面上的自动运行。这跟深思熟虑的逻辑思维形成鲜明对比。法律作为法官的工作工具，无疑在受过系统训练的每个法官的思维上都打下了深刻的烙印，这就使得法官对法律语言和法律判断具备了直觉思维的前提。法官对法律问题的灵敏感觉即为"法感"。与法感有关的概念，有法律直觉、法律悟性等说法，其界定都与直觉有直接或间接的联系，并无本质的区别。

其次，裁判是以解决实际问题为导向的过程，心理学有关"问题解决"的理论研究，揭示了逻辑思维与直觉思维这两种形式在案件初始结论的发现和法条信息提取中的重要作用。心理学认为，"解决"这个术语有两层含义：其一是找到了问题的答案；其二是找到了解决问题的方法。① 它是以思考为内涵，以问题目标为定向的构建和探索的过程。在构建和探索的过程中需要不断提出设想，验证设想，修正和发展设想。司法裁判中的诉讼认知、法条的发现和提取、案件初始结论的探索和验证等工作实际上都属于心理学上所说的"问题解决"的范畴。正如美国著名法官波斯纳所言，"法律的一切最终都是一个'如何解决问题'的问题。"② 法律思维无疑是解决问题的方法，但由于人的思维有许多种形式，法官解决问题的方法也自然多种多样。现实主义视野下的法官思维至少是逻辑思维与直觉顿悟这两种形式的综合运用。关于该两种思维形式，心理学界已有相当深厚的研究。美国心理学家奈瑟尔早在1967年出版的《认知心理学》一书中就指出，"一些思维是深思熟虑的、有效的和明显有目标引导的，它通常有'自我控制'的体验；另一些心理活动是含蓄的、混乱的和没有效率的，它倾向于不自愿的体验，它只是'发生'。"著名心理学家西蒙亦研究指出，"在包含新、老因素的问题情境下，求解过程

---

① 参见 [英] 罗伯逊：《问题解决心理学》，张奇译，中国轻工业出版社2004年版，第6页。
② [美] 波斯纳：《法理学问题》，苏力译，中国政法大学出版社2002年版，第198页。

大多是直觉与搜索的协作过程。"

再次，法官在疑难案件司法裁判中诉诸法律性直觉，既有心理学基础，也有直觉主义的哲学支持。"直觉"是西方哲学与心理学所提出和使用的概念，许多西方哲学家都对这一神秘的思维形式做过研究。如笛卡尔、斯宾诺莎、莱布尼茨以及弗洛伊德等都强调直觉在认识对象本质中的作用。哲学家罗素曾言道，"本能、直觉和洞察力，是形成内心确信的第一性因素。"自美国心理学家卡尼曼的"不确定情形下的直觉决策理论"在经济学领域得以应用，并获得2002年诺贝尔经济学奖后，直觉问题更加引起了心理学家极大的兴趣。根据卡尼曼的研究，直觉思维的本质是以节省心理资源为目的，而人类的认知加工又是遵循所谓的"吝啬法则"的，因此人们更愿意、更习惯于以直觉的方式解决社会实际问题。在法律领域，作为人类最重要的思维方式之一，直觉思维很多时候影响了司法者的认知判断和决策，法官自身可能也有所体会和认知，只不过是很少用学术的眼光去审视和研究它。

最后，关于直觉和法感在法律发现与司法裁判中的作用，实际上已经引起了一些法学家的关注。法律现实主义把早期心理学的一些知识运用到法学研究中去，是对法学与心理学交叉研究的先驱性尝试。在法律现实主义的基础上，以规范的法律心理学为视角加以考察，可以更加清楚地表明，判案过程并非将法律条文和所得知的争议事实堆砌在一起，即可产生判决。在法律心理学看来，法官在司法判决中采取了直觉思维，不过这种专业领域的法律性直觉思维称为"法感"更妥当一些。对此，20世纪德国著名法学家、利益法学代言人赫克即认为，一个合理的判决，并非只能通过对法条进行深思熟虑的理性适用才能得到，法官同样可以通过直觉，借助于"法权感"获得这一判决。德国法学家伊赛、美国法学家弗兰克和霍姆斯大法官也都表达过类似的观点，即认为法官的判决是建立在预感与直觉之上。[①] 日本法学家川岛武宜还把法律价值判断的过程分为法律感觉和法律价值判断的合理化两部分。所谓的法律感觉就是一种法律直觉和无意识、思维定式的综合体。在实务界，美国哈奇逊法官在《直觉的判断：司法中预感的作用》一文中曾经坦言："在

[①] 参见 [德] H.科殷：《法哲学》，林荣远译，华夏出版社2004年版，第219页；[美] 博西格诺：《法律之门》，邓子滨译，华夏出版社2002年版，第27—34页。

我看过手边所有材料并经过适当考虑之后，我就让我的想象力发挥作用。我沉思着原因，等待着预感的闪现，在疑问与判决的连接处迸发出的火花照亮了司法双脚所跋涉的最黑暗的路途。"哈奇逊法官还补充说："我必须假定我现在所说的是判决或决定，是问题的解决本身而不是对该决定的辩白；是判决而不是法官玩弄辞藻对判决的解释或辩解。"

四、法官的言语

（一）什么是言语

言语与语言是不同的概念。言语是一种心理活动，而语言则是一种交流的工具。言语的形式就是语言。人的言语活动包含复杂的心理过程，同时它还参与到诸如知觉、记忆和思维等许多不同的心理活动中。而语言是由语音、词汇和语法三个要素构成的。语言一旦执行其社会交际功能便成为言语。言语是对语言的运用，它有两个意思：一是指人的说和写的过程，是人的一种行为，叫言语活动，也叫言语行为；另一种意思是指人说出来的话，写出来的东西，也叫言语作品。

言语或语言在人们的生活中有着极重要的作用。语言作为一种社会现象，是人类最重要的交际工具和进行思维的工具。语言也具有间接性和概括性的特点。语言是人可以理解的物质形式符号，用语言来标志事物，可以避免事物间的混淆。语言还具有物质性，语言的声音和形状属于物质的东西，而语言的固有意义虽然属于非物质的成分，但它包含着一定的思想内容，通过听觉或视觉分析器接收之后所产生的刺激作用，可在脑中形成神经联系，于是就可以揭露语言的固有意义，从而使人能顺利地运用概念进行思维活动。人的思维活动和成果又通过语言记载下来，进一步保存于脑中或书籍中并巩固下来。因此，语言又是记载和巩固思维结果的工具。语言是人类的创造，只有人类有真正的语言。许多动物也能够发出声音来表达自己的感情或者在群体中传递信息。但是这都只是一些固定的程序，不能随机变化。只有人类才会把无意义的语音按照各种方式组合起来，成为有意义的语素，再把为数众多的语素按照各种方式组合成话语，用无穷变化的形式来表示变化无穷的意义。人类创造了语言之后，又创造了文字。文字是语言的视觉形式。文字突破了口语所受空间和时间的限制，能够发挥更大的作用。在法律中，"一切法律规范都必须以'法律语句'的语句形式表达出来。可以说，语言之外不存在法。只有通过语言，才能表达、记载、解释和发展法。"① 法学教授蒂尔斯马（Peter M. Tiersma）在《彼得论法律语言》（Legal Language）一书中发出这样的感慨："没有多少职业像法律那样离不开语言"，他认为，"法律就是言语的法律"，"道德和习俗也许是包含在人类的行为中的，但是法律却是通过语言而产生的"。② 著名法律语言研究学者奥巴尔在其与美国教授孔莱合著的《公正的言语》一书中说："在日常的和现实的意义上说，无论在书面上还是在口头上，法律就是语言。"③ 有关法庭话语的研究集中在律师和被告人（或证人）的口头互动上，把法律活动当作丰富的语言资源，强调话语在互动中的生成和理解，"审判过程就是叙述'故事'的过程。这个'故事'从原告或公诉人提起诉讼开始到法官宣判结束。原告、被告、证人对案件这个'故事'各有自己的版本，最后由律师统一起来，由陪审团（或法官）确定哪一个版本是真实可信的。"④ 法官只有凭借语言才能进行法律思维，才能记载和巩固思维的结果，才能实现人与人之间的思想交流、信息的传递和沟通。法官通过言语内容获得对案件的了解。

（二）言语的理解和产出

所谓言语的理解，是指听懂别人说的话或看懂文字材料，即把握言语或文字所表达的思想。而把自己的想法说出来或写出来，即以言语或文字表达自己的思想，这称为言语的产出。⑤ 言语的理解产出都是法官重要的心理活动，包含着复杂的心理过程。

1. 关于言语的理解

言语的理解包括对话和阅读两种情况，但以对话时的言语理解显得最为

---

① ［德］伯恩·魏德士：《法理学》，丁晓春、吴越译，法律出版社2003年版，第73页。
② 参见［美］彼德·蒂尔斯马：《彼得论法律语言》，法律出版社2015年版。
③ 廖美珍：《法庭问答及其互动研究》，法律出版社2003年版，第1页。
④ 参见廖美珍：《法庭问答及其互动研究》，法律出版社2003年版，第6页。
⑤ 参见王甦、汪圣安：《认知心理学》，北京大学出版社1992年版，第347页。

突出。从对话来看，言语理解的过程或机制需能满足对话的要求。首先，言语理解机制应能迅速工作，以便跟上对话的速度。其次，句子的分析大体应能遵照说出来的字词顺序来进行。此外，言语理解机制还应允许丢失某些信息和说话的差错，而不损害理解。研究表明，言语理解以正确的言语知觉为基础，再进行更高水平的句法和意义的加工。这是一个主动建构意义的过程，包括形成期望或假设，进行推理，利用上下文等。人的信息加工需要一定的策略，表现出人的心理活动的智慧性。言语理解也是如此。人在已有的知识和经验的基础上，常应用各种策略，如语义策略、词序策略和句法策略等，来加工言语信息。例如，人们可以根据语义来确定各种词类：凡指称人、物、地点和其他实体的词为名词，凡说明人或物的行动的词为动词，等等。人的已有知识对言语理解的作用不仅表现在策略运用上，还表现在信息整合上。当前输入的言语信息与记忆中贮存的有关信息相整合，才能得到理解。

2. 关于言语的产出

言语的理解是从句子的表层结构到深层结构的过程。而言语的产出则是从深层结构到表层结构的过程。心理学研究认为，言语的产出要经历三个阶段：一是构造阶段：依照目的来确定要表达的意思；二是转换阶段：应用句法规则将思想转换成言语的形式；三是执行阶段：将言语形式的消息说出来或写出来。[①] 言语产出是人有目的的活动。法官为了表达自己对案件的看法，在案件审理或讨论中为了影响他人，达到一定的审理目的，完成审判任务，必须进行言语的产出活动。言语的产出是复杂的心理活动，它受法官的动机、情绪和当前的审判任务和工作情境等主客观因素的影响，还会涉及其他非言语的认知过程。

五、法官的想象

我们不仅能直接感觉、知觉各种事物，记住和回忆过去曾经感知过的事物，而且还可以在感知、记忆、思维的基础上，在头脑中加工形成一种新的形象，这就是想象。例如，世上本来没有什么孙悟空，但在《西游记》里却

[①] 参见王甦、汪圣安：《认知心理学》，北京大学出版社1992年版，第358页。

创造出一个胆大、可爱、本领高强、敢于和恶势力斗争的孙悟空的形象来。审判是人的心理活动，想象自然是法官从事审判活动必不可少的。想象是法官在头脑中对已储存的表象进行加工改造形成新形象的心理过程。也就是法官将过去审判实践、生活经验中已形成的一些暂时联系进行新的结合。它是一种特殊的思维形式，即通常所谓的形象思维。它是人类特有的对客观世界的一种反映形式。法官想象与法律思维有着密切的联系，都属于高级的法官认知过程，它们都是在案件特定的具体情境中产生，由法官个体的需要所推动，并能预见未来。

在心理学上，想象可分为不随意想象和随意想象。不随意想象是没有预定目的和计划而产生的想象。随意想象是有预定目的、自觉地进行的想象。

根据想象的创造性程度的不同，又可分为再造想象、创造想象和幻想。再造想象是指主体在经验记忆的基础上，在头脑中再现客观事物的表象。再造想象的特点是再生性，它的形象不是自己创造出来的，而是根据某种需要或任务重新去塑造的。再造想象在法官的认识活动中有着重要的意义。在审理过程中，法官需要发挥想象，在对案件材料、当事人当面陈述、争辩等进行感知的基础上，再现过去发生的案件故事。法官具有尽最大努力发现事实真相、再现案件故事的职责，因此，这决定着法官的想象多为再造想象，而不是通常所说的凭空想象。

法官在知觉材料的基础上，经过新的配合而创造出新的形象的能力，就是想象力。由于审判实践活动的内容千差万别，因而每个法官都具有不同的想象力。影响法官想象的心理因素有：一是记忆表象贫乏。储存的记忆表象数量越多、越真实，想象就越丰富、越完备。感官迟钝与表象不清晰是造成法官记忆表象贫乏的主要原因。二是思维刻板。法官求同的思维习惯，是造成法官思维刻板的主要原因。三是缺乏判断力。缺乏判断力的法官要想在浩瀚的案件事实材料和现实生活中，把记忆表象化为具体的想象命题或裁判假设是很难的。

第二节 法官的认知指向

探究法官的认知指向，有利于明确法官认知的基本范围，推动法官认知的发展。从动态上讲，法官的认知是由表及里、从事实到规范或由规范到事实、从人到事或由事到人的过程。

一、事实指向：法官对客观事实的认知

人的感觉、知觉、记忆、想象、思维属于对客观事物的认识活动，是为了弄清客观事物的性质和规律而产生的心理活动，统称为认识过程。案件事实实际上是参与案件活动的司法人员、当事人、相关证人等各类主体对实际发生的案件进行逐步认知并经记忆、思维、想象、提取（概括、重建、叙述）等心理活动的结果，案件事实的形成过程实际上是以人的认知活动为核心的内在的建构过程。大量的心理学研究证明，这一内在的心理过程是客观存在的，也是可研究、可控制的。对事实的认知是法官获取案件事实信息、了解和熟悉案情的渠道。法官对案件事实的认知以感知为基础，是指法官从阅卷、勘查现场、庭审、庭外调查等审理途径，经过视觉、听觉、触觉等感觉器官以及动觉系统的机能获取案件事实信息的心理过程。而犯罪遗留痕迹，作案工具，尸体照片，案卷材料，当事人、证人的言词陈述、争辩等，是构成整个案件事实的主要因素，是法官构建事实所必需信息的丰富来源，是法官感知和注意的重点对象。法官在审理案件时，首先是在查阅案卷材料，听取（听觉）当事人双方的陈述、辩论这一前提下展开工作，通过感知获取案件审判所必需的事实信息。[①] 具体而言，法官对事实认知的基本范围如下：

第一，对案卷的认知。案件卷宗即案卷，是指侦查机关、检察机关、审判机关在办案活动中将有关当下案件的所有信息以书面文本的形式装订成册的书面材料。这些信息包括法律文书、证据的原件或复印件、照片、有关办

[①] 参见陈增宝、李安：《裁判的形成——法官断案的心理机制》，法律出版社2007年版，第40页。

案活动的记录等案件材料。案卷是各种证据材料的载体及相关法律文书的载体。案卷材料作为证据的载体，是法官获取案件信息的主要来源。阅卷审查是法官了解熟悉案情的主要手段。因此，法官对案卷的认知对于案件事实的形成与建构十分重要。笔者认为，法官对案卷的认知具有以下几个特点：一是案卷材料的多少影响法官认知的范围；二是案卷材料的装订排列影响法官认知的效率；三是案卷材料的建构性影响法官认知的真实性。

  第二，对现场的认知。根据侦查、起诉、审判的分工，收集证据包括对犯罪现场的勘查由侦查人员完成。一般情况下，法官不直接勘查犯罪现场。所谓法官对犯罪现场的认知主要以案卷中侦查人员已经制作成的现场勘查笔录和有关照片为依据，对现场勘查记录和照片进行认知。在审判阶段，必要时法官也可以自己再到犯罪现场进行勘查，对侦查机关制作的勘查记录进行核实、补充。我们将法官亲自到作案现场进行复核的情况称为"直接认知"，而通过案卷材料、照片等对现场进行感知的情况称为"二手认知"。"直接认知"与"二手认知"有一定的区别，最主要的区别是感知注意的直接对象是不同的，"直接认知"是对活生生的犯罪现场情况的观察和注意，而"二手认知"则是对现场勘查记录等文字材料的阅读以及对有关照片的观看，是对侦查人员感知结果的再感知，受侦查人员感知结果的影响。

  第三，对庭审的认知。庭审是一项重要的审判活动。法官对庭审的认知包括以下三个方面的内容：一是对场所的感知，二是对人的感知，三是对言行的感知。庭审活动由法庭调查，法庭辩论，被告人、当事人陈述等环节构成，无论是法庭调查还是辩论，最终均体现在相关诉讼参与人的语言陈述、行为举止上。法官对庭审的认知具有直接性、动态性、互动性等特点。

  第四，对证言的认知。法官对证言的认知，在实践中有两种类型：一是法官对书面证言的感知。此种情形可以为对案卷的感知所包容。二是对证人当庭或当面陈述的感知。虽然这仍然是证人基于对过去案情的重建所作的陈述，但法官直接听取其作证，具有亲历性的特点。

二、法律指向：法官对法条的认知

  法官在司法审判中确定事实后，需要从法典中找出对应的法条，以确定进行法律推理的大前提。作为信息输出过程的法律发现的对象是什么，也就需要相应的信息输入的认知对象。如果法律发现的结果是具体的法条或规范，那么，对法官而言就需要一个法条认知的输入。当然，强调法条认知并非指法学学习只要记住法条即可，这里只是说如果没有进行法条认知就不可能有相应的法条被提取。法律理论可以在如何组织法条上发挥作用，在一定程度上使法条认知更加合理，使法律发现（法条提取）更有逻辑。

法条是对法律条文的简称。法律规范可以通过多重层次的形式得到表达，而最为直接的形式就是法律条文。法条即为法典中对法律规范的直接表达，是直接表达法律规范的载体。而法律规范，是指通过国家制定或者认可，并由国家强制力保证实施的一种用以指导、约束人们行为的规则。

法条认知，本质上属于法条信息的输入，而法条发现则属于信息的输出。因此，从法条信息的输入和输出角度探究，法条认知与法条发现之间具有紧密的关系。具体而言：第一，法条认知是法条发现的基础。法条作为一种以文字形式存在的书面材料，它们本身属于客观事物的一种。法官对法条的认识和理解首先要以感知为基础，只有通过感知，才能获取有关法律规范条文的信息。任何学习和阅读法条的人，都以感知为基础。第二，法条认知的广度决定法条发现的范围。学习掌握法条的广度构成一个法官的法条"知识面"，这种知识面的宽与窄决定着法条发现的范围。一个法官发现的法条来源于法官已经学习掌握、内化于心的法条体系，不可能超出这一范围。第三，法条认知的程度影响着法条发现的效率。法官学习掌握法条的程度，就是我们平常所说的法条熟悉程度，它决定着法官发现法条的效率。第四，法条认知的精确度影响着法条发现的准确性。法官学习掌握法条信息的精确度与法条发现的准确性之间的关系是决定与被决定的关系。如果法官学习掌握的法条本身是错误的，或者是基于对法条的错误理解、记忆，偏离了法条本来的意义，那么，由其回忆、提取出来（即"发现"）的信息（法条）也是错误的。

法条认知具有个性化的特点，主要体现为两个方面：

一是不同的人对同一法条有不同的认知结果。在日常生活实践中，我们不难觉察到这种现象，即有的法官知道的法条数量比其他法官要多、学习掌握的法条的精确程度比其他法官要准确、遇到实际案件联想到有关法条的速度比其他法官快。问题是，为什么会出现这种情况呢？这种现象在心理学上应当如何解释呢？根据心理学研究成果，法官对法条的认知过程是一个能动的、积极的思维过程，是一个人脑中新旧信息相互作用与反应的过程。法官的感知、注意、记忆、思维均具有个性化的特点，其中，法条的记忆和思维以个体感知为基础，而感知、注意、记忆、思维等心理活动的进行要受个体已有的知识结构（背景知识、认知图式）、个体经验、前见（前理解）与预断、动机与情绪、职业、成长经历等诸多心理因素的影响，因此不同的法官具有不同的认知结果。

二是同一个人对不同的法条具有不同的认知成绩。日常生活实践中，一个法官在学习掌握法律时，只能掌握部分法条，就是在学习一部法律的时候，他经过前后反复研读，也只能记住部分法条或大部分法条，而不可能全部记住，对已经记住的部分也有程度的差别，有的熟悉一点，有的显得稍微生疏一点。这又是为什么呢？这在心理学上也是非常好解释的。主要原因在于，法官对法条的认知均以感知觉为基础，而法官的知觉具有选择性。根据前述，法条作为客观事物是丰富多彩的，当法官在学习掌握法条的时候，在每一时刻里，作用于法官的感觉器官的刺激也是非常多的，但法官不可能对同时作用于他的法条刺激全都清楚地感知到，也不可能对所有的法条刺激都作出相应的反应。在同一时刻里，他总是对少数法条刺激知觉得格外清楚，成为知觉的对象，而对其余的法条刺激知觉得比较模糊，成为知觉的背景。当然，知觉中对象和背景的关系可依一定的主客观条件经常转换。如阅读我国《刑法》时，当我们把《刑法》分则中的第五章侵犯财产罪的条文作为对象时，我们就可以看到第五章的有关法条，而其他章节（包括第八章贪污贿赂罪）的法条则成为背景，而如果我们把第八章贪污贿赂罪的法条作为知觉对象时，包括第五章在内的其他法条则成为背景。这种转换与个体的背景知识、需要、愿望、任务及以往经验等心理因素有关。凡是与个体的背景知识、知识、需要、愿望、任务及以往经验等心理因素联系密切的法条刺激，都容易成为知觉的对象。正因为如此，不同的法条就有不同的认知。

三、社会指向：法官对社会的认知

法官对社会的认知与对客观事实的认知相比，具有自己的特殊之处。早在1934年，美国心理学家伍德沃斯就提出了社会认知这个概念，后来经许多研究者完善，形成了现在的社会认知的含义。社会认知概念的提出是认知心理学向社会心理学渗透的一个重要标志。所谓社会认知，是指人们在社会生活或实践中对社会现象的认识过程。它不直接包括对自然现象和物理现象的认识。社会认知是人们在社会交往中，认知主体对各种社会对象所形成的看法、意见、态度和评价。这些社会对象包括个人、团体、人际关系和社会生活中发生的事件及其性质、特点等各方面的反映，而对人与人际关系的反映则是社会认识的主要内容。社会认知的显著特点是主观印象的人格特色，即"仁者见仁、智者见智"，法官对社会生活或审判实践中涉及的社会现象的认知也不例外。一般而言，自然现象的稳定性较强，可以重复认知，而社会认知对象的变化较大，很难进行重复认知。社会认知是一种法官主体间相互作用的反馈性认知。当法官在认识被告人、当事人或律师的时候，他们也在认识法官，他们对法官提出的各种问题的回答，既反映了回答者对问题本身的看法，同时也反映了对法官的看法与认识。心理学研究表明，人们对社会的认知是多种心理品质综合作用的结果。社会认知不但依赖法官的智力因素，而且在很大程度上还依赖法官的非智力因素，法官的审判活动是知、情、意、行的综合作用，其中，法官的人格因素、情绪、情感因素和意志因素起着相当大的作用。

社会认知对象的范围很广，主要包括对他人的认知、对人际关系的认知、对人的行为原因的认知、对自我的认知。具体而言如下：

（一）对他人的认知

1. 对他人外部特征的认知

外部特征包括一个人的仪表、表情等肉眼可见的特性。

（1）对仪表的认知。仪表是人的各种特征的重要组成部分，构成了人的具体形象。初次与一个人接触，我们首先看到的是这个人的衣着、高矮、胖瘦、肤色以及肢体是否有缺陷等。司法实践中，法官凭借这些物理方面的特征加以整合，能够直截了当地对当事人、被告人、律师作出某些判断。仪表认知虽然以有关他人的感受材料为基础，但法官的先前知识经验、个性等也同时渗入了认知活动。法官不仅把他人的仪表当作单纯的物理现象，而且把他们作为当事人等向自己提供的有法律判断价值的认知信息。

（2）对表情的认知。表情是一种重要的社会刺激，准确认知他人的表情有助于判断他人的情绪、态度，对人际交往有重要作用。依表达情绪的身体部位的不同，一般可以把表情分为面部表情、身段表情、眼神和言语表情。美国心理学家伍德沃思在研究100名被试者判断86张照片的面部表情的基础上，提出由他人面部表情来判断情绪状态的项目有6种：喜爱，幸福与快乐，惊讶，恐惧与痛苦，愤怒，决心，厌恶与蔑视。个体对面部表情的判断能力受暗示和训练的影响极大；年龄也是影响面部表情判断的一个因素，判断能力随着年龄的增长而提高。身段表情主要指手势，此外还有身体姿势和运动情况。个体的情绪状态可以在身体姿态的变化中流露出来，如点头、招手、鞠躬致意等。社会心理学家发现，在身段表情中双手最富于表情，从双手动作上认知他人情绪，其准确率不亚于对面部表情的认知。对身段表情的判断有较大的文化差异，但在某些方面也有全人类的共同性。眼神的情绪表达功能更是人人熟悉，眼睛有"心灵的窗口"之称。社会心理学家发现，几乎所有的内在体验都可以表达在眼神之中。法官在认知活动中，一般都不会忽视当事人眼神的奥妙。言语表情主要表现在语调、讲话的节奏与速度等方面，专家称其为一种辅助语言。审判实践中，法官常常可以通过当事人说话的方式来判断其内心状态，所谓"听话听音"就是这种经验的总结。研究表明，言语表情所传达的信息比言语本身更可靠。①

2. 对他人人格特征的认知

性格除了包括情绪反应的特征外，更主要的还包括意志反应的特征。了解一个人的性格，必须了解这个人对现实所采取的态度，以及与此相应的习惯化行为方式。社会心理学研究表明，根据仪表、表情判断人的个性特征是

---

① 参见全国13所高等院校《社会心理学》编写组编：《社会心理学》，南开大学出版社2003年版，第133页。

不可靠的。只有通过行为观察、生活史分析以及使用专门的个性量表等多种方式，才可以对人的个性获得较为全面和准确的了解。审判实践中，法官除了从仪表、表情等外部特征分析当事人的个性、主观恶性以外，更需要通过全面了解熟悉案情、调查研究当事人平时的表现情况，综合分析推断其性格特征，才能准确评估刑事被告人的主观恶性、人身危险性。

（二）对自己的认知

法官对自己的认知即自我认知，包括对自己的生理状况（如身高、体重、形态）、心理活动（如情绪）、心理特征（如兴趣爱好、能力、性格、气质）、自己与他人的关系（如自己与他人的交往关系、自己在合议庭等审判组织中的地位和作用）等方面的认知。自我认知和对他人的认知密切相关。一方面，在认知他人的过程中，自我认知得到发展，法官对他人的认知越深刻，对自己的认知也就越全面；另一方面，自我表象越丰富，对他人的表象也就越生动。个体在自我感知的基础上产生自我意象。自我意象综合了自己已有的经验，具有一定的概括性，自我意象进一步概括，便产生了自我观念和自我评价。法官自我认知的方式有：

（1）自我观察。法官个体把自己的行为和外部特征当成观察的客体，就像站在镜子前面观察自己一样。个体对于自己的心理活动也可以进行自我观察，以此获得对自己正在进行的心理活动和对自己的个性心理特征、已有经验的认知。

（2）分析自己的外部活动及其情境因素。法官个体常以外部活动和情境为线索认知自己的心理活动。例如，有关对自己情绪认知的研究表明，当个体处于生理唤起状态而又缺乏解释它的内部线索时，通常用自己所处的情境来标定自己的情绪反应。

（3）社会比较。社会心理学研究表明，个体的自我认知也是一个通过社会比较进行的过程。法官个体为了准确地认知自己，尤其是在失去判断的客观标准时，往往会进行社会比较，以别人作为认知自己的工具。如果选择的比较对象与自己类似，则可以达到较好的自我认知效果。

（三）对人际关系的认知

人际认知是指对人与人之间相互关系的认知。它包括法官对自己与他人之间关系的认知和对他人与他人之间关系的认知。人际认知所认知的对象是人际关系。法官在社会活动过程中所形成的建立在个人情感基础上的相互联系就是法官人际关系。

人际关系具有以下几个特征：一是个人性，人际关系的本质表现在具体的个人互动过程中；二是直接可感受性，人际关系是在人们直接的甚至面对面的交往过程中形成的，并且人们可以切实地感受到它的存在；三是情感性，其基础是人们彼此之间的情感活动，法官也是人，在审判过程中，自然会表现出自己喜好。实际上，对他人的认知包含着选择自己对他人的关系形式，如对某些人的反感、疏远，对某些人的喜欢、亲近。这种选择直接影响认知者的交往动机。研究证实，一个人更愿意和与自己性格相似的人接近。一个人在选择交往对象时，颇为注意对方与自己是否相似。因此，这种相似程度构成认知的重要项目。人际关系认知的另一个重要方面是估量他人之间的关系状况，确认具体认知对象在群体中的位置。

人际关系遍布于社会生活的一切领域。案件来自社会生活，反映社会生活，案件本身也渗透着各种各样的人际关系。由于社会生活复杂多样，法官人际关系也会呈现出不同的类型，心理学家概括出主从型、合作型、竞争型、主从—竞争型、主从—合作型、竞争—合作型、主从—合作—竞争型、无规则型等八种人际关系类型，同样适用于对法官的人际关系分类。案件当事人、证人、律师等主体间及其与社会成员间形成的人际关系构成了法官认知的对象。同时，法官与这些主体间也建立起普遍的联系，对这些关系的认知成为法官断案的信息来源。法官人际的良好印象会促进良好人际关系的建立、维持和发展；相反，人际知觉印象的不良，则对良好的人际关系的建立与维持起阻碍破坏作用。法官对人际关系的认知影响着法官对案件所作出的法律判断。

（四）对行为原因的认知

对行为原因的认知包括对他人行为和对自己行为原因的认知。心理学将人们从可能导致行为发生的各种因素中，认定行为原因并判断其性质的过程，称为归因。通过研究，心理学家提出了一些归因理论，主要有：

1. 海德的归因理论

海德区分了导致行为发生的两种因素：一是行为者的内在因素，包括能力、动机、努力程度等；二是来自外界的因素，如环境、他人和任务的难易程度等。

2. 凯利的三度归因理论

凯利指出，人们在试图解释某人的行为时可能用到三种形式：归因于行为者，归因于客观刺激物（行为者对之作出反应的事件或他人），归因于行为者所处的情境或关系（时间或形态）。

3. 韦纳的归因理论

韦纳研究了人们对成功与失败的归因。他认为，能力、努力、任务难度和运气是人们在解释成功或失败时知觉到的四种主要原因，并将这四种主要原因分成控制点、稳定性、可控性三个维度。根据控制点维度，可将原因分成内部和外部；根据稳定性维度，可将原因分为稳定和不稳定；根据可控性维度，又可将原因分为可控的和不可控的。韦纳通过一系列的研究，得出一些归因的最基本的结论：

（1）如果个人将成功归因于能力和努力等内部因素时，他会感到骄傲、满意、信心十足；而将成功归因于任务容易和运气好等外部原因时，产生的满足感则较少。相反，如果一个人将失败归因于缺乏能力或努力，则会产生羞愧和内疚；而将失败归因于任务太难或运气不好时，产生的羞愧则较少。如归因于努力，无论对成功或失败均会产生更强烈的情绪体验。努力而成功，体会到愉快；不努力而失败，体验到羞愧；努力而失败也应受到鼓励。

（2）在付出同样的努力时，能力低的应得到更多的奖励。

（3）能力低而努力的人受到最高评价，而能力高而不努力的人受到最低评价。

4. 琼斯和戴维斯的对应推断归因理论

这个理论主张，当人们进行个人归因时，就要从行为及其结果推导出行为的意图和动机。推导出的行为意图和动机与所观察到的行为及其结果相对应，即对应推论。一个人关于行为和行为原因所拥有的信息越多，他对该行

为所作出的推论的对应性就越高。一个行为越是异乎寻常,则观察者对其原因推论的对应性就越大。影响对应推论的因素主要有三个:

一是非共同性结果:指所选行动方案有不同于其他行动方案的特点。例如,一个人站起来,走去关上窗户,穿上毛衣,此时我们可以推断他感到冷了。单是关上窗户的行动也可能表示防止窗外噪声,而穿上毛衣这个非共同性结果就可以使人推断这个行动是由于感到寒冷。

二是社会期望:一个人表现出符合社会期望的行动时,我们很难推断他的真实态度。如一个参加晚会的人在离开时对主人说对晚会很感兴趣,这是符合社会期望的说法,从这个行动很难推断其真实态度。但是当一个人的行为不符合社会期望或不为社会所公认时,该行为很可能与其真实态度相对应。如上述参加晚会的人在离开时对主人说晚会很糟糕,这是不符合社会期望的行为,它很可能反映出行动者的真实态度。

三是选择自由:如果我们知道某人从事某行动是其自由选择的,我们便倾向于认为这个行为与某人的态度是对应的。如果不是自由选择的,则难以作出对应推论。

第三节 法官的认知影响

研究影响法官认知的相关心理因素,可以揭示法官认知的基本规律,从而为法官的选拔、任用、培训、成长等方面提供理论支持。

一、认知者因素:法官自身因素

(一)法官已有的图式

当代认知心理学认为,对客体和事件的知觉不是外界刺激的简单复制品,其中有些因素被注意到,有些因素被忽略。对客体和事件的记忆也不是原始知觉的简单复制品,而是原始知觉的简化的、有组织的重建。这种记忆结构称为图式。① 在记忆中搜索与输入感觉信息最符合的图式的过程称为图式加工。图式和图式加工使人可以更有效地组织和处理大量信息。人们不必感知和记住每一个新客体和新事件的全部细节，只需编码和记住其突出特点，查明它像先前记忆中的哪一个图式。人们在日常生活中形成许多有关人和事件的图式。当有人告诉你，你将会见一个外倾型人时，你马上就会提取一个外倾型的图式，预期将见到一个什么样的人。外倾型人的图式是由一组有内在联系的属性构成的，如好交际、热情、易冲动、说话声音大等。这种关于人的图式称作原型。原型指某个范畴的最典型的代表。除了原型外，我们通常把用来描述物的图式称作"框架"，把用来描述事件的图式叫"剧本"（scripts）。剧本是指在某段时间内按一定顺序呈现的行为序列，即在典型情况下进行典型活动的程序。图式和剧本不但决定个体接受信息并决定如何理解那些信息，而且又具有从环境中抽取信息的计划作用。图式和剧本的价值在于人们可以利用它们来解释周围的环境。每当我们进入一个新的情境，我们并不是努力去了解它，相反，我们会从我们的记忆中寻找相似的情境来获得对当前这个情境的解释。图式可以提醒法官去了解那些更重要的信息，为案件事实信息提供一个基本的认知框架，使法官能够更好地组织案件信息，加工案件信息，并且把这些信息更好地记忆起来，帮助法官对不完整的案件信息作出推测。②

图式是人脑中先前知识的结构，是法条阅读必不可少的背景知识。法官在阅读法律文本的时候，法律文本或法条本身不具备任何意义，意义蕴藏在法官的脑海里，取决于法官阅读过程中对大脑中相关的图式知识的激活程度，取决于法官大脑是否具备相关的法律图式。而阅读是法条信息输入的渠道，因而已有的法律图式影响着法律规范的发现。法官先前获得有关法条的知识结构，即为法官已有的法条规则图式。已有的法条规则图式是法官对于法条世界的已经内化了的知识单位，既影响法官对法条的感知和识记，也影响法

---

① 图式的提法最早见于哲学家康德的著作，现代心理学家的研究中则是英国心理学家巴特利特最早明确使用这一概念。参见刘志雅主编：《思维心理学》，暨南大学出版社2005年版，第16页。

② 参见［美］S. E. Taylor L. A. Peplau D. O. Sears：《社会心理学》，谢晓非等译，北京大学出版社2004年版，第41页；刘志雅主编：《思维心理学》，暨南大学出版社2005年版，第16—20页；李安、房绪兴：《侦查心理学——侦查心理的理论与实践》，中国法制出版社2005年版，第111页。

官的思维和注意,最终影响记忆提取(法条的发现)。

图式加工可以加速认知过程,但同时也容易造成歪曲和偏向。因为图式是现实的简化,与现实刺激没有一对一的对应关系。与图式有关的信息则被重视,与图式无关的信息则被忽视。这是信息加工过程中通常存在的速度与准确性交换的一种表现。不同的人由于已有图式的不同,从外界知觉到的信息也就有差异。已有研究指出,职业经历与教育情况对某种固定图式的形成具有重要影响。正因为如此,法官的职业经历和教育背景对司法裁判产生认知影响,影响其法律和事实判断。

(二)法官知识和经验

在感知事物时,人总是根据以往的知识经验来对事物进行理解和补充,即回答"是什么"的问题。因此,图式的形成是由知识和经验所决定的。现实审判中,法官的知识面、法律知识的掌握程度以及办案经验等都会对法官的图式形成产生影响。例如,关于合同诈骗行为人主观目的的外化行为表现的总结,就是一种知识。对于一个经常审理诈骗案件且有审判经验的刑事法官而言,其对采用虚构事实、隐瞒真相的手段取得他人财物的行为是否构成诈骗犯罪中的行为表现,就会比较容易注意到,从而作出准确的判定,而业务知识掌握相对较差的一般法官则会存在困难。

需要指出的是,知识的内容是多方面的。除法律专业知识外,非专业知识也是法官"知识结构"中的重要因素,并在很大程度上影响着法官的审判活动。"传统法官的知识主要是关于日常生活的知识,它需要对世态人心有着深刻的体察",而"现代法律有一个逐渐向生活化方向发展的趋势,在这一过程中,法官要正确地适用法律,就必须具备生活知识,如法官必须熟悉他生活地区的民族习惯等"。[①] 美国学者哈里·琼斯认为,尽管"主持青少年法庭、家庭关系和其他专门法庭工作的法官不必是个'通才',因为他所处理的案件较少涉及其他领域的实体法,而且正式的审判在其工作中处于次要的地位,但是,他应像专家一样具有相当的知识水平,充分掌握不断变化的医学

[①] 左卫民:《在权利话语与权力技术之间:中国司法的新思考》,法律出版社2002年版,第152—154页。

和行为科学知识"①。法官审理事实所必需的知识至少包括关于法律的知识、关于物质世界的知识、关于词语的知识以及关于人类行为的知识等四个方面。威廉姆·忒茵（William Twining）把影响事实认知的背景信息称为"知识库"。② 法官审理案件应当具有或构建相应的"知识库"。而经验，是对日常知识的积累。关于日常生活经验在事实认定中的作用，已经为法学界所重视，其实就是"经验法则"。从心理学的角度讲，在经验的作用下，人的知觉才具有理解性和恒常性。由于人能够不受观察条件、距离等因素的影响，而始终根据经验按事实的本来面貌反映事物，从而可以有效地适应环境，经验越丰富，越有助于感知对象的恒常性。

法官的知识经验不但影响法官对事实的认知，而且影响法官对法律的认知。首先表现在，法官对法条的感知、记忆、回忆与法官的知识经验分不开。认知心理学认为，感觉是对刺激的觉察，知觉是将感觉信息组成有意义的对象，即在已贮存的知识经验的参与下，把握刺激的意义。③ 因此，法官对法条的知觉是法条刺激和已贮存的法律知识经验相互作用的结果。其次，知识和经验不但是逻辑思维的基础，也是直觉顿悟等创造性思维活动得以发生的基础。法官的知识和经验能够促进法官创造性思维的开展。法官要进行法条发现，必须具备一定的知识和经验，并且，随着知识和经验的不断丰富，其对法条的理解力、领悟力就会取得更大进展，对原有的经验和知识进行提升和超越。缺乏知识和经验，法官的创造性思维就会变成幻想、臆想。根据心理学研究成果，法官的知识与经验促进法条发现得以发生。顿悟能力提升的作用主要表现为以下几方面：一是法官的知识和经验越丰富，就越能敏锐地观察和发现法律问题，也就越能联想到法条发现的新场所（比如说新的部门法、章、节、条、款）。二是知识和经验越丰富，就越能有效地选择适合于手头案件的法条，将无关的法条排除在考量视野范围之外。三是知识和经验越丰富，就越能开阔法官的视野，使法官解决案件的思路更为宽广，从而越能找到解

---

① 参见宋冰编：《读本：美国与德国的司法制度及司法程序》，中国政法大学出版社1998年版，第440页。
② 参见［加］玛里琳·T. 迈克瑞蒙：《事实认定：常识、司法任职与社会科学证据》，徐卉译，载王敏远编：《公法》（第四卷），法律出版社2003年版，第276-277页。
③ 王甦、汪圣安：《认知心理学》，北京大学出版社1992年版，第31页。

决案件的有效办法和裁判方案。只有具备丰富的知识经验，法官才能为了解决手头案件而通过丰富的想象，广泛的联想，有效的类比、比较、迁移等办法把已知的信息用于分析未知的东西，从而进一步认识未知的东西，找到应对它的办法。四是知识和经验越丰富，还越能使法条发现的结果得以深化，使之更加完善。

　　法官知识和经验在法律发现中具有十分重要的地位和作用，这已经引起了法学理论界和司法实务部门的一定关注。人们逐渐意识到，法律与其他社会科学和自然科学不同，它与人类社会生活有着千丝万缕的联系，没有社会生活经验的法官，难以作出各种公正、理性的判决。正因为如此，美国联邦最高法院霍姆斯大法官在《普通法》开篇就说："法律的生命不在于逻辑，而在于经验。"[①] 韦伯也指出："普通法从个别案件中抽象出规则然后运用到各案中的模式，要求富有实务经验的人来操作。"[②]

（三）前见、审判预断和司法价值观念

　　前见，有的称为偏见、前理解、前结构、先见。一般都认为，观察取决于观察者的理论前见，解释受制于解释者的解释模式。从人性的角度探索，偏见与人自私的本性有关。即人很难站在别人的立场，或公正的立场看问题。由这种"自私本性"所决定的"自我本位"意识可能形成某种偏见。从哲学角度而言，偏见是一种本体性的存在。心理学有关偏见的研究与解释学提出的"一切理解都受制于前结构""理论先于观察"不谋而合，所以，德国哲学家伽达默尔的"偏见是理解的前见"似乎定下了人类的宿命。法官的"前理解"就是法官在阅卷审查、开庭审理事实、理解和发现法条时的全部前提条件，包括经验的、思想的、心理的、思维的等因素，法官的"前理解"和审判预断影响了法官对事实、法条和社会的理解，最终影响法律判断。法官阅读法律时要充分发挥自己的司法前理解，不要以"先入之见"甚至"传统偏见"来约束自己，即要用"前理解"丰富个性、让"前理解"生成个性、以"前理解"拓展个性。

[①] 参见 [美] 小奥利弗·温德尔·霍姆斯：《普通法》，冉昊、姚中秋译，中国政法大学出版社2004年版。

[②] Max Weber, Wirtschaft und Gesellschaft, 14thed, 1956, p457.

在接受信息时，法官对认知材料进行整理、加工和制作，容易受到受传者的思想传统、习惯、价值观念、受教育程度等方面的影响。法官个人如何评判社会事物在自己心目中的意义或重要性，直接受其价值观念的影响。而事件的价值则能增强法官个人对事件的敏感性。奥尔波特等人做过实验，目的是检测各个背景不同的被试者对理论、经济、艺术、宗教、社会和政治的兴趣。实验者将与这些部门有关的词汇呈现于被试者面前，让他们识别。测验结果发现，不同的被试者对这些词汇作出反应的敏感程度也不同；背景不同的被试者由于对词汇价值的看法不同，识别能力显现出很大差异。①

（四）法官的动机和情绪（情感状态）

动机是构成人类一切有意行为的基础，包括身体行为和思维、回忆等心理行为，它是由外部或内部原因引起的、激发和维持个体各种有意活动的心理动力。动机能引起、维持法官的活动，并将该活动导向某一目标，以满足法官个体某种需要的念头、愿望、理想等。动机有始发机能、指向或选择机能、强化机能。法官的动机往往由法官的职业特质和职责使命所决定。从法官的职业特质来看，法官的使命不同于律师、检察官等其他法律职业。律师主要是尽力维护委托人的合法权益；检察官主要是代表国家指控犯罪；而法官守护着社会公平正义的最后一道关隘。法官在尊重法律、探求法律事实的同时，还要不断"追问"各类社会诉争，进行价值定位。

情绪是人对客观事物是否满足自身物质和精神上的需要而产生的主观体验的心理活动。它是人对客观事物需要的反映，包括喜、怒、哀、乐、爱、憎、惧等。一般来说，凡是符合并满足人的某种需要的客观事物，会使人产生积极肯定的情绪，反之则会产生消极否定的情绪。人不仅能够认识世界，对事物产生肯定或否定的情绪，而且能在自己的活动中自觉地确定目的，克服内部和外部困难，并力求实现预定目的，这种有意识地调节与支配行为的心理活动就是意志。现实生活中，人的认知过程、情绪情感过程和意志过程之间是相互联系、相互作用而构成一个有机的心理活动过程的。一方面，人

---

① 参见全国 13 所高等院校《社会心理学》编写组编：《社会心理学》，南开大学出版社 2003 年版，第 136 页。

的认识活动过程会影响人的情绪情感和意志活动过程，所谓"知之深，爱之切"，说明了认知过程对人的情绪情感活动的影响，而"知识就是力量"则说明了认知活动对人的意志行为与心理活动的重要影响。另一方面，情绪活动又会反作用于认识过程，没有人的情绪情感的推动或者缺乏良好的情绪情感体验，人的认识活动就不可能发展和深入。再有，情绪情感与人的意志行为之间也具有密切联系。情绪既可以成为推动人的行动的动力，也可以成为人的行动的阻力，而人的认识过程和意志行为则可以在很大程度上来调节与控制人的情绪情感活动。

动机与情绪作为法官的意向性心理活动，决定着法官知觉的方向，使得法官的知觉可能出现偏向性甚或沿着错误的方向行进；如果法官处于恐惧的情绪之中，包括知觉在内的认识活动水平就会下降，这时对犯罪过程的细微情节就无法准确知觉。动机是在需要的推动下产生并趋向预定目标的心理原因，因此动机会驱使我们选择性记忆，会驱使法官记得或者忘掉一些法条。法官是否有明确的识记目的和任务，是否有强烈的学习愿望和纯正的动机，是影响法条识记效果的决定性因素。法官的动机和情绪不但影响法条记忆的储存，而且影响记忆信息的提取。心理学家研究了情绪同记忆力之间的关系，发现情绪记忆可能受脑内化学物质支配的"好感机构"所控制。我们在日常生活中都有这样的体会，感兴趣的东西容易记牢，激动人心的事往往终生不能忘怀。严重的感情创伤不但造成精神伤害，而且会使脑组织受损，使记忆力减退。情绪与记忆的关系不是只存在于记忆的存储过程中，也发生在提取的时候，当你心情不好的时候，你比较容易想起不愉快的事，心情好时则反之。当法官带着不良的情绪提取法条时，就会影响提取的质量或效率。目的和动机的方向性和激活作用可以提高法条知识提取的速度和准确性。

心理学研究还发现，好恶感会影响对他人个性的认识。当我们对某人怀有好感的时候，容易在对方身上看到自己相似的个性特点。比如，谈到一个好朋友，我们往往说他和自己"志趣相投"，而对于和自己"格格不入"的人，我们便会觉得他处处和自己不同。

二、认知对象因素

司法认知对象可分为事实因素和法律因素,也可以从另一角度进行分类,即物的因素和人的因素。不同的认知对象影响认知结果,该对象对于认知者所具有的价值及其社会意义的大小,影响认知者的认知过程。作为认知对象的刺激中,物的因素与人的因素对于认知者来说具有不同的特点。

(一)物的因素

知觉是人脑对直接作用于感觉器官的外部客观事物的整体属性的反映。正常的知觉依赖于正常功能的感觉器官和神经系统,依赖于合适的刺激强度和性质。法官在审理活动中,作为刺激的案件事实及法律信息的强度必须是适宜的,才能引起法官的感觉。

以视知觉为例,当人一睁开眼睛,外界各种景象立即充满视野,但人人都有这样的体验,即自己对投入视野的许多东西是"视而不见"的。例如,你站在窗前向外张望,眼前有高楼、树木、汽车、各种各样的人,这些人与物都会刺激着你的视觉感受器。但是,如果你当时是想在人群中寻找熟人,那么高楼、树木、电线杆等对你来说尽管在视网膜上有映像,即有了视感觉,但你过后难以确切地把它回忆出来,因为你对它们是"视而不见"。这就意味着,人虽然能够感觉到大量的外部信号,却只能对其中一部分产生知觉,或者说只能对其中一部分信号的意义作出解释。这就是知觉的选择性,这种选择性特点一方面对人们了解客观世界是有益的,它使人能把有限的心理资源集中到当下需要处理的事物上;另一方面,由于我们不可能了解到外部世界信号的各个方面,所以使得我们对于世界的认识总是根据对不完整的信息作出解释而得到的。当某处发生一起故意杀人案时,有一个人恰巧在场,于是他成了目击证人,从常理来说,因为他在场,所以他应该是能够准确地观察到现场发生的情况的。不过,根据知觉选择性的特征,也要对此提出怀疑。首先,一般来说,证人当时不会预先知道那里要发生凶杀案,他到那里也许是为了另外的目的,即在案件发生以前,他对准备犯罪的人还是视而不见的。因此,他可能难以报告出在凶杀事件前的现场状况。其次,在凶杀事件发生过程中，证人虽然转移了自己的注意力去选择性地观察这突如其来的凶残场面，而放下原先的注意对象，但是，由于他的注意广度有限，他也只能选择性地注意案件中的一些情形而无法注意到另外一些情形。例如，他也许知觉到了被害人的性别、脸孔特点，而没有知觉到被害人穿什么鞋，留什么发型。

对知觉选择性产生影响的因素来自客观与主观两方面。其中，客观因素属于认知对象自身的因素。主要包括以下几方面：

一是对象与背景的差异关系。对象与背景的差别越大，对象越容易从背景中突出来成为知觉的对象。对象与背景越接近，越难被知觉。例如，绿色军装在草地中就较难被发现。

二是对象与背景的相对活动关系。在不动的背景上活动着的事物，容易成为知觉的对象，例如，夜空中的流星。在活动背景中不动的事物也容易成为知觉的对象，例如，集体广播体操中站立不动的人。同时，活动着的对象中，速度明显快或慢的事物，容易成为知觉的对象，例如，百米赛跑中的最快者与最慢者。

三是对象与背景的组合关系。以视觉为例，我们倾向于把空间上接近、形态相同或相似、具有闭合性以及能够构成完好图形的刺激因素作为知觉的对象。①

（二）人的因素

心理学研究表明，作为认知对象的"人的因素"，主要包括：

1. 个体魅力

构成个体魅力的因素既有外表特征和行为方式方面，又有内在的性格特点方面。司法实践中，当事人的容貌美、有能力、聪明、友好等特质通常易被法官认知，影响法官对他的评价。其中，美貌通常最快被人认知，且直接形成个人魅力，且导致光环作用。因此，国外学者研究指出，被告人的外表和他在受审期间的活动，以及有关他在社会的名声的信息，从前的犯罪记录，对案件的审理结果都将发生影响。② 此外，当事人、被告人对案件的态度，也

---

① 参见人民教育出版社师范教材中心组编：《心理学》，人民教育出版社1999年版，第74页。
② 参见［美］M. J. 萨克斯、R. 黑斯蒂：《法庭社会心理学》，军事科学出版社1989年版，第143页。

会影响法官的判断。

2. 个体知名度

一个人知名度的大小也影响着别人对他的认知。在一个人有一定知名度的情况下，人们通过某种社会传播媒介或周围其他人传递的有关他的信息，实际上已经开始了对个人的认知，形成了一定的判断。司法实践中，知名度高、社会评价积极的人如重要官员、社会名人犯罪，对法官的心理无疑具有特殊的影响力。法官面对名人犯罪、名人官司，也容易犯先入为主的毛病，把这些人看成有吸引力的人，影响客观判断。正因为如此，在审理此类案件时，对法官的中立性要求更高。

3. 自我表演

司法实践中，当事人或被告人、律师作为认知对象，并不是认知活动中完全被动的一方，而是积极"让"法官认知、引起法官注意的一方，每个人都希望通过"表演"，尤其是法庭之上的表现，让法官相信自己，作出有利于自己的法律判断。因此，认知对象的主观意图、自我表演对法官的影响不可低估。

三、认知情境因素

一种刺激所产生的作用在很大程度上取决于其所处的情境。也就是说，决策者并不是孤立地去感知和记忆某个事件，而是根据他们过去的经验和事件发生时的情境去理解和解释新信息。在不同情况下，同一人对同一刺激的认知可能会完全不同。这就是认知的情境依赖性。[1] 下文主要论述空间距离、背景参考对认知的影响。

（一）空间距离

空间距离显示交往双方的接近程度。在认知活动中，它构成一种情境因素。个人空间一词最早由心理学家凯特兹于1937年在《动物与人》（*Animal and Men*）一书中提出。个人空间是指围绕在我们周围的，不见边界的、不容

---

[1] ［美］斯科特·普劳斯：《决策与判断》，施俊琦、王星译，人民邮电出版社2004年版，第35页。

他人侵犯,随我们移动而移动,并依据情境扩大或缩小的领域。心理学家霍尔得出,人在社会交往中有四种距离:亲密距离、个人距离、社交距离和公众距离。在0~45厘米的范围内称亲密距离;个人距离的范围大约在45~120厘米之间,这个距离通常是与朋友交谈或日常同事间接触的空间距离。社交距离分为近距离社交距离和远距离社交距离,较近的社交距离是1.2~2.1米,多出现在非正式的个人交往中;较远的社交距离为1.2~3.6米,一般正式的公务性接触中是这种距离;公众距离的范围是在3.6~7.6米之间。这些距离是人们在无意中确定的,却能影响认知判断。个人空间可以传达和调整人际交往中的相互沟通。他人传递给人体的感觉信息,如气味、身体接触、眼神接触和言语信息,都决定了互动中的个人空间距离。较近的距离既会增加积极的反应,也会增加消极的反应。

（二）背景参考

在社会认知中,个体对认知情境的理解也会转移到认知对象上,从而影响个体的认知结果。其中,对象所处的场合背景常常成为判断的参考系统。在一张清朝末年的照片上,有几个清朝装束的官员坐在官衙里,人们很难想象这里就有曾在西方留学、学贯中西,并且思想激进的严复,这就是背景因素在起作用。巴克指出,对象周围的"环境"常常会引起我们对其一定行为的联想,从而影响我们的认知。人们往往以为,出现于特定环境背景下的人必然是从事某种行为的,他的个性特征也可以通过环境加以认定。知道背景对感知起重要作用,一方面可以帮助法官警惕那些可能影响自身认知准确性的因素;另一方面,还可以让我们警惕那些可能影响目击者陈述准确性的因素。例如,行凶者恐吓不幸的被害人,这种恐吓可能被感知为极端的威胁并且行凶者的形象被记忆为比实际中的高大。事情的关联关系帮助我们超越外部刺激本身包含的信息而去感知。但是,背景也会使法官的感知扭曲并导致错误地理解信息,例如,银行抢劫者逃跑的车可能被人们觉得开得很快,比实际上要快。因为人们通常想象抢劫者希望尽快逃离现场,所以车会开得很快。①

第四节　法官的认知偏差

在理想的情境下，信息会按照真实的情况被解读，能够表达信息发出者的原意。但由于刺激本身的特性以及法官认知的心理过程的不确定性往往导致法官的认知偏差。所谓认知偏差，是指法官根据事物的表面现象或虚假信息对他人作出判断，从而出现判断本身与判断对象的真实情况不相符合的情形。探究法官的认知偏差，有利于改进法官的认知活动，提高法官认知的准确性和客观性，实现司法公正。

一、事实认知偏差

司法实践中，法官对事实的认知偏差现象是客观存在的。刑事诉讼有着最为严格的证明标准，以追求客观真实为己任，但实践中，追求完全发现事实真相往往难以达到。无论是刑事诉讼还是民事诉讼，当我们以理性的态度来认识事实认知的偏离现象时，或许会觉得将法律真实作为裁判标准比客观真实更符合实际。

法官对事实的认知偏差首先是由于选择性关注所引起。心理学研究认为人的知觉具有选择性的特点，这种选择性可能导致对事实的片面认识。造成认知片面或错误的一个主要原因是我们往往只关注与我们的需求联系最密切的刺激。只对环境的某一方面集中所有注意力而忽视其他方面的行为就叫作选择性关注。② 判断偏差是判断者对所选取的样本的某个或某些特殊方面（如样本的大小、样本偏离、样本的选择性和条件限制等）进行判断反应的结果。搜索过程是集中于某个变量水平还是关注所有变量水平，最终样本是小

---

① 参见［英］Peter B. Ainsworth：《警察工作中的心理学》，安福元、庄东哲译，中国轻工业出版社2007年版，第69页。

② 参见［美］安德鲁·杜布林：《心理学与工作》，王佳艺译，中国人民大学出版社2007年版，第27页。

还是大，所有这些取样决策都会导致不同的判断结果，决定了最终是得到一种准确的判断还是产生某种判断偏差。而取样决策自身也可能受到刺激分布性质和判断任务类型的影响。

除了因信息搜索与取样不能较好地反映信息全貌而可能导致认知偏差外，人们还倾向于将自己感知到的信息进行合理化解释。正如美国学者沃尔特·李普曼所言"我们不是先观察了再定义，而是先定义了再观察"[1]。于是，进一步模糊了主观的信息补充与客观事实之间的区别。一般而言，知觉的合理化解释受以下因素影响：首先，已有图式的影响，图式作为一种心理结构，是用于表示人们对于外部世界的已经内化了的知识单位，法官有许多关于案件的图式；其次，预期或先前观念的影响，先前已有的观念或本人的预期会导致感知信息的组织符合个人的愿望；再次，动机与情绪的影响，动机与情绪作为法官的意向性心理活动，决定着法官知觉的方向，使得法官的知觉可能出现偏向性甚至沿着错误的方向进行；最后，刻板印象的影响，刻板印象可以帮助知觉者解释复杂的社会环境，其原因是刻板印象包括连接特质属性的一种因果关系结构。这些特性往往在社会环境的主观建构中起着重要作用，它可以帮助人们将既定事件的社会信息与潜在的因果关系结构整合在一起，尤其是刻板印象提供了知觉者组织社会信息的一个"主题"，在将所遇到的信息片段放入某个具体的因果关系场合之中时，刻板印象具体化了其与其他信息之间的潜在联系，并且决定着与所利用的信息相关的推理的发生轨迹，同时，当知觉者努力将信息整合成一个连续的表征时，刻板印象激发的因果假设会对所利用的信息的编码过程产生重要影响。总之，人们有将仅有的信息解释为更合理的倾向。所以，案件叙事可能是合理的，但不一定就是裁判事实的"真实"图景。[2]

二、法律认知偏差

法条发现主要是从记忆库进行提取的心理过程，这种提取受到记忆库本

---

[1] Snyder, M., & Uranowitz, S. W., *Reconstructing the past: Some cognitive consequence of person perception*, Journal of Personality and Social Psychology, 1978, pp. 941—950.

[2] 参见李安：《刑事裁判思维模式研究》，中国法制出版社2007年版，第159页。

身广度、先前认知加工等因素的影响,而且提取过程更多依赖于个体的直觉与顿悟。在这一过程中,直觉所产生的偏见难以通过理性与逻辑进行监控,因此难免会出现法条发现的偏离情形。已有的经验告诉我们,提高直觉的质量可能依靠已有法感的培养。

造成法条发现偏离的原因主要有以下几方面:第一,受法官知识面的影响。法官的知识面决定着法条发现的范围。司法实践中,受知识面的影响,是造成法官在法条发现过程中出现偏离现象的主要原因之一。第二,受法官知识熟悉程度的影响。法官的知识熟悉程度决定着法条发现的准确性。要防止法官出现法条发现中的偏离现象,提高法条知识的熟悉程度颇为重要。第三,知觉、记忆具有选择性(偏好)。法官对法条的感知和记忆具有选择性的特点,此种选择性有时会导致法条发现的偏离。一些法官虽然具有丰富的法律知识,但不会正确运用,容易造成思维定式,遇到新类型案件、新情况易犯经验主义的毛病,导致法条的误用和偏离。第四,受语言局限性的影响。法律是用语言文字来表达的,但语言是一切法律问题的开端,以语言为载体的信息交流容易出现偏差,从而导致法条发现的偏离。人类之间的语言式理解其实是发出和接收信息的复杂的协动过程。只有那些具备足够的对象观念的人才能驾驭和理解语言,而这种观念的形成则取决于感知和经验。语言与时代、环境和个体阅历都具有紧密的联系。当我们说到一个词的时候,历史的、社会的、受环境影响的、宗教的和非常主观的感知与经验就出现了。许多词语是与个人的不同经验、观点、评价和交际联系在一起的。在这里,基础经验和"童年的模式"对个人的"概念观"常常发挥着重要的作用。[①] 受语言文字种种局限性的影响,法官在法条发现中容易出现偏离。

三、社会(人际)认知偏差

社会认知主要包括社会知觉、社会印象和社会判断等三个不同加工水平的认知阶段。社会知觉是对社会对象的直接反映,是社会印象和社会判断的基础。社会知觉容易被复杂纷纭的表面现象所迷惑,产生社会错觉;社会印

---

① 参见[德]伯恩·魏德士:《法理学》,丁晓春、吴越译,法律出版社 2003 年版,第 75—78 页。

象则是在社会知觉素材的基础上,经过一定的加工概括而在记忆中保持下来的主观印象,是人对社会对象的一种间接反映,如"第一印象""晕轮效应"和"刻板印象"等都是这样的社会印象;社会判断是社会认知的高级阶段,是对某种社会对象的定性或定论的过程。

(一)首因效应(第一印象)

所谓首因效应,是指法官个体在信息加工的过程中,首次获取的信息对印象的形成起很大的作用。[①] 在认知过程中,人们尽管可以获取多种信息,但最终决定他形成印象的却是最初信息,其余信息则被忽略,也就是说,第一印象是难以改变的。我们常说的"给人留下一个好印象",一般就是指的第一印象,这里就存在着首因效应的作用。在心理学中,所谓第一印象,也称有色眼镜,是指直接将感觉层次中的局部认知代替知觉层次中的完整认知的错误的认知过程。首因效应(第一印象)在职业工作、社会交往、家庭生活中都起着重要的作用。好的首因效应使双方的心理距离越来越近,而差的首因效应则使得双方越来越疏远。在审判工作中也会如此。对于法官来说,一方面,出生环境是他接触到的第一环境,不同的法官成长于不同的家庭、社会、文化环境,各自接受不同的习惯、风俗和观念,习得不同的法律知识和专业技能,形成不同的社会印象。法官在审判案件过程中,难免会以自己对社会形成的"第一印象"发表事前倾向性看法或意见。受个体偏见的影响,法官对案件的判断就会出现偏差。另一方面,法官在审判活动中,不断与外界发生交往,包括与律师、当事人(被告人)、证人、检察官等主体进行交往,实际上属于人际交往的范畴,而心理学研究表明,只要是人际交往,就会出现人际认知偏差。心理学告诉我们,当双方在最初的交往中,如果能以良好的

[①] 在社会认知活动中,一旦我们能够对对象的某些属性作出判断也就构成了印象。印象组织了人们关于对象各方面特性的认知成果,反映对象的总体特征。但是,在很多情况下,人们并不是在掌握了对象的全部特性以后才形成对他的印象,甚至只需看过一个人的照片,或和他说几句话,就可以下许多断言。这种情况是由社会认知本身的特点所导致的。印象形成的一般规则:一是一致性,即在判断一个人的时候,趋向于把他当作协调一致的对象来观察;二是评价的中心性,即评价是最主要的,一旦判断出一个人的好坏来,印象也就基本确定;三是中心特性作用,即在我们形成印象的时候,有些特性的信息常常更有分量,并能改变整个印象。参见全国13所高等院校《社会心理学》编写组编:《社会心理学》,南开大学出版社2003年版,第141-143页。

共同动机作为主导动机,并体现成行为,则双方在今后的交往中也容易达到理解和再理解;反之,则会形成认知偏差。换言之,在双方陌生或接触很少的情况下,在最初的交往中形成的人际认知的好差,对今后的交往效果起着决定性作用。在审判工作中,法官也很容易犯"先入为主"的毛病,从而影响案件的正确处理。

(二) 近因效应

近因效应指在总体印象形成过程中,新近获得的信息比原来获得的信息影响更大的现象。心理学研究发现,近因效应一般不如首因效应明显和普遍。在印象形成过程中,当不断有足够引人注意的新信息,或者原来的印象已经淡忘时,新近获得的信息的作用就会较大,就会发生近因效应。初始效应不仅作用于人们的印象形成过程。在许多需要对序列信息作出评价的情况下,它都会发生作用。例如,当人们面临一个有争议的对立面信息时,初始效应使人们往往更容易受到先出现的信息的影响。但事情也并非总是如此。当人们能够更加清楚地记得最后出现的信息而不是最先出现的信息时,近因效应便发生了。[1] 审判实践中,法官接触到大量的事实信息,新近获得的案件信息对法官裁判的影响可能比先前获取的信息影响更大。为了克服这一弊端,司法实践中,往往要求法官提高审判效率,提倡作阅卷笔录,把阅卷过程中获取的重要信息予以摘录,提倡对案件作出当庭宣判,都是有这方面道理的。由于法官不能同等对待呈现于不同审理阶段的案件事实信息,对一些信息予以特别重视,而对一些具有重要法律意义的信息予以忽视,就会出现认知偏差,影响对社会、人际的准确判断。

(三) 光环效应

光环效应是影响法官个人偏见的又一重要心理因素,最早由美国著名心理学家桑戴克于 20 世纪 20 年代提出。光环效应又称晕轮效应、成见效应、光圈效应、日晕效应等,指人们对人的认知和判断往往只从局部出发,扩散而得出整体印象,即以偏概全。一个人如果被标明是好的,他就会被一种积

---

[1] [美] 斯科特·普劳斯:《决策与判断》,施俊琦、王星译,人民邮电出版社 2004 年版,第 39 页。

极肯定的光环笼罩,并被赋予一切都好的品质;如果一个人被标明是坏的,他就被一种消极否定的光环所笼罩,并被认为具有各种坏品质。这就好比刮风天气前夜月亮周围出现的圆环(月晕),其实,圆环不过是月光的扩大化而已。当你对某个人有好感后,就会很难感觉到他的缺点存在,就像有一种光环在围绕着他,所谓"情人眼里出西施""爱屋及乌",这些心理都是光环效应。光环效应有一定的负面影响,在这种心理作用下,你很难分辨出好与坏、真与伪。中国有一个寓言故事"疑邻窃斧"生动地描述了光环效应:有一个人丢了一把斧子,怀疑是邻居偷的,于是他留心观察,发现这个邻居一举一动都像是偷斧子的人。后来他在山上砍柴时找到了丢失的斧子,再仔细观察那个邻居,又觉得邻居根本不像偷斧子的人了。光环效应不但常表现在以貌取人上,而且还常表现在以服装定地位、性格,以初次言谈定人的才能与品德等方面。在对不太熟悉的人进行评价时,这种效应体现得尤其明显。俗话说一俊遮百丑、一好百好、一坏百坏等也是光环效应的体现。司法实践中,被告人或当事人的衣着、职业、出身以及其他某一方面的特性,往往也会对法官形成光环效应。光环效应在法官评价中常造成两方面的偏差:一是"以差盖好"的"扫帚星效应",即法官对被告人(当事人、律师)某一方面得出了较差的印象后,会把其他缺点也加到他身上,而对其优点则视而不见,或作出不信任、不恰当的归因分析,进而影响司法裁判;二是"以好蔽差"的"遮掩效应",即因为被告人(当事人、律师)某一方面情有可原(优秀),就把这种"优点"泛化到其他方面去,淡视或忽略了其缺点和不足。

(四)刻板印象(刻板效应)

刻板印象是群体敌视的认知成分。它是人们对某个特定群体或社会阶层的成员共同的特征所持的观点。[①] 刻板印象(亦称印刻作用)作为一个社会学名词,专指人类对于某些特定类型的人、事、物的一种概括的看法。刻板印象是在社会分类过程中形成的关于某类人的固定印象,它反映了人们在社会认知中存在的偏向性和凝固性。有一些刻板印象与人格特质有关。比如,

---

① 参见[美]Shelley E. Taylor 等:《社会心理学》,谢晓非等译,北京大学出版社 2004 年版,第 183 页。

在19世纪的时候,西方部分人认为美国印第安人是肮脏、残忍、好战的野蛮人。到了20世纪,他们在人们心目中变成了沉默、消极、懒惰的醉鬼。在我国,人们一般认为工人豪爽、农民质朴、军人雷厉风行、教师文质彬彬、商人大多较为精明,诸如此类的看法都是类化的看法,都是人脑中形成的刻板、固定的印象。由于刻板效应的作用,人们在认知某人时,会先将他的一些特别的特征归属于某类成员,再把属于这类成员所具有的典型特征归属到他的身上,以此为根据去认知他。在另外一些情况下,刻板印象与归因有关。比如,许多白人认为,黑人的工资水平之所以偏低,是因为他们对工作的动机水平不高,或者说是因为他们在基本技能上不如白人。

刻板效应既有积极作用,也有消极作用。从总体上看,许多刻板印象有一定的原因,刻板印象建立在对某类成员个性品质抽象概括认识的基础上,反映了这类成员的共性,有一定的合理性和可信度。如美籍亚裔人受教育的程度较高。[①] 因此,审判实践中,刻板印象也可以帮助法官简化对对象的认知过程,有助于法官对诉讼中的当事人或其他诉讼参与人迅速作出事实判断,有效地完成法律裁判。但这种对某个群体的总体刻板印象往往很不准确,因为它过于泛化,忽视了个体之间的许多差异。刻板印象强调了某些特点,尤其是非常容易夸大优点或缺点。司法实践中,刻板印象容易使法官对事物或人的认识僵化、保守,法官一旦形成不正确的刻板印象,且用这种定型去衡量一切,就会造成认知上的偏差,如同戴上有色眼镜去看待外部的世界。在不同法官的头脑中刻板效应的作用、特点是不相同的,文化水平高、思维方式好、有正确世界观的法官,其刻板印象是不"刻板"的,是可以改变的。要纠正刻板效应的消极作用,关键是要求法官努力学习新知识,不断扩大视野,开阔思路,更新观念,培养良好的法律思维方式。

(五)投射效应

简化认知流程的另一捷径就是投射效应。所谓投射效应,是指以己度人,把自己的感情、意志、特征投射到他人身上并强加于人的一种认知障碍。在

[①] 参见 [美] Shelley E. Taylor 等:《社会心理学》,谢晓非等译,北京大学出版社2004年版,第183页。

投射效应的作用下，法官容易对他人的感情、意向作出错误的评价，出现认知偏差。比如，一个心地善良的法官容易以为别人都是善良的；自己喜欢某一事物，容易以为别人也喜欢，跟同事谈论的话题总是离不开这件事。引不起别人共鸣，这是投射效应产生的结果，导致对他人产生认知障碍。投射效应的另一种表现，是对自己喜欢的人或事物越看越喜欢，越看优点越多；对自己不喜欢的人或事物越看越讨厌，越看缺点越多。因而表现出过分地赞扬和吹捧自己所喜爱的人或事，过分地指责甚至中伤自己所厌恶的人或事。审判实践中，法官如果受此影响，极易失去人际交往中认知判断的客观性，影响司法裁判的公正性。法官克服投射效应的关键是认清别人与自己的差异，以避免以己之心度他人之腹。要力求做到客观地认识自己，不断地完善自己，居中、客观、公正地作出裁判。

（六）归因偏差

认知的一个重要方面就是我们如何解释自己或他人行为的原因，也就是我们对某一行为进行归因。心理学上的归因理论是研究我们如何对行为进行归因这一过程的科学。[①] 归因理论基本上假定归因是一种合理的、符合逻辑的过程。但心理学家研究指出，人们在很多情况下对行为原因的解释是武断的、不合实际的偏见。社会生活中，由于主观动机的差异或由于对所获得的信息加工的局限性，个体对自己或他人行为原因的判断常会出现偏差。常见的归因偏差主要表现在以下几方面：

一是过高估计内在因素。这种偏差主要就观察者而言。观察者倾向于把行为者本身看作是其行为的起因，而忽视了外在因素可能产生的影响。

二是行为者与观察者的归因分歧。即行为者对自己的行为倾向易作外在归因，观察者对他人行为倾向易作内在归因。

三是忽视一致性信息。人们往往只注意行为者本人的种种表现，却不大注意行为者周围的其他人如何行动，而一致性信息涉及周围的其他人，往往只构成观察的背景，受到忽视。

---

① 参见［美］安德鲁·杜布林：《心理学与工作》，王佳艺译，中国人民大学出版社2007年版，第28页。

四是自我防御性归因。人们总是愿意获得成功，这种倾向也可能导致归因偏差。例如，在对自己的行为进行归因时，如果行为是成功的，则可能倾向于低估情境的作用而高估内因的作用；如果行为是失败的，则可能倾向于高估情境的作用而低估内因的作用。在对他人的行为进行归因时，如果他人行为是成功的，则可能倾向于高估情境的作用而低估内因的作用；如果他人行为是失败的，则可能倾向于低估情境的作用而高估内因的作用。

一个优秀的法官必须是一个睿智的法律家、富有怀疑精神的思想家、具有丰厚文化底蕴的社会人。这就决定了法官的眼光、境界和视野必须高人一筹，法官对事实、法律和社会的认知和理解必须建立在独立判断的基础之上。因此，法官必须具有较高的认知水平和判断能力。较高的认知水平和判断能力，是法官克服认知偏差、提高认知质量的关键。

第二章 法官情感和意志

关于人的心理活动深层机制的科学研究，证实了认识、情感和意志，作为人们对客观事物反映的心理过程的三个不同方面，是互相联系、不可分割的心理因素。对法官心理现象与心理过程的探究，离不开对法官情感和意志因素的探索。

第一节 法官的情感

对认知心理学的发展产生重要影响的运动就是强调人的情感、希望以及积极情感因素的心理学变革。人本心理学强调尊严和人生价值的重要性，不但强调自我帮助，而且强调对他人的幸福负责。其中工业人本主义学派告诫管理者，情感因素对生产力的影响往往比生理因素和外部激励因素的影响更大，主张"工作应该让员工在主观上觉得满意"，提高生产率和促进民主的关键在于"合作、团结精神以及有效协调"。[①] 同理，关注和研究法官的情感规律对于促进审判工作意义重大。

一、法官情感概述

情感是人对客观事物的态度体验及相应的行为反应。生活中，我们经常将情感和情绪作为同义词来使用。喜、怒、哀、乐、忧、愁、爱、憎等都是

[①] 参见［美］安德鲁·杜布林:《心理学与工作》，王佳艺译，中国人民大学出版社2007年版，第15页。

不同形式的情绪、情感。不过,情绪更倾向于法官个体基本需求欲望上的态度体验,往往与自然需要(如吃、住、睡等)相联系,而情感则更倾向于法官社会需求欲望上的态度体验,与法官的社会需要(如职业荣誉、地位、成就等)相联系。在行为过程中,情感和情绪的主要区别在于,情感侧重对行为目标目的的生理评价反应,而情绪是对行为过程的生理评价反应。

(一) 法官情感的分类

人的情感复杂多样,可以从不同的观察角度对法官情感进行分类:

1. 正向情感与负向情感

这是根据价值的正负变化方向的不同进行的分类。正向情感是法官对正向价值的增加或负向价值的减少所产生的情感,如愉快、信任、感激、庆幸等;负向情感是法官对正向价值的减少或负向价值的增加所产生的情感,如痛苦、鄙视、仇恨、嫉妒等。

2. 心境、热情与激情

这是根据价值的强度和持续时间的不同进行的分类。心境是指强度较低但持续时间较长的情感,它是一种微弱、平静而持久的情感,如绵绵柔情、闷闷不乐、耿耿于怀等;热情是指强度较高但持续时间较短的情感,它是一种强有力的、稳定而深厚的情感,如兴高采烈、欢欣鼓舞、孜孜不倦等;激情是指强度很高但持续时间很短的情感,它是一种猛烈的、迅速爆发的、短暂的情感,如狂喜、愤怒、恐惧、绝望等。

3. 真感、善感和美感

这是根据事物基本价值类型的不同所作的分类。真感是法官对思维性事物(如知识、思维方式等)所产生的情感;善感是法官对行为性事物(如行为、行为规范等)所产生的情感;美感是法官对生理性事物(如生活资料、生产资料等)所产生的情感。

4. 个人情感、集体情感和社会情感

这是根据价值主体的类型的不同所作的分类。个人情感是指法官个体对事物所产生的情感;集体情感是指法官集体成员对事物所产生的合成情感,法律职业共同体情感是一种典型的集体情感;社会情感是指法官作为社会成员对事物所产生的合成情感。

5. 欲望、情绪与感情

这是根据价值的主导变量的不同所进行的分类。当主导变量是人的品质特性时，人对事物所产生的情感就是欲望；当主导变量是环境的品质特性时，人对事物所产生的情感就是情绪；当主导变量是事物的品质特性时，人对事物所产生的情感就是感情。例如，脏、乱、差的工作环境使法官产生不愉快的情绪；那些清正廉洁、全心全意为人民工作的法官会引发当事人和律师的尊敬与爱戴的感情，那些贪污腐化、以权谋私的法官会引发其他人的仇视与嘲笑的感情。当机体缺乏食物时，就会产生饥饿的心理体验，并形成对于食物的欲望。

6. 对物情感、对人情感、对己情感和对特殊事物情感

这是根据价值的目标指向的不同所作的分类。其中，对物情感包括喜欢、厌烦等；对人情感包括仇恨、嫉妒、爱戴等；对己情感包括自卑感、自豪感等。

7. 追溯情感、现实情感和期望情感

这是根据价值的作用时期的不同所作的分类。追溯情感是指人对过去事物的情感，包括遗憾、庆幸、怀念等；现实情感是指人对现实事物的情感；期望情感是指人对未来事物的情感，包括自信、信任、绝望、期待等。

法官情感是法官态度这一整体中的一部分，它与态度中的内向感受、意向具有协调一致性，是态度在生理上一种较复杂而又稳定的生理评价和体验。整体考虑，法官情感主要表现为法官对司法审判形成的道德感、价值感和美感。

（二）法官情感的主要表现

1. 法官的道德感

道德感是法官依据一定的道德标准评价自己或他人行为、思想、意图时产生的态度体验。由于道德属于社会历史范畴，不同时代、不同民族和不同的社会阶层对道德的理解和评价有不同的标准，因而法官的道德标准必须符合社会主流的价值观和道德观。当法官自己的言行符合社会主义核心价值观和法官职业道德标准时，自己会产生自豪感和欣慰感；反之，则会自责和内疚。在看到他人的言行符合社会倡导的主流道德价值标准时，法官内心就会

对他产生尊重与崇敬。司法实践中，对那些见义勇为、克己奉公、刚正不阿等行为事迹都会使法官肃然起敬，而贪污受贿、偷窃行凶等行为则会令法官厌恶、憎恨。

作为法官，从法律的角度思考问题是其天职，但也要学会从道德、良心上去检点自己的言行和裁判活动，不断增强道德感。这样，就能不断地矫正自己的行为，使自己保持良好的品行操守。陶冶法官的道德情感是法官道德教育的必要环节。所谓法官道德情感，是指人们依据一定的法官道德观念，在处理法官道德关系、评价法官道德行为时所产生的一种好恶、爱憎的感情。法官道德情感是一种内在的精神力量，左右着法官对某种思想、观念、行为的接受与拒绝。陶冶法官道德情感就是把抽象的、外在的法官道德知识，变为法官个人内在的心理要求，这是树立法官道德信念、形成法官道德品质的必要因素。

2. 法官的理智感

理智感，是法官在认知案情和评判案件的智力活动中所产生的情感体验。例如，对新类型案件表现出来的好奇心、对未知现象表现出来的求知欲、对成功解决重大疑难复杂案件所产生的喜悦或愉快、对难办案件表现出来的焦躁不安，等等，都是理智感的表现形式。理智感对法官认识的产生和发展能起极大的推动作用，能够激励法官去研究熟悉案情，寻求案件问题的答案。热情也是一种强有力的稳定而深厚的理智感。热情具有指向性，它总与明确的目的性和积极的行为紧密相连。司法热情能够使法官坚持不懈地做好审判工作。法官的司法热情取决于法官个体对司法审判活动的社会意义的认识。因此，培养和发展法官对审判工作的深刻的理智感，具有十分重要的现实意义。

3. 法官的美感

美感是依据一定的审美标准评价事物所产生的情感体验。例如，欣赏锦绣河山、良辰美景、绚丽色彩时所体验到的各种情感都属于美感。美感的产生依据法官的审美标准。审美标准既反映事物的客观属性，也反映法官的观点与观念。法官对许多客体能形成共同的评价，体验到美感。对品质和行为也能引起美的体验，如真诚、诚实、公正、坚强、可靠等人品因受到人们的普遍认同，被认为是美的。审判是一种善良而公正的艺术。审判的公正性，能引起人们美的体验,所以法官的美感与公正的实现密切相关。由于美感渗透主观意向,因此,不同的法官有不同的美感,在法律职业共同体内部,促进法官高度同质就显得非常重要。法官美感的形成有赖于法官的审美能力,而审美能力的培养则取决于长期的知识经验的积累与实践训练。

二、情感因素对司法裁判的影响

心理学认为情感是非理性的,是人对客观事物的主观态度、心理体验及相应的行为反应。司法裁判中的情感因素是指法官在形成裁判的过程中对影响案件事实形成与法律理解和发现等案件相关因素作出的诸如喜怒哀乐、好恶倾向等内在的心理反应。在以规则为支撑、以理性为导向的司法过程中,法官是否因情感因素影响司法裁判,不少实务界的法官似乎并不隐瞒自己肯定的观点,但在古今中外的法学理论界争辩中却始终有肯定与否定两种主张。如何科学、理性地看待并合理调控司法裁判中的情感等非理性因素,自觉提升法官自身的情感素养,筑牢公正司法的情感基础,并致力于科学的程序设计和有效的制度防范,全面保障司法公正的有效实现,无疑是一个值得研究的重大课题。

(一)情感因素否定论:法律形式主义的主张

对待司法裁判中的情感因素问题,持否定论者认为,理性是理解世界的绝对法则,是解决所有难题的"金钥匙",是法律的灵魂。法律职业必须要求法官是理性的,毫无偏私的,因此要摈弃一切法官个人的特性,排除情感等非理性因素的干扰。法官应当根据客观的事实和正确的法律,运用逻辑,得出公正的判决。因此,司法的过程近乎于机械地适用法律。其典型代表是持"法律形式主义"者,该学说流派源自19世纪德国法学的概念法学,到19世纪后期,成为大陆法系国家的共同现象。

持"法律形式主义"者认为,法律是明确的、自成一体的独立体系,法律具有当然的确定性和结果的唯一性等特征,法律推理应该仅仅依据客观的事实、明确的规则以及逻辑去决定一切为法律所要求的行为。在"法律形式主义"者眼中,法官只是一名"法匠""宣告法律的喉舌"和"法律的自动售货机"。整个法律运作就如同一台加工机床,只要提供一定的材料,就一定会产生确定的产品。例如,德国法学家萨维尼就曾针对这种现象说,罗马法学家的方法论具有"一种除数学之外其他地方再不会有的确定性;可以毫不夸张地说,他们是用他们的概念来进行计算的"。约翰·奥斯丁曾在德国的大学里研究了好几年,他确定自己毕生的任务是分析法律,使法律精确化。由他创立的分析法学派就是以逻辑和对概念作为逻辑检验为基础的。按照他的理论,法律制度依赖于一种逻辑结构,逻辑的统治至高无上。①

"法律形式主义"的思想后来经由许多普通法法学家的借鉴,对英美法系国家也有相当影响。到了20世纪初,法律形式主义的观念逐步在西方法理学中占据了支配地位。

(二) 情感因素肯定论:法律现实主义的观点

持肯定论者从法官是自然人的立场出发,论证了法官的情感因素对司法裁判的客观作用。法官作为一个具有主观能动性的生命体,其对某些行为的喜好与偏见、感触与感情等属于潜意识深层次的力量,必然会不自觉地渗透到法官自由裁量的过程中。法国文豪蒙田曾评论说,法官的心情和脾气天天都在变化,而这些变化常常反映在他的判决之中。法律学者甚至嘲笑法官这种不理智的做法,并把掺杂法官情感的判决称为"口味法理学"的判决。②

法律现实主义对司法过程中情感作用的分析贡献尤巨,其中的一段比喻引人深思:"司法裁决与法律判例之间的关系还不及这些裁决与法官的早餐更密切。"对许多法律判决的细致研究表明,他们是基于不确定的事实、模糊的法律规则以及不怎么充分的逻辑作出。因此,"真正的"判决根据是什么并不清楚。对不同的法官作出的判决进行研究,人们便发现了法官的个性、政治、情感因素或偏见对判决有影响,这种影响甚至比法律要大。这种对法律形式主义的反动也称为"法律怀疑主义"。③

---

① 参见 [澳] 维拉曼特:《法律导引》,张智仁等译,上海人民出版社2003年版,第108页。
② [美] 汉斯·托奇:《司法和犯罪心理学》,周嘉桂译,群众出版社1986年版,第156页。
③ 参见 [美] 斯蒂文·J.伯顿:《法律和法律推理导论》,张志铭等译,中国政法大学出版社2000年版,第4页;[英] 韦恩·莫里森:《法理学:从古希腊到后现代》,李桂林等译,武汉大学出版社2003年版,第482页。

现实主义法学从20世纪20、30年代正式诞生，一直延续到现在，不仅在美国有突出的表现，而且在欧洲大陆和北欧，都有着广泛的传播。其中涌现出来的自由法学派、利益法学派、社会职能法学派、社会心理法学派等，均反对"书本上的法"，强调"现实中的活法"，主张关注法官的司法行为和司法实践。① 在美国，最主要的现实主义法学者有霍姆斯、卢埃林、庞德、弗兰克等人，我们可以通过考察他们的学术思想得到证实。

首先，霍姆斯受实用主义哲学的影响，提出"法律的生命不是逻辑，而是经验。当人们确定必须受其支配的规则时，所感觉到的时间必然性、流行的道德和政治理论、对公开的或无意识的政府政策的直觉认识，甚至法官与其同胞所共有的偏见，都要比演绎推理的作用大得多"，他对法律条文的确定性最先发难，并主张从"坏人"的角度看待法律，② 开辟了将法律和实用主义相结合的先河。他在《普通法》一书中揭示了一系列影响法律运行的因素，使人们的目光从法律本身转向法律的周围，从规则本身转向规则的运行，使司法中的案件决策成为人们关注的焦点。③

其次，在霍姆斯和新兴社会学的影响下，庞德将实地调查的方法运用到法理学的研究之中，注意法律的社会特征，并观察到法律不仅是对组织有序的社会的一种反映，而且还对社会具有反作用。法律是以灵活方式运作的死制度，应该对司法进行心理学方面的研究，④ 在20世纪初期，就提出要区分书本上的法律与行动或实践中的法律。

最后，20世纪上半叶，以卢埃林、弗兰克等为代表人物的现实主义法学派继承了霍姆斯和庞德的传统，更加注重对法律的实证研究，试图使法律现代化和完善化。⑤ 卢埃林认为，社会上充满了纠纷，实际存在的或潜在的纠纷，待解决的和应预防的纠纷，它们都被诉诸法律，成为法律的事务。那些负责做这种事的人，无论是法官、警长、书记官、监管人员或律师，都是官

---

① 参见付池斌：《现实主义法学》，法律出版社2005年版，第1—2页。
② 参见霍姆斯：《法律的道路》，载［美］斯蒂文·J.伯顿：《法律的道路及其影响——小奥利弗·温德尔·霍姆斯的遗产》，张芝梅、陈绪刚译，北京大学出版社2005年版，第420页。
③ 相关论述可参见美国法律文库系列中译本之一，［美］霍姆斯：《普通法》，冉昊、姚中秋译，中国政法大学出版社2006年版。
④ 孙文恺：《社会学法学》，法律出版社2005年版，第188—200页。
⑤ 参见赵震江主编：《法律社会学》，北京大学出版社1998年版，第338页。

员。这些官员关于纠纷做的事,在他看来,就是法律本身。法律是不断变化的规则;它不仅包括"书面规则"(paper rules),而且应包括"现实规则"(real rules);后者是更重要的部分。书面规则仅仅告诉人们应当如何去行为,但人们实际上如何行为并不完全符合书面规则。只有对人们的行为特别是法官的行为进行实际研究分析,人们才能发现案件决策中的现实规则是什么。书面规则的作用只有在研究了现实规则后才能够发挥。因此,书面规则是不确定的。卢埃林的观点被称为"规则怀疑论"。在法律改革的实践中,他主张法学应该将关注的焦点放在行为上而不是规则和权利上,以行为作为法学的核心,力主采用社会学中的行为科学方法对人们特别是法官的行为进行研究,始终坚持以法律科学家的观点来看待法院的案件决策行为。在20世纪60年代,美国律师界认为,法院的判决(案件决策行为)难以预测,已经从比较稳定的判决转向随意的判决,因而对法院的判决感到不安和越来越不信任。卢埃林则不同意律师界的看法。他提出,如果在预测法院判决的过程中能够充分考虑法官的个性在司法判决过程中的作用,将人们的行为和观念放在特定的行为环境和一般的习俗中进行考察(在考察的过程中注意人类学、心理学和经济学等社会科学的影响),不忽视律师在案件处理过程中的作用等因素,[1] 预测的准确度将会提高。在《普通法传统》一书中,他进一步提出,受过良好法律训练、具有丰富实践经验的法官,法律原则对判决的指导等因素也都能增强人们预测法院将如何行为的准确性。[2] 总之,"卢埃林的现实主义法学是以'行为'为中心,以怀疑主义的态度,以及'科学'的方法表现出来的对传统法学的批判",[3] 注重对法官的案件决策行为展开研究,以期更准确地预测和解释法律案件的实际运作。

与卢埃林的"规则怀疑论"相对应,弗兰克的观点被称为"事实怀疑论",也颇具代表性。弗兰克批判了法律具有确定性的观念,他认为,法律的确定性和稳定性是一个"基本法律神话"。他将注意力从法律的规则方面转到了研究初审法院的事实调查方面,也就是从"对规则的怀疑"转向了"对事

---

[1] Levy, Bery Harold, *Anglo-American Philosophy of Law*, Transaction Publishers, 1991, p. 91.
[2] 参见[美]卡尔·尼可森·卢埃林:《普通法传统》,陈绪刚等译,中国政法大学出版社,2002年版,第18-33页。
[3] 孙文恺:《社会学法学》,法律出版社2005年版,第179页。

实的怀疑"。在弗兰克看来，法律的不确定性不仅是因为法律规则的不确定，还主要是因为初审法院在确定案件事实方面的不确定，司法事实调查中永远会存在大量非理性的、偶然性的、推测性的因素，不同的法官在同类案件判决方面的巨大差异正是根源于法官难以确定的案件事实本身。"事实怀疑论"表明，法律不是"书本上的法律"，而是"行动中的法律"，案件决策行为因人而异；法律是人们对未来判决的一种预测，而最真切的预测应该是如霍姆斯所说：从坏人角度对判决的可能性加以推敲；判决是外界刺激作用于法官个性的产物。弗兰克用司法判决公式进一步形象地说明了法官的个性等非理性因素对法官自由裁量的影响，即：D（判决）= S（围绕法官和案件的刺激）×P（个性）。弗兰克认为，法官的个性是法官自由裁量的中枢因素，判决结果可能要依碰巧审理个案的法官的个性而定，法官的自由裁量结果由情绪、直觉、预感、偏见、脾气以及其他非法律因素所决定。"判断的过程很少是从前提出发继而得出结论的。判断的起点正与之相反——先形成一个不很确定的结论；一个人通常是从这一结论开始，然后努力去发现能够导致得出该结论的前提"①，即结论主导的思考方式。在实际的审判过程中，决定判决内容的既不是法律规范也不是逻辑更不是概念，"法庭的判决像其他判断一样，无疑在多数情况下是暂时形成的结论倒推出来的"，"法官的判决取决于一种预感"，"建立在法官训练有素的直觉"之上，在这个过程中具有决定性意义的是法官的个性。② 弗兰克提出"事实的不确定性"这一激进的观点对传统法学又一次发起了挑战，作为现实主义法学的代表人物，他倾向于把法律的规范性因素或规定性成分降到最低的限度，更深更广地研究法官的心理活动，这无疑在一定程度上把社会对法官虚幻的偶像崇拜牵引到制度现实之中。

此后，司法行为主义运动进一步无情地撕毁了罩在法官脸上的"法律保管者"的面纱，把法官看作一个非常普通的"自然人"。司法行为主义并不否认法官在司法实践中所具有的创制规则的作用，但承认这种作用的动机并不纯粹出自对法官地位的推崇。司法行为主义注重把法官个人的价值观和社会

---

① [美] 博西格诺：《法律之门》，邓子滨译，华夏出版社 2002 年版，第 27 页。
② [美] 博西格诺：《法律之门》，邓子滨译，华夏出版社 2002 年版，第 27—34 页。

态度作为对法官行为分析的基础,主张从法官个人的特性和观念中全面寻找判决的真正根据。

三、情感因素如何影响司法裁判:法律心理学的实证考察

从我们今天的目光来看,传统的法律形式主义观点确实容易导致机械、僵化司法,而以卢埃林和弗兰克等为代表的现实主义法学派也存在过于偏激、过分夸大法律运行的不确定性以及贬低法律的确定性,从而可能动摇人们对法治建设的信心等缺陷。值得肯定的是,法律现实主义作为对传统法学的挑战,倡导从社会实践出发,以法的客观社会现实为研究对象,突出实际的司法行为和司法实践,目光从静态的规则转向动态的法律运作,凸显法律运行中"人的因素",注重研究司法的实际效果,这些均无疑属于十分深刻的司法洞见。它不仅影响了一代又一代法官的司法哲学,更重要的是——由于美国以法官为中心的法律制度和法学教育研究制度——影响了后来的法学教授和律师。经过近一个世纪学者、法官和律师们的努力,对法律运行问题,特别是对围绕法院和法官的法律运行问题,已经成为法学、法律社会学和法律心理学等学科共同研究的核心问题。

法律心理学研究告诉我们,公正从一开始就不全然是一种客观性的存在,作为一种价值理想准则,其一直都与人们的主观价值判断如影随形,社会公众对司法公正的认知和评判难免会存在情感依赖。法律既有赖于国家规范的刚性指引与强力保障,也离不开人们的情感支撑。严格司法固然是公正司法的前提和基础,正确的法律和客观的案件事实毋庸置疑是判决时应考虑的最重要的两大因素,但司法绝不是纯粹理性的"独角戏",而是心与脑对话的过程,是逻辑与价值、理性与非理性相互博弈、协调互融的过程。正因为如此,美国卡多佐大法官才感叹道:"即使我们已经竭尽全力,我们仍然不能使自己远离那个无法言传的情感王国,那个根深蒂固已经成为我们本性一部分的信仰世界。"情感是人性中最为璀璨的光芒和不可回避的色彩,在司法理论研究中无视或决意排除法官情感因素对司法裁判的影响既是不现实的,也是不必要的,关键在于科学地揭示情感因素对司法裁判的影响规律,从而更加理性防范与调控情感因素对司法裁判的消极影响。而要了解情感因素究竟如何影

响司法裁判，则必须借鉴心理学尤其是法律心理学的有关研究成果进一步加以实证考察。

首先，现代心理学通过对人类心理活动深层机制的科学研究，证实了认识、情感和意志，作为人们对客观事物反映的心理过程的三个不同方面，是互相联系、不可分割的心理因素。情感是伴随着认识过程产生的，它影响人的认知活动，能推动人的认识活动向纵深发展，丰富充实人的认知内容。情绪、情感是意识获得动力的重要源泉之一，而意识活动是调控因素，因而人的情绪、情感会深刻地影响自身及其所从事的一切活动。司法审判是一种认知活动，在该活动中不可避免地掺杂着法官的情感等非理性因素。不仅即时的情绪、情感会影响审判，而且旧时的情绪、情感记忆也会影响审判。

其次，情感对司法行为既有促进作用也有干扰作用。人的情感复杂多样，可以从不同的观察角度进行分类。比如，根据价值的正负变化方向的不同，可分为正向情感与负向情感；根据事物基本价值类型的不同，可分为真感、善感和美感，道德感和价值感等。实践证明，人性中真善美等方面积极的情感因素，如仁爱、诚信、宽容、乐观、热情、自信等具有激励法官的作用。凡积极而强烈的情感都能产生巨大的力量，推动法官去实现司法公正，起到"润滑剂""催化剂"和"稳定剂"的作用。当法官的心灵被消极的情绪、情感所笼罩时，就会严重干扰审判行为。因此，情感在法官司法过程中具有双重功能：一方面，可能使司法判决在合法的前提下更具合理性，能够较好地实现个案公正。例如，全国优秀法官宋鱼水曾审理一起一位老作家状告出版社的案件，由于其用了近3个小时耐心听完这位老作家的陈述而感动了老作家。尽管案件还没有审理结果，这位老作家就诚恳地说："宋法官，矛盾发生以后，你是第一个完完整整听完我讲话的人。你对我的尊重让我信任你，法庭说怎么办就怎么办。"这反映了情感对司法认知的积极影响。另一方面，情感也可能使司法判决失去理性，从而导致司法公正丧失。

最后，法官、陪审员等裁决者的个体心理因素对司法审判具有重大影响，此点已经被众多心理学家、法学家研究证实。晚近，特别是在美国，陪审心理学和证据心理学已做了大量工作，犯罪鉴定心理学、审判心理学等亦已成为热门的研究领域。美国法学家舒伯特是将行为科学引入法学的代表人物，着重以社会心理学的观点分析法官行为，在1964年出版的《司法行为》一书中阐述了司法行为学说。他强调,作出判决的决定因素是法官的态度,而这种态度的形成受到法官的政治、宗教、种族关系、所受的教育、职业、家庭等复杂因素的影响。心理学与法学之间的密切联系还导致晚近出版了《心理分析法理学》(埃伦茨维格著,1971 年)、《心理学与法律:新领域的探索》(尼米斯和维德马著,1976 年)等著作。

根据已有的研究成果,虽然公正的观念与法官的概念不可分割,但法官"只依据法律判决"的纯粹法条主义理论却未被普遍接受。尤其在剧烈社会变革的时期,法官还被视为执行着明确的政治职能。对此,意大利法学家克拉玛德雷在《程序与民主》一书中指出:"在所有这些情形中,法官都没有把自己的判决建立在先定的规则上;相反,他的判决来源于他作为政治人的情感,他生活于社会当中,并分享着社会的经济和道德渴求。"在司法造法的理论下,由政治到司法判决的通路更加迅速而直接。在立法机关制定法律的理论下,法律处于政治家和法官的中间。但法律仍然是政治的产物,法官在判决中仍然具有自身的政治情感和道德情感。

四、法官在司法活动中的情感调控:自我调适和制度保障的合力支撑

(一)自我调整

就自我调适而言,法官个体应当懂得情感的一般活动规律,遵循规律,学会顺应自然,提高自我调控能力。特别是要重视在冰冷、理性的制度程序中注入温暖的"情感"因素,以公正善良之心,带着为民之情尽心尽力履职,强化当事人对司法裁判的情感认同,实现个案的公正感。

现代心理学用"情商"来衡量情绪,并指出情商对认知及行为有着重要影响。简单来说,情商包含以下几方面的内容:

一是了解自己的情绪;

二是了解他人的情绪;

三是调节自己的情绪;

四是调节他人的情绪;

五是控制自己的情绪。

如果在这五个方面都不错，那么就表明其情商比较高。法官如果具有较高的司法情商能适时进行自我调整，将会起到以下积极作用：首先，有助于保持心理平衡。审判工作是很辛苦的工作，工作量大，危险系数也大，可是收入并不特别高，有的法官可能会因此而感到不平衡，从而影响自己的工作热情，甚至走上贪污受贿等违法犯罪道路。其次，调节心理冷静处事，尽可能减少工作失误。如当审判工作顺利时，有的法官可能会盲目乐观，掉以轻心；而当工作遇到困难时，又可能出现信心不足、烦躁不安等情绪，这些消极的情绪都可能导致工作的失误，而这时就需要法官有较高的情商加以调节。最后，有助于调节人际关系，获得有用信息。如果法官在案件合议讨论、审判委员会汇报案件时情绪上带有倾向性，就可能影响他人提问，不利于发现案件中存在的问题，也可能使合议制等群体决策机制徒具形式；在开庭审判、提审讯问时，如果带有倾向性，则可能影响当事人或证人的陈述。因此，法官对自己在审判过程中所产生的各种情绪要进行必要的控制与自我调整。

社会转型期，法院处理的纠纷越来越复杂、多样，当事人的矛盾冲突有时非常尖锐，法官除了根据理性和良知准确适用法律、依法裁判外，还应不断提升做群众工作的能力。而做群众工作离不开司法情商。法官天天与人民群众打交道，遇到的是各种各样的实际问题。处理这些以案件形式存在的实际问题，需要法官坚持理论联系实际的原则。当事人面对人身损害、亲人丧生、亲情反目或者婚姻破裂等生活中出现的重大变故，走进法院，带来的绝不仅仅是纯粹的法律问题，有时更重要的是情绪情感问题和心理问题。在参与诉讼的过程中，他们会有一些正常或正当的情感要求，如想得到理解和信任、得到尊重和保护、得到人文关怀等。法官在与当事人的交往过程中应当以情感交流的方式尽量满足这些正当的情感要求。一个好法官不仅要善于解开当事人的法结，更要善于运用倾听、共情、积极关注、释义等心理学技术解开当事人的心结。只有这样，才能真正做到"案结、事了、人和"，促进社会和谐稳定。法官通过倾听，不仅可以了解对方所要传达的消息，感受到对方的感情，同时能够据此推断对方的性格、目的和诚恳态度，还可以从中发现当事人的出发点，即什么让他坚持己见、什么是矛盾的根源，这就为说服对方、化解矛盾提供了契机。因此，"能感受、会倾听、会沟通、能说理"应当成为法官的基本功。

心理学研究认为，人与人之间的情商并无明显的先天差别，更多与后天的培养息息相关。实践证明，司法情商建立在丰富的司法经验和社会阅历的基础上，是后天可以培养的实际工作能力。青年法官一般智商都比较高，能做到谈问题头头是道、写文章妙笔生花，但是一遇到实际问题就容易不知所措，其根源在于历练较少。习近平总书记提醒和告诫青年干部，提高智商莫忘培养情商，在学好理论知识的同时，还要注重实践锻炼。司法具有专业性的特点，司法情商自然要与专业知识和技能结合。司法情商是附载在法官个人经验和阅历基础上的具有法律性质的情商，是带有法官个性的法律化的情商，是通过一个个案件的办理不断修炼和积累的结果。在每一个案件的办理过程中，要想让当事人切实感受到司法的公正性，恪守法官职业的基本守则颇为重要。正如苏格拉底所言，要真正地做到：谦恭地听取，机智地答复，冷静地思考，公正地判决。

在现实生活和司法实践中，青年法官应当注重完善自己的知识结构，学点心理学、社会学等交叉学科知识，掌握人类情感活动的一般规律，提高自我调控和驾驭他人情绪的实际工作能力。当然，法官情商跟法官的性格等因素亦有关。而改造自己性格弱点的最佳途径就是学会顺应自然的生活方法。心理学研究告诉我们，顺应自然不是被动地听之任之，而是一要懂得情感的活动规律，二要用行动改变性格。[①]

情感活动的一般规律是：

1. 如果顺从情感的自然变化，便会形成山形曲线，经过起伏，最后消失；
2. 情感如果满足其冲动时，便会顿挫、消失；
3. 如习惯于同一感觉，情感则会变得迟钝；
4. 情感如继续受到刺激，以及注意力集中于此时，就会更加强烈；
5. 情感依靠新的体验去体会，并通过反复体验去培养。

情感与行动的一般规律是：

1. 情感不由人的意志支配，但行动却服从于人的意志。
2. 情感伴随行动、环境的变化，也会迅速地变化。

---

① 参见商磊：《组织与人格——现代管理中的心理因素》，中国政法大学出版社2006年版，第201页。

3. 正确的（积极的）行动，带来愉快的情感；错误的（消极的）行动，带来不愉快的情感。

4. 反复采取正确的行动，则可以培养愉快的情感态度；反复采取错误的行动，则会培养不愉快的情感态度。

5. 反复错误行动所导致的不愉快情感态度，会伴随反复正确行动所形成的愉快情感态度而消失。

（二）制度保障

除了法官自我调控，国家更需要从诉讼管理的层面加强程序设计与制度防范，运用刚性的规则，平衡事实证据和法律判断中的情感力量。其基本思路和切入点主要有以下几个方面：

1. 强调原始材料的客观收集和保存

对于一个案件来说，实际发生的案件客观存在，但是案件总是发生在过去。裁判中之所以发生分歧，呈现主观性的特征，是因为对案件事实的恢复、重建过程中有诉讼主体的情感等非理性因素的随时参与，事实具有不可避免的"建构"性质。从裁判趋同的基础角度探究，必须切实推进以审判为中心的诉讼制度改革，大力推进司法证明和庭审实质化，坚持证据裁判原则，从诉讼规则的设计和程序操作层面，最大限度地缩小案件事实形成中情感等主观性因素的影响范围和影响力，使案件事实的认定能够最大限度地接近原初事实真相。首先，从证据收集的环节考察，只有对原始材料进行客观、全面地收集，才能增强案件材料的客观性。就刑事案件而言，一个罪案发生后，经过侦查机关取证、检察机关审查起诉，到了法院。法官面对的是一个生动的立体的案件故事，要认定案件事实，作出裁判，需要审查案卷，证据材料包括活着的被害人或群众的报案陈述，现场勘查记录，从现场提取的脚印、指纹鉴定意见，有关血迹的DNA鉴定，证人证言，被告人的供述。而这些证据的原始材料是否客观收集直接影响到裁判结论的客观性。只有证据材料越客观、越原始，裁判受情感因素的影响力也就越小。其次，从证据的保存来看，证据是否客观地被保存，也直接关系到裁判结论的客观性。如果证据在保存过程中，遭到一些人为的灭失或毁损，使其失去本来应有的客观性。在脱离真实的状态下，法官的裁判难以趋向一致，其中，必然隐含着法官对事实的猜测或想象，夹杂法官的情感因素，导致结论的多样化。实践证明，证据材料越客观，越稳定，法官发挥个人主观能动性的范围就越小，想象的空间越小，裁判也就越容易取得一致的意见。

2. 保障法律制度的统一和完善

共同的法律原则与制度是裁判中的稳定性因素之一。因此，裁判的趋同基础必须有统一和完善的法律制度。一个统一和完善的法律制度，首先要求法律的统一性、稳定性，即国家和社会中的任何人或事都必须在其架构内行事，不得因情感因素而越轨。根据我国宪法法律规定，一方面，在法律面前人人平等，没有谁可以超越法律的规定凌驾于法律之上而享有各种特权。这种对人方面适用的统一性，可以确保法官在进行裁判的时候，根据法治的原则和要求依法作出裁判，在个案中实现公平和正义。在实际办案中，不同的法官如一审与二审法官都能够依照法律的规定作出裁判，坚持严格司法，那就容易使裁判趋于一致。另一方面，在我国实行"一国两制"的香港、澳门特别行政区以外，其他任何省、市、区域都适用同一基本法律制度，法律在这些地区都无一例外地统一实施，也确保了裁判的稳定性。其次，法治要求法律具有适应性，即法治架构本身能不断修正、完善以适应社会发展的需要。为了达到这一目的，法律原则发挥着重要的作用。这些统一的法律原则的实施和遵守，也是裁判排斥情感因素干扰的基础。最后，完善的法治，必然要求法律制度的统一与稳定，而法律的统一性与稳定性最主要是通过司法过程来得以体现和保障。司法过程中，法律适用活动伴随着法官对法律的理解，法官的理解活动又深受一个国家立法资料、专家学者的解释和论著等资料的影响。从某种意义上讲，一个国家法学理论研究和法律解释学的发达程度也是裁判趋同的条件。

有学者调查研究指出，法律缺陷是困扰法官心理特别是感觉的重要因素之一，其中，法律自身的问题与法律授权不明，是造成法官在具体审判中心理压力与不良感觉的重要原因。新形势下，尤其要注重不断完善法律适用标准，统一司法裁判尺度，坚持和推进严格司法，把情感因素的积极发挥严格控制在法律规定的范围之内，实现法律效果和社会效果的有机统一。

3. 促进法律职业内部高度同质

法律职业共同体是裁判中的又一客观性因素。因此，裁判的客观化基础必然包含法律职业内部高度同质这一条件。具体则应至少包含以下几点：一是构建共同的法治情感。法治是全世界人民的共同理想。一个伟大的事业必然要求有共同的理想信念和精神支柱，共同的理想信念和情感认同有力地支撑和推动着伟大的事业。新时代新征程，为实现我国社会主义法治事业的新发展，以中国式现代化推进实现中华民族的伟大复兴，尤其需要在全社会特别是在法官队伍中牢固树立共同的社会主义法治理想信念，增强对社会主义法治理念的情感认同、理论认同与实践认同。二是共同的法治信仰。"法律必须被信仰，否则形同虚设。"一个团队如果没有一致的目标与信仰，就没法取得显著的成果。法官团队精神最佳的状态，就是每位法官都具有向前迈进的法治情感和共同分享法治成果的喜悦，信仰法治文化中的一切精华和人类共同的法治价值，时刻注意维护法律的尊严，体现对法律的信仰和尊重。三是公认的技术。审判需要技术，裁判活动中法官应当熟练掌握一套公认的职业技能。四是共有的知识。当前形势下，进一步加强法官职业化、正规化、专业化建设。随着法官队伍整体素质的提高，消极的情感因素对司法的影响也就会随之降至最低限度。

4. 加强典型案例的指导

先前案件也是裁判中的稳定性因素。在裁判中控制情感因素，走向客观化的基础还必须包括典型案例的指导参考。司法实践中，充分挖掘和利用法官处理相同或相关案件的经验结晶，按照一定的标准和程序，选择具有代表性、典型性和新颖性的案例予以公布，诠释法律精神，为法官裁判活动提供参考或借鉴，有利于统一法律适用尺度，保障司法公正。典型案例给法官审判提供了重要的范例和参照依据，特别是一些疑难复杂案件，在典型案例的帮助下，法官容易准确地建构案件事实，发现裁判所需要的法律规范。法官受共同先前案件的指引，容易在裁判中控制个体的情感、达成一致的意见，从而减少裁判中的分歧现象。当前形势下，尤其要加强指导性案例的参照运用，使指导性案例成为公正司法"看得见"的重要参照。

5. 实行法官回避制度

任职回避制度是国内外通行的做法，任何人"不得做自己案件的法官"。其目的就是尽量避免在判案时受利益、情感等非理性因素的影响，保证法官保持中立无偏的地位。思想政治教育和职业道德在控制法官情感等非理性因素对司法的消极影响方面固然有着极其重要的作用,但在强调司法自觉的同时,更应当注重相应的法律程序和制度保障,通过"制度因素"和"人的因素"的统筹兼顾,确保司法公正的有效实现。

第二节 法官的意志

意志是人类特有的心理现象,是主观能动性的体现。法官意志,对于法官高质量地完成审判活动,实现公平正义、做实能动司法具有重要作用。

一、法官意志概述

意志是指为了达到目的,自觉地调节与支配自己的行动,并同克服困难联系在一起的心理过程。人为实现预定目标所表现出来的调节自我、克服困难的主观能动作用,就是意志。意志包括感性意志与理性意志两个方面。感性意志是指人用以承受感性刺激的意志,它反映了人在实践活动中对于感性刺激的克制能力和兴奋能力,如体力劳动需要克服机体在肌肉疼痛、呼吸困难、血管扩张、神经紧张等感性方面的困难与障碍。理性意志是指人用以承受理性刺激的意志,它反映了人在实践活动中对于第二信号系统刺激的克制能力和兴奋能力,如脑力劳动需要克服大脑皮层在接受第二信号系统的刺激时所产生的思维迷惑、精神压力、情绪波动、信仰失落等理性方面的困难与障碍。意志既要考虑客观事物本身的运动状态与变化规律,还要考虑主体的利益需要,尤其要考虑人对于客观事物的反作用能力,它是一种非中性的而且是能动的、创造性的反映活动。

意志通常以语言和行为表现出来,称为意志行动。[①] 意志行动有三个基本特征:

1. 意志行动的目的性、计划性

所谓目的,就是预想的行为结果;所谓计划,就是预拟的行为步骤。人

[①] 朱宝荣、周楚、黄加锐:《现代心理学原理与应用》,上海人民出版社 2006 年版,第 233 页。

在开始行动之前之所以能够有意识地确定行为目的和制定行动计划,并非单纯属于认识过程,而主要是从已有认识能动地指向未来实践的准备过程,该过程是整个意志过程中的一个必要的组成部分。司法实践中,正是由于这种目的性和计划性,才使法官能发动有机体作出符合审判宗旨的某些行为,同时制止那些不符合司法目的的某些行为。意志行动效应的大小,是以法官个体的目的水平的高低和社会价值取向为转移的。法官的审判目的越公正、越高尚、越远大、越有社会价值,其意志表现水平也就越高。

2. 意志行动与克服困难相联系

法官克服困难的过程也就是其意志行动的过程。法官在审判实践的过程中,经常会遇到困难,而又能坚强不屈、刚正不阿和深思熟虑地采取合适行动去加以克服时,体现出法官的意志作用。法官的意志坚定与否、坚定程度如何,是以困难的性质和克服困难的难易程度来衡量的。困难有外部困难和内部困难两种。外部困难是法官在审判活动中所遇到的客观条件的阻碍。内部困难是法官自身思想中的困难,表现为自身头脑中存在两种相反的动机、目的和愿望的矛盾斗争。

3. 意志行动以随意动作为基础

人的行动是由动作组成的,动作有不随意动作和随意动作两种。不随意动作是指无预定目的的动作,随意动作则是指有预定目的、受意识指引的动作。有了随意动作,法官就可以根据目的组织、支配和调节一系列审判动作,实现预定的审判目的。随意动作是法官意志行动的必要组成部分,是法官意志行动的基础。

法官的意志在整个审判活动中有着重要的作用。首先,意志可以使法官的认识活动更加广泛、深入。法官在进行各种针对案件事实或法律规范等内容的审判认知活动时,总要碰到困难,要实现认识活动的目的,就需要意志的努力。在认识活动中,有意注意的维持、知觉的合理组织、解决问题的思维活动的展开等,都需要法官的意志努力和意志行动。同时,积极的意志品质如自觉性、恒心等也能促进法官认知能力的发展。其次,法官意志也可以影响情绪、情感,对情绪、情感有着控制和调节作用。意志坚定的人可以控制与克服消极情绪的干扰,使情绪服从理智,把意志行动贯彻到底。相反,意志薄弱者则易成为情绪的俘虏,使意志行动不能持之以恒。另外,认知也为意志提供基础；情绪也可能成为意志的动力。之所以如此，才将情绪与意志放在一起讨论。最后，意志能够影响法官的自我修养程度。由于意志的最大特征是与克服困难联系在一起的，或者说对于克服困难而言，意志是最活跃、最起作用的一个因素。那么，对于颇具风险与困难的司法审判工作来说，意志就成为一个法官必不可少的心理因素。在克服自身缺点、自我完善中，意志的作用不可忽视。只有那些意志坚定的法官才会正视自身的弱点，并下决心勇于改进，使自己的人格逐渐趋于完善。

二、法官意志行动的冲突与决策

（一）法官意志行动中的心理冲突类型

人们在意志行动中会产生多种多样的愿望和动机，但因为时间、地点、条件以及各种主客观因素的限制，并非所有的愿望都能得到实现和满足，于是就出现了动机之间的矛盾斗争或冲突。例如，人们在实现目的或目标时，是采取很容易但不符合道德标准的方式方法，还是采取符合道德标准但需要化费很大力气的方式方法？冲突可能由理智的原因引起，也可能由情绪的原因引起。但是，一旦冲突出现，总会伴随着某种情绪状态，如紧张、焦虑、烦恼、心神不定等。当问题特别重要，而可供选择的各方面又都具有充分的理由时，这种特殊的内心状态就会更深刻、更持久。审判实践中，法官在意志行动中由于受主客观因素的影响，也难免出现审判动机之间的矛盾与冲突，如当面对人情干扰时，是坚持公正独立审判还是兼顾人情关系，在裁判决策时可能会出现紧张、焦虑等情绪状态。

根据心理学研究，意志行动中经常出现的心理冲突有三种：

1. 双趋式冲突

意志行动中当两种或两种以上目标同时吸引自己却又无法兼得，必须选择一种目标时，则会产生双趋式冲突，又称为"接近—接近型"。例如，顾客选择不同商品时常常出现这种冲突。实际生活中，当两种目标的吸引力相差较大时，解决冲突比较容易；而当两种目标的吸引力比较接近时，解决冲突则比较困难。

2. 双避式冲突

意志行动中当两种或两种以上的目标都是人们力图回避的事物，又只能回避一个，在取舍目标时，则产生双避式冲突，又称为"回避—回避型冲突"。例如，某人感冒时，既不想吃药打针，也不想忍受感冒带来的发烧鼻塞的痛苦。像这种"两所恶必择其一"的困扰心理状态就是双避式冲突。

3. 趋避式冲突

当同一目标或物体对人既有吸引力，又有排斥力，即一方面好而趋之，另一方面又恶而避之时，就产生趋避式冲突，又称为"接近—回避型冲突"。例如，有些法官想多办案工作上多出成绩又怕辛苦影响自己的身体、影响照顾家庭，面对人情关系想坚持原则公正办案又怕人家说他"六亲不认"等种种矛盾心理。

法官的心理冲突，从内容上看，分为原则性动机冲突和非原则性动机冲突。凡是涉及法官个人期望与法官职业道德标准、法律法规相矛盾的冲突，皆属于原则性冲突。凡是不与法官职业道德标准、法律法规相矛盾仅属个人兴趣爱好方面的冲突，则属于非原则性冲突。一个意志坚定的法官，对于原则性冲突，能坚定不移地使自己的行动服从法官职业道德标准，而对于非原则性冲突能根据当时的需要毅然决定取舍。否则，则是一个法官意志薄弱的表现。

（二）法官决策必须遵循的规则

面对冲突，法官必须作出选择。这就涉及法官的行为决策问题。决策是指人们为达到一定目标，在掌握充分信息和对有关情况进行深入分析的基础上，用科学的方法拟定并评估各种方案，从中选出合理方案的过程。决策是一个过程，是为达到一定目标，从两个或多个可行方案中选择一个合理方案的分析、判断和抉择的过程。决策因问题而引起，可以看成是问题解决的过程，寻找一条从不能令人满意的初始状态通往符合个人意愿的目标状态的道路。在这一过程中，由一些相互连接的阶段组成。包括发现问题、确定目标、寻找方法、拟定方案、分析评估、作出决策、试验验证、普遍实施等几个阶段。决策过程中的意志力表现在法官对目标状态的追求、选择和决定时的信心和勇气、执行和监督时的毅力等。

法官要想作出正确的决策，必须遵循以下几条规则：

1. 把握问题的要害

面对心理冲突，法官首先要找出关键性问题和认准问题的要害。要找出为什么针对这个问题而不是针对其他问题作决策的理由。关键问题抓不准，所作的各种决策就不可能合理、有效，就解决不了问题。

2. 明确决策的目标

在决策过程的第一阶段，除了要找出关键的问题以外，还要有明确决策的目标。实践证明，失败的决策，往往是由于决策的目标不正确或不明确。犹豫不决，通常也是由于目标很模糊或设置得不合理。面对原则性动机冲突时，法官一定要以法官职业道德基本准则和行为规范作为自己的行动指南。

3. 至少要有两个可行方案

决策的基本含义是抉择。如果只有一种方案，无选择余地，也就无所谓决策。没有比较就没有鉴别，更谈不到所谓"最佳"。因此，在决策过程中一定要找到几个可行的行动方案，进行相互比较。

4. 对决策方案进行综合评价

对各个可行方案进行评价和抉择。每个实现决策目标的可行方案，都会对目标的实现发挥某种积极作用，也会产生消极作用。因此，必须对每个可行方案进行综合分析和评价，即进行可行性研究。

在多目标决策中，目标间有时会相互矛盾、竞争，即一个目标的充分实现会影响另一个目标的达到，因而决策起来非常困难。为了尽可能选取比较理想的决策方案，需要借助优选法等决策法。优选法的具体步骤是：其一，将目标"化多为少"；其二，将各个目标按其重要程度进行排序；其三，进行优化方案的选择。

实践中，意志行为的决策受多种因素影响，除了被决策对象的复杂因素外，与法官本人有关的主客观因素更会影响法官的决策结果。主要包括：（1）法官的功利得失；（2）决断评价（非功利的自我认同）；（3）法官个体的分析能力；（4）法官个性特征。

三、法官意志品质及其培养

（一）法官的意志品质

法官的意志表现为法官对自己行为的调节与控制，与法官意志相关的比较稳定的方面，就是法官的意志品质。具体包括以下几方面：

1. 自觉性

自觉性是一种能够清醒地意识到审判行为的目的和意义，能够主动地支配行动使之符合审判目的和法律要求的意志品质。有自觉性的法官不会附会或鲁莽从事，不会轻易受外界人情、关系的干扰和社会压力的影响而改变自己的行为目的、计划和方法，在司法行动中会努力克服各种困难，坚持严格司法、和谐司法、协同司法、廉洁司法、公正司法。与法官自觉性品质相反的是易受暗示性与独断性。易受暗示性是一个法官容易接受他人的暗示或影响的倾向。独断性则是法官在司法裁判活动中盲目地抗拒合议庭成员的意见或其他人的劝说的倾向。易受暗示性与独断性都是法官对自己行为缺乏积极、有力调节作用的表现。

2. 果断性

果断性是一个法官善于在深思熟虑的基础上，适时而坚决地作出决定和裁判决策的意志品质。具有果断性的法官善于进行周密思考，在庭审等审判活动中，对突发情况能够作出准确的分析与判断，然后当机立断，对突发事件与新问题能够灵活及时有效地处置，驾驭整个庭审，推进审判活动。与果断性相反的意志品质是优柔寡断和草率决定。优柔寡断的法官往往在审判决策时缺乏信心，长时间处于内心冲突状态，犹豫不决。而草率的法官往往对案件案情没有吃透，不作认真思考与分析，对裁判的后果缺乏预测与论证，匆忙作出决定，结果容易引发不好的审判后果。

3. 顽强性

顽强性是一种为实现既定目的而持续努力拼搏的意志品质。法官为了驾驭自己的行为方向，就要有顽强的毅力，制止与预期目标相矛盾的行为。顽强性与法官对法治目标的明确性、坚定性、牢记目标的持久性和实现法治目标的迫切性相关。法官的法治信仰越坚定，目标越明确，对于做好审判工作越具有良好的指引作用，法治信仰与公正目标既是法官顽强毅力的源泉，又是促进行为的内在动因。即使在外界干扰的情况下，也能顶住压力，坚持公正办案。

4. 自制力

自制力是法官调控自身行为方向的意志品质。具有良好自制力的法官，能够不为金钱、美色所诱惑，能够独立自主地坚守自己的法治信仰，并能克服种种干扰，将公正审判进行到底。法官的自制力还表现为能够克制自己的情感、情绪冲动，善于做情绪的主人，表现出良好的忍耐性。良好的自制力使法官无论在什么场合，面临什么样的困难，接受什么样的影响，都能向着法治目标始终如一，不改初衷，把握学习、工作、生活的正确方向，始终维护人民法官的良好形象，展示人民法官应有的职业风采。

（二）青年法官意志品质的培养

意志不是人生来就具有的，青年期是意志品质逐渐形成定型的时期，又是有较大可塑性的时期。当代青年法官是沐浴着改革开放的春风成长起来的新一代。他们敢想、敢说、敢为，知识面广，视野开阔，精力充沛，有较强的竞争意识。但他们当中有相当一部分人缺乏吃苦耐劳的精神，处理案件实际问题的能力相对较弱，情感往往比较脆弱，有时经受不起挫折和打击，不能较好地面对和克服所遇到的各种困难。这些意志品质特点可以说在很大程度上制约了当代法官健康心理的发展，对他们的成长十分不利。因此，培养良好的意志品质对于青年法官保持健康心理有相当重要的意义。

1. 必须强化青年法官对意志品质重要性的认识

自觉性这一意志品质是和法官的认识水平分不开的。良好的认知因素是培养坚强意志必不可少的基础。任何意志的行为首先需要通过认知这一中介环节来调节。对意志重要性认识得越清楚，则锻炼、培养意志品质的自觉性、积极性越高。如果青年法官了解了什么是法官意志，什么是良好的法官意志品质，以及良好的意志品质对法官个体有什么重要意义的话，那么他们就能有意识地去培养良好的意志品质，就能主动站在新起点、迎接新挑战，果断地抓住机会，勇敢地坚持公正立场，在困难面前顽强不屈，承受挫折等，而这直接影响一个法官的成功。只有在远大理想和正确、高尚的行为目标指引下，法官才能使自己的行为受自我意识的高度控制，具有清醒的目的和明确的意义，而不会盲从附会或鲁莽行动，损害司法公正，甚至走向腐化堕落。

2. 必须增强对中国特色社会主义法治理念的情感认同

法官良好意志品质的形成，仅仅有正确的认知还是不够的，许多情况下并不是有了正确认知就能产生积极的意志行为，还必须把正确的认识转化为积极的情感才能形成意志行为。法官意志行为因处在不同的情感体验中而存在着很大的差异。例如，在激情状态下的行动可能使人勇猛、无畏、迅速地达到目的；在萎靡状态下的行动可能使人无精打采、行动缓慢、信心不足，难以作出成绩；在愉快心境下的行动可能使人轻松自如，做事得心应手，干劲十足，行动的效率高；在不愉快心境状态下的行动可能使人事事感到不顺，心烦意乱，枯燥无味。可见，情感与意志密切相关，情感对意志既可起增力作用，又可起减力作用。高尚的情感可激发出无穷无尽的意志力量。积极的意志行动，必须有积极的情感体验支持。这就需要法官努力培养积极、乐观向上的情感，增强对中国特色社会主义法治理念的情感认同，通过激发积极情感，转变其不适应的消极情感，实现从知到行的转化。

3. 必须学会在审判实践和社会生活中不断磨炼自己的意志

意志品质是人们在长期的社会实践与社会生活中形成的较为稳定的心理素质，它在人们调动自身力量去克服困难和挫折的实践中体现出来。可当代青年法官生活经历单一，往往缺乏艰苦生活环境的考验、磨炼，对良好意志品质的形成是不利的。青年法官必须学会在审判实践和社会生活中建立科学的意志磨炼方法，掌握科学的法律知识和司法技巧，明确切实可行的审判目标，培养深厚坚定的情感，注重汲取"模范法官"的精神力量，根据自己的个性特征进行自我锻炼，不断磨炼自己的意志，坚持从自己做起，从身边事情做起，从小事做起。青年法官只有在纷繁复杂、情况迭发的审判实践中，通过不断从摸索、学习、总结到再摸索、学习、总结的循环提升，逐渐磨炼自己的意志，融入人民法院的司法环境之中，积累丰富的"地方性知识"和司法实践经验，培养和锻炼自己的果断性思维、良好的注意力和观察力，学会朝既定的目标持续坚定地努力，才能经得起困难、干扰的纠缠和考验，优化自己的意志品质。法官生活在集体和社会中，由于种种原因，难免会与其他人发生不愉快与矛盾。一个法官的情感与行为究竟是"自制"还是"失控",在很大程度上取决于法官的胸怀是否开阔。生活中,法官应当提倡忍让自制,体现宏大的气量与良好的自制力。

此外,法官意志品质的培养还包括道德意志的磨炼。道德意志是指一个法官坚持道德原则、提高道德修养时,克服困难、排除干扰的毅力和能力。在履行法官道德义务时,有时要受到来自各方面的阻力和干预,如舆论的非难、亲友的责备、当事人的纠缠、邪恶势力的阻挠等,面对种种情况,意志不坚定的法官就会出现动摇、妥协、退让,放弃自己的职责;而意志坚强的法官,则能够坚定地履行自己的道德责任。一个青年法官的意志是否经得起考验,是其道德水准高低的重要标志之一。

第三节 知、情、意的辩证关系

心理学把人的心理活动,划分为认识过程、情感过程和意志过程,完全是为了认识和研究的方便。实际上,这三种心理过程是密不可分的。

一、法官心理活动的三种基本形式

人的心理现象由心理过程、个性心理和心理状态三部分组成。审判活动中的心理现象也正是在不同法官的个性心理影响下,以一定的心理状态为背景,通过各种心理过程表现出来。在普通心理学中,依据心理过程的性质和形态不同,将心理过程分为认知过程、情绪情感过程、意志过程等三个既有联系又有区别的过程。认知、情感、意志是人类心理活动的三种基本形式,也是法官在审判活动中的基本心理现象,简称知、情、意。根据心理学研究,人们认识世界的主观意识过程,通常可以分为三个阶段,法官也是如此:

一是认知阶段。目的在于解决"是什么"或"什么事实"的问题。人只有首先了解事物的外在特性(或外部联系)和内在规律(内在本质),即首先了解事物"是什么东西",才能对它进行其他方面的深入了解。

二是评价阶段。目的在于解决"有何用"或"有什么价值"的问题。人只有在了解事物"是什么东西"以及"对我有何价值"后，才能知道如何对它采取正确的处理措施。

三是意志（或决策）阶段。目的在于解决"怎么办"或"实施什么行为"的问题。就是针对事物的品质特性以及每一品质特性对于人的价值，人将选择一个最合适的行为，以便能够充分有效地利用事物的价值特性。

审判实践中，法官正是通过感知、记忆、思维和想象等认知活动获得对案情的认识并重建案件事实，认识和发现法律。法官在认知案情时，决不会无动于衷、麻木不仁，而是采取一定的态度，并产生某种情绪体验，如对犯罪人的憎恨之情，或对受害人的同情与怜悯，这种对所认识或所操作的事物的态度和主观体验过程就是情感过程。这种情绪和情感有时成为激励法官克服困难的动力，坚持不懈地与不法行为作斗争。为了达到目的，法官制订目标，下定决心，克服困难的过程正是其坚强意志的体现。意志是诉讼行为的推动力量，支持着法官实施既定的诉讼策略与方案，决定着诉讼行为的方向和力度。

二、认知、情感与意志的辩证关系

认知、情感与意志是人类的三种基本意识形式，对应着反映三种基本的客观存在：事实关系、价值关系和行为关系。认知、情感与意志的辩证关系在根本上取决于事实关系、价值关系与行为关系的辩证关系。

1. 情感是一种特殊的认知，意志又是一种特殊的情感

客体对于人的生存与发展的意义也是客体的一种关系属性，只因为它有着特殊的意义，才与其他关系属性区别开来，因此，价值关系是一种特殊的事实关系，情感是一种特殊的认知；本质力量是人的一种最重要的价值属性，只因为它有着特殊的意义，才与一般的价值属性区别开来，因此行为关系是一种特殊的价值关系，意志是一种特殊的情感。从广义角度来看，知、情、意都是法官的一种认知活动，只是各自侧重于不同的角度，情感侧重于从意义的角度进行认知，意志侧重于从行为效应的角度进行认知。

2. 认知、情感与意志相互区别

其主要区别是：认知一般是以抽象的、精确的、逻辑推理的形式出现，情感一般是以直观的、模糊的、非逻辑的形式出现，意志一般是以潜意识的、随意的、能动的形式出现；认知主要是关于"是如何"的认识，情感主要是关于"应如何"的认识，意志主要是关于"怎么办"的认识。如果把情感与认知割裂开来，就会使情感没有客观依据而变成了"公说公有理，婆说婆有理"；如果把情感与认知混淆起来，又会使情感失去公正性而变成了"成者为王，败者为寇"；如果把情感与意志割裂开来，就会使情感成了空洞的情感；如果把情感与意志混淆起来，又会使情感成了糊涂的情感。

3. 认知、情感与意志相互依存、相互联系

没有事实关系，价值关系就成了无源之水，没有价值关系，行为关系也成了无源之水，因此认知是情感的源泉，情感是意志的源泉；事实关系以价值关系为导向，价值关系又以行为关系为导向，因此，认知以情感为导向，情感以意志为导向；情感最初是从认知中逐渐分离出来的，它又反过来促进认知的发展，意志最初是从情感中逐渐分离出来的，它又反过来促进情感的发展；认知、情感与意志相互渗透、相互作用、互为前提、共同发展。

第三章 法官个性

法官的个性心理与法官的心理过程是密切联系、不可分割的。一方面，个性心理是通过心理过程形成的。没有法官对客观现实的认知和对外部世界的情感体验，以及对案件问题的积极解决的意志行动，法官的性格、能力、信念和世界观就不可能形成。另一方面，已形成的个性心理也可以调节心理过程的进行，在心理过程中得以表现。因此，对法官个性心理的全面探究，有助于加深对法官心理过程的理解和有效控制。

第一节 法官的个性概述

在全面论述法官的个性心理之前，有必要对个性的概念、特点和内容等基本理论问题作一概述，以便读者对法官个性有一个整体的把握。

一、个性的定义和特征

关于个性的定义很多，其内涵和外延均十分丰富。在心理学中，个性与人格的关系认识并不一致。一般认为，人格与个性一词并无严格的区别，即个性也叫人格（personality），[1] 这个概念源于拉西语 Persona，当时是指演员

---

[1] 如人格心理学家阿尔波特说："人格乃是个人适应环境的独特的身心体系。"艾森克说："人格乃是决定个人适应环境的个人性格、气质、能力和生理特征。"卡特尔说："人格乃是可以用来预测个人在一定情况下所作行为反应的特质。"但也有少数学者提出将"个性"和"人格"加以区别，认为个性即个体性，指人格的独特性；人格是一个复杂的内在组织，它包括人的思想、态度、兴趣、气质、潜能、人生哲学以及体格和生理等特点。

在舞台上戴的面具，与我们今天戏剧舞台上不同角色的脸谱相类似。后来心理学借用这个术语，用来说明每个人在人生舞台上各自扮演的角色及其不同于他人的精神面貌。狭义的个性包括个性倾向性和个性心理特征。从广义方面来讲，除了这两种比较稳定的带有一贯性的狭义的结构成分外，还应包括心理过程（如认知、情感、意志等过程）和心理状态。心理状态包括表现在情感方面的激情和心境，注意力方面的集中和分散，意志中的信心和缺乏信心等。广义的个性结构实际是指人的整个心理结构，把个性和人作为同一语言理解。个性结构的这些成分或要素，又因人、时间、地点、环境的不同而互相排列组合，结果就产生了在个性特征上千差万别的人和一个人在不同的时间、地点环境中的个性特征的变化。本书采用狭义的定义展开论述。个性心理作为整体结构，可划分为既相互联系又有区别的两个系统，即个性倾向性（动力结构）和个性心理特征（特征结构）。

法官个性是法官职业所独有的个性心理，具有以下几个特点：

1. 稳定性与可变性

由各种心理特征构成的法官个性是比较稳定的，它对于法官行为的影响在时间上和空间上表现出一贯性，这就是法官个性的稳定性。如法官在法庭上一般保持沉默，注重倾听，这使得法官具有消极、中立的公正姿态，才能将法官与律师等区别开来。法官个性具有稳定性的特点，但也有可变的一面。因为世界上没有永恒的东西。

2. 独特性与共同性

法官个性如同警察个性心理，[①] 都是在一般个性心理基础上发展起来的，既具有普通人个性的基本特点，又具有法官自身的独立性，为法官职业所独有。法官个性的独特性并不排斥人与人之间、法官与其他法官之间在心理上的共同性。

3. 法官个性的整体性

法官是一群经过专门训练、肩负法律规定的职责的职业共同体。虽然法官之间的心理特征各异，但共同的法律信仰和职业操守使得不同的法官在整

---

① 关于警察个性心理的论述，参见张振声：《警察心理学》，中国人民公安大学出版社 2003 年版，第 130 页。

体上表现出和谐一致，法官职业个性具有整体性的一面。

4. 生物制约性和社会制约性

个性是大脑的机能，个性的形成以神经系统的成熟为基础。同时，个性是在一定的社会环境中形成，受社会文化、风俗习惯等因素的影响。法官的个性还受法律制度、文化等因素的影响。社会性和法律性成为法官个性的本质特征。

二、个性的形成

（一）先天形成

对人的个性形成具有影响的先天因素是指人的生物遗传因素。对于法官而言，也是如此。法官个性的形成部分是由生物遗传的先天因素所决定的。历史上有很多研究都证明，遗传因素是人格形成的物质基础和自然前提，遗传是个性人格不可缺少的影响因素，遗传因素对人格的作用程度因人格特征的不同而异，通常在智力、气质这些与生物因素相关较大的特征上，遗传因素显得较为重要；而在价值观、信念、性格等与社会因素关系紧密的特征上，后天环境因素更重要。根据这一研究成果，法官的智力、气质等心理因素往往由先天遗传决定，而法官的价值观、信念、性格等心理因素则可以通过后天的因素培养。

（二）后天形成

1. 早期的童年经验

人格心理学家研究发现，人生早期所发生的事情对人格有一定影响。幸福的童年经验有利于儿童向健康的人格发展，而不幸的童年经验则会引发儿童不良人格的形成。一些西方国家研究人员调查发现，"母爱丧失"的儿童（包括受父母虐待的儿童），在婴儿早期会出现神经性呕吐、厌食、慢性腹泻、阵发性绞痛、不明原因的消瘦和反复感染，这些儿童还表现出胆小、呆板、迟钝、不与人交往、敌对、攻击、破坏等人格特点。这些人格特点会影响他们一生的顺利发展，出现情绪障碍、社会适应不良等问题。

2. 家庭环境因素

家庭环境因素对一个人人格的形成也颇为重要。家庭是社会的细胞，它不仅具有自然的遗传因素，也有着社会的"遗传"因素。正如人格心理学家所言，"家庭对人的塑造力是今天我们对人格发展看法的基石"。家庭因素主要表现为家庭对子女的教育作用。其中，家庭的教养方式对人格的形成有一定影响，不同类型的教养方式塑造了不同的人格特征。美国心理学家皮克研究表明，青少年的性格特征与父母对子女的教养方式相关，孩子良好的性格特征与信任、民主、容忍的教养方式有较高的相关，孩子的敌对行为与严厉的教养方式有较高相关。[①]

3. 社会文化教育因素

一个人的人格形成依赖社会文化教育因素。具体包含两个方面：一是专门的学校教育对人的培养与影响；二是社会文化因素对人潜移默化的影响。我们每个人都深深地嵌入整个社会之中，一个社会在每个时空之下均有其特定的文化、观念，这种社会文化因素对每个个体均在潜移默化地起作用。许多科学研究都表明，社会文化对个体人格具有塑造功能。

4. 自然物理因素

心理学还研究表明，生态环境、气候条件、空间拥挤程度等物理因素都会影响人格。虽然这些自然物理因素对人格的影响不是决定性的，但的确客观存在。

三、个性与职业的匹配

法官是一种职业。凡是职业，均不像家庭那样成为我们出生后固有的独特的社会结构，也不像货架上的商品，可以随意挑选。但一个人要想取得成就，一定要选择适合自己的职业。决定这种"适合性"的因素固然有多种，但主要源于人们之间的千差万别和具体职业对人的要求的各种各样。干体力活的应身强力壮，飞行员视力要好，化学检验员不能是色盲，如此等等，这都是职业选择的一般常识。随着职业的复杂化和专业化，人的更深层的心理

[①] 参见郭亨杰主编：《心理学——学习与应用》，上海教育出版社2001年版，第82页。

因素对人、职匹配的影响越来越不容忽视,"个性"的作用日益受到关注。个性影响人的行为,当然也包括影响人的职业行为。所以,作为一定个性的载体,我们要想在职业生活中充分施展自己的个性特点,实现自己的个性要求,获得尽可能大的自由感、满意感和适应感,那么在择业之前,就应该了解自己所属的个性类型及其职业适合性,培养现实、适宜和端正的心理倾向。这样在求职择业时方能取得成功。① 在司法领域,法律人的个性与法官职业是否匹配的问题也就成为选拔、培训、考核法官的关键问题。个性心理作为法官心理品质的一个方面,对于法官工作的影响是相当大的,它直接关系某个人是否具有成为法官的潜能的问题。许多国家已经将个性心理作为选拔和训练法官的重要内容,并把它作为评定优秀法官的一个重要指标。因此,对于人的个性与法官职业是否匹配展开研究是非常有意义的。

四、法官个性的构成

法官个性是指一个法官的整个心理面貌,即法官个人心理活动的稳定性的心理倾向和心理特征的总和。法官的个性是个多层次、多维度和多侧面的复杂体系。它主要由个性倾向性、个性心理特征和自我意识三部分组成:

(一) 个性倾向性

个性倾向性决定个人对客观事物的态度和行为的基本动力,是个性中最活跃的因素。它包括:需要、动机、兴趣、理想、信念和世界观等。这些成分不是孤立的,而是相互联系、相互制约的。需要是个性倾向性的源泉,而世界观居于最高层次,决定着一个法官的总的思想倾向。它以积极性和选择性为特征,制约着法官的全部心理活动。

(二) 个性心理特征

个性心理特征是指法官在心理活动过程中表现出来的本质的、比较稳定的、有自己明显色彩的成分。主要由能力、气质和性格三方面组成。其中法

---

① 参见俞文钊等编著:《职业心理学》,东北财经大学出版社2007年版,第137-138页。

官的能力，即为司法能力，主要由法官的智力和司法技能组成。

（三）自我意识

自我意识是指法官个体对自己作为客体存在的各方面的意识，是法官对自己的自觉因素，是个性结构中的自我调控系统的核心，它使得法官在日常审判生活中对自己有认识、有体验、有控制，具有自我认知、自我体验和自我控制三个子系统，表现为具有认知的、情绪的、意志的三种形式。属于认知的有：自我概念、自我认定、自我评价，统称为自我认知。属于情绪的有：自我感受、自尊、自爱、自制、自卑、责任感、义务感、优越感，统称为自我体验。属于意志的有：自立、自主、自制、自强、自卫、自律、自信，统称为自我控制。

第二节 法官个性倾向性

个性倾向性是指法官所具有的意识倾向，它决定着法官对现实的态度及对裁判认识活动对象的趋向和选择。个性倾向性是法官的心理的动力系统，包括需要、动机、兴趣、信念和世界观等。本书主要围绕法官的需要、动机、信念展开论述。

一、法官的需要：以实现司法公正为需要

（一）什么是需要

所谓需要，是指人脑对生理需求和社会需求的反映。心理学认为，需要同人的活动联系在一起，需要是个性积极性的源泉和个体行为活动的动力，个体内部认知过程的动力以及个性倾向性的基础。需要是人对一定事物的需求与追求。需要一旦出现并驱使人去行动时，就以活动动机的形式表现出来，并且成为一种支配行为以求得自身满足的力量。

法官既是一个自然人，又是法律人、社会人、政治人。作为自然人，法官对食物、睡眠、婚配、育幼、防御等的基本需要，是维持法官个体的存在和繁衍所必需的，这是法官与普通人乃至动物所共同的需要。但是，法官作为法律人、社会人、政治人等，又面临一些与其法律身份和司法职业相适应的社会性需要。

法官的需要有以下几方面特征：一是对象性。法官的需要不是空洞的，而是有目的、有对象的，而且也随着满足需要的对象的扩大而发展，既包括物质的需要，也包括对法律的信仰和对社会公平正义的渴求。二是稳定性。在特定的历史时代，法官的需要一经形成就带有较强的稳定性，尤其是法官对公平正义的需要一般一时很难改变。三是社会制约性。法官的需要受一个国家的法治水平和社会经济政治发展状况所制约。四是既有共同性又有独特性。法官与一般人之间、法官与法官之间的需要既有共同性，又有个体独特性。与一般人相比，法官的需要更为特别。

（二）需要的分类

根据需要的起源，我们可以将需要分为自然性需要和社会性需要。自然性需要包括人对劳动、工作、交往等的需要。根据需要的对象，可以把需要分为物质需要和精神需要。物质需要包括对衣、食、住、行有关物品的需要，对劳动工具的需要。精神需要包括认识的需要、美的享受的需要等。[①]

美国著名心理学家马斯洛，[②] 于1943年出版了《人的动机理论》一书，提出著名的需要层次理论，将人的基本需要划分为五种：

---

① 参见人民教育出版社师范教材中心组编：《心理学》，人民教育出版社1999年版，第190页。
② 亚伯拉罕·马斯洛（Abraham Harold Maslow, 1908—1970）出生于美国纽约市布鲁克林区，美国社会心理学家、人格理论家和比较心理学家，人本主义心理学的主要发起者和理论家，心理学第三势力的领导人。1926年入康奈尔大学，三年后转至威斯康星大学攻读心理学，在著名心理学家哈洛的指导下，1934年获得博士学位，之后，留校任教。1935年在哥伦比亚大学任桑代克学习心理研究工作助理。1937年任纽约布鲁克林学院副教授。1951年被聘为布兰代斯大学心理学教授兼系主任。1969年离任，成为加利福尼亚劳格林慈善基金会第一任常驻评议员。第二次世界大战后转到布兰代斯大学任心理学教授兼系主任，开始对健康人格或自我实现者的心理特征进行研究。曾任美国人格与社会心理学会主席和美国心理学会主席（1967年），是《人本主义心理学》和《超个人心理学》两个杂志的首任编辑。

1. 生理需要（Physiological needs）

指维持人类自身生命的基本需要，包括食物、水、住所和睡眠以及其他方面的生理需要。马斯洛认为，"人是永远有需求的动物"，在一切需要之中生理需要是最优先的。如果一个人为生理需要所控制，那么其他需要均会被推到次要地位。对于一个处于极端饥饿状态的人来说，除了食物没有别的兴趣。我国2000多年前著名的政治家管仲提出的观点"衣食足则知荣辱"，也是这个道理。

2. 安全、保障需要（Safety needs）

即生理需要得到满足后，安全需要即成为主要需要，这是一种免于身体危害的需要，包括：心理安全，希望解脱严酷监督的威胁，避免不公正的待遇等；劳动安全，希望工作安全、不出事故，环境无害等；职业安全，如希望免于天灾战争、破产等；经济安全，希望医疗、养老、意外事故有保障。这种需要得不到满足，人就会感到受威胁与恐惧。

3. 爱和归属需要（Society needs）

包括社交友谊、爱情归属及接纳认可方面的需要，是人要求与他人建立情感联系，体现互相信任、深深理解和相互给予的需要。社交的需要与个人性格、经历、生活区域、民族、生活习惯、宗教信仰等都有关系。

4. 尊重需要（Esteem needs）

人的归属感一旦得到满足，他们就要求自尊和受到别人的尊重。内部尊重因素包括自尊、自主和成就感；外部尊重因素包括地位认可和关注等。这种需要得到满足会使人体验到自己的力量和价值，而这种需要得不到满足会使人产生自卑和失去自信心。

5. 自我实现需要（Self actualization needs）

指个人的成长与发展、发挥自身潜能、实现理想的需要。这是一种追求个人能力极限的内驱力，能最大限度地发挥自己的潜能，不断完善自己，完成与自己能力相称的一切事情，是人类最高层次的需要。

后来他又补充了认知需要和审美需要。[1]

马斯洛认为，人类的需要具有层次性，各种需要是相互联系和彼此重叠

---

[1] 参见郭亨杰主编：《心理学——学习与应用》，上海教育出版社2001年版，第96页。

的一个有层次的系统。只有低级需要满足才会出现高级需要，只有所有的需要都满足后，才会出现自我实现的需要。某一时刻占优势地位的需要就是推动行为的积极力量。自我实现是人主动追求理想的需要。表现为个人发挥自身的潜力，做一些自己想做的事情或是觉得有意义的事情。马斯洛的观点强调需要分成不同的层次，把人的需要看作是一个相互联系的整体，是颇有参考价值的，因此这种理论受到了人们的普遍重视。但他的观点离开了人类社会的历史条件，抽象地谈人的需要和自我实现，则不可取。而且，他认为人的基本需要是天生的，这样就混淆了社会性需要和生理性需要之间的界限，否认了人类需要的社会性。另外，过分强调层次，会产生机械化的负面作用。[1]

法官的需要不但包括生理性需要，而且包括社会性需要。法官的社会性需要是指法官根据法律规定的职责而在社会生活中形成的，为了依法裁判案件而产生的需要。作为法官，其最大的需要是通过案件的顺利审判，实现个案的公正与整个法律的公正。法官应当具有良知和正义感，以司法公正为需要，实现社会公平和正义。

二、法官的工作动机：以无私工作作为人生追求

（一）什么是动机

动机是激发和维持个体进行活动，并使该活动朝某一目标的心理倾向或动力。[2] 人从事任何活动都有一定的原因，这个原因就是人的行为动机，动机可以是有意识的，也可能是无意识的。它能产生一股动力，引起人们的行动，维持这种行动朝向一定目标，并且能强化人的行动，因此也被称为驱动力。比如说，法官的职业动机是指法官从事审判工作的原因或力量，具体而言是

---

[1] 关于需要理论及评价论述，分别参见黄步琪编著：《管理者心理结构》，浙江大学出版社2001年版，第277-281页；俞文钊等编著：《职业心理学》，东北财经大学出版社2007年版，第82页；徐伟、鲁千晓：《诉讼心理学》，人民法院出版社2002年版，第49-52页；人民教育出版社师范教材中心组编：《心理学》，人民教育出版社1999年版，第190页。

[2] 参见人民教育出版社师范教材中心组编：《心理学》，人民教育出版社1999年版，第191页。

为了实现司法公正，实现社会公平和正义。引起动机的外部原因叫作诱因，内部原因叫作需要。动机对于审判活动具有引发的功能，使审判活动具有一定的方向，向预先的审判工作目标前进，具有维持和加强作用，强化审判活动以达到目的。

动机本身是无法直接观察到的，但我们可以从观察表面行为的变化来推测行为背后的动机。通过分析裁判行为背后的动机，我们可以更好地解释法官裁判案件行为的多样性与复杂性。当法官处在相同的情景时，审判行为却有很大差异，这种差异既可能源于法官能力的不同，也可能是由于不同的司法动机引起。

从法官的动机与审判行为关系入手，可以分析出法官的动机有以下几个特征：一是动力性。法官动机是推动法官开展各项审判工作的动力和源泉。二是方向性。法官动机引导法官朝实现社会公平正义，努力实现司法公正等目标前进。三是稳定性。法官行为的持久性决定于动机。法官动机的稳定性，确保法官行为的稳定和可预测。四是隐秘性。法官的动机以隐蔽内在的方式支配着法官的工作方向和努力程度。

（二）动机的分类

按不同的标准，可以将动机进行不同的分类：

1. 生理性动机与社会性动机

根据需要性质的不同，动机可分为生理性动机和社会性动机。生理性动机是由法官个体的生理需要所驱动而产生的动机。社会性动机是人类所特有的，以社会文化需要为基础的。法官不仅是自然人、社会人，还是法律人。在法官的许多生理性动机中都印有社会化的烙印，在法官的社会性动机中又伴随着法律化的特征。法官的社会性动机涉及法官的个人交往、审判工作、对司法公正和社会公平正义的追求、对法治事业的忠诚等诸多方面。其中成就动机是社会性动机中的一种，是指个体在完成某项任务时力图取得成功的动机，是一个人人格中非常稳定的特质。① 高成就动机的法官往往对审判工作的满意度较高，对法院工作充满兴趣，喜欢工作。工作动机也是社会性动机之一。在工作动机的支配下，法官努力克服困难，认真细致完成审判工作，不断地完善自我，创新工作。法官以公正为需要，心中没有私心杂念，以无私作为自己人生的追求。

2. 主导动机与从属动机

人的行为十分复杂，行为可能是由多种动机所驱使，推动行为的各种动机所起的作用是各不相同的。有的表现强烈而稳定，起主导作用，即称为主导动机；有的处于辅助从属的地位，即为从属动机。法官从事审判工作，对司法公正的追求是主导性动机。作为一名法官，将法官作为一种谋生的职业是远远不够的，更重要的是要将其当作一种事业，一名优秀的法官应当以事业为重，具有坚定的法治信仰，将追求司法公正、实现社会公平正义作为支配自己行动的主要动机。

3. 内在动机与外在动机

根据动机产生的源泉不同，可分为内在动机与外在动机。② 内在动机是由法官内部需要引起的，而外在动机则是在外部刺激的作用下产生的。

（三）需要转化为动机的心理机制

动机由需要转化而成。但需要是如何转化为动机的呢？这就需探究需要转化成动机的心理机制。心理学家研究指出，当需要得不到满足时，有机体

---

① 阿特金森理论——期望价值理论认为，人有两种倾向：追求成功和避免失败。人的不同的倾向决定人的行为，倾向于追求成功的人往往会选择难度相对适中的任务，因为这种工作存在成功的可能性，具有一定的挑战，能满足个体的成就动机。而倾向于避免失败的人则往往会选择难度较小的任务（容易成功）和难度较大的任务（他人也会失败）。韦纳的动机归因理论认为，分析一个人成功或失败的原因是理解其行为动机的关键。个人对自己行为成功或失败原因的分析影响着他的行为。韦纳将失败的原因归为三个维度：一是内归因和外归因。内归因包括能力、努力、个性等，外归因包括难度、运气、家庭条件等。二是稳定的归因和不稳定的归因。能力、个性、家庭环境、难度是稳定的，而努力、运气则是不稳定的。三是可控制归因和不可控制归因。努力等原因属于可以控制归因，而运气属于不可控制的归因。另外，韦纳又将个体成功和失败的原因归结为四个要素：努力、难度、运气和能力。韦纳认为，人对自己成功或失败的原因的归因会对今后的行为产生重大的影响，但实际生活中，个人对成功或失败的归因并不见得是成功或失败的真正原因。另外，韦纳认为，人的个性只是间接影响人的成就动机，但事实上，个性心理特征才是影响成就动机的关键因素。

② 参见张厚粲主编：《大学心理学》，北京师范大学出版社2001年版，第220页。

内部就会产生一种叫作内驱力的刺激。内驱力使机体处于紧张状态，促使机体释放出一定能量或冲动，即促使有机体作出反应，反应的最终结果使需要得到满足。而这种反应是有目标的。内驱力与目标联系起来，反应才能出现。内驱力与目标的联系是后天学习的结果。个体出生以后，就通过各种形式的学习，把自己的各种需要同某些能降低内驱力所引发的紧张状态的物体、情境或事件联系在一起。例如，初生婴儿的生理需要同环境中的事物本来没有特定联系，饥饿最初只能促使他在引发的内驱力作用下作出紧张的探索活动，当他一旦体验到吸吮奶头这种反应的结果（吃饱），内驱力与目标建立起联结，他以后的反应就变得有目标指向了。当饥饿再次发生时，婴儿就立即使自己的反应指向他已经"发现"的能满足自己需要的奶头或奶瓶。此时有机体对能满足自己特定需要的物体、情境事件，就有着明确的向往和追求。这样，有机体所向往、追求的目标（例如奶头或奶瓶）就成为"诱因"。奶瓶或奶头就能诱发或引起前面那个婴儿的吸吮反应。所以，诱因具有诱发或激起有目标指向的行为的作用。获得诱因，就使个体的某种行为倾向得到巩固和加强。因此，在行为强化过程中，诱因又大致相当于强化物。可见，目标、诱因、强化物虽然在不同的场合具有不同含义和功能，但它们大体上都是指能满足个体某种特定需要的同一物体、情境或事件。

三、法官的信念与世界观：坚定的法律信仰和稳固的法治信念

（一）信念

所谓信念，是指坚信某种观点的正确性，并经常支配、调节自己行动的个性倾向。信念是在社会文化环境的影响下，在个人经验的基础上，通过人的实践活动形成的。信念一旦形成，就表明人们确信有关自然和社会的理论、知识和见解真实无误，人们不仅力求掌握它，而且对自己的信念充满浓厚的情感。为了实现自己的信念，人们可以献出一切，甚至生命。信念能使人有坚定的意志，发挥巨大的积极性。[①]

[①] 参见李虹：《健康心理学》，武汉大学出版社2007年版，第165页。

理想与信念是决定法官的个性倾向性的心理因素之一。法官的理想是指法官对未来有可能实现的法治目标及对社会公平正义的向往和追求。法官的信念是指法官所遵循的与理想相联系的工作生活准则。法官的信念主要是指法治的信念，即坚信某种法治观点的正确性，并支配自己的审判行动的个性倾向。法官的法治信念与法律适用活动有着十分密切的关系。当下，法律方法论的研究空前发达，法官也越来越重视法律方法在案件裁判中的运用。要强调指出的是，法律方法论并不能直接带来公正合理的判决，也不能直接带来法治。如果有的法官心中缺乏法治的理想与信念，利用法律方法论裁判案件，从而达到自己不可告人的目的，这是对法律方法论的利用，而不是应用。这种现象，有的学者称为"法律方法论的异化"，危害十分严重。所以，本书在此强调，法官是"应用"法律方法论而不应"利用"法律方法论，具有较高法律方法水平的法官还要同时牢固树立法治的信念。

信念是知和情的升华，也是知转化为行的中介动力，是知、情、意的高度统一体。因此，法治的信念不仅是一种认知活动，而且充满高级情感，能指引法官个体的思想和行为，具有理论性的价值取向。法治信念因处于法官个性心理倾向中的上层部分，故它对处于个性心理倾向中的基础部分的需要具有控制和调节的作用，它往往通过对法官个体需要的调控来影响其动机和行为。例如，人都有生存和安全的需要，但是，有"法治利益高于一切"信念的法官，能在受到外部干预甚至人身受到威胁时，仍然刚正不阿，坚持秉公执法，不畏权势和强暴，依法公正审判案件。这就是法官自觉抑制生存需要、安全需要，而激活利他需要、奉献需要、法治需要所产生的行为动力。

（二）价值观

价值观是主体按照客观事物对其自身及社会意义进行评价和选择的原则、信念和标准的观察系统。心理学对人的价值观进行科学研究，是最近几十年的事。它始于美国心理学家奥尔波特（Allport）的"价值观研究量表"的制定工作。[①]

法官的价值观是法官对社会存在的反映，即一个法官对案件及其周围的

---

① 参见李虹：《健康心理学》，武汉大学出版社2007年版，第165页。

客观事物（包括人、事、物）的意义、重要性的总评价和总看法。法官的价值观是法官思想意识的核心，决定着法官的审判行动，对法官的思想和行动具有导向和调节作用。法官的价值观念影响案件事实的建构和裁判规范的发现与解释，最终影响案件的裁判。价值观对法官动机的调节和控制也有直接影响。法官把目标的价值看得越高，由目标激发的动机就越强，在活动中发挥的力量就越大，相反，则个体把目标的价值看得越低，由此激发的力量就越小。

法官所处的自然环境和社会环境，包括法官的社会地位和物质生活条件，决定着法官的价值观念。处于相同的自然环境和社会环境的法官，会产生基本相同的价值观念，每一社会都有一些共同认可的普遍的价值标准，从而发现普遍一致的或大部分一致的行为定式，或曰社会行为模式。价值观念是后天形成的，是通过社会化培养起来的。家庭、学校、法院等群体对法官价值观念的形成起着关键的作用，其他社会环境也有重要的影响。法官的价值观有一个形成过程，是随着法律知识的增长和生活经验的积累而逐步确立起来的。法官的价值观一旦确立，便具有相对的稳定性，形成一定的价值取向和行为定式，是不轻易改变的。但就社会和群体而言，由于人员的更替和环境的变化，社会或法官群体的价值观念又是不断变化着的。传统价值观念会不断地受到新价值观的挑战，这种价值冲突的结果，总的趋势是前者逐步让位于后者。法官价值观念的变化是法治进步和司法改革的前提，又是法治改革的必然结果。

美国心理学家奥尔波特参照德国哲学家和心理学家斯宾兰格的观点，把人的价值观分成6种类型：

（1）理性价值观。它是以知识和真理为中心的价值观。具有理性价值观的人把追求真理看得高于一切。

（2）经济性价值观。它是以有效和实惠为中心的价值观，以谋求经济利益为最高价值，认为世界上的一切，实惠的就是最有价值的，生活的目的是获得财富，在人际关系中，喜欢以财胜人。

（3）政治性价值观。它是以权力地位为中心的价值观，具有此类价值观的人把权力和地位看得最有价值。

（4）社会性价值观。它是以群体和他人为中心的价值观，把为群体、他人服务认为是最有价值的。

（5）美的价值观。它是以外形协调和匀称为中心的价值观，具有美的价值观的人把美和协调看得比什么都重要，往往用美感、对称、和谐的观点来对事物进行判断。

（6）宗教性价值观。它是以信仰为中心的价值观，认为信仰是人生最有价值的。

对照上述价值观的特点，笔者认为，法官应当兼具理性、社会性、审美等几种价值观，而反对以追求财富、权力等为价值取向。

（三）世界观

世界观是法官信念的体系，一个法官对整个世界的根本看法。世界观建立于法官对自然、人生、社会和精神等科学的、系统的、丰富的认识基础上，它包括自然观、社会观、人生观、价值观。世界观不仅仅是认识问题，而且还包括坚定的信念和积极的行动。例如，共产主义世界观就不仅仅包括对共产主义的认识和知识，而且包括对共产主义的信念和为实现共产主义的奋斗精神和积极的行动。

世界观具有鲜明的阶级性。无产阶级的世界观就是要推翻资产阶级的剥削制度，建立更加公正、合理、平等的社会主义、共产主义制度，所信仰的是马克思主义的辩证唯物主义和历史唯物主义哲学。对一个法官来说，世界观又总是和他的法治理想、信念有机联系起来的，世界观总是处于最高层次，对法官的理想和信念起支配作用和导向作用；同时，世界观也是法官个性倾向性的最高层次，它是法官行为的最高调节器，制约着法官的整个精神面貌，直接影响法官的个性品质。可以说，一个法官的世界观决定一个法官的价值观和人生观。当前，对法官来说，进行正确的世界观、价值观、人生观教育至关重要，是培养法官良好个性品质的前提。法官对自身世界观进行改造时，应当坚定自己对法律的信仰，守牢法治的基本信念。作为一名当代中国法官，仅仅掌握法律知识还远远不够，还必须要掌握世界发展的客观规律，确立正确的价值观，深刻理解法官的意义和目的，树立为中国特色社会主义法治事业贡献自己力量的志向。新时代新征程上，对法官而言，最为重要、最关键、最根本的一条就是掌握习近平法治思想的根本立场、观点和方法，始终坚持以习近平法治思想武装头脑、指导实践和推动工作,把习近平法治思想作为"魂"和"纲"融入人民法院审判执行工作全过程、各方面。

第三节 法官的个性心理特征

个性心理特征是指一个法官身上经常地、稳定地表现出来的心理特点,主要包括能力、气质、性格等,是多种心理特征的独特组合,集中反映了法官的心理差异。

一、法官的能力

(一) 什么是能力

能力是指一个人成功完成某种活动必须具备的个性心理特征。一个人具有某种能力,就意味着他掌握和运用某方面知识技能的可能。对法官而言,司法能力高,则意味着他掌握和运用法律知识技能就较顺利。知识技能的掌握和运用是在审判活动中进行的,因此,司法能力直接影响着审判活动的质量和效率。

能力和知识、技能有密切联系,三者都是保证活动取得成功的重要条件。知识是人对事物的认识和实践经验的总结。技能是由于不断联系而自动化了的动作方式。掌握知识和技能必须以一定的能力为前提,反过来,知识和技能的掌握又使能力得到提高。法官不仅要注重法律知识和司法技能的掌握,而且要注重司法能力的提高。

在日常审判活动中,法官的能力总是表现在法官的审判活动当中。我们离开审判活动则很难辨别法官司法能力的高低,离开审判活动也很难形成法官的司法能力。人的神经系统以及感觉器官、运动器官的生理结构和功能特点,特别是脑的微观结构的特点,与能力的形成和发展有着密切的关系。一个法官的先天素质为能力的形成和发展提供了前提和基础。但法官能力的形成主要还是决定于法官的社会生活条件，特别是专门的法律教育培训和长期从事的司法实践活动。一个人尽管具有某方面的素质，但如果不接受有关方面的法律教育和训练，不从事审判工作，则相应的司法能力是不会得到发展的。相反，有的法官在素质上虽然有某些缺陷，但经过专门的教育和长期的实践训练，却可以得到补偿而使能力得以发展。

（二）人的能力与职业的匹配

人与人之间存在着能力类型差异和水平差异。能力类型差异表现在个体能力发展方向上的差异、能力发展早晚的差异。能力水平差异指能力有四级：能力低下、能力一般、才能、天才。

事业发展和能力之间，有不容置疑的直接关系。高度能力，不是抽象的素质，通过职业角色得以表现：交响乐团的指挥，其能力显然和一名出色的科技人员、一名出色的飞机驾驶员不同。不同的职业对能力有不同的要求，职业活动中所必需的能力称为职业能力。职业能力又有一般和特殊之分。每个人都有自己的优势和劣势，在择业中应注意能力类型与职业相匹配，这样才能发挥特长，有效地完成工作。如有的人擅长形象思维，有的人擅长逻辑思维，还有的人擅长具体行动思维。如果根据思维能力类型来选择职业，形象思维的人比较适合从事文学艺术方面的工作，逻辑思维的人比较适合从事哲学、数学等理论性强的工作，具体行动思维的人比较适合从事机械修理方面的工作。如果不考虑能力类型，而让其从事职业与能力不匹配的工作，效果就不会好。意大利诗人但丁说过："要是白松的种子掉进英国的石头缝里，它只会长成一棵很矮的小树，但要是它被种在南方肥沃的土地里，它就能长成一棵大树。"因此，能力，是一个人能否进入某种职业的先决条件，是其能否胜任职业工作的主观条件。无论从事什么职业，总要有一定的能力作保证，能力应当与职业相匹配。

刚踏上工作岗位或即将走上工作岗位的青年法官，应当注重从以下几方面培养自己的职业能力：

一是观察能力；

二是思维能力；

三是实际操作能力；

四是表达能力。

（三）法官的能力构成：健全的智力和高超的理性能力

法官的能力可分为一般能力和特殊能力。一般能力是指在各种活动中必须具备的基本能力，它保证法官较容易和有效地认识世界，所以也叫认识能力，例如法官的观察能力、记忆能力、思维能力、想象能力等。智力是由计算、语言流畅、词语理解、记忆、推理、空间知觉和知觉速度等基本能力所构成。这些能力的不同搭配，便构成了不同的智力类型。法官的智力属于一般能力，是指法官个体认识方面的各种能力的综合，其中抽象思维能力是法官智力的核心。一般来说，智力包括观察力、记忆力、注意力、想象力、思维力、创造力、操作实践能力。特殊能力是指法官顺利地从事审判活动所必须具备的司法专业能力，例如法官的庭审驾驭能力、法律适用能力、事实认定能力等。这是履行法官职责所必备的司法能力，是指法官为了从事各类案件的审理裁判活动所必需的能力，是法官完成审判工作任务所不可缺少的能力。近年来，已有较多著作对法官的能力进行了研究和阐述，有的高级人民法院专门编著有关法官能力和素质培养方面的书籍，供法官阅读学习使用，以推进法官职业化建设，提高法官的司法能力。[1]

根据已有的研究总结，笔者认为，法官的能力构成应从认知、操作、表达三方面考察。具体而言，法官应当具备以下几项能力：

1. 认知能力

在裁判活动中，法官的认知活动贯穿案件事实的建构、裁判规范的发现及事实与规范的匹配三大过程中，法官认知内容除了对案件事实的认知，还包括对法律规范的认知。法官应当具有的认知能力主要包括以下几方面：

（1）较强的感受性与良好的注意品质。

一个刚参加审判工作不久的法律人，或许对老练的法官能够在审阅案卷时发现许多自己觉察不到的情节而感到惊奇。其实，这就是因为老练的法官对有关的刺激物具有较高的感受性。法官的感受性是一切其他高级心理活动

---

[1] 关于法官能力的阐述，分别参见马军：《法官的思维与技能》，法律出版社2007年版，第11页；张启楣主编：《法官岗位培训读本》，人民法院出版社2005年版，第201-223页；乔宪志、金长荣主编：《法官素养与能力培训读本》，法律出版社2003年版，第9页。

得以顺利进行的必要条件。而注意是对特定对象的指向与集中，只有通过注意将人的意识指向某一事物并在某一事物上集中起来，同时又具备一定的感受性，才能对外部事物产生清晰的认识。审判活动中，良好的注意品质主要体现在集中注意的形成与对注意进行有效的分配、转移上。注意的集中就是使意识活动深入到所要了解的事物（具体的案件情节）中去，这是形成注意的关键一步。审判中注意从一个客体转向另一个客体的过程叫注意的转移。注意的分配与注意的转移是紧密联系的，一个法官常常要在同一时间内完成数项任务，必须同时注意许多方面传来的信息，否则就不能获取大量有价值的案件信息。

（2）较强的观察能力。

观察，是一种有目的、有计划、有组织、较为持久的知觉，属于知觉的高级形态。感知觉是裁判中的认知活动获取案件信息的通道。整个案件审理裁判活动都离不开观察和感知，审判活动的第一步就是利用各种感觉器官尽可能地对案件材料、事实证据信息进行全面的观察，了解和熟悉案情。根据心理学研究，主观型法官在观察事物时常常受自己的主观见解或情感的影响，容易掩盖或歪曲事实真相，把自己的主观设想和推测带入对案件事实的观察中去，以致造成观察失实；客观型法官在观察事物时，很少受自己主观偏见、愿望、情绪和心境的影响，在没有掌握充分的证据材料之前，一直是耐心细致地观察和思索，不随意作出任何结论，所以法官应该使自己成为客观观察型的人。分析型法官习惯于观察事物的各种细节特征，但容易忽视对事物整体和相互关系的观察；综合型法官则习惯于观察事物的一般特性，从整体的角度去考察事物的特征，但往往容易忽视对案件中各种细节的观察；而分析综合的结合可以兼具以上二者优点。法官在观察中除了注重客观、结合分析与综合外，还应当科学地认识审判中的错觉，并尽量克服错觉。

（3）良好的记忆和思维能力。

记忆与思维是人的高级认知活动，是法官顺利完成案件事实建构和规范发现任务的保障。法官应当能自觉使用一些记忆策略，正确看待回忆的正确性，从而具有较好的记忆效果并能对自己的记忆作出客观的评价。由于审判工作的复杂性，对法官的思维提出了较高的要求。法官通过思维，才能把握案件事实或规范法条的本质特征、内部联系和发展规律。在复杂案件中，法官必须具有较强的推理能力与较好的思维习惯。有的总结为法官的"职业的思维能力",即法官必须形成独立的、理智的、以法律逻辑为基础的思维方式。①

2. 实际操作能力

法官的实际操作能力,即审判技能。法官的职业素养融于实际的审判操作技能之中,集中体现在确定案件性质的能力、案件事实的建构能力、法律适用能力、庭审驾驭能力、司法调解能力、裁判文书制作能力上。具体而言有:

(1) 确定案件性质的能力。

案件性质不仅反映法律关系的性质,而且直接表明当事人争议问题的实质。因此,确定案件性质不仅对法官正确认定案件事实、适用法律和驾驭庭审具有直接的引导作用,而且直接影响着当事人的举证、质证等各个诉讼行为。案件性质确定的准确与否将直接决定审判质量案件的好坏。为了规范各类案件性质的确定,最高人民法院分别出台了有关刑事、民事、行政、国家赔偿等案件类型的规定。法官应当认真学习有关规定,提高确定案件性质的能力。

(2) 案件事实的建构能力。

"以事实为根据,以法律为准绳"是法律适用的基本原则。一个案件由事实问题和法律问题两方面组成,故案件事实问题和法律问题的解决构成裁判形成中的两大中心环节。② 对于司法公正的实现而言,事实问题的解决不可或缺。"事实问题是司法行为理论中的基石性问题。如果不解决事实问题,就不可能进行公正的司法判决,司法行为本身的意义就会荡然无存。"③ 刑事审判、民事审判、行政审判等诉讼活动本身均应以发现事实为目标,事实认定是否准确应当成为人们评价裁判是否公正的基础。正如日本著名刑事诉讼法学者小野野一郎博士所说:"关于刑事诉讼,实际上的中心问题,仍在于事实

---

① 参见马军:《法官的思维与技能》,法律出版社 2007 年版,第 11 页。

② 就刑事审判而言,通常的思路是,刑事审判是个三段论的过程,刑法规范是大前提,案件事实是小前提,如果二者相符合,便可以得出认定犯罪的结论。这种裁判路径既为一般理论所认可,也有相关的法律依据。

③ 武建敏:《司法理论与司法模式》,华夏出版社 2006 年版,第 76 页。

认定，倘若此种认定流于恣意，则刑事审判的正义将从根底崩溃。"① 美国西北大学杰出的比较民事诉讼法学者约翰·郎贝恩教授也认为，发现事实是民事诉讼的中心任务。② 因此，随着研究的深入和事实意识的加强，人们对于事实问题越来越关注。目前，事实问题已经成为当事人在诉讼中的重要争点。如在我国申请再审的案件可能大多数是对事实问题的争议，而不是对法律问题的争议。德国的情况也说明："以往的经验充分地显示，100多个诉讼的案件中，只有一件是对法律的争议，其他都是由事实的争议所引起的。解决事实问题，解决实际上发生了什么，法律常常就能自我关照。"③ 如今"事实是拿着一面镜子照向现实而得出的结果"的观点早已为人们所摒弃。所谓的"事实认定"虽已成为法学界约定俗成的对案件事实形成的称谓，但这一称谓中的"认定"其实并不是简单的认定，而实质是"建构"。所谓"事实的认定"实质上是作为人的主体心理活动的"建构"过程。"事实的形成"实质是心理"建构"的结果，所以"认定事实"的实质是"建构事实"。但是，"确定事件的真实过程，通常比对事实关系作出相应的法律判断更难。事件的真实过程（在法律实践以及历史中）常常是不清楚的""从历史研究与发展的理论中我们认识到，要'忠于事实'地理解并重现历史事件的具体过程是多么困难"。④因此，案件事实的认定（建构）能力是法官司法能力的核心组成部分。

（3）法律适用能力。

法律适用能力主要包括两个方面：一是法律发现的能力，即"找法"的能力。所谓法律发现是指在现行有效的法律规范体系内寻求、检索、选择与解决具体争议有关或最相类似的原则和规则的心理过程。法律发现的能力是法官司法能力的重要组成部分。一方面，"找法"的速度和准确性直接反映出法官法律发现能力的强弱；另一方面，"发现"的范围和广度也体现了"找法"效率的高低。现实审判中，法院每年都有大量的改判或发回重审案件，其中有相当数量就是法律问题，最终是法官对法条误用或偏离造成。因此，

---

① 转引自方金刚：《案件事实认定论》，中国人民公安大学出版社2005年版，第1页。
② 方金刚：《案件事实认定论》，中国人民公安大学出版社2005年版，第1页。
③ 参见方金刚：《案件事实认定论》，中国人民公安大学出版社2005年版，第4页。
④ 参见[德]伯恩·魏德士：《法理学》，丁晓春、吴越译，法律出版社2003年版，第51-52页。

从法律规范出发,如何逐步发现裁判规范这一内在的心理过程切入,对裁判规范发现中人的心理活动规律进行研究,揭示影响法官准确高效地发现法律的心理因素,从而为加强法官的司法能力建设或法官的选拔、成长提供科学根据,无疑具有十分重大的实践意义。二是法律论证的能力,包括法律解释、法律推理、法律思维、利益衡量、漏洞填补、效果统一等方法或技术。

(4) 庭审驾驭能力。

庭审是法院整个审判过程中最重要的一个阶段,是一种动态的审判。法庭是法官集中展示司法能力的舞台,也是解决法律争议和纠纷的重要场所。庭审是法官审理案件的最基本也是最重要的形式。因此,具备较高的庭审驾驭能力,是一个法官应有的基本功。庭审驾驭能力是指法官主持、控制庭审的一种能力,是法官在法庭上根据自身掌握的法律知识来熟练运用程序规则,主持整个庭审过程,指挥和控制诉讼参与人依法行使权利和履行诉讼义务,以查明案件事实、分清是非、作出裁判的能力。庭审驾驭能力是法官政治素质、业务素质和心理素质等综合素质在庭上的集中反映。所谓"庭上三分钟,庭下三年功",讲的就是这个道理。具体要求法官做到:一是庭前有准备,善于理清审理思路;二是善于指挥和控制庭审,包括耐心听讼、指挥得当、重点突出;三是善于决断。[1] 有的还将庭前准备分为四种能力:一是阅卷归纳能力;二是组织协调能力;三是诉讼指导能力;四是庭前预审能力。[2]

(5) 司法调解能力。

法官的天职就在于解决纠纷,以调解、判决的方式将各种矛盾纠纷控制在社会秩序能够容纳的范围之内,通过审判权的有效行使,将法律抽象规定的当事人权利义务具体化,促进社会和谐。近年来,法院调解再次勃兴,调解手段在人民法院诉讼活动中的广泛运用,进一步增强了法院解决纠纷的有效性。调解已成为当事人接受纠纷处理结果的最有效、最普遍采用的途径,调解能力也由此成为法官司法能力的重要组成部分。法官应当充分认识到调解的价值,按照"预防在前、调解优先、运用法治、就地解决"的要求,积极运用调解的手段化解矛盾,减少诉讼对抗、缓解讼累,提高息诉率,真正

---

[1] 参见张启楣主编:《法官岗位培训读本》,人民法院出版社2005年版,第207—208页。
[2] 参见乔宪志、金长荣主编:《法官素养与能力培训读本》,法律出版社2003年版,第94—98页。

实现定分止争、钝化矛盾。法官的调解工作是一门艺术，需要法官掌握一系列调解的技巧与方法，做到法与理结合、内与外结合、调与判结合。

3. 表达能力

法官的表达能力包括：

（1）口头表达能力。

法官言辞的根本要求是简明、严谨、庄严。法官在审判活动中要使用"法言法语"，要中立适当，避免偏激情绪化的言辞，要体现语言的逻辑美、声音美、修辞美、态势美。言辞对法官的形象具有至关重要的作用，法官的内在素质是通过言辞表达出来的。法官要提高口头表达能力，必须注意三方面问题：一是加强法官的自尊意识。据调查，当前法官在言辞方面存在的问题有：使用口头俚语、说话随便、"口吃"连篇等。如"帮帮忙""淘糨糊""拎不清""搞定"等。又如有一名法官如是说："办案有什么难的，我调解离婚案子都摆平了，我对有过错的男方说，'你外面有花头不算什么，但不要后院起火，现在到这一步能怨谁？'"这些反映了法官的思想素质和语言文明问题。二是要提高慎言的职业意识。法官慎言要求法官所言应当依据法律规定，符合职业身份，要分时间和场合，不多言。当前，在庭上喋喋不休、庭外乱发议论，是法官多言的主要表现。"法官不介入争论"是法官应当遵循的戒律。三是规范庭审的语言能力。如何组织庭审、归纳焦点、质证认证、查清事实、分清责任、说明理由、依法下判，都是法官综合素质的展示，也是法官语言的应用过程。需要法官规范使用庭审语言，提高语言表达的准确性、及时性。[①]

（2）书面表达能力（法律文书制作能力）。

法院制作的诉讼文书特别是裁判文书，是行使国家审判权的体现。制作裁判文书是审判工作的重要组成部分，也是法官的一项重要任务。裁判文书的制作要求法官重点加强对质证中有争议证据的分析、认证，增强判决的说理性，通过裁判文书不仅记录裁判过程，而且公开裁判理由，使裁判文书成为向社会公众展示司法公正形象的载体，进行法治宣传的生动教材。因此，

[①] 参见乔宪志、金长荣主编：《法官素养与能力培训读本》，法律出版社2003年版，第10-11页。

对法官的要求比较高。法官应当具备较好的法学理论功底和较强的文字表达能力，客观地反映案件事实，准确引用法律条文，阐明法律理由，如实反映审判内容，说理充分有力，依法有据，内容规范。文书制作能力的提高是一个长期的积累过程，需要法官不断地学习与实践，在办案中多思考与总结，付出艰辛的努力。

二、法官的气质

（一）什么是气质

气质这个概念最早是由古希腊医生希波克拉底提出来的，后来罗马医生盖仑（Galen）作了整理。他们认为，人有四种体液——血液、粘液、黄胆汁和黑胆汁。这四种体液在每个人体内所占比例不同，从而确定了胆汁质（黄胆汁占优势）、多血质（血液占优势）、粘液质（粘液占优势）、抑郁质（黑胆汁占优势）四种气质类型。其典型心理特征如下：

（1）胆汁质。胆汁质的人是以情感发生的迅速、强烈、持久，动作的发生也是迅速、强烈、有力为特征的。属于这一类型的人都热情，直爽，精力旺盛，脾气急躁，心境变化剧烈，易动感情，具有外倾性。

（2）多血质。多血质的人是以情感发生迅速、微弱、易变，动作发生也迅速、敏捷、易变为特征的。偏于这一类型的人，大都活泼好动，敏感，反应速度快，热情，喜与人交往，注意力易转移，志趣易变，具有外倾性。

（3）粘液质。粘液质的人是以情感发生缓慢、内蕴、平静，动作迟缓、稳重易于抑制为特征。偏向这一类型的人大多安静，稳重，反应缓慢，情感不易外露，沉默寡言，善于忍耐，注意力不易转移，具有内倾性。

（4）抑郁质。抑郁质的人是以情感体验深而持久、动作迟缓无力为特征的。属于这一类型的人大都反应迟缓，善于觉察他人不易觉察的秋毫细末，具有内倾性。

人的气质作为心理活动的动力特征，受先天影响较大，比较难以变化，变化较慢，也没有好坏之分。日常生活中，我们经常会遇到有人做事快速灵活，而有人则做事迟钝稳重。这种在心理活动的强度、速度、稳定性、灵活性上的差异，是高级神经活动在人的行为上的表现，就是气质。法官的气质是指法官个人心理活动的稳定的动力特征。包括法官的心理过程的强度、速度、稳定性和指向性等。

（二）人的气质与职业的匹配

气质是人的个性中最稳定的因素，气质类型对职业生活影响重大。在选择职业时，一定要注意自己的气质类型。每种气质类型都有其较为适应的职业范围。特别是在一些特殊职业中，例如政府机要人员、警察、检察官、法官、公关人员、飞行员等，气质类型往往是录用选拔时的重要标准之一。在适应性职业领域，各种气质类型的人能发挥其优点，避免其缺点，心理学研究总结如下：

（1）胆汁质的人较适合做反应迅速、动作有力、应急性、危险性大、难度较高而费力的工作。他们可以成为出色的导游员、勘探工作者、推销员、节目主持人、演讲者、外事接待人员，但不宜从事稳重、细致的工作。

（2）多血质的人比较适合做社交性、文艺性、多样化、要求反应敏捷且均衡的工作，而不太适合做需要细心钻研的工作。他们可从事的职业范围很广，如外交人员、管理人员、驾驶员、医生、律师、运动员、新闻记者、冒险家、服务员、侦查员、干警、演员等。

（3）粘液质的人具有较强的自我克制能力，能埋头苦干、态度持重不易分心，由于灵活性相对较差，他们可能有因循守旧的倾向。较适合做有条不紊、刻板平静、耐受性较高的工作，而不太适宜从事激烈多变的工作。可从事的职业有外科医生、法官、管理人员、出纳员、播音员、会计、调解员等。

（4）抑郁质的人能够兢兢业业工作，适合从事持久细致的工作，如技术员、打字员、排版工、化验员、机要秘书、保管员等，而不适合做反应敏捷、处理果断的工作。①

心理学家荣格对气质还做过更深入的研究。他把人的心态分为内倾型与外倾型两种，它们分别与心理的功能（思维、情感、感觉和直觉）结合起来，构成了各种不同的气质类型。外倾型的人，心理能量流向客观的外部世界的

---

① 参见俞文钊等编著：《职业心理学》，东北财经大学出版社2007年版，第153—154页。

表象之中，容易把自己投入到对客观对象、人与物、周围环境条件的知觉、思维和情感之中；内倾的人喜欢探索和分析自己的内心世界，他是内向的，一般来说略为孤僻，容易过分地全神贯注于自己的内心体验。在别人看来，他可能显得冷漠寡言，不喜欢社交。而外倾型的人，则把注意力集中在与他人的交往之中，总是显得活跃和开朗，对周围的一切都很感兴趣。

又有研究表明：领导品质与外倾型气质有关。也就是说，作为一名管理人才，外向的气质对他完成本职工作是一个有利的因素。外倾强烈的人，在需要手部动作灵活、语言反应迅速、判断快速果断的工作岗位上，比内倾的人更具有相对的优势，而在需要精细、认真、持久的工作岗位上，性格内向的人又更合适一些。

（三）法官应具有稳重的气质和良好的自我克制

法官的气质属于法官的内在形象的组成部分。法官拥有良好的气质是树立法官职业形象的前提和基础。法官的气质不仅是指一个法官所拥有的知识、才能，而且包括一种能够引导人向上的世界观、价值观和人生观等内在的精神风貌。如果只注重外在，而忽视了内在气质，那只是一种没有根基的气质。法官的基本职责是正确执行宪法和法律，依法调解社会纠纷，保护公民、法人和其他组织的合法权益，维护社会的和谐稳定，促进国家各项事业有序发展。事实上，法官履行职责的过程并不是一个简单的累积案件事实和机械套用法律的过程，而是各种不同的利益在法官内心遵照有关事实构建和法律适用规则的博弈过程。法官的思维、处事方式好多是由法官的气质所决定的。审判工作的性质和要求，也反过来决定法官应当保持消极、中立，主持公道，依法裁判，擅长理性思维，不受外界影响的素质。

了解气质类型，在人才的选拔、教育培训、组织管理等方面都有重要意义。如在挑选无线电通信专业人员时，注意测定他们的感受能力；挑选消防人员、飞行人员时，注意测试他们的耐受性；挑选公安、侦查人员时，注意测试他们的灵敏性等。在挑选和培训法官时，应该测定谦逊保守的气质，这有利于了解被选拔者是否适合从事法官职业，也有助于确保今后提高审判工作效率，避免浪费人才，以及维护司法公正。日常生活中，我们每一个法官也应学会掌握和控制自己的气质，限制自己气质的消极方面，发挥积极的方面,使自己成为具有优良心理品质的法官。

依据司法审判的职业特点,笔者认为,法官应当具有谦虚、谨慎、保守、稳重的气质和良好的自我克制能力,相比之下,上述粘液质的人最适合担任法官。而单纯的抑郁型或情绪型的人则难以胜任法官的工作,难以在法庭上保持较高的稳定且理智的审判心理,这些人不适合当法官。但需要指出的是,审判心理的特殊性决定了法官的气质不属于任何典型的类型。一个优秀法官的气质应当是复合型,诸如坚忍、勇毅、乐观、自信,具有决断力等素质,或智力活跃而不粗枝大叶;富有激情而不感情用事;稳重而不沉郁;谨小慎微而不怯懦;果断而不武断等。总的来说,法官的气质是各种气质优良部分的有机组合。

法官的人格魅力来源于自身的气质和风度。要培养法官拥有良好的气质,一方面要提高法官个人的品质、修养和科学文化素质及全面的业务水平;另一方面要加强对法官的理想信念教育,用先进理论武装法官的头脑,引导法官把个人的理想追求与审判事业结合起来,坚定信念、甘于奉献。法官应当增强理智,保持良好的心理弹性,遇事讲雅量,学会宽容人、体谅人、理解人,大事讲原则,小事不计较,使自己成为社会上受信任和尊重的法官。当然,内在素质的培养非三五日之功,必须在长期的潜移默化中才会终有成效。要在提高素质方面练"内功",严格要求、严格训练,努力做到政治坚定、专业精通、作风优良。要强化职业道德方面的"修善"和"内省",树立崇高的理想、信念,奋发努力,养心修身,优化气质,做到正直无私、刚正不阿、光明磊落、不畏权势、清正廉洁,对人端庄正派,行事光明磊落,胸襟坦荡,能够客观地、公正地、无偏私地对待实际情况,不因个人私利而枉法裁判,能以一腔浩然正气,主持人间正道,做到"富贵不能淫,贫贱不能移,威武不能屈",坚决捍卫法律尊严,保证法律正确实施,达到法官的最高人格境界。

三、法官的性格

(一)什么是性格

性格是个性最鲜明的表现,是个性心理特征中的核心特征。性格有广义和狭义之分。广义的性格是指特定个人与其他人不同的心理特征。公元前3世纪希腊学者提奥夫拉斯塔在一篇论文中描述了30多种性格,每一种性格都是根据一个占主导地位的、很明显的特征标志加以描述的,如"伪装""谄媚""枯燥无味的讲述者"等。科学心理学中的"性格"是取其狭窄的特定的含义。从这个角度而言,并非人的所有个别特点都是性格特征,像视觉敏锐、记忆迅速、智慧深邃等心理特点,就被排斥在性格特征之外。假如我们要给狭义的性格下定义的话,那就是人对现实的稳定度以及与之相适应的习惯化了的行为方式。

日常生活中,我们常常讲到人的个性,实际上主要指人的性格,性格贯穿于一个人的全部心理活动之中,调节着整个行为方式。有人内向,有人外向,有人活泼开朗,有人则沉默寡言。人对现实的态度和相应的行为方式上的这些差异,就是性格特点。性格不仅与气质、智力(综合性能力)的关系非同一般,而且,性格还具有情感特征和意志特征。性格是由各种特征组成的有机统一体。性格是非常复杂的心理构成物,它有着多个侧面,主要有:一是对现实的态度特征。即人在处理各种社会关系方面表现出来的性格特征。包括对社会、对集体、对他人的态度(属于这方面的性格特征,主要有对社会和集体有责任心、诚实、坦率、有同情心、善交际、有礼貌等,或对社会和集体漠不关心、虚伪、狡诈、冷酷、孤僻、粗野等);对劳动和劳动产品的态度(属于这方面的性格特征有勤奋、负责、创新、节俭、慷慨等,或懒惰、浮华、保守、浪费、吝啬等);对待自己的态度(属于这方面的性格特征主要有谦虚、自尊、自信、严于律己等,或骄傲、自卑、放任自流等)。二是性格的意志特征。包括意志的自觉性(属于这方面的性格特征主要有主动性、目的性、独立性等,或被动性,盲目性、依从性等);意志的自制性(属于这方面的性格特征主要有自控、冷静、沉着等,或冲动、狂热、怯弱等);意志的果断性(属于这方面的性格特征有坚决、敏捷等,或优柔寡断、顾虑重重等);意志的坚毅性(属于这方面的性格特征主要有坚定、顽强、不屈不挠等,或摇摆、脆弱、妥协等)。三是性格的情绪特征。如有的人情绪稳定,有的人则喜怒无常。四是性格的理智特征。指人在感知、记忆、想象和思维等方面表现出来的特征。如在感知中,有的人主动而有的人被动,有人注意事物局部而有人关注事物整体;在记忆活动中,有的长于形象记忆,有的善于逻辑记忆；在想象时，有的好幻想，有的重现实，有的想象广阔，而有的想象狭窄；在思维时，有人深刻而有人肤浅，有人善于独立思考，而有的往往盲从依赖。由此可见，性格的结构非常复杂，由多方面特征组合而成。[①]

（二）人的性格与职业的匹配

性格是影响个体行为的最重要的心理特征之一，实现性格与职业的匹配对于个人职业发展，提高组织绩效，实现个人价值与组织目标极其重要。性格并无好坏之分，但性格类型与职业类型的匹配度，却决定了事业的成功与否。因"性格与职业"的选择发生错位而导致职业的失败，已逐渐成为职场人士越来越经常面临的严峻问题。现实职场中性格与职业的匹配程度不容乐观。个人根据性格类型选择职业，组织根据职业对性格的要求选拔人才是人力资源合理利用与整体利益最大化的必然要求。在现今的职场中，很多企业在招聘新人时，将性格的测试放在首位，当性格与职业相匹配时，才对其能力进行测试检查。他们认为性格比能力重要，如果一个人的能力不足，可通过培训提高；但一个人的性格与职业不匹配，要改变起来，就困难多了。要想做好工作，需要专业的知识、良好的技能，也需要和自己的性格相匹配。

（三）法官的性格特征：善思的性格和必要的谦虚谨慎

性格与气质不同，但性格和气质有很多相通之处。性格是在后天形成的，具有社会性，变化较快，体现人与社会的关系，因此有善恶之分。气质影响性格的动态，使气质在性格的某些方面表现出来。另外，性格可以掩盖气质，使之符合社会实践的要求。法官的性格是指一个法官在现实的稳定态度和习惯化的行为方式中所表现出来的个性心理特征。根据法官职业的特点，笔者认为，理想的法官应当具有谦虚谨慎和善于思考的性格。法官良好的性格至少应包括：诚信、正直、勤勉、负责、自信、谦逊、自尊等。

---

① 参见朱宝荣、周楚、黄加锐：《现代心理学原理与应用》，上海人民出版社2006年版，第206-207页。

第四节 法官的自我意识

自我意识是一个人对自我的认识态度和行为调节等，包括自我感觉、自我评价、自我监督、自尊心、自信心、自制力和独立性等方面的内容，其核心是自知和自爱。法官自我意识是指法官个体对自己作为客体存在的各方面的意识，是法官对自己的自觉因素，是个性结构中的自我调控系统的核心，它使得法官在日常审判活动中对自己有认识、有体验、有控制，具有自我认知、自我体验和自我控制三个子系统，表现为具有认知的、情绪的、意志的三种形式。

一、法官的自我认知

关于自我认知，在第二章法官的认知部分已有所阐述，法官自我认知，包括法官对自己的生理状况（如身高、体重、形态）、心理活动（如情绪）、心理特征（如兴趣爱好、能力、性格、气质）、自己与他人的关系（如自己与他人的交往关系、自己在合议庭等审判组织中的地位和作用）等方面的认知。自我认知主要包括自我观察和自我评价。

自我观察是指法官对自己的感知、所思所想以及意向等内部感觉的观察，并对所观察的情况作初步的分析、归纳。

自我评价是指法官对自己的想法、期望、品德、行为及个性的判断和评估。自我评价的标准主要有三：一是依据他人对自己的态度来评价自己；二是以与自己条件相似的人为参照物来评价自己；三是通过对自己心理活动和行为的分析进行评价。自我评价是法官进行自我调节、自我监控的前提条件。对自己的愿望、动机、行为和个性品质的评价，关系法官参与公正审判活动的积极性，也影响法官的法律判断和人际关系协调。

法官良好的自我认知，主要表现在以下几个方面：

第一，能够正确认识自我，接受现实的"我"。选择恰当的目标，寻求良好的方法，不随意退却，不做自不量力的事。只有这样，才能创造理想的自我，避免心理冲突，对自己充满信心，也能够对其他法官深怀尊重，形成良好的审判工作氛围。

第二，能够面对现实、适应环境。一个法官只有与现实保持良好的接触，才能够发挥自己的最大能力去履行职责。法官应学会在社会现实生活中坚持独立自主性，不人云亦云，不随波逐流，又不自以为是、我行我素，能够做到经常反省自己。

第三，能够积极反馈，与人为善。作为法官，应力求做到既对得起他人，也对得起自己，有宽大胸怀。[①]

二、法官的自我体验

法官自我体验是法官自我意识在情感上的表现。它是伴随着自我认识对客观现实的一种特殊的反映形式。自我体验的调节作用主要表现在：一是使认识内化为个人的需要和信念；二是引起和维持行动，使法官全身心地投入到工作中去；三是制止自己的不良行为。自我感受、自尊、自爱、自制、自卑、责任感、义务感、优越感，这些都可以统称为自我体验。对于法官而言，主要是职业尊荣感与责任感。

（一）法官职业尊荣感

法官职业尊荣作为一个十分模糊的存在物，通过职业的价值、良好的社会评价来被大致感知，体现为法官自己和社会对法官职业的肯定。它是维系法官共同体成长的情感纽带，也是法官职业能够吸引顶尖法律人才的根本原因。在法治现代化国家，特别是普通法系国家，法官职业经过长期积淀而取得了令人羡慕的地位。所谓法官职业尊荣感，是指在法官个人心理中产生的自尊、自爱、自豪和神圣等感情上的满足和社会对其体面形象的仰慕感觉。

自尊是一种良好的心理状态，它首先表现为自我尊重和自我爱护，还包含要求他人、集体和社会对自己尊重的期望，是形成法官职业尊荣感的关键。

[①] 参见李虹：《健康心理学》，武汉大学出版社2007年版，第179-180页。

自尊即法官的自我肯定，能做到自我感觉良好，并认可自我。在心理学上，自尊感可以是个体对自我形象的主观感觉，可以是过分的或不合理的。一般来说，心理健康的人自尊感比较高，认为自己是一个有价值的人，并感到自己值得别人尊重，也较能够接受个人不足之处。形成自尊感的要素有安全感、归属感、成就感等，这些因素都与个体的外在环境有关。自尊的心理品质，不是天生的，而是在生活、学习和工作中逐步培养起来的。法官要培养正确的自尊心，需要做到以下几点：一是寻找自尊的支点（支点指自己突出的优胜和长处）；二是要有正确的方向，应该懂得将个人自尊与审判事业、法治事业紧密联系结合起来，继承和发扬好优良的审判传统，敬业爱岗，一言一行都要考虑国家的利益和法治事业的需要，在与当事人等的社会交往中，做到自尊、自爱、不卑不亢，在任何情况下，都能以自己的言行维护法律的尊严和法官的良好形象。

职业尊荣弥补了法官与其他法律职业间在收入等方面的差距，塑造了法官是社会中坚力量的共识。高度的职业尊荣感将保证法官们精神上的自足，必将附带产生致力维护共同职业形象的内在动力。法治国家中高薪律师向法官流动而非相反的情形，显现了法官职业尊荣的强大功能。法官的职业尊荣固然是一代代法官接续努力的结果，但也从来没有脱离过制度的保障。职业尊荣感并不能凭空产生，它需要高于平均水平的且稳定的经济收入以维持体面的生活，需要庄重的办公环境，相对舒适、便利的办公条件，富有挑战的且能给人以成就感的工作内容，社会普遍的对这一职业群体的尊重。法官的职业保障不到位，待遇偏低，风险过大，这些都不足以使社会产生对法院的认同感，不足以形成法官职业本身的尊荣感，不足以吸引优秀的法律人才到法院工作。在我国，由于缺乏职业尊荣感及其他吸引要素，同时，职业保障方面尚存在诸多不足，法官向律师职业流动转行、"下海当律师"等现象从未停止甚至有时还在加剧。由此可见，法官职业尊荣感的培养还需要一定的物质保障，有待于司法体制改革的不断深化和完善。当然，笔者更加认为，法官的职业更是一种需要奉献精神的职业，法官不应对物质待遇看得太重，要甘于清贫。社会对法官的这种尊重不仅源于他们手中的赫赫威权，更来自他们的整体学识和司法能力。

(二) 法官职业责任感

所谓"责任",即为"分内应做的事"。法官的责任感是指法官对其从事的审判事业强烈的责任心和使命感。责任感属于法官职业道德范畴,也是法官自我意识的表现。一个法官最重要的品质就是责任感和使命感。法官是一个非常特殊的职业群体,纠纷裁判是非常特殊的工作。明断是非、裁决曲直、惩恶扬善的工作内容,运用国家强制力平息社会矛盾、解决纠纷,维护社会秩序稳定的工作性质,决定了法官工作对社会影响是深远的,被社会成员关注程度是非常高的。这也就决定着法官肩负重大的社会责任和历史使命。

学习模范法官宋鱼水、黄学军等人的先进事迹,感受最深的正是他们作为当代中国优秀人民法官对社会、对法律、对人民具有的强烈责任感和使命感。正是这种强烈的社会责任感和历史使命感,使得这些优秀法官在审理案件时不仅依法依理,注重裁判的公平公正,而且兼顾裁判的社会效果。宋鱼水法官身上呈现出诸多优秀品质,但最先应肯定的是她对社会、对人民高度负责的责任感,法官只有具备了这样强烈的责任感,在执掌法律天平时,才能自觉严格要求自己,才能最大程度地排除各方干扰,真真正正、踏踏实实地从一点一滴做起,认认真真对待每一位当事人、对待每一起案件,认认真真写好每一份判决书,也才会在崇高的人生理想目标的引领下,不断地坚定政治信仰、培养优良品德、磨炼审判技能,成为宋鱼水一样的符合时代要求的、人民满意的好法官。"法袍穿得越久,法槌敲响的次数越多,我感觉身上的担子越重。很多民事案件标的额不大,也很琐碎,但案件无'大小',每一起诉讼都关系着当事人的切身利益和社会的稳定安宁。"这是黄学军法官的一段内心感言。也正是在强烈的责任感和使命感的驱使下,黄法官绝不止满足于遵循审判程序,简单执行法律条文,而是深刻理解和挖掘法律公平正义的精髓,注重法律实施的社会效果。有了这种强烈的责任感,他自然就能够做到在每一个案件的审理中坚持明法析理,积极探寻法的真义,努力把法、理、情兼容并蓄,努力坚持作出合法、达理、通情的裁判。[①]

[①] 参见付建国:《对工作的责任感和挚爱心结出的硕果——读模范法官黄学军的事迹有感》,载中国法院网,最后访问时间:2023年10月1日。

法官对其职业责任、职业价值理解有多深、认识有多全，决定着他的社会责任感就有多强。尤其是全面深化改革的今天，利益格局、利益主体呈现出多元化、复杂化，公民诉讼维权意识不断提高，一大批新类型案件涌入法院，而这些案件基本没有先例可供参考和借鉴，法官裁判时能否准确适用法律，能否深刻认识纠纷产生的时代背景以及裁判结果可能带来的一系列连锁反应和深层社会影响，并在作出合理合法裁判的同时自觉自愿地予以兼顾，决定着法官作出的裁判是否具有说服力，能否经得起法律、人民和历史的检验。

三、法官的自我控制

自立、自主、自制、自强、自卫、自律、自信，统称为自我控制。这些都是法官应有的优秀品质。现择其要者，分析如下。

（一）独立自主

法官独立自主的基本特征是有高度的自立性、自主性和明确的是非观念，不屈服于周围的压力，不随波逐流，能够依据自己的认识与信念，依法独立地作出裁决和执行决定。如在审判工作中，敢于坚持自己的意见，在合议中独立发表自己对案件的分析和处理意见，在工作中敢想、敢说、敢干，能独立地提出问题和解决问题，具有开拓创新精神，敢于担当，乐于承担富有挑战性的工作。缺乏独立性的法官，往往容易受其他法官的影响，容易接受别人的暗示，为别人的言行所左右，人云亦云，或左顾右盼，犹豫不决，不敢果断行事。独立自主是法官自身有意培养的结果，是在审判工作中通过长期实践逐步形成与定型的，要坚持从小事做起，多尝试着独立解决问题。

（二）自信

自信是法官对自我能力和自我价值的一种肯定。有自信，才会有成功。心中有自信，成功有动力。古人云：人不自信，谁人信之。美国作家爱默生也曾说过："自信是成功的第一秘诀。"在自信面前，困难和挫折显得十分渺小。坚定的自信心是一个法官必备的良好的心理素质之一。[①]

建立自信,应该从相信自己、赏识自我做起。相信自己,就是对自己的认可和支持。"我能行","我也会成功"。积极的自我暗示,能够激起强烈的成功欲望,在战胜困难、实现目标的过程中,表现出果敢的勇气和必胜的信念。赏识自我,就是尊重自己、悦纳自己,能够感受到自己存在的价值。正确的自我认知,能够找出并发挥好自身的特点与优势,"一招一式"的成功体验,使自信心得以积累。此外,还应当注重学习,掌握丰富的知识经验。对于一个法官来说,有了丰富的法律知识和审判实践经验,掌握审判的本质和规律,在实践中就容易取得成功,增强自信心。

而自卑是自信的大敌。建立自信,还要克服自卑。所谓自卑,就是轻视自己,看不起自己。现实生活中,克服自卑的最好办法,就是坚持。方法在坚持中完善,战术在坚持中改变,心理在坚持中调整,自信在坚持中恢复。相信坚持就是胜利,放弃才是真正的失败。

(三) 自制自控

自制自控是调控自身方向的心理特征。具有自制力的法官,能不为他人所诱惑,自主地决定行为方向,并能克服主客观方面的种种干扰,将学习、审判工作贯彻到底。具有良好自制自控力的法官,能够面对各种外来刺激和内心欲求,保持理智,实现自我约束、自我控制,其中包括对自己情绪、感情的控制,克制冲动,又包括对自己行为的控制。

自制力能克制自己的情感、情绪冲动,不让消极行为产生,表现出应有的忍耐性。[②] 在庭审中,法官会遇到各种各样的刺激,法官应坚持激而不怒、诱而不惑,善于自制自控。例如,某中级法院法官开庭审理一起强奸案件。法官问被告人:"被告人,起诉书指控你犯了强奸罪,是不是事实?"被告人挑衅地说:"不是事实,我只是犯了错误。"法官又问:"你认为自己犯了什么错误?"被告人大声地说:"犯了脚后跟朝上的错误!"引起其他人的哄堂大笑。法官虽内心十分生气,却未溢于言表,而是严肃地指出:"被告人故意扰

[①] 参见罗大华主编:《刑事司法心理学理论与实践》,群众出版社2002年版,第290页。
[②] 参见朱宝荣、周楚、黄加锐:《现代心理学原理与应用》,上海人民出版社2006年版,第246页。

乱法庭秩序，是不能允许的。你要严肃回答起诉书指控的犯罪事实，否则后果自负！"被告人答："是！"审判长宣布本案不公开审理的法律依据，案件转入不公开审理。庭审中，由于犯罪事实清楚，证据确实、充分，在被害人义正词严、声泪俱下的控诉下，被告人低头认罪了，嚣张气焰一扫而光。宣判后，表示服判，不上诉。①

现实中，自制力最重要的作用在于能坚定法官的行为方式，以达到预定目标。法官是有追求的，每个法官都希望通过自己的审判活动去实现社会公平与正义，希望以自己的努力为人民法治事业贡献力量。但法官时刻可能面临干扰和各种困难以及诱惑，如果缺乏自制自控能力，法官就有可能放弃预定的目标。良好的自制力可以使法官无论在什么场合、面临什么问题，接受什么影响，都能始终如一，将自己的情感、行为控制在预定目标所允许的程度或范围内，把握审判工作的正确方向。

心理学研究表明，志向、气质、气量是影响自制力的三个重要因素。② 要培养、增强自己的自制力，必须做到：一要把握自己的志向。特别是青年法官，应牢牢把握为正义事业、为法治事业而奋斗的志向，鞭策自己坚定理想信念。二是要优化自己的气质类型。例如，一个属于胆汁质的法官，只要在日常生活中能认真对待每一件小事，使每一件小事都置于自己的理智之下，做到三思而后行，那么，在千百件小事的自我克制中，便能训练出冷静、稳健的气质特征。三是要使自己有宽阔的胸怀。心胸宽阔、凡事容忍豁达的法官，则往往能理解人、谅解人，经受得住误会与委屈；而心胸狭窄的法官，则容易动怒，在行动中失去分寸。

---

① 参见罗大华主编：《刑事司法心理学理论与实践》，群众出版社2002年版，第282-283页。
② 参见朱宝荣、周楚、黄加锐：《现代心理学原理与应用》，上海人民出版社2006年版，第250页。

第二篇
法官社会心理与司法活动

第一章　法官角色

在现代社会心理学中，角色或社会角色已经成为一个十分流行的概念。[①]就法官角色而言，我们既可以将角色视为法官个体在群体或社会中的一种功能，以此解释法官的社会行为（主要是审判职业行为）的模式；同时，我们也可以将角色考虑为一种人格状态，或者法官完整、理想人格的一个侧面，法官自身可以按照角色的规定性，就像在社会生活中学习各种习惯和掌握各种品质特性一样学习他的社会（职业）角色。因此，研究法官的角色心理具有十分重要的理论价值和现实意义。

第一节　角色概述

在公众眼里，法官是审判法庭中的核心人物，扮演着十分重要的角色。审判期间，在所有各种参与司法活动的人中，法官的地位最为重要，最受人尊敬，也最有权力。从社会学的角度看，法官既是人，也是社会的一员，在与社会的交往过程中，法官是自然人、法律人和社会人等多种社会角色的复合体。

一、角色的含义

"角色"本是戏剧中的名词，指演员在戏剧舞台上按照剧本的设定所扮演

[①] 参见全国13所高等院校《社会心理学》编写组编：《社会心理学》，南开大学出版社2003年版，第66页。

的某一特定人物。20世纪20年代至30年代，一些学者发现现实社会和戏剧舞台之间是有内在联系的，即舞台上上演的戏剧是人类现实社会的缩影，于是将它引入社会学，进而发展为社会学的基本理论之一。莎士比亚在《皆大欢喜》中这样写道：

> 全世界是一个舞台
> 所有的男男女女不过是一些演员
> 他们都有下场的时候
> 也都有上场的时候
> 一个人一生中扮演着好几个角色①

美国社会学家米德（R. H. Mead）和人类学家林顿（R. Linton）是较早把"角色"概念正式引入社会心理学的学者，社会角色理论也由此成为社会心理学理论的一个组成部分。但对什么是社会角色，社会学家以及社会心理学家的看法不尽一致。例如，美国人类学家林顿（R. Linton）认为，"角色——这是地位的动力方面。个体在社会中占有与他人地位相联系的一定地位。当个体根据他在社会中所处的地位而实现自己的权利义务时，他就扮演着相应的角色。"我国台湾地区社会心理学家认为，社会角色是指"个人行动的规范、自我意识、认知世界、责任和义务等的社会行为"。一般认为，社会角色包含了角色扮演者、社会关系体系、社会地位、社会期望和行为模式五种要素，角色就是"个人在社会关系体系中处于特定社会地位、并符合社会要素的一套个人行为方式"。综上所述，社会角色主要包括了三种含义：（1）社会角色是一套社会行为模式；（2）社会角色是由人的社会地位和身份所决定的，而非自定的；（3）社会角色是符合社会期望（社会规范、责任、义务等）的。②

社会角色种类繁多，不同职业、不同地位、不同行为特征都有与之相对应的角色，如医生、护士、父母、子女、领导、下属等。人的一生也常常需

---

① 《莎士比亚选集》（第三卷），人民文学出版社1978年版，第139页。转引自全国13所高等院校《社会心理学》编写组编：《社会心理学》，南开大学出版社2003年版，第66-67页。
② 参见全国13所高等院校《社会心理学》编写组编：《社会心理学》，南开大学出版社2003年版，第66-67页。

先后或同时承担多种角色，如一个人在单位是教师，在家里是妻子和母亲，如果住院了，她的角色又是病人。角色可以是暂时的，如病人角色，也可以是长期的，如母亲角色。根据上述定义，任何一种角色都与一系列行为模式相关，一定的角色必有其相应的权利义务。如病人既有配合医疗护理的义务，同时又有获取健康教育、治疗护理的权利。此外，角色是人们对处于一定社会位置的人的行为期待，如一提到教师，人们就会想到教书育人、言传身教、诲人不倦等行为特征。因此，社会要求每一个人按自己的角色行事，护士角色必须符合护士的要求，母亲角色也必须符合母亲的标准。

法官显然符合角色的上述三个特征，因而他是一种社会角色。法官在诉讼庭审中独特的法律地位决定着他必然承担的社会角色。法官的社会角色是指与法官的特殊法律（社会）地位、身份相一致的一整套权利、义务的规范与行为模式，它是人们对具有法官身份的人的行为期望。具体而言：（1）法官的角色由法官的法律地位所决定，是法官社会地位的外在表现；（2）法官角色是法官的一整套权利、义务的规范和行为模式；（3）法官角色是人民群众对法官职业行为的期待。法官的角色具有社会互动性、规定性、示范性等特点。

二、角色的类型

根据不同的标准，可以将社会上的各种角色进行分类。

（一）先赋角色与自致角色

这是根据角色扮演者获得角色的不同方式而进行的分类。先赋角色指由遗传、血缘等先天因素决定的角色。如性别、年龄、种族、父子关系等都是决定这种角色的重要因素，由此产生男人与女人、老年与少年、白人与黑人、父亲与儿子。而自致角色指个人在社会生活中通过自身的努力和活动争取到的角色。自致角色体现了个人的自主选择性，如医生、教师、律师、艺术家、法官等。自致角色的获得需要具备相应的素质、才能、技巧和特殊的训练。比如，法官角色的获得就是，需要一个人经过专门的法律训练，具备相应的法律知识和专业技能，通过国家法律职业资格考试，才能被任命为法官。

（二）期望角色、领悟角色与实践角色

这是根据角色存在的形态不同而作出的分类。期望角色，也叫理想角色，是指社会或团体对某一特定社会角色所设定的理想的规范和公认的行为模式。它是一种"应该如何"的观点。如做教师应该为人师表，做医生应该救死扶伤，做法官则应公正司法、一心为民。期望角色属于社会观念的形态。领悟角色，是指个体对其所扮演的社会角色的行为模式的理解。如对法官角色的理解，有的认为，法官应当像"包青天"那样办案，有的则认为法官是消极的、中立的裁判者，不应像"包青天"那样包办一切。领悟角色以个体的理解为基础，因而属于个体观念的形态。而实践角色，则属于客观现实的形态，是指个体根据他自己对角色的理解而执行角色规范的过程中所表现出来的实际行为。如法官个体在工作中所表现出来的实际状态。

（三）规定性角色与开放性角色（正式角色与非正式角色）

这是从社会规范的角度对角色进行的分类。规定性角色，又称正式角色，指对角色扮演者的行为方式和规范有比较严格和明确的规定，即对在正式场合下的言谈举止、此种角色的权利与义务、责任，应当做什么、不应当做什么以及办事的程序都有明确规定，角色不能按照自己的理解或兴趣自行其是。如法官、检察官就属于规定性角色。规定性角色要求理想角色与实践角色是高度一致的。开放性角色，指那些没有严格、明确规定的社会角色，个人可以按照对自己社会地位和社会期望的理解，自由地履行角色行为。如父母、朋友等都属于开放性角色。

（四）自觉的角色与不自觉的角色

这是根据人们承担社会角色时的心理状态所作的区分。自觉的角色，指人们在承担某种角色时，明确意识到了自己正担负着一定的权利、义务，意识到了周围的人都是自己所扮演的角色的观众，因而努力用自己的行动去感染周围的观众。法官属于自觉的角色。不自觉的角色，指人们在承担某一角色时，并没有意识到自己正在充当这一角色，而只是按习惯性行为去做。

（五）功利性角色与表现性角色

这是从社会角色追求的目标上所作的区分。功利性角色指那些以追求效益和实际利益为目标的社会角色。这种角色行为的价值在于实际利益的获得。如商人、企业家等就属于这一类。表现性角色，指不是以获得经济上的效益或报酬为目的，而是以表现社会制度与秩序，表现社会行为规范、思想道德等为目的的社会角色，如公务员、法官、检察官、警察、教师、运动员等。对于真正的法官而言，他把审判看作事业，实现社会公正比获得更高的收入更能使其获得满足感。

三、研究法官角色对加强审判工作的特殊意义

法官是司法机构中审判人员的通称，司法权的掌控者。在不同法系中法官的角色不尽相同，但要求都是不偏不倚、不受他人影响或掣肘、大公无私地根据法律判案。法官从事审判工作的特点决定了法官必须具备良好的心理素质，掌握一定的角色技巧。总体而言，研究法官角色心理，有助于法官提高角色技巧。[①] 具体地讲，具有以下重要意义：

（一）帮助法官增强角色意识与行为技巧

司法实践证明，法官有明确的角色意识和适宜的角色行为是自己完成好审判工作任务的前提条件。只有这样，法官才知道自己应尽的权利和义务是什么，负有什么样的责任，自己应用什么样的方式去行动。从而主动适应自己的角色。反之则会信心不足，责任心不强，缺乏适宜行为，无法适应自己

---

① 所谓角色技巧，是指个体有效地扮演一定角色的特质和方式，主要包括角色扮演者的能力倾向、经验因素以及特殊的角色训练。一般分为两种：（1）角色认识技巧，即个体在与他人交往中根据所获得的线索正确推断他人和自我的社会地位的能力，以及推断社会和他人对某种角色的恰当的角色期待的能力，包括角色知觉、移情作用、角色扮演、社会敏感性等内容。其中最主要的特征是能识别他人角色反应中的细微差别，并给作出正确判断提供线索。（2）角色运动技巧，即角色扮演者身体各部位的动作、高度分化的肌肉反应和一定形式的语言反应。它是以角色扮演者的动作、言语、表情、姿态等一系列的运动反应来突出其表意性功能的。二者在个体发展过程中，通过学习、训练和实践而获得，并对成功地扮演某种角色起着重要的作用。

的角色。以刑事诉讼为例，在法庭这一特定的社会体系中开展的刑事诉讼活动是由扮演不同社会角色的人进行的。这些不同的社会角色包括法官、人民陪审员、检察官（公诉人）、律师、被告人和证人等，他们具有不同的法律地位，依法具有不同的权利和义务（或不同的职责），这便规定着他们具有不同的角色规范，限定着他们的角色行为模式，也体现出他们不同的作用。因此，法官只有通过研究与认识自己的角色（包括角色行为模式和社会期待），才能进一步增强自己的角色意识，明确自己的角色适应行为，掌握角色认识技巧，提高角色行为能力，扮演好自己的角色。

（二）帮助法官个体妥善处理角色冲突

任何个人都不是"单向度"的，总有多种社会属性，总会同时担当多种社会角色，而不同的角色各有其角色期待，不同的角色期待可能会产生不一致甚至对立，这就会使得个体成员在角色实践中出现困惑，产生角色冲突。法官的角色也不是单一的，而是非常复杂多样的，因而法官往往在同一时期内可能兼有多种不同的角色，法官应当学会协调角色冲突。法庭社会角色间的相互关系包括两种类型：一种是正式关系，另一种是非正式关系。正式关系是指根据法律确定的法庭社会体系中各角色间的关系。正是这种关系，使刑事诉讼能依据法律正常进行。在各角色之间的正式关系中，特别值得提及的是执行职务的司法人员间的相互制约关系、辩护人与检察官之间的关系以及辩护人与被告人之间的关系。所谓非正式关系，是指法庭社会体系中各角色之间法定关系以外的关系。这种关系的确是存在的，而且在诉讼中会产生重要的作用。法庭社会体系不可能脱离整个社会而独立存在，法庭社会角色之间除了正式的法定关系外，势必还存在法庭外的一些关系，法庭社会角色还承担一些其他的社会角色。由于这些关系，便往往会增加诉讼的复杂性。[①]如果处理不好就会产生一定的角色冲突或混同。而在这些角色冲突中，导致角色占有者的行为违背法庭社会角色赋予的行为规范，法官会产生各种紧张感和矛盾的情绪，给自己的工作和生活带来负面的影响，降低案件的审判质量。所以，从理论上弄清法官角色冲突的成因，才能通过有效的方法去妥善

[①] 参见乐国安主编：《法律心理学》，华东师范大学出版社2003年版，第219页。

处理在实践中碰到的法官角色冲突,用积极的方法去消除由法官角色冲突引起的心理紧张与矛盾情绪。同时,法庭社会体系中的角色冲突也需要通过法律(如回避制度)或道德规则来解决或避免,探究法官的角色心理,有助于法官理解和严格遵守有关法律制度,实现司法的良性循环。

(三) 帮助法官有效地实现角色期待

社会心理学角色理论的有关研究表明,社会中的他人对每一种角色都有一定的期待,而每一个角色个体同时也对自我有一定的期待。角色期待是在社会或群体中每个人提出符合自身身份的要求,角色本人应了解这种期待,及时调整自己的行为,才能和周围的人保持融洽和谐的关系。法官,作为特定的社会角色,在以民主法治、公平正义、诚实守信、充满活力、安定有序、人与自然和谐相处为总目标的和谐社会构建中,肩负着重大而神圣的历史使命,也让社会公众充满期待。法官想要实现社会中他人对自己的"角色期待",以及实现自我的"角色期待",在审判实践中有所作为,都应从理论上认识与了解角色期待形成的条件,做到"心中有数",只有这样才能在实践中自觉创造条件,努力使自己的角色行为与社会期待相一致,不断纠正角色实践中的偏离倾向,有效地去实现社会中他人对自己的角色期待和实现当事人对自己以及自己对自己的角色期待。

第二节　社会对法官的角色期待

人是作为角色的存在物这一观念已经深入人心,角色期待的心理也应运而生。值得思考的是,当今社会公众对法官这一角色究竟都有哪些期待,怎样认识、评价和要求法官,我们所处的新时代究竟需要怎样的法官?

一、角色期待的概念和作用

所谓角色期待,是指每个人在社会系统中均处于一定的角色地位,周围的人（或者是自我）也总是要按照社会角色的一般模式对他的态度、行为提出合乎身份的要求并寄予期望，即社会或是他人（或是自我）对某一社会角色所应具有的一组心理与行为特征的期望。如果将社会看作一个生活的舞台，那么，每个社会成员都在其中扮演着特定的角色，且任何一种社会角色总是与一整套的权利义务规范和一系列的行为模式相联系。当人们知道某人处在某种社会地位上时，便预先期望他具备一套与此地位相一致的行为模式，这就形成了角色的社会期待。角色期待在多数情况下都是明确的，例如，家长往往期望子女将来应该成为对社会有用的人才。角色期待不是一些行为的清单，而是包括了认知、情感和态度的总和，是一个复杂的系列。角色期待往往是在个人社会化之前，或是扮演某种角色之前就已经规定好了。角色期待包括了"评价之心"，以外界和统治者提供的标准既评价自己，也评价他人；还包括"命令之心"，以外界的标准既要求自己，又要求别人。正是"评价之心"和"命令之心"的有机结合、互动，才使角色期待具有心理上的可能性。

对于任何角色，社会期待是客观存在的，有的存在于社会文化习俗中，有的存在于规章制度中，有的存在于法律法规条文中。不同的角色期待相互联系、相互交织，形成复杂的期待网络。这一网络对于一个社会的正常存在和发展，对于构筑基本的社会诚信水平是至关重要的。作为社会个体成员，应该将对角色的社会期待内化为对自己的主观要求，哪些应该做，哪些必须做，哪些不能做，应该做到心中有数。角色期待具有规范角色行为的作用，是法官角色行为的依据。一个刚从大学毕业走上审判工作岗位的法官，在法庭上不能控制自己的情绪，容易动怒发火，与当事人发生争论，平时喜欢与人喝酒玩闹，还接受律师的吃请，大家肯定会认为他没有法官的样子，他的同事也会觉得他的言行举止不符合法官的身份。为什么会出现这种结果呢？这正是因为这个年轻法官的行为与社会对法官冷静、消极、中立、廉洁自律、自制自控等角色期待不一致。角色期待规范和约束了角色扮演者的行为，每个法官只有按角色期待行事，依法依规开展审判活动，他的行为才会得到社会公众的认可。符合角色期待的行为，才会受到职业共同体和公众舆论的赞许，而法官本人则会心安理得。

现实中，法官的角色行为与角色期待有时并不能完全相符。其符合程度既取决于作为角色扮演者的法官对角色期待的理解与把握，也取决于社会政治经济文化条件以及国家法治化的水平。若角色期待的清晰度高，角色扮演者有章可循，则角色行为与角色期待比较容易相符。法官是一种清晰度很高的角色，因而绝大部分法官在工作一段时间之后都会表现出适当的角色行为。由于法官角色的清晰度高，所以角色扮演者容易循规蹈矩，不敢越雷池一步，法官表现出保守的倾向。

二、角色期待内容的变化：法官传统角色期待的部分破除

角色期待的内容，是在社会生活的发展中形成的，但是随着时代的发展，人们对某个角色的看法也会发生变化。如以前丈夫是"一家之主"，而今则"男女平等"；教师曾被认为是"最有知识的人"，而后来逐渐转变为"传递知识的人"。由于角色期待具有时代性，因此，我们绝不可以将它绝对化，而要以发展的眼光去看待角色期待，调节自己的角色行为。当法官在按时代的变化调整自己的行为时，传统的法官角色期待的内容不应成为束缚法官行为模式发展的桎梏。

（一）偶像化的法官：法律的保管者和塑造者

西方有位哲人曾说过这样一句话：如果社会上追求完人的话，那么，法官就应该是完人。这就是公众对法官形象的完美期望。这种偶像化的法官角色期待，是古典主义对法官形象的一种描绘和神化，在近代又得到自然法理论的后续支持。

首先，古代法官制度和司法制度的重要特征之一，在于司法审判权被认为是神权或王权的构成部分。法官被视为"神"，而不是"人"，在此前提下，审判的神圣性不容置疑。例如，《苏美尔法典》断片的记载反映，古巴比伦早期，掌管诉讼并不被认为是世俗的事情，而是神力所及，祭司作为天神意旨的传播者而独司审判之权。汉穆拉比即位后的改革，虽然使古祭司之权旁落，取代神权审判的却是比神权更有物质强制性的皇权。古巴比伦的三级审判中，国王作为最高审判官而居其首位。《汉穆拉比法典》序言一开头便宣称："我，汉穆拉比，这位光荣的敬畏神的君主，应大阿奴与埃利尔（指天神和诸天与地的神）之召，使正义在国内昌明起来，锄奸去邪，不许强者欺凌

弱者,像沙马斯(太阳与司法之神)一样升临在黔首,普照全国,以求造福人群。"① 古罗马的司法制度中虽然神的色彩并不太浓,但在古罗马的法文化中,皇权依然是司法审判权的渊源,不论刑、民诉讼,皇帝均享有最终的裁决权。②

其次,法官偶像的建立到近代又得到了自然法理论的后续支持。该理论对法治社会的推崇在新的意义上为法官的神圣地位找到了支撑点。如以自然法为依据,司法可以否定丧失自然法基础的任何行政权力行为,在洛克、孟德斯鸠等人的理论中,自然法的意义在于预防政府权力独裁和专横。

最后,法官的偶像崇拜还与英美法系的造法体系以及法律适用方式有关,形成了"法官中心论"。在英美法系国家,法官地位尊贵,深受人们的尊敬,人们对法官相当熟悉。法官在公众心目中是法律的塑造者以及法律传统和理想的捍卫者,是正义和法律的化身。在他们看来,法官是有修养的人,甚至有着父亲般的慈严。法官在国家政治生活中占有特殊地位,在司法活动中发挥很大的作用。他们可以创造法律,可以对行政活动进行司法审查。在美国,法官还有权决定立法是否违宪,是否有效,并享有广泛的解释法律的权力,甚至在适用的法律或行政法规尚具法律效力时,法官也可以对它作出司法解释,从而变成了"司法至上"。③ 英国法学家布莱克斯通则宣称法官是"法律的保管者""活着的圣谕"。

偶像化的法官角色内涵包括以下几方面内容:

(1) 法官行为的权威性。由于法律需要通过法官的具体行为得到实施,因而,法律的社会权威便在实践层次上衍化为法官行为的权威,并且法律的神圣不可逾越性又为法官行为的权威性披上了神圣的灵光。

(2) 法官行为的公正性。法官的正义基础以及法官的法律立场使人们无需怀疑法官对法律事务的公正无私的态度。

(3) 法官行为的合法性。与前文相联系,法官的行为还具有天然的合法

---

① [苏] 贾可诺夫等:《巴比伦皇帝哈漠拉比法典与古巴比伦法解说》(中文版),中国人民大学出版社1954年版,第152页。转引自柴发邦主编:《体制改革与完善诉讼制度》,中国人民公安大学出版社1991年版,第102页。

② 参见顾培东:《社会冲突与诉讼机制》,法律出版社2004年版,第109页。

③ 参见[美]约翰·亨利·梅利曼:《大陆法系》,顾培东、禄正平译,李浩校,法律出版社2004年版,第34页。

性，法官永远是法律评价的主体，而不受制于社会的合法性评价。

由此不难发现，古典主义对法官形象的描绘是建立在一系列假定基础之上的。首先，法官人格中的自然特征完全不存在，法官是由社会塑造出来的特殊的纯粹社会化了的主体。其次，法官行为与立法或立法者的要求不存在任何偏异，立法或立法者的要求自然地内含于法官的整个行为动机之中。再次，法官的任何社会联系对其都不产生变异性影响，法官职业团体在社会阶层中的地位也不影响法官的职业行为。[1]

在这样淡化法官自然属性和社会属性的背景之下，法官的职业属性被极大地张扬，法官甚至可以被神圣成图腾。在关于鳄鱼审判和独角兽"触不直而去之"的传说中，法官已完全被非人化，而鳄鱼和独角兽则具备了法官的内涵特质。直到今天，"法官"角色仍然经常被表达为"法律的代言人""公平正义的化身"，法官的偶像意义也没有完全丧失，法官是社会公正的典型化的人格载体。[2]

（二）民众化的法官：平民式法官

与古罗马不同，古希腊是民主制度的滥觞之所，更是人类史上直接民主难得的试验场地。在这里，法官被更多地赋予了民众化的意味。民众大会和全民公决体现了古希腊人对于群体智慧的推崇，判决结果来自大众对案情的体认，亦折射出司法在希腊的民主化、生活化取向。[3] 法官由陪审员产生，本身也体现了法官"民众化"的特点。"精英"与"民众"是相对应的概念，通常是指在社会生活各领域中少数具有超凡能力、从而影响甚至主导社会和历史发展进程的人物。法官的大众化实际上是法官的非精英化。即便是在法治极其发达的国家中，司法制度中的职业化因素和非职业化因素并存，在职业化和精英化的法官体制内或体制外都存在非职业性的一般民众的参与。在本质上，民主社会是反"精英主义"尤其是反极端"精英主义"的社会。政

---

[1] 参见顾培东：《社会冲突与诉讼机制》，法律出版社 2004 年版，第 108-109 页。
[2] 参见唐志容：《法官如何判决——论司法过程中的法官个人因素》，载陈金钊、谢晖主编：《法律方法》（第 4 卷），山东人民出版社 2005 年版，第 205 页。
[3] 参见唐志容：《法官如何判决——论司法过程中的法官个人因素》，载陈金钊、谢晖主编：《法律方法》（第 4 卷），山东人民出版社 2005 年版，第 206 页。

治哲学和历史研究中的"精英主义",因常常被指斥为"精英政治论"和"英雄史观"而背上沉重的历史包袱。现实生活中,由于民主共和、自由平等观念的风行和深入人心,任何在社会成员中间区分"精英"和"非精英"的做法,都会招致人们高度的警惕和下意识的抵制。因此,法官的民众化可以让社会各阶层在审判中享受民主的待遇。但它却忽视了审判是一种需要长期实践训练才能掌握的实践理性,忽视了审判的专业性和艺术性,使法官与一般民众之间失去差别,成为"平民法官"。

(三) 机械化的法官:"法匠"和"宣告法律的喉舌"

在"法律形式主义"者眼中,法官只是一名"法匠""宣告法律的喉舌""法律的自动售货机"。"法律形式主义"的典型代表是源自19世纪德国法学的概念法学,到19世纪后期,成为大陆法系国家的共同现象。持"法律形式主义"观点的人认为,法律是明确的、自成一体的纯粹的独立体系,法官决策应该是仅仅依据客观的事实、明确的规则以及逻辑去决定一切为法律所要求的行为。只要有确定的事实,就一定能确定应适用的法律,就一定能得出一个正确的判决。整个法律运作就如同一台加工机床,只要提供一定的材料,就一定会产生确定的产品。德国法学家萨维尼曾针对这种现象说,罗马法学家的方法论具有"一种除数学之外其他地方再不会有的确定性;可以毫不夸张地说,他们是用他们的概念来进行计算的"。约翰·奥斯丁曾在德国的大学里研究了好几年,无疑受到了德国法学家的系统性研究的影响。他确定自己的毕生任务是分析法律,使法律精确化。由他创立的分析法学派就是以逻辑和对概念作为逻辑检验为基础的。按照他的理论,法律制度依赖于一种逻辑结构,逻辑的统治至高无上。[①]"法律形式主义"的思想后来经由许多普通法法学家的借鉴,对英美法系国家也有相当影响。到了20世纪初,"法律形式主义"观念逐步在西方法理学中占据了支配地位。

长期以来,我国理论界对法律问题的研究深受概念法学派的主导,比较

---

① 参见 [澳] 维拉曼特:《法律导引》,张智仁等译,上海人民出版社2003年版,第108页。

关注静态的法律条文,① 对法律的动态运作特别是裁判的形成机制少有研究。这种在世界范围内都曾经出现过的传统的法理学模式视法官裁判为简单的逻辑运作过程,法官的角色就像是一台"自动售货机"。这种模式视法律为从一个案件到另一案件是不变的、通用的东西,可以相同的方式适用于所有案件,而法官只是例行公事地将其应用于案件的事实,并形成最终的裁判,对每个案件的评判都是对法律条文的自动运用,逻辑决定审判的结果,法律问题存在"唯一的正确答案"。由此便发展出这样一种态度:要想找到正确的答案,就必须依靠文本分析以及对文本含义的逻辑推敲。由此,法律便逐渐被视为一个自足的、封闭的体系——一门夜郎自大的"科学"。②

(四)"包青天式"的法官

我国北宋时期的包拯,人称"黑脸包公""包青天",颇有秉公执法的美誉,其人其事在民间可谓家喻户晓、妇孺皆知。③ 据史书记载,包拯从小父母双亡,由其兄嫂抚养成人,后入朝为官。一次,包拯的侄子贪污粮饷犯了国法,依律当斩,嫂嫂为了保全儿子的性命去向包拯求情,想要法外开恩,然而,包拯并未受亲情左右,冒着"忘恩负义"的骂名毅然将侄儿正法刑场。著名的"包公铡美",讲的就是包拯为了执法不惜冒犯皇权而斩杀了喜新厌旧的驸马——陈世美的故事。在民间老百姓的心中,包拯是能够为民伸张正义的"清官"。千百年来,中国老百姓一直孜孜以求的就是这种"包青天式"的法官形象。只要社会上还有不公现象的存在,人们就会在心目中对"包青

---

① 此点主要反映在比较注重法律的制定和修改等立法工作,中华人民共和国成立尤其是改革开放以来,我国每年出台的新的法律法规数量极多,从"无法可依"到"有法有依",确实发生了巨大的变化。一个立足中国国情和实际、适应改革开放和社会主义现代化建设需要、集中体现党和人民意志的,以宪法为统帅,以宪法相关法、民法商法等多个法律部门的法律为主干,由法律、行政法规、地方性法规等多个层次的法律规范构成的中国特色社会主义法律体系已经形成。
② 参见[美]米尔伊安·R. 达玛什卡:《司法和国家权力的多种面孔——比较视野中的法律程序》,郑戈译,中国政法大学出版社2004年版,第47页。
③ 有学者研究指出,民间叙事中的包公形象与历史叙事中的包公形象,既有一致的地方,也有背离的地方。这种背离,不仅在于许多故事与包公本身无关这一方面,还在于神化包公,通过这种神化使包公获得"穿越"阴阳两界的神性力量,从而担当拯救百姓的使命,才能成为"权威"与"正义"的象征。参见徐忠明:《包公故事:一个考察中国法律文化的视角》,中国政法大学出版社2002年版,第2页。

天式"的人物寄予期望。在中国老百姓眼中，正直、公平的法官都是同情贫弱、怜悯孤苦、敢于摧折豪强权贵的"包青天""海青天"式的大人。严格地讲，包拯不是法官，而是封建社会独揽大权却有直观正义感的行政长官。包青天作为一个符号和象征，至今已经成为公平正义、不畏强权、铁面无私、刚正不阿、明察秋毫、大义灭亲的代名词。因此，《现代汉语词典》把"青天"解释为"比喻清官"。可以想象，古人在万般无奈的时候总是对着苍天大叫，如"苍天开开眼吧"，窦娥的"天也，你错勘贤愚枉为天"等，这些显然是对"公平正义"的呼唤。"开封有个包青天，铁面无私威名传"，这是对包青天精神的最好概括，也代表着普通老百姓对中国式法官角色的普遍期待。包青天，作为官员之楷模榜样、草民之救星，深受来自官方民间的爱戴。因此，在中国老百姓心中逐渐形成了"青天情结"。但从现代司法理念来审视，包青天式的法官尚具有诸多局限性。如包青天式的问案方式，侦查、审判一手包办，没有分权和制约，属于司法专权，为追求实体真实，总要搞个水落石出，"有冤申冤，有仇报仇"而不惜违反程序，比如说诱供、恐吓。而现代法官既不是神机妙算的包青天，也不是神仙和完人，司法程序和制度的设计如果采纳每个法官都是包青天的高标准，恐怕在正义的追寻过程中，也会脱离现实。法官应该做一个相对消极被动的中立裁判员，而不应该如同包青天那样包揽全部诉讼事务。新时期的法官，既不是简单的公堂上坐堂问案，也不是微服私访、把所有冤屈都能看清楚的一个角色。在现代诉讼制度、诉讼理念下的法官，应当能够给当事人公平公正的对待，平等对待和保护当事人的合法权益，并且努力寻找法律的真意，给每个案件最为妥帖的解决。

三、法官角色期待的理性认识：行动中的法官

在法律从神圣化到理性化再到世俗化转变的过程中，法学研究也从规则中心主义转向法官本位，从相信法的绝对自主转向相信法的开放性。在法学历史延续的基础上，社会学法学领域掀起了一场反对法律形式主义的声势浩大的现实主义法律运动。霍姆斯受实用主义哲学的影响，提出"法律的生命不是逻辑，而是经验。当人们确定必须受其支配的规则时，所感觉到的时间必然性、流行的道德和政治理论、对公开的或无意识的政府政策的直觉认识，

甚至法官与其同胞所共有的偏见，都要比演绎推理的作用大得多"，对法律条文的确定性最先发难，并主张从"坏人"的角度看待法律。① 在霍姆斯和新兴社会学的影响下，罗斯科·庞德将实地调查方法运用到法理学的研究之中，注意法律的社会特征，并观察到法律不仅是对组织有序的社会的一种反映，而且还对社会具有反作用，法律是以灵活方式运作的死制度，主张对司法进行心理学方面的研究，② 在20世纪初期，就提出要区分书本上的法律与行动或实践中的法律。20世纪上半叶，以卡尔·尼可森·卢埃林、杰洛姆·弗兰克等为代表人物的现实主义法学派继承了霍姆斯和庞德的学术传统，更加注重对法律的实证研究，试图使法律现代化和完善化。③ 卢埃林认为，社会上充满了纠纷，实际存在的或潜在的纠纷，待解决的和应预防的纠纷，它们都被诉诸法律，成为法律的事务。那些负责做这种事的人，无论是法官、警长、书记官、监管人员或律师，都是官员。这些官员关于纠纷做的事，在他看来，就是法律本身。在法律改革的实践中，他主张法学应该将关注的焦点放在行为而不是规则和权利上，以行为作为法学的核心，力主采用社会学中的行为科学方法对人们特别是法官的行动进行研究，始终坚持以法律科学家的观点来看待法院的行为。在《普通法传统》一书中，他进一步提出受过良好法律训练、具有丰富实践经验的法官、法律原则对判决的指导等因素也都能增强人们预测法院将如何行为的准确性。④ 与卢埃林的"规则怀疑论"相对应，杰洛姆·弗兰克的观点被称为"事实怀疑论"，在其代表作《法律和现代精神》(Law and the Modern Mind)一书中，他批判了法律具有确定性的观念，认为法律的确定性和稳定性是一个"基本法律神话"。在杰洛姆·弗兰克看来，法律的不确定性不仅是因为法律规则的不确定，还主要是因为初审法院在确定案件事实方面的不确定，司法事实调查中永远会存在大量非理性的、偶然性的、推测性的因素，不同的法官在同类案件判决方面的巨大差异正是根源于法官难以确定的案件事实本身。"事实怀疑论"表明，法律不是"书本

---

① 参见［美］霍姆斯：《法律的道路》，载［美］斯蒂文·J. 伯顿主编：《法律的道路及其影响——小奥利弗·温德尔·霍姆斯的遗产》，张芝梅、陈绪刚译，北京大学出版社2005年版，第420页。
② 孙文恺：《社会学法学》，法律出版社2005年版，第188-200页。
③ 参见赵震江主编：《法律社会学》，北京大学出版社1998年版，第338页。
④ 参见［美］卡尔·尼可森·卢埃林：《普通法传统》，陈绪刚等译，中国政法大学出版社2002年版，第18-33页。

上的法律",而是"行动中的法律",行为因人而异;法律是人们对未来判决的一种预测,而最真切的预测应该是如霍姆斯所说:从坏人角度对判决的可能性加以推敲;判决是外界刺激作用于法官个性的产物。[①] 弗兰克提出"法律的不确定性"这一激进的观点对传统法学又一次发起了挑战,作为现实主义法学的代表人物,他倾向于把法律的规范性因素或规定性成分降到最低限度,更深更广地研究法官的心理活动,同时影响着人们对法官的角色期待与定位。现实主义运动揭示了法官行为的非规则性,在一定程度上把社会对法官虚幻的偶像崇拜牵引到制度现实之中。

此后,司法行为主义运动进一步无情地撕毁了罩在法官脸上的"法律保管者"的面纱,把法官看作一个非常普通的"自然人",或者作为"政治行为者"。司法行为主义并不否认法官在司法实践中所具有的创制法律的作用,但承认这种作用的动机并不出自对法官地位的推崇,而在于"使法学家们从自鸣得意的状态中惊醒,并提醒他们应该承认,法律规则的分析并不能对关于法官'实际上'怎样决定案件以及他们'应该'怎样决定案件的、极其重要的道德和政治问题提供答案"[②]。司法行为主义注重把法官个人的价值观和社会态度作为对法官行为分析的基础,从法官个人的特性和观念中寻找判决的真正根据。在极端化的司法行为主义者的视野中,"法官仅仅是人——我们在人的统治下生活,而不是在法律的统治下生活——以至于不再把法官看作是法学家所公认的、明确意义上的法官"[③]。

美国法学家舒伯特是将行为科学引入法学的代表人物。他着重以社会心理学的观点分析法官行为。主要著作有:《司法行为的定量分析》(1959年版)、《司法行为》(1964年版)以及《司法心态》(1965年初版,1974年修订)。舒伯特在《司法行为》一书中阐述了他的司法行为的学说。他强调,作出判决的决定因素是法官的态度,而这种态度的形成又受到法官的政治、宗教和种族关系,他的婚姻、经济安全、社会地位,他所受的教育和所从事过

[①] 参见 [美] 博西格诺:《法律之门》,邓子滨译,华夏出版社2002年版,第27—34页。
[②] 参见 [英] 罗杰·科特威尔:《法律社会学导论》,彭小龙译,中国政法大学出版社2015年版。
[③] 参见顾培东:《社会冲突与诉讼机制》,法律出版社2004年版,第111页。

的职业,他的出身地方、时间和家庭等复杂因素的影响。①

四、社会公众心目中的好法官——以宋鱼水法官为样本的分析

宋鱼水是一名从基层法院成长起来的法官,也是有着鲜明时代特色的"全国模范法官",被誉为"辨法析理、胜败皆明"的好法官。下文将以这位优秀法官为样本,对当代中国社会公众心目中的好法官形象作一些概括和提炼,以期为优秀法官的形象塑造提供现实参照。

(一)主持公道(公正、廉洁的品质)

作为人民法官,公正廉洁是最基本也是最重要的品质。法官就是要坚持严格司法,按照法律主持公道,定分止争;对坏人罚当其罪,罪当其罚;对好人还其自由,给予清白。人民群众对司法工作的最大要求无疑就是公正。在公众的观念和期盼中,法官代表着法律,代表着公正。法官的神圣、庄严和权威,都来自于司法公正。从某种意义上说,社会允许法律有漏洞,但不能允许法官不公正。法官因为伸张正义而被推崇,因为主持公道而被称道,因为惩恶扬善而被褒扬。"为社会伸张正义、替群众主持公道",凭着这样一颗赤诚之心,宋鱼水在法官工作岗位上公正办案,没有一件被投诉或者被举报,没有一件裁判不公,忠实地捍卫了法律的尊严,切实维护了国家和人民的利益,用公正司法赢得了人民群众的真心称赞和认同。宋鱼水法官说得好:"伤害了一个当事人就增加了不止一个不相信法律的人;而维护了一个当事人的合法利益,就增加了人们一份对法律的信仰和对社会的信心。"由此看来,公正司法是法官的天职,公平正直是法官应有的品质。社会公正评价法官的首要标准就是看法官是否具有一身正气、两袖清风,能否主持公道。

而法官要做到公正,首先要做到洁身自好、谨言慎行、清心寡欲、独立中性。洁身自好的前提应该是人格高尚。一个不纯粹的人,一个不高尚的人,一个满脑子低级趣味的人,当然难以洁身自好。洁身自好的法官最不应该与人拉拉扯扯,吃吃喝喝,称兄道弟;最不应该江湖义气,满嘴俗气;最不应

---

① 参见沈宗灵:《现代西方法理学》,北京大学出版社1992年版,第300-303页。

该追名逐利，占小便宜。谨言慎行的法官应该低调做人，高调做事；应该谨慎地对待新闻媒体，避免发表对当事人不利的言论；应该谨慎地出入各种社交场合，避免交友不当。清心寡欲的法官应该不该收的东西不收；不该去的地方不去；不该拿的东西不拿；不该吃的东西不吃。清心寡欲的法官应该能"管住自己的手""管住自己的腿""管住自己的嘴"，最重要的是"管住自己的心"。法官作为裁判者，处于相对超脱、中立、消极的地位，还应与每一方当事人保持适当距离，从超越当事人各自利益的立场来认定事实和适用法律，"与自身利益有关的人不是法官"①。法官应当与当事人之间呈一个等边或等腰三角形的关系，当事人各居一边，而法官处于顶角的位置。天下最不独立中性的是孩子的母亲，最应该不偏不倚的则是法官。法官眼中只应有法律，不应有偏袒。法官最不应该向权力低头；最不应该摧眉折腰事权贵；最不应该偏袒一方当事人。西谚有云："法官乃是会说话的法律，法律乃是沉默的法官"；马克思也说，在民主的国家里，法律就是国王，在专制的国家里，国王就是法律；韩非子说"法不阿贵，绳不绕曲"。公正的法官应当做到独立审判、中立待人，在审理案件时不受任何行政机关、社会团体与个人的干涉，不受来自法律以外的影响，除了法律，任何东西在法官眼里都不存在；法官应该忠于内心良知，独立思考，自主判断，敢于坚持正确的意见。而这些，宋鱼水法官都做到了，而且做得很好。法官是法律的代言人，当事人敬畏威严的法律，同时也就会对公正执法的法官产生钦佩。外表柔弱的宋鱼水对待民工和大款一视同仁；对亲朋好友不讲情面；对送好处托人情的人坚决拒绝。她以自己的实际行动体现了法律的精神，显示出法律的威严、平等和公正。

（二）司法为民（热情的服务态度）

公正使人产生威严感、敬畏感，而热情则具有亲和力，令人亲近。宋鱼水法官是司法公正的榜样，更是法官司法为民的典范。她对待当事人的热情主要来自以下几个方面：

1. 有爱心和耐心（"让当事人把话讲完"）

要调解当事人之间的矛盾，首先必须了解纠纷的来源及当事人的心理状

---

① [美] 马丁·P. 戈尔丁：《法律哲学》，齐海滨译，三联书店1987年版，第240页。

态。孙子曰"不战而屈人之兵，乃上上策"，而达到"不战而屈人之兵"的重要手段就是"攻心"。在调解过程中，法官必须花一些时间倾听当事人的倾诉，让当事人把话说完，了解当事人的心理活动，帮助当事人调整好心态。很多当事人的心态是需要调整的，有些当事人对诉讼很执着，他们认为只有胜诉，他们将来的生活才有出路。有些当事人抱着不胜诉决不罢休的心态，不管是否能胜诉，都要把官司打到底。他的心态是，只要法院判其败诉，法院就办了错案，上访、申诉成为其第一选择，大有不到黄河不死心的气概。面对这样的当事人，法官首先要做的就是帮助他们调整好心态，正确对待诉讼。法律是有原则的，法律最终的结果也是无情的，但司法是可以有"温度"的。在宋鱼水这位充满爱心的法官手中，刚性的法律有了温度，抚慰着每一位在复杂矛盾中遭受伤害的当事人。辨法析理、胜败皆明，不仅仅是一个法官个人的调解艺术，而且是宋鱼水法官在用包括仁爱、忍耐、善良、诚实、温柔在内的为人美德和高尚人格，赢得当事人的信任。宋鱼水法官开庭时时常面带微笑，自然而温和，即使审案时也这样，让当事人把话讲完。有一次开庭，当事人是位老作家，在法庭上语言优美但抓不住争议的焦点，反复十来遍就同一问题进行论述。宋鱼水法官始终神情专注，轻轻点头，面带微笑，目光一直没有离开发言的老作家。老作家最后感慨地说："你是第一个完完整整听完我讲话的人，你对我尊重，我信任您，我尊重法庭的意见。"耐心、尊重，以真心倾听等方式给当事人一个温暖的诉讼环境，宋鱼水法官主持的法庭在很多当事人心中成为"温暖的归宿"。

2. 老百姓的案子无小案（认真对待每一起案件）

作为一名基层法官，宋鱼水给自己"约法三章"：

第一，不轻视涉及百姓生活的小额案件；

第二，公平对待每一个当事人，无论他是外地人还是本地人，无论是掏不起诉讼费的平民百姓还是腰缠万贯的富翁，都一视同仁；

第三，充分尊重当事人的尊严与权利。

这三条体现了新时期优秀法官关心群众、爱护群众、体谅群众的一片赤诚之心，是司法为民的典范。而"民心是杆秤"，用真诚一定能够换来信任，用公正一定能够换来满意。

3. 以理服人（辨法析理、胜败皆明）

做一名公平正直的法官，是宋鱼水矢志不渝的人生追求，更是她取信于民的立身之本。她的难能可贵之处，不仅在于做到公平、公正，还将法律规定、法律标准向当事人"释明"。"辨法析理、胜败皆明"是案件当事人对宋鱼水法官的评价，也是她多年来审判工作的写照。"辨法析理"是她一贯遵循的工作作风，以法服人的前提是以理服人，而"胜败皆明"是"辨法析理"的结果。"辨法析理、胜败皆明"要求法官注重调解。正如宋鱼水所言，"调解跟判决相比，判决的难度在于要开好庭审，同时要写好判决。在写判决的过程中要下点功夫。调解主要是要求法官尽量做一些说服的工作。当然，法官的说服主要依据法律进行说服，更多是跟当事人之间以说这种方式进行法律的疏导、法律的交流工作，说的功能要强化一些，方式方法上还是有一定区别的。"宋鱼水法官"辨法析理"的过程还体现在她的司法判决书中。那一份份数千字，甚至上万字的判决书是写给案件当事人看的，她要让当事人明白胜在哪里、败在何处，让判决经得起法律的监督、社会的评价和历史的检验。

由此可见，法官作为国家司法权的载体，尽管其职业能力使他们掌握了影响社会的强大力量，但只有将这种力量与法官为民众谋福祉、为社会担道义的高尚职业精神相结合，法官职业才可能具有亲和力，才有可能在社会中求得充分的身份和物质保障，进而赢得为社会大众所尊崇的职业声望。法官职业与其他任何法律职业一样，尽职尽责、理想崇高，是自己安身立命、兴旺发达的根基所在；一旦根基缺失或腐烂，就不会有社会信用，就必然蜕变为借自己的法律知识和技能，以及在制度上拥有的便利一味谋私的利己群体。[①] 因此，牢记司法为民的宗旨是法官应有的品质。

（三）学者型法官（精湛的业务水平）

法官在社会公众心目中是法律的塑造者以及法律传统和理想的捍卫者。法官在公众心目中就是法律的化身。"法官是有修养的人，甚至有着父亲般的

[①] 参见张志铭：《从"法官精英化"到"法官职业化"》，载《人民法院报》2002年7月26日。

慈严。"借用一位英国法学教授的话,"法官的素质是最好的程序法"。职业化的培养在任何一个行业都需要,但法官作为法律的维护者和捍卫者,显然有理由具备比一般民众更深的专业背景、更强的社会责任感和正义感。因此,具有精湛的审判业务水平应当成为好法官的标准之一。随着科技的进步,社会的发展,以及世界经济全球化的必然发展趋势,法官面临的是一个更加丰富多彩的世界。法官这一职业决定了法官必须深层次地了解所处的社会以及社会的变迁,并要敏锐地捕捉到因社会变迁所带来的种种法律问题,要以极大的勇气对所面临的法律问题作出符合社会发展规律、符合法的正义理念的决断。这就需要学者型、专家型法官。

宋鱼水被领导、同事与人大代表分别评价为法官的旗帜、榜样、典范,被人民群众誉为"好法官",除了由于其具有高尚的人格魅力外,还有一重要原因是她用良好的审判工作水平和业绩,展现了一名新时代专家型法官应该具备的高素质。正所谓:"徒法不足以自行",法律的实施与实现不仅需要一定的社会环境和政治、经济、文化等方面的客观条件,而且需要法律职业共同体在法律适用等方面发挥重要作用。受过专门的职业培训或教育、具有特殊的法律职业思维和技能的法律家被视为与法律规范本身同等重要的要素,二者如车之两轮,不可偏废。[1] 法官的工作具有很强的技术性和创造性,要实现法律的公正,光有善良的愿望是远远不够的,还必须具有熟练的法律专业知识和高超的审判、调解技能。新时代新征程,新的历史形势与司法事业的发展要求法官不断提高审判业务素质,钻研法律问题,争当专家型法官。争当专家型法官,代表着法官对法律的无限忠诚,对司法公正的不懈追求,也充分体现了法官爱岗敬业与奋发进取的精神面貌。宋鱼水法官主要承办知识产权纠纷案件,很多涉及领域最新、情况最为复杂、社会矛盾集中。面对一些理论上的争议,实践中也往往没有先例可以参照,宋法官表现出精湛的审判业务水平和前瞻性的眼光,她经手的很多案件,在全国产生了深远的影响,最终成为经典案例。[2]

---

[1] 参见范愉:《法治的实现与法律家素质的提高》,载《检察日报》1999年12月8日。
[2] 关于宋鱼水法官的详细先进事迹、新闻报道、媒体评论,参见最高人民法院政治部、中共北京市委宣传部、中共北京市委政法委员会、北京市高级人民法院编:《时代先锋宋鱼水》,人民法院出版社2005年版。

第三节 法官角色构成的多重性
——法官角色的法社会学分析

从社会学的角度，法官既是人，也是社会的一员，法官是自然人和社会人双重人格的载体。而作为社会人的法官又分化为"社会文化中的法官""法律世界中的法官""权力结构中的法官"三种角色。在现实理性的视野下，法官是自然人、社会人、法律人与政治人等多种角色的综合体。

一、法官是人：自然存在中的法官

法官的第一重角色来自自然生活。就其本体来说，法官首先是自然人，是有血有肉的人。作为一种自然存在的生物，自然有着最基本的自然本性。在庄严的法庭和黑色的法袍背后，每一位法官其实都有着生动的脸孔。其生活经历、家庭氛围、教育背景等对于法官审理案件而言，无不具有这样或者那样的关系。法官的人格构成，也和自然人的人格构成一样，是由有意识的上层人格和无意识的深层人格合并构成。特别是，法官的深层人格也和一般人的深层人格一样，充满着各种冲动或本能。因此，法官应该随时随地自觉地意识到自己也和常人一样，受到自身无意识的深层人格影响，也就是说，受到自身先天的生物属性的影响，这种影响既可能导致自己的行为向善有利人群社会，也可能导致自己的行为向恶危害人群社会。明白这个道理，则可以知道法官的心理自控是特别重要的。

作为自然人的法官的个体心理因素对司法审判具有重大影响。此点已经被众多心理学家、法学家研究证实。晚近，特别是在美国，陪审心理学和证据心理学已做了大量工作，犯罪鉴定心理学、审判心理学等成为新的研究领域。心理学表明，任何人包括法官对事件的感觉和记忆具有主观性，因而容易受到歪曲。心理学与法学之间的密切联系导致晚近出版了这样一些著作：《心理分析法理学》（美国学者埃伦茨维格著，1971年）、《政治行为主义与现代法理学》（美国学者贝尔克著，1964 年）和《心理学与法律：新领域的探索》（伯蒙特·尼米斯和维德马著，1976 年）等。① 弗兰克用司法判决公式进一步形象地说明了法官的个性等非法律因素对法官自由裁量的影响，即：D（判决）＝S（围绕法官和案件的刺激）×P（个性）。② 弗兰克认为，法官的个性是法官自由裁量的中枢因素，判决结果可能要依碰巧审理个案的法官的个性而定，法官的自由裁量结果由情绪、直觉、预感、偏见、脾气以及其他非法律因素所决定。"判断的过程很少是从前提出发继而得出结论的。判断的起点正与之相反——先形成一个不很确定的结论；一个人通常是从这一结论开始，然后努力去发现能够导致出该结论的前提"，③ 即结论主导的思考方式。在实际的审判过程中，决定判决内容的既不是法律规范，也不是逻辑，更不是概念，"法庭的判决像其他判断一样，无疑在多数情况下是暂时形成的结论倒推出来的"，"法官的判决取决于一种预感"，"建立在法官训练有素的直觉"之上，在这个过程中具有决定性意义的是法官的个性。④

"清如水、明如镜"，是法官的追求，也是当事人的向往。法官应当成为一个正直的、人格高尚的自然人。人们谈论正直时，经常用会用到公道、正派等词语。英语中"justice"的含义，既是法官，也是公正，这说明，在人们心目中，法官是公平与正义的化身。作为评是非、断公平的法官，首先应当是正直的、普通的自然人，其次才是听讼断案的法官，而不能以社会的精英自居。

二、法官是社会人：社会结构中的法官

法官的第二重角色来自社会文化生活。法官的社会人角色是由法官的社

---

① 参见［澳］维拉曼特：《法律导引》，张智仁等译，上海人民出版社 2003 年版，第 132-134 页。
② 弗兰克早期提出的现实的判决公式是：D＝S×P，足见他极为强调法官"自由心证"，以充分保证法官个性的实现和判决的顺利完成。但这一早期公式又没有强调出主观事实对判决的重要影响，况且法律规则和案件事实并非完全不相关，原来的公式缺乏预言价值，于是有了第二个公式：R×Sb＝D（R 为法律规则，Sb 为主观事实即法官认定的事实，D 为判决）。
③ ［美］博西格诺：《法律之门》，邓子滨译，华夏出版社 2002 年版，第 27 页。
④ ［美］博西格诺：《法律之门》，邓子滨译，华夏出版社 2002 年版，第 27-34 页。

会属性和社会地位决定的。作为社会生活、文化结构中的普通一员,既享受社会生活,又肩负一定的社会责任。

法官作为社会活动的主体而存在。在人类追求司法公正这一永恒的价值目标的过程中,正如拉德布鲁赫所言,法官是"法律由精神王国进入现实王国控制社会生活关系的大门"。司法公正要从一种理念倡导变为生动的社会现实,法官便是其中最活跃、最关键的因素。马克思曾在《关于费尔巴哈的提纲》一文中指出:"人的本质不是单个人所固有的抽象物,在其现实性上,它是一切社会关系的总和。"从法律社会学的角度看,司法审判绝不是法官对法律规范简单、机械地适用,而是在人与人之间的活动过程中实现的,社会生活的各种关系和矛盾将在其中得到凝缩和直接的体现。法官作为生活在社会结构中的一群人,有着与常人相同的生活需要,比如工资保障、职业稳定、安排户口、子女入学就业等,这就要求他们妥善处理好与其他部门的人际关系。同时,他们也有血缘、婚姻等构成的亲情关系,他们不愿因秉公执法而众叛亲离。正是这些正常的生活需要与家族利益成为法官在审判时无法回避、有时不能不加以考虑的社会因素。

法官的社会地位是指法官职业群体在各种社会关系网络系统中所处的位置,也即权利和义务的综合。这是对决定法官身份和地位的各要素综合考察后的结果。这些要素包括法官个人的阶级归属、政治倾向、经济状况、家庭背景、文化程度、生活方式、价值取向及其所担任的角色和拥有的权力等。抽象意义上的社会地位具体到法官群体,可以理解为法官在整个社会以及某一地域社会关系中所处的位阶,此种位阶既是政治制度目的性设计的产物,也是社会成员基于实际要素的量值而心理认同的结果,并且,制度设计与实际状况间有可能形成差距。法官总是生活在特定时空的社会共同体之中,特定的社会文化氛围会对法官提出相应的角色期待。

法律社会学研究认为,法律是可变的,因案件的不同而不同,因情况的不同而定,法律的确定性是相对的,案件处理不是逻辑简单运作的结果,从而对法律案件决策的传统思维方式提出了新的挑战。[①] 美国著名的理论社会学

[①] 详细论述请参见陈增宝:《从"书本上的法"到"行动中的法"——案件决策传统思维方式面临的挑战与转变》,载张文显、黄文艺主编:《法理学论丛》(第四卷),法律出版社2010年版。

家、法学家唐纳德·布莱克教授就是社会学模式的杰出代表人物。其于1989年出版的《社会学视野中的司法》一书中指出，法律上相同的案件——关于同样的问题、拥有同样的证据支持，常常得到不同的处理，这表明，法律是可变的，它因案件的不同而不同，它是因情况而定的，是相对的。除了法律的技术特征——法律准则具体应用于实际案件中的过程之外，每一案件还有其社会特征：谁控告谁？谁处理这一案件？还有谁与案件有关？每一案件至少包括对立的双方（原告或受害人，以及被告），并且还包括一方或双方的支持者（如律师和友好的证人）及第三方（如法官或陪审团）。这些人的社会性质构成了案件的社会结构。每一方的社会地位如何？他们之间的社会距离有多大？例如，一方的社会地位可能较高或较低，双方关系有亲有疏。控辩双方可能有相对的贫富差别，或者一方比另一方更富有，但不那么合乎传统或受人尊重。法官的人种、种族、社会背景和经济状况如何……这些都构成一个案件的复杂的社会结构。法律本身不足以预示和解释案件怎样判决，而案件的社会结构可以预测和解释案件的处理方法。而法官是这种社会结构中主要的构成元素，法官的社会性质势必会影响案件的处理。[1] "在法律理论上，更加重视法外因素对法律过程的影响。以当前美国法理学三大主要流派即原则与权利法学、经济分析法学和批判法学为例，虽然他们之间有各种不同的观点，但有一点都是共同的，即都是批判严格、僵化的法条主义。德沃金的权利与原则法学认为，法的概念不仅包括规则，而且包括原则和政策；经济分析法学认为，'福利的最大化'是普通法发展的社会基础，法官判决实际上以'效益'为根据；而批判法学则提出'法就是政治'的口号，认为法律推理不是根据法律规则，它具有非确定性，法官选择以什么规则为依据是根据政治，是同政治力量之间的斗争。"[2] 正如唐纳德·布莱克教授所言，"法律正在进入一个社会学的时代"[3]。

当今时代，法官的社会责任进一步突出。法官作为司法权运行的主体，因其行为决定着司法权实际运行的效果，在行使审判权的过程中，不能仅仅以机械地适用法律、表面地解决纠纷作为自己的职业目的，而应重视自己的

---

[1] 参见［美］唐纳德·布莱克：《社会学视野中的司法》，法律出版社2002年版，第5页。
[2] 孙国华主编：《法理学教程》，中国人民大学出版社1994年版，第130页。
[3] ［美］唐纳德·布莱克：《社会学视野中的司法》，法律出版社2002年版，第2页。

审判行为可能带来的各种社会后果，最大限度地通过适当的审判行为增进社会经济利益、道德利益等社会利益，并充分发挥裁判的行为指引作用的责任。法官在社会中担当着特定的社会角色，其主要职责就是依据法律规定对特定社会成员之间的权利义务进行确认、分配和调整，通过解决纠纷有效地维护法的价值。因此，法官必须树立正确的法律观念，充分认识和理解并随时准备承担自身判断可能带来的道德责任、政治责任和法律责任。

三、法官是法律人：法律世界中的法官

法官的第三重角色来自法律职业、法律文化世界。法官是审判系统中起主导作用的核心人物。法官行使着国家的审判权，处于司法者、裁判者的法律地位。像其他复杂的机构一样，法院履行着数种职能，但其中有几项职能是首要的：一是解决纠纷[1]；二是执行法律；三是发展和充实法律规则；四是实现社会公平正义。这些抽象的职能具体到法官的身上，就是法官的法律角色。法官被看作是司法权的象征，公平正义的化身和良知的守护神，履行着实现法律制度和社会公正的重大使命，是"法律世界中的法律人"。其具体要求是：依照实体法和程序法的有关规定裁决纠纷；以实现法律公平正义作为最高价值取向；执行法律，维护法律体系的统一性和权威性；充实和发展法律规则。凡是法治国家，法官无不扮演着维护和实现某种社会秩序的法律人角色；他们是法律实现即司法的直接行为人，甚至可以被看作社会秩序或社会正义的象征和化身。各种价值取向和社会秩序实际上都聚焦于法官身上，然后又通过法官反馈和反映于社会之中。直接承担着实现法治国家使命的，我们称之为法官的社会职业阶层。正是在此意义上，可以将法治国家直接引申为法官国家。

在这里，法官行为所依据的角色规范是法律。社会公众或法律职业团体将对照法律的标准对其审判行为进行评价并作出相应的判断。法官作为法律人的角色期待来自"法律文化"。法官是在一定的法律文化氛围内行使其司法

---

[1] 参见［美］迈尔文·艾隆·艾森伯格：《普通法的本质》，张曙光等译，法律出版社2004年版，第5页。

职能的。一方面，传统的法律文化观念、伦理价值积淀为法官的价值观和个性心理，支配其行为；另一方面，法官的审判过程及其结果又不得不接受各种价值观念的评价，只有符合社会主流价值观的裁判行为和判决才能具有较高的社会接受度。来自法律文化的角色期待包含以下基本要求：尊重既定的法律文化传统和价值观念，参照有关的习俗、伦理规范来确定和实现具体案件中的正义；审判结果不得与普遍的法律心理相悖离。在法律适用的诸要素中，法律、法官、案件构成法律适用的基本要素。法官个人因素积极作用的发挥有助于从根本上填补法律这一框架构造的理性设计图天生的不足，使法律作为人的规范，真正带有了人的气息，它是法律价值目标实现的必要途径，也是法律不断向前发展的强大动力。但是，法官的个人因素一旦过度膨胀，甚至突破了法律和道德的限制，对于社会来说后果无疑特别严重。因此，通过相应的制度建设来保障法官个人因素积极作用的发挥，增强法官的司法能力，抑制其消极影响，就显得十分重要。

法官在办案过程中，最离不开的就是法律。在案件的调判过程中，法官还作为法律的宣传者而存在。在调整好当事人心态的基础上，不要忘了对当事人进行法律宣传。很多当事人之所以固执地坚持己见，是因为他并不明白他的诉讼请求有多少是合法的，有多少是不合法的，而盲目地认为他的诉讼请求都是合法的。事实上这是将法、理、情混为一谈。此时，法官应从案件的法律关系、审理依据等方面，用当事人听得懂的语言，深入浅出地进行解释，让当事人明白，他的请求有多少是合法的，会得到法院支持；有多少是不合法的，不能得到法院支持，明白法官是如何在评判他们的是非。此时的法官是一个法律宣传员。很多当事人之所以认为他能胜诉，拒绝调解，是因为他们用情、理代替了法律。在这个过程中，可以要求当事人作一个假设，假如他是一个法官，他会如何评判他们的纠纷，让他们在心中对自己的官司有一个法律的评判和权衡。这个过程就是法官对当事人辨法析理的过程。

作为法律人的法官与法学家、教授有别。著名法学家吕忠梅教授对此就有独到的见解。她研究指出：如果说法学家的角色是完善和传播法律的知识理性，那么法官的角色就是完成法律的实践理性，法官是通过诉讼这种特殊方式来完成其角色任务的。法官首先需要掌握系统的法律知识、准确地理解和运用各种制度语言，具有一定的知识理性，然后，法官要将这些知识、制度语言具体地适用于每一个案件，妥帖地处理好因为利益冲突而导致的社会秩序不稳定问题，使法律的秩序维护功能得以实现，一句话，就是要将知识理性转化为实践理性。法官对于法律理性由知识到实践的转化主要包括三个方面：一是把条文的法律转化为生活的法律；二是把抽象的法律转化为具体的法律；三是把社会上各种各样的矛盾和冲突转化为一种技术和程序。在这里，法官作为法律不同理性的转化者，其工作就是要完成满足社会需求这一法律的实践理性，转化本身既是一种技术，又是一种艺术，它要求有"术""道""法""势"的结合。[①]

  法官是依法行使国家审判权的专业人员，在一个国家的法治建设中起着举足轻重的作用。但在不同法系的国家，法官的地位和作用有所差别，其作为法律人的具体角色模式也存在差别。在英美法系，判例法是主要的法律渊源。法官属于"文化界的巨人"，或被称为"慈父般的人物"。英美法系中有许多显赫的名字基本上属于法官，如科克、斯托里、卡多佐等，可以说，普通法是在法官手中诞生、成长起来的，他们从一个又一个的案件中获得其原则，建立了一套完整的法律体系，并在裁决相关的案件时，通过判例约束着后来的法官，他们拥有"立法职能"，法官的判例具有完全的法律效力。在诉讼中，诉讼好比是一场法律格斗，双方当事人地位完全平等，法官居中裁断，主导着诉讼程序的走向，按丹宁勋爵的说法，法官的职责是："在我们国家形成的审案制度里，是法官开庭听讯和裁定各方争论的问题，而不是代表整个社会进行调查或验证。"而在大陆法系国家，法官只要把事实和法律最大限度地完美结合起来，即达到了公平、公正。在适用法律的过程中，法官的使命就是不折不扣地适用法律，法官解释法律的权力受到了严格限制，以防法律的"可能变形"。至于法律本身是否真正体现了公正，都不是法官所应关注的事。美国学者梅利曼对大陆法系的法官形象就作过生动的描摹："法官不过是一种工匠，除了很特殊的案件外，他出席法庭仅是为解决各种诉争事实。从现行的法律规定中寻觅显而易见的法律后果。他们的作用也仅仅在于找到这个正确的法律条款，把条款与事实联系起来……法官的形象就是立法者所设计和建造的机械的操作者，法官本身的作用也与机器无异……大陆法系的法

---

  ① 参见吕忠梅：《职业化视野下的法官特质研究》，载《中国法学》2003年第6期。

官不是那种有修养的伟人,也没有父亲般的尊严,常常就和我们普通人一样。""总之,大陆法系的司法工作是一个官僚的职业;法官是职员、公仆;司法的作用则是狭窄、机械而无创造性。"①

四、法官是政治人:权力结构中的法官

法官的第四重角色来自"权力结构"。此"权力结构"又可分为"外部权力结构"和"内部权力结构"。前者是指司法权在国家权力体系中的地位,即涉及司法权力与其他权力,如立法权、行政权之间的关系。后者是指法官在法院系统中的地位,即涉及审判权与其他权力的配置,如本院审判委员会、院长、庭长、上级法院之间的关系。这样相应的角色期待包含以下具体要求:法院在国家权力分配的范围内行事,并对其上位权力主体负责;法官作出判决时有时不仅要接受本法院审判委员会、院长、庭长的决定或指示,还要接受上级法院的法律监督。基于这种角色期待所产生的评价往往会直接影响法官的奖惩、升迁甚至任免等。②

从某种意义上说,法官在"权力结构"中的政治地位实际上就是法院的政治地位,他的核心问题是作为司法权的掌控者和其他国家机构的工作人员之间是一种什么样的关系。无论国家权力在不同国家作何种形式的划分,立法权、司法权和行政权作为国家权力的基本类型,在多数国家的宪法中都给予确认,我国也不例外。我国《宪法》第一百三十一条规定,人民法院依照法律规定独立行使审判权,不受行政机关、社会团体和个人的干涉。《法官法》规定,法官依法履行职责,不受行政机关、社会团体和个人的干涉。同时,规定了法官履行法官职责应当具有的职权和工作条件。从以上法官职务任命和充分的配套保障的角度来看,我国宪法给予其宪法性的保障,也使得法官依法审判具备了宪法的基础。

根据前述,在国外,虽然公正的观念与法官的概念不可分割,但法官只

---

① 参见[美]约翰·亨利·梅利曼:《大陆法系》,顾培东、禄正平译,李浩校,法律出版社2004年版,第34-37页。
② 秦策:《法官角色冲突的社会学分析》,载《南京师范大学学报(社会科学版)》1999年第2期。

依据法律判决的理论却未被普遍接受。司法与政治之间的关系历来比较密切。在剧烈社会变革的时期，法官执行着明确的政治职能，司法甚至成为政治斗争的手段之一。"在所有这些情形中，法官都没有把自己的判决建立在先定的规则上；相反，他的判决来源于他作为政治人（political being）的情感，他生活于社会当中，并分享着社会的经济和道德渴求，这个社会的喜好和憎恶，以及它的荒诞，所有这些可以合称为当时的政治气候。就这样，政治向法律的转型逐步发生；它并不是谋划未来的立法者的功劳，而是为手头案件寻找具体法律的法官的杰作。这就是理论家所称的法官制造的法律，其中'宣判'并不是知识和智力的产物，而是对已经存在的事物的认知；它有词源学的根据，来自于'情感'（sentiment）。它是以社会经验为基础的意志表达，据此，法官通过自己的判决，努力实现特定的社会效用。即使在案件判决时，法官也遵循某些普遍前提的指引，他相信自己的社会认同这些前提，他在自身内发现这些铭刻于其良知之上的前提。"① 这就是个案中的法律。在司法造法的理论下，由政治到司法判决的通路迅速而直接，法官沉浸在政治中。在立法机关制定法律的理论下，法律处于政治家和法官的中间。在民主社会中，法律表达了活跃于全体社会成员良知中的欲求，法律仍然是政治的产物。事先制定的法律是刺激法官心智的因素之一，但它不是唯一因素。法官在判决中仍然具有自身的政治情感和道德情感。②

在我国，政治信仰的坚定程度通常是社会成员获得法官资格的重要条件，也是人民法官的重要准则。法官要忠于宪法和法律，要围绕党和国家中心服务大局，要把讲政治放在重要位置。法官不仅是法律人，还是政治人，在法庭外，法官要具有相当的协调能力，维护社会和谐稳定，在办案效果上，要注重法律效果、社会效果和政治效果的有机统一，说明国家和社会公众对法官能力的要求较之其他国家公职人员更高，也表明了我国法官的政治人角色。

---

① ［意］皮罗·克拉玛德雷：《程序与民主》，翟小波、刘刚译，高等教育出版社 2005 年版，第 18 页。
② ［意］皮罗·克拉玛德雷：《程序与民主》，翟小波、刘刚译，高等教育出版社 2005 年版，第 19-28 页。

第四节　法官的角色学习、扮演与冲突

法官角色是法官个体依据法律规定和社会的客观期望，借助自己的主观能力适应社会环境所表现出来的行为模式。而这种行为模式的形成过程，实际上就是法官角色的学习、扮演和冲突的协调过程。

一、法官的角色学习

（一）角色学习的概念和特点

所谓角色学习，是指在特定的社会和交往中掌握角色的行为规范、权利与义务、态度与情感、知识与技能的过程。它属于社会学习的范畴，主要特点有：

（1）综合性。即将角色作为一个整体的、有组织的认识模式来学习。法官的角色学习是综合性的学习，而不是零碎片段的学习。任何一个零碎、片段的学习都可能导致法官的角色错位、角色混乱和角色冲突。

（2）互动性。即在相互作用着的人与人之间的社会关系中进行角色学习。没有相应的角色伴侣，没有参照个体或参照群体作为学习的榜样和楷模，也就很难体会角色的权利、义务和情感。因此，角色学习是在社会交往活动中实现的。审判实践中，法官互相之间的学习是法官角色学习的重要途径。此外，作为法官榜样的"模范法官"和"先进典型"的力量也是无穷的。

（3）变化性。即伴随角色互动中地位、情境的变化来学习多种角色，应对各种复杂局面，适应多变的社会生活。法官的角色学习是随着法官个人的角色的改变而进行的学习。法官只有不断地对照职业标准进行学习，才能适应新的角色要求。

（二）法官角色学习的过程

法官角色学习是法官角色扮演的基础和前提。它包括两个方面：一是形

成法官角色观念，二是学习法官角色技能。

1. 形成法官角色观念

法官角色观念是指法官个体对自己所扮演的法官角色的认识、态度和情感的总和。法官角色观念的内容包括四个方面：

（1）法官角色地位观念。这是法官个体对自己在法律、政治、社会结构中所处位置的系统认识。

（2）法官角色义务观念。这是法官个体对自己所应履行的角色义务、职责的系统认识。个体扮演法官角色，就要履行法官的职责和义务，角色义务的观念集中体现了法官角色的社会价值和法律使命。法官义务既有由国家法律、政策明确规定的内容，又有社会道德所要求的内容。一般来说，谁能履行自己的角色义务，谁就是合格的法官。

（3）法官角色行为观念。这是法官个体对自己所要扮演的法官角色行为模式的认识。如对法官的行为应当保持中立、公正严肃、廉洁自律的认识。如果法官按检察官、按警察的行为模式而行动，就会发生角色混乱。

（4）法官角色形象观念。这是法官个体对法官所应具有的道德品质、思想境界和个人风格方面的认识，也就是说，在与当事人、律师、检察官以及社会公众交往的过程中，法官究竟以什么样的形象出现最为合适。

2. 学习法官角色技能

法官个人角色学习的过程，除了形成角色观念，还包括学习角色技能，即顺利完成法官角色的扮演任务，履行法官角色的义务和权利，塑造良好法官形象所必备的知识、智慧、能力和经验等。法官的角色技能包括：事实认定技能、法律适用技能、开庭审判技能、文书制作技能、调解技能、接待当事人技能等。

心理学家米德认为，人的角色学习经历了以下三个过程，法官也不例外：

（1）由模仿到认知的过程。儿童最初的角色学习是在玩耍中通过角色扮演进行模仿学习，然后才逐渐了解社会中的各种角色，从模仿过渡到对角色的认知。一个新手法官到成为专家型法官也同样经历了由模仿到认知的过程。

（2）由自发到自觉的过程。个人的一些角色是生来就有的，如性别角色，人们在不知不觉中逐渐承担和认同。但作为社会角色的法官则是在审判实践的影响和法律职业教育下通过自觉学习获得的。

(3) 由整体到部分的过程。法官个体对法官角色的认知最初也是从它的整体轮廓开始掌握，随着学习的深入，个体开始学习角色各个部分的具体规范、权利和义务、知识和技能等，进而个体才能把习得的各部分内容有机地结合起来，完成法官角色学习的任务。

二、法官的角色扮演

角色扮演是指行为者根据自我对各种社会角色观念的理解，并根据这些角色对个体的要求而调节自己行为的过程。角色理论家们认为，如果在各种情况下，角色都扮演得很成功的人，就可能过着正常的生活。相反，扮演各种角色不大成功的人，则很可能在不同的情境下遇到困难。

角色扮演是互动得以进行的基本条件。人与人之间之所以能够进行互动，就是因为人们能够辨认和理解他人所使用的交往符号的意义并通过角色而预知对方的反应。米德把这些基本能力称为"扮演他人角色的能力"，这是一种能够洞悉他人态度和行为意向的能力。在米德的理论体系中，这种角色扮演能力称为"心灵"，它包括：

（1）理解常规姿态的能力；

（2）运用这一姿态去扮演他人角色的能力；

（3）想象演习各种行动方案的能力。

此后，在心灵基础上发展起来的自我，是能否成功地进行角色扮演的关键条件。自我能够传递对角色期望的认识以及角色扮演的方式。一定程度上说，角色扮演的技巧取决于人们在互动中的自我形象。这种在互动中形成又影响着互动进行的自我形象，就是角色意识。个体将自己确定为某一类客体，即"自我观念"的完成，意味着"自我"的真正形成。法官个体也是靠这种"自我"，左右着自己的角色扮演。

在米德看来，不仅心灵和自我是人们互动的产物，社会结构本身也是人们互动和角色扮演的产物。如果人们没有这种由心灵和自我支配的角色扮演能力，也就无法协调自己的行动，社会也就无法有序地存在和发展。

在米德之后，戈夫曼对角色扮演进行了非常具体而更完整的研究。他从角色概念出发，将社会与舞台进行了广泛的比较，从而提出了"戏剧理论"。

他的研究中引入了"观众""门面""前台""后台"等一系列舞台术语。"观众"是对角色扮演发生影响的其他人,"门面"由周围环境、角色扮演者的个人外貌以及行为方式组成,"前台"和"后台"是根据角色在与观众互动中所处的位置来区分,在"前台",角色与"观众"发生直接互动,而在"后台",角色与"观众"间接互动。①

一个人对于他所承担的角色,扮演得优与劣,水平高与低,很大程度上与角色距离有关。角色距离就是一个人自身的素质、能力、水平与他所要扮演的角色之间的差异现象。一个人扮演法官角色,既然法官角色不完全就是他本人,一个人与所要扮演的法官角色之间总会有差异,所以角色距离是普遍存在的。

人们对社会角色的扮演从来都不是一帆风顺的。正像社会的运行常会产生不协调因素一样,在社会角色的扮演中也常会产生矛盾,遇到障碍,甚至遭到失败,这就是角色的失调。②

常见的角色失调主要包括:

(1) 角色不清。是指社会大众或角色的扮演者对特定角色规范和行为标准不清楚,即对该做什么、不该做什么、怎样做等不清楚的状态。社会的急剧变迁,常常是造成社会角色不清的最主要原因。在社会与文化的迅速变迁时期,很多社会角色都在发生变化。人们会感到很多角色的行为标准都超出了他们过去习以为常的那个范围。这样发展的结果是,很多人对这些角色的行为规范究竟应是什么样子,感到"不得而知"。

(2) 角色越位。是指由于角色不清而造成的角色扮演者超越自己的角色规范而进行社会性行动的现象。

(3) 角色中断。是指处于某一角色地位的人,由于主观或客观的原因不能将角色扮演到底以及不能很成功地扮演——未达到角色的目标的现象。人们在一生中随着年龄和多方面条件的变化,总会依次承担多种角色。在一般

---

① 参见全国13所高等院校《社会心理学》编写组编:《社会心理学》,南开大学出版社2003年版,第75-78页。

② 角色扮演失调相对于角色协调而言,角色协调又称角色的职责协调,反映个体在了解了各种角色期望之后所表现出来的系列化的、一致性的角色表现。角色协调有利于扮演多种不同的角色和达到角色适称,但由于社会文化差异和人们对同一种角色往往会有几种不同的角色期望,或社会对角色期望不明确时,就会出现角色不协调。

情况下，人们在承担着一种角色时常为承担后来的角色作某些物质上与精神上的准备，因而不会发生角色中断。角色中断的发生是由于人们在承担前一种角色时并没有为后一阶段所要承担的角色做好准备，或前一种角色所具有的一套行为规范与后来的新角色所要求的行为直接冲突。例如，一位一心渴望能上大学的青年学生，因高考分数不够，突然成为待业青年，这是他过去万万没有料到的。

（4）角色失败。角色扮演过程中极为严重的失调现象，指角色的扮演者无法进行成功的表演，甚至最后终止表演。虽然这种情况通常是少数，但对扮演者、社会造成的影响却是巨大的。

（5）角色冲突。是指不同角色之间的不协调、对立，甚至抵触状态。

一般而言，解决角色扮演失调问题，可以从以下几方面入手：

一是加强角色学习和角色再学习，认识自己。角色学习是指个人学习社会理想角色的规范、技能，提高认识角色的水平，缩短与理想角色的差距的过程；角色再学习是指在原有角色的基础上，进一步重新学习，了解和适应社会新角色的规范的过程。

二是进行角色换位和角色转移，正确地选择自己。

三是不断进行角色训练和角色实践，正确地把握自己。

法官只有通过角色学习、再学习，角色换位和转移，不断进行角色训练和实践，才能提高法官角色适应能力。

三、法官的角色冲突

（一）角色丛与角色紧张

社会中，角色不是孤立存在的，而是与其他角色联系在一起，一个人的角色行为不仅与他自己的社会地位或身份相关，而且与和他互动的他人的社会地位或身份有关，这种相关造成了角色的多重性和复杂性。这种多重性和复杂性使得在现实的社会生活中，处于一定社会地位的个体通常不只扮演一种角色，而是要同时扮演好几个角色。众多角色集中在一个人身上，这种情况就是"角色丛"。其意思指处于某一特定社会地位的人们相互之间所形成的各种角色关系的总和。在现代社会,任何一个人都不可能仅仅承担某一种社会角色,而总是承担着多种社会角色,他所承担的多种角色又总是与更多的社会角色相联系,法官也不例外。例如,一个女法官,在家中是妻子、母亲、女儿,在单位是院长的下属、对其他法官而言是同事,在工会是主席,生病了在医院是病人,这些角色集中在她一人身上,构成了角色丛。

在角色丛中,每个角色都有自己的一套行为规范,要求角色者去履行,这样就可能出现顾此失彼的现象。例如,一个女法官在单位要审判案件,在家中要当好母亲、妻子,在工会还要干好主席,这样她会在时间和精力上感到紧张,这就是角色紧张。角色紧张是由于许多角色同时对一个法官提出各自的要求造成的。一个人应当建立什么规模的角色丛,取决于社会地位、交往规范和个人能力等多种因素。所以,法官应当学会妥善安排自己的时间,注重生活经验的积累,学习和培养角色技巧,合理消除角色紧张,成功地扮演各种角色。

(二) 角色冲突的概念、表现形式及其缓解

角色冲突是指占有一定地位的个体与不相符的角色期望发生冲突的情境,也就是个体不能执行对角色提出的要求就会引起冲突的情境。这又有两种情形:一种是角色外部冲突(不同承担者之间的冲突),它常常是由于角色利益上的对立、角色期望上的差别以及人们没有按角色规范行事等原因引起的。像领导与群众、服务员与顾客、婆媳之间、父母与子女之间等。另一种是角色自我冲突(同一个角色扮演者内在的自我冲突),即由于多种社会地位和多种社会角色集于一人身上,而在他自身内部产生的冲突。

角色自我冲突中又有两种表现形式:

一种是同一角色内冲突。即由于角色互动对象对同一角色抱有矛盾的角色期望而引起的冲突。角色内冲突既可来自不同类型的角色互动对象,也可来自同一类型的角色互动对象矛盾的角色期望。例如,对于法官这个角色,正规的律师希望法官廉洁自律、严格依法办案,而非正规的律师则希望法官能偏向自己代理的一方当事人,甚至希望法官接受自己的吃请和送礼。

另一种是由角色紧张造成的角色间冲突。一个角色丛中的几个角色如果同时对一个法官个体提出履行其角色行为的要求时,就会发生角色间冲突。

如果一个法官,在上班时间,其儿子生病,需要送医院,而他正在开庭审判案件,这就发生了角色冲突,结果只能选择其一。当两个角色同时对一个人提出两种相反的角色行为要求时,也会引起角色间的冲突,这需要角色扮演者作出痛苦的选择。京剧《赤桑镇》中的包拯,作为法官他要执法如山,要铡包勉,而作为包勉的长者,他又要保持叔侄的亲情,赦免侄子,在这两种角色的激烈冲突中,包拯选择了前者,成为传颂佳话。

不论是哪一种角色冲突,都会妨碍法官正常的工作、学习、生活。虽然不能完全消除法官角色冲突,但应设法缓解角色冲突。通常有以下几种方法:

一是角色规范化。也就是说,对法官角色的权利和义务予以明确的划分和规定,通过规范化来降低角色冲突的程度。

二是角色合并法。将两个相矛盾的角色合二为一,发展为一个具有新观念的新角色。

三是角色层次法。要求角色持有者将两个以上相互冲突的角色的"价值"进行分层、排列,分清"轻重缓急"。①

(三) 法官多重角色下的角色冲突

法官的角色充满矛盾与冲突。史美良同志在《浙江学刊》2004年第4期撰文认为,法官既是肉体凡胎的普通人,又是从事一种高度理性化专业的职业人,因此在心理机制的意义上体现了自我与非我的矛盾;法官以法院为职业场所,但在意志上又须具有个别性意义上的独立性,这体现了集体与个体的矛盾;法官是代表国家或公共立场的审判员,但又须保持不偏不倚的中立性,这体现了公立与中立的矛盾;法官身处世事纷纭的社会之中,但又应该具有超脱社会的姿态,这体现了世俗与超俗的矛盾。法官的角色充满了矛盾的内涵,合格的法官必须在这多重的矛盾结构中理清对立关系,实现恰当的自我定位,方可进入角色。

法官是自然人、社会人、法律人、政治人等多重角色的综合体。但由于不同角色的主导性、司法机关是否依法独立行使审判权、法律精神与文化观

---

① 参见全国13所高等院校《社会心理学》编写组编:《社会心理学》,南开大学出版社2003年版,第81页。

念的吻合程度极易造成法官角色冲突，而建立和谐的规范环境无疑是实现法官依法办事、实现公正司法的根本之路。具体而言：

其一，"作为自然人的法官"有可能与"作为法律人的法官"发生冲突。在法律世界中，法官被期望依法独立、理性、公正地审判案件，法官作为法律的代言人和保管者，是法律公平正义的化身，"法官的唯一上司就是法律"，法官应当具有无私的追求，高尚的人格。但是自然世界中的法官，有各种需要。马斯洛认为，"人是永远有需求的动物"。法官对食物、睡眠、婚配、育幼、防御等生理需要，是维持法官个体存在和繁衍所必需的基本需要。这是法官与普通人乃至动物所共有的需要。生理需要得到满足后，法官面临安全需要、爱和归属需要、尊重需要、自我实现需要等人类共有的需要。现实生活中，法官的知识结构、经验、动机、情绪、偏见等个性因素影响着裁判的形成，没有"纯粹的法官"。因此，难免出现角色冲突。例如，所谓"脱下法袍女法官驳斥当事人"是否合适，就引发法官角色定位的争论。有的认为，无论什么时候，不管是庭上还是庭下，一个合格的法官都没有斥责案件当事人、进行道德审判的权利。尽管那位女法官驳斥当事人时已经脱下了法袍，但在当事人眼里，她依然是一位主持公平正义的法官。根据法官职业道德基本准则规定，法官在履行职责时，应当平等对待当事人和其他诉讼参与人，不得以其言语和行为表现出任何歧视，并有义务制止和纠正诉讼参与人和其他人员的任何歧视性言行。而有的则认为，法官是人，脱下法袍的女法官可以训斥当事人，这时理性的法庭已经闭庭，而激情的道德法庭开庭了。[①]

其二，"作为法律文化人的法官"与"作为法律人的法官"可能发生冲突。我国的传统法律文化是法律道德化与道德法律化的人情人治文化，即缺乏严格依事实和法律作出判决的法治传统。法官既然生活在一定的法律文化环境中，他就不可能不考虑整个法律文化共同体对其裁判行为的结果的接受和评价。裁判的道德、习俗常常成为法官判案时考虑的因素之一。公众舆论倾向是法官在审判过程中不得不考虑的另一重要因素。法官在没有充分信心能够使公众舆论发生逆转的情况下，不会把自己的判决建立在与公众舆论完全相反的基础上。实际生活中，不管是文化道德与习俗，还是公众舆论，都

[①] 参见《脱法袍女法官驳斥当事人引发法官角色定位争论》，载《法制日报》2007年8月31日。

不一定与法律规范的要求总是一致。当它们之间发生偏离时，就有可能导致法官放弃对法律规范的恪守，从而出现角色冲突。

其三，"作为社会人的法官"与"作为法律人的法官"可能会发生冲突。法官是生活在社会之中的一群人，也有七情六欲、三朋四友。由这些血缘、亲情等组成的人情网、关系网给在同一社区生活的法官带来了沉重的压力。与西方不同，中国传统道德标准以及与此相适应的法律观念与准则相对缺乏普遍化，家庭的利益往往决定着人们处理各种事务时所持的标准。这样就有可能将法官置于一种两难境地：照应亲情关系必将导致司法不公，而公正司法、不徇私情又会带来法官与其亲戚朋友之间关系的紧张乃至激烈的冲突。事实上法官也是需要亲情温暖的人，他不能够也不应该总被邻里讥讽、亲朋冷淡，总被人指着鼻子斥为六亲不认。因此，在有的法官看来，亲家反目、儿媳出走而换得公正并非一种正常代价，他在权衡利益得失后，就有可能置法律于不顾，结果铸成大错。

其四，"权力结构中的法官"也有可能与"法律世界中的法官"发生冲突。一方面，这典型地表现在司法审判中的地方化上。这是因为长期以来尤其是本轮司法改革前法院的人、财、物与地方上有密切的关系。另一方面，也表现在法院内部管理体制的行政化上：司法决策过程中的集体决策制；法官之间的行政等级制度；上下级法院关系行政化。正是以上这些原因，法官在审判时，就可能难以做到公正地依法作出判决，从而造成了司法实践中先定后审、审判分离、庭审流于形式以及"人情案""关系案"等违法现象的出现，并由此导致了民众对司法公正的信仰发生危机。[①]

第五节　法官的角色差异

角色差异是角色理论的重要组成部分。对角色差异的研究又形成了社会心理学的一大分支——差异社会心理学。不同的法官因不同的年龄、不同的

[①] 参见夏明贵：《论法官的多重角色冲突与司法公正》，载《湖南省政法管理干部学院学报》2000 年第 5 期。

性别、不同的心理因素，会对不同的问题产生不同的看法，形成角色差异。本节借助差异社会心理学的有关知识，对法官角色的年龄差异、性别差异、心理差异作一些探究。

一、年龄差异

法官是一种既注重逻辑，又注重经验的职业。"逻辑代表着法律知识、法律训练和法律技巧，经验体现了实践积累、社会知识和社会阅历。逻辑可以在象牙塔内形成，而经验则需要社会和实践的磨砺。"一般而言，年长的法官为资深法官，他们具有相对丰富的社会阅历和对社会现实具有相对深刻的理解，审判经验相对丰富，而年轻法官则阅历相对简单，办案经验比较缺乏。具体而言，法官角色的年龄差异，主要体现在以下几方面：

其一，由于年龄的差异，不同的法官继承不同的法律职业传统，对法律知识和技能的掌握程度不同。法官裁判要严格遵循法官职业的决策传统，根据审判所需要的知识以及必要的技能作出决策。几千年前，古罗马人就已经创造了非常辉煌的法律文明，形成了独特的法律语言、概念体系和决策传统。法官作为法律人的典型代表，无时无刻不受法律职业共同体的制约。法律人作为统一的共同体，其内部具有共同的法律知识与技能，以及一整套系统的法律解释技术和成熟的法律适用机制，比如，对待案例的先例识别技术、法律漏洞补充技术、判决书说理技术，以及法律解释技术、法律推理技术、法律论证技术、诉辩交易技术、利益衡量技术、法律发现技术等。法律人共同的知识和技能在一定程度上保证了法官裁判的连续、稳定和可预测，无疑成为确保裁判趋于稳定的一个重要因素。一般而言，年纪较轻的法官对法律职业传统的继承比年长法官少，对法律知识和技能的掌握没有年长法官好。

其二，法律是一种人为的理性，只有经过了长期专门训练的法律人才能够从事法律职业活动，以确保法律得到正确适用。衡量法官素质高下之标准，并不仅仅在于其法律知识的多寡，更在于法官具有的区别于其他职业的独特的思维方式与优良的思维品质。法官独特的思维方式是法官职业技能得以存在的前提，也是法官职业伦理传承、裁判稳定的保证。而这种人为理性的培养也需要时间。

其三，不同年龄的法官具有不同的生活常识。审判所需要的知识是一个"知识库"，包括关于法律的知识、关于物质世界的知识、关于词语的知识以及关于人类行为的知识。事实认定是在证据和事实审理者的背景与经验间交互作用的产品。① 关于物质世界、词语、人类行为等世界运行方式的知识的积累显然与法官的教育背景、成长环境、人生阅历等因素有关。法官的不同教育背景、成长环境、不同的人生阅历等因素决定着法官的"知识库"中具有不同的内容。任何具体的法律判决都是把一条抽象的法的原则"应用"到一个具体的"事实"上，法官要解决纠纷、处理案件，必须将"书本上的法"转化为"行动中的法"，而要完成这一转化，法官应该更多地了解当地的社会习惯、道德水准和舆论、价值观和习俗等社会规范，了解当地的经济、社会发展情况和民众的法律意识程度，以及他们的社会组织、行为方式等特殊的信息，以便在纠纷解决中更好地做到合情合理合法。生活常识，实际上就是法官根据一定的社会经验和人生经历，对当地社会及其一般行为规范和价值观的了解和体认。因此，"法官应当具有丰富的社会经验和对社会现实的深刻理解"。

其四，不同年龄的法官具有不同的心理特征。教育背景、工作经历和年龄的不同，不但导致法官的司法理念不尽相同，而且影响着法官的气质、个性等心理特征，影响判决。如有学者研究提出，不同年龄段的法官在定罪量刑过程中会有不同的情感表现，一般来说，法官的年龄越大越谨慎，而且越有信心，不易于被各种压力所影响。我国台湾地区学者蔡墩铭同样指出，法官年龄会最终导致相同案件的量刑差异。他认为，对于相同案件，"审判官之年龄大，则其量刑通常较轻，如审判官之年龄不大，则其量刑通常较重"。我国台湾地区有的学者还通过调查研究指出，二审法官年龄方面的差异，对案件的改判率也有影响，法官年龄越大，其维持率有越低之现象。②

---

① 参见［加］玛里琳·T. 迈克瑞蒙（Marilyn T. MacCrimmon）:《事实认定：常识、司法任职与社会科学证据》，徐卉译，载王敏远编：《公法》（第四卷），法律出版社 2003 年版，第 276-277 页。
② 参见汪明亮：《审判中的智慧：多维视野中的定罪量刑问题》，法律出版社 2006 年版，第 59 页。

二、性别差异

男法官和女法官的角色是性别角色,这是法官的性别不同而产生的符合一定社会期待的品质特征,包括男女法官的个性和行为方面的差异、能力方面的差异和成就方面的差异:

1. 个性和行为方面的性别差异

(1) 侵犯行为。一般认为,男性的侵犯性强于女性。因此,侵犯好斗是男性角色的重要特征,而柔弱温顺是女性角色的重要特征。

(2) 支配行为。由于历史的原因,男性一般在社会上处于比较高的地位,而女性则处于顺从、服从的社会地位。很多研究证实,男性和女性相比,支配力更强。因此,男性法官更能直接支配他人或抗拒他人的支配。

(3) 自信心。由于生理、社会等多方面原因,女性的自信心往往低于男性,与此相应,她们的自我评价也低于男性。

(4) 交际。有人认为女性比男性更爱交际,但也有观点反驳。如果说有差异的话,主要表现在,交往的方式和交谈的空间距离方面。一般来讲,女性法官的交际圈小,感情色彩较浓,而男性法官的交际圈子大,感情色彩较淡;女性在与密友交往时空间距离小,而与一般朋友交往时的空间距离大,但是男性在交往时,在这方面并无明显差别。

2. 能力方面的差异

法官的能力可分为一般能力和特殊能力。一般能力是指在各种活动中必须具备的基本能力,它保证法官较容易和有效地认识世界,所以也叫作认识能力,例如法官的观察能力、记忆能力、思维能力、想象能力等。特殊能力是指法官顺利地从事审判活动所必须具备的司法专业能力,例如法官的庭审驾驭能力、法律适用能力、事实认定能力等。不同性别的法官在能力方面的差异主要有:

(1) 智力。智力是由计算、语言流畅、词语理解、记忆、推理、空间知觉和知觉速度等基本能力所构成。这些能力的不同搭配,便构成了不同的智力类型。法官的智力属于一般能力,是指法官个体认识方面的各种能力的综合,其中抽象思维能力是法官智力的核心。一般来说,智力包括观察力、记忆力、注意力、想象力、思维力、创造性、操作实践能力。心理学研究发现，男孩的平均智商为100.51，女孩的平均智商为99.7，两性的智商在统计学上并无明显差异。

（2）语言能力。一般而言，女性法官的语言能力普遍强于男性法官。

（3）运动技能。男性法官的运动技能要优于女性法官。

（4）空间能力。男性法官的空间能力要优于女性法官。

（5）数学能力。男性法官在数学推理方面优于女性，但在数学计算方面并无大的差别。

（6）知觉速度。指能准确地把握细节，并能迅速将注意力从一个注意客体转移到另一个注意客体上，女性法官明显优于男性法官。

（7）艺术和音乐能力。有研究表明，女性在艺术和音乐能力方面优于男性，但也有人指出在音乐能力方面不存在性别差异。①

由于男女性别的差异，女法官在离婚、未成年人犯罪案件等部分特殊类型案件审判中表现出独特的优势和专长。以离婚案件为例，有研究表明，对离婚案件裁判具有影响的诸因素中，法官所接受的专业训练是主要因素，但男女性别差异构成也是重要的因素之一。法官并不是机械地依照法律裁判案件，一方面，因为法律较为抽象，需要与案件实际相结合；另一方面，法官又受到自身性格和社会经验的影响，这与男女的性别构成有很大的关联性。详细比对影响离婚案件裁判的诸因素，发现男女性法官即使接受了同样的法律专业训练，其裁判案件的方法或结果可能有差异。主要表现在以下几方面：

一是男法官可能更重视法条，强调技术细节、规则、严格解释，而女法官强调衡平，重视宽泛的标准、实质性的正义和裁量。在审理离婚案件实践中，男性可能会更多地关注夫妻感情是否破裂、女方是否有第三者等因素，而女性法官潜意识中更关注女性等弱势利益主体。

二是男女法官的心理性质不同。女性情感一般来说更细腻，且更有耐心，因此在离婚案件的调解方面更具优势。男性一般更具有粗犷性，细腻性较差，但在处置特别情形时更果敢，因此在判决方面更具有一定优势。

---

① 参见全国13所高等院校《社会心理学》编写组编：《社会心理学》，南开大学出版社2003年版，第83-84页。

三是在司法技巧方面，男女性法官也有细微的差别。女性法官更喜欢运用双方当事人家庭的力量做当事人的工作。男性在做双方当事人的工作时，喜欢就事论事，不喜欢双方当事人的家庭成员介入。

四是在裁判思维方面的差异。即使随着社会的不断发展，女性的社会地位有了很大的提高，但总的来说，女性还是更多地承担家庭的责任。在此基础上，社会对女性赋予了更多的承担家庭责任的期待，而对男性相对则较少。因此，为了满足这种期待，女性则可能在日常工作和生活中被灌输了更多家庭观念和意识，因此办案中可能自觉或不自觉地将此种思维带入案件中。

五是法律规则的刚性特征使男性法官更为偏好判决，女性法官则偏好调解。由于规则本身是对人的行为的约束，故以规则为中心的法学专业训练，一般比较强调对秩序价值的追求，可能会使接受更多法学教育的法官具有更强的规则意识，也就可能更强调程序上解决即偏好以判决的方式解决问题，而男性法官在秩序、逻辑方面具有先天的一种喜好，因此更愿意遵守原则，因此在裁判案件时，不愿意耗费太多精力来促成当事人达成调解协议，判决成为他一种潜在的倾向，即使在上级法院强调调解率的情况下，这种倾向的改变也是较少的。

六是法律专业训练对男女性法官的价值判断的影响程度不同。由于女性先天更为关注弱者、同情弱者的性格，即使其接受了较高的法律专业训练，她也可能更为注意法律之外的东西，如裁判案件时关注家庭关系的和睦、子女成长的社会环境等。

由于男女法官在裁判离婚案件时具有互补性，为更好地发挥司法服务当事人的作用，法院特别是基层法院应当在离婚案件中多配备一些女性法官，实行男女混合合议庭制。[1]

此外，男女法官在刑事审判中也会表现出差异。女法官可能比男法官更严谨，但对男犯的判决结果可能更严厉。[2]

---

[1] 参见邹山中：《浅谈法官性别构成对离婚案件裁判的影响》，载江苏法院网，http：//www.jsfy.gov.cn，最后访问时间：2023 年 11 月 20 日。

[2] 参见汪明亮：《审判中的智慧：多维视野中的定罪量刑问题》，法律出版社 2006 年版，第 59 页。

三、心理差异

参与案件裁判的法官本身具有多样性。就一个案件的审判而言，一审法官与二审法官不同，具有多样性，在一审期间，合议庭一般由3人或5人组成，审判委员会由院长、副院长、主要业务庭庭长等多名法官组成，有时达10多名法官，审判组织中法官与法官之间明显各有自己的知识结构和裁判的价值取向，具有个体多样性。就不同的案件而言，法官的多样性更是不言而喻，即使案件审理中有先例可供参考，但先例的法官与当下案件的承办法官是不同的。

不同的法官具有不同的心理特征，导致了法官角色的个性差异。不同的教育背景、工作经历和年龄，不但导致法官的司法理念不尽相同，而且影响法官的气质、个性等心理特征，影响判决。以定罪量刑为例，一般认为，在定罪过程中，法官的情感影响是不可避免的。首先，不同法官的个人社会背景是不同的，这就决定了不同法官具有不同的情感体验和情感倾向。其次，不同的法官具有不同的人格特点，这种人格特点决定着他具有不同的情感倾向。比如，有些法官会具有某种特殊的知觉心理，从而影响其判决。曾经有一美国联邦法院法官，在主持审判多年后披露说，他总认为，作证时搓手的证人，都是撒谎的人。① 又如，法国文豪蒙田所评论的，法官的心情和脾气天天都在变化，而且这种变化常常反映在他的判决之中。法律学者甚至嘲笑法官这种不理智的做法，并把掺杂法官情感的判决称为"口味法理学"的判决。② 我国台湾地区学者蔡墩铭先生研究指出，法官的性格、情绪、年龄、世界观、成见五个方面的人格特质最终导致了相同案件的量刑差异。他认为，对于相同案件，性格上严厉的法官较之于宽容的法官量刑为重，感情用事的法官在无法控制自己的情绪时"易为特别苛刻之量刑"，"审判官之年龄大，则其量刑通常较轻，如审判官之年龄不大，则其量刑通常较重"，"仇视女性

---

① [美] 弗兰克：《审判中的法庭》，普林斯顿大学出版社1949年版。转引自汪明亮：《多维视野中的定罪量刑问题》，法律出版社2006年版，第59页。
② [美] 汉斯·托奇：《司法和犯罪心理学》，周嘉桂译，群众出版社1986年版，第156页。转引自汪明亮：《审判中的智慧：多维视野中的定罪量刑问题》，法律出版社2006年版，第59页。

之独身推事对于女人之犯罪易予以重罚","对于强暴案件,女性推事之量刑不利于被告","同情贫者之审判官对于贫者之犯罪从轻量刑,而对于富者之犯罪毫不姑息"。可见,法官的人格差异导致同类案件的量刑有所差异。

男女法官的心理差异比较明显,这也是法官心理差异的主要表现。由于历史的积淀,造成社会文化因素中存在错误规范,女性在追求事业成功的同时,还必须肩负家庭的重任。女性多富有同情心,容易以情感的判断替代理智的判断,女性一般拥有细致的观察能力、准确的语言表达能力、较好的亲和力以及稳重、耐心、坚韧、刻苦等品质。基于女性自身的特点及受历史文化、社会环境、各种管理机制、社会舆论、群体素质等因素的影响,女法官存在一定的潜力,在某些案件处理上具有其独特的优势。

第二章 法官活动

法官的活动是体现法官形象，扮演法官角色，展现司法公正的载体。对法官活动展开研究，有助于指导法官慎重对待每一项司法行为，把司法便民、司法利民、司法护民的各项规范和具体要求，落实在法官司法活动的每一个方面，细化到法官司法活动的每一个环节。为了规范法官基本行为，引导法官公正、高效、廉洁、文明司法，根据《法官法》等法律，最高人民法院曾制定《法官行为规范》对法官的行为标准作出具体规定。这是法官活动的行为准则。《法官行为规范》是一部全面、系统、具体规定法官司法审判和业外活动行为的指导性文件。本书主要以《法官行为规范》为参照，对法官的活动要求作些探索。

第一节 法官的职业活动

法官的职业活动是展现法官形象，实现司法公正的关键。法官职业活动的范围很广，主要包括立案（咨询接待）、阅卷、开庭、调解、合议等活动。下面以前面论述过的心理学知识为基础，对法官主要司法活动的性质与功能、技巧与方法等问题进行简要探究。

一、立案（咨询接待）

（一）立案的性质与特征

立案是指法官咨询接待和审查判断当事人诉讼请求能否成诉，并确定是否立案受理的过程。立案工作涉及的业务是最全面、最广泛的，民事、行政、刑事均是其专业范围，同时还包括信访接待、咨询、诉前财产保全等工作。正所谓"好的开头是成功的一半"，人民法院的立案审查工作非常重要。立案工作做得好坏，直接影响未来案件的审判，因此对立案法官的要求是比较高的。

（二）立案的技巧与方法

立案环节是法官与当事人沟通相关诉讼信息的桥梁，也是依靠沟通赢得当事人信任、化解矛盾纠纷的重要阶段。在立案活动中，法官应当特别注重沟通，掌握沟通的艺术。所谓沟通，就是指为了设定的目标，人们在互动过程中，发送者通过一定的渠道（也称媒介或通道），以语言、文字、符号等表现形式为载体，与接收者进行信息（包括知识和情报）、思想和情感等交流、传递和交换，并寻求反馈以达到相互理解的过程。[1] 日本松下电器公司创始人松下幸之助有句名言："伟大的事业需要一颗真诚的心与人沟通。"沟通是人际关系协调的基础，是裁判艺术的奥秘，也是展现法官才华与智慧的技艺。[2] 一般而言，法官与当事人的沟通艺术主要有以下几种：

1. 取得信任

取得当事人的信任是法官与当事人有效沟通的基础，是法官工作获得理解的前提。"民无信不立"，裁判当以信为先。尊重当事人，倾听其心声，是赢得当事人信任的基础。[3] 为取得当事人的信任，法官在立案咨询接待时还要

---

[1] 参见叶龙、吕海军主编：《管理沟通——理念与技能》，清华大学出版社、北京交通大学出版社2006年版，第1页。
[2] 杨凯：《裁判的艺术——法官职业的境界与追求》，法律出版社2005年版，第151页。
[3] 袁月全：《审理婚姻家庭案件的十二字工作方法》，载《人民法院报》2005年7月6日。

注重司法礼仪，在与诉讼当事人的接触与交往中要注意礼节，使当事人感受到法官待人接物的端庄和慎重；法官应有真诚的态度；法官的答复应当理性而慎重，应当用准确的语言和严肃的态度解答相关疑问，避免流露出某种倾向性，杜绝随意性，避免当事人因为法官随意的答复而产生过高的心理预期；对当事人有一种信任的态度，尊重当事人的人格。①

2. 善于倾听

倾听是通向心灵的道路。对于法官而言，倾听具有特别重要的意义。首先，倾听是获取当事人信任的基础。其次，倾听是获得信息的重要渠道。通过倾听，法官不仅可以了解对方所要传达的消息，感受到对方的感情，同时还能够据此推断对方的性格、目的和诚恳态度。最后，倾听是法官说服当事人的关键。因为通过倾听，法官可以从中发现当事人的出发点，即什么让他坚持己见、什么是矛盾的根源，这就为说服对方、化解矛盾提供了契机。

法官与当事人沟通时，不但要"听"，而且要解决如何"听"。听多了，占用大量工作时间，效率低下；听少了，不明白案情；不听，更是不体察民情。司法实践中，通常有以下几种倾听方式：

（1）面对当事人，面部表情要严肃，一些情况下也可面带微笑，以示善意。

（2）目视当事人，以示重视，在听的时候观察当事人的神态。

（3）用眼神交流，表达你认真听、听明白了。

（4）尽量不作表态，如习惯性的点头或摇头都要避免。

（5）不打断当事人一句完整的陈述，不抢话发表意见，如需制止或表达某些观点也尽量在其一句话表达结束后。

（6）某些情况下，可以边翻阅材料边倾听，甚至通过发问的方式，回应当事人的陈述。

（7）倾听时，减少肢体语言，尤其一些细节的不良习惯，如晃腿、用手指敲击桌面、用手拂面等。

（8）不可有不耐烦的表情和语言。②

---

① 参见杨凯：《裁判的艺术——法官职业的境界与追求》，法律出版社 2005 年版，第 153-154 页。
② 参见马军：《法官的思维与技能》，法律出版社 2007 年版，第 177-178 页。

3. 注重情感的沟通

当事人在向人民法院提起诉讼的过程中，会有一些正常或正当的情感要求，如想得到理解和信任、得到尊重和保护、得到人文关怀等。对这些正当的情感要求，法官应当在立案环节，进行立案咨询接待过程中就想方设法以情感交流的方式使对方得到最大程度的满足。

4. 注重用语的规范性

立案阶段，法官应当认真听取当事人的诉求，耐心释明相关法律规定，做好诉讼风险、诉讼程序等相关提示，不得拒绝回答当事人的合理疑问或者以简单语句敷衍应付，不得不讲明理由而简单拒绝立案，不得就证据效力、案件结果等实体性问题作出主观判断或者向当事人提供倾向性意见。最高人民法院于2010年12月6日曾发布《人民法院文明用语基本规范》，在立案过程中，应当根据具体情况参考使用如下文明用语：

（1）请问你是要立案吗？请把起诉材料交给我看一下。

（2）你的诉状格式不够规范。请参照样本修改后再来递交。

（3）你的起诉（申诉）材料不全，还缺少××材料，请补齐后再来办理立案（申诉）手续。

（4）自己提出的诉求应当有证据予以支持。如果没有证据或证据不足，可能要承担败诉后果，希望你认真考虑。

（5）经过认真审查，你的案件不属本院管辖（告知具体原因）。按照有关规定，应由××法院管辖，建议你到××法院起诉。

（6）你的案件本院已经受理，按规定将转交××庭审理，承办法官会及时与你联系。

（7）你反映的问题不属于法院职责范围，根据有关规定，应由××部门负责，建议你到××部门反映。

此外，法官还应当注重司法亲和力的养成。如在化解矛盾过程中，学会以静制动、以柔克刚、声东击西、以情感人等沟通艺术。[1]

---

[1] 参见杨凯：《裁判的艺术——法官职业的境界与追求》，法律出版社2005年版，第157页。

二、阅卷

（一）阅卷的功能与任务

阅卷是法官审理任何案件的必要步骤。无论是一审法官，还是二审法官，都离不开阅卷活动。承办法官在收到案件后，应在开庭审理前进行阅卷，并制作阅卷笔录；承办法官阅卷后提出意见，由合议庭决定案件开庭审理的相关准备工作。

阅卷的主要功能在于：一是帮助法官获取案件信息，是法官了解、熟悉案情的主要渠道。法官获取案件信息的渠道除了开庭以外，主要依靠阅卷。在民事案件中，法官需要阅看原告提供的起诉书、被告的答辩状、有关证据等书面材料。在刑事审判中，法官需要审阅的案卷材料更多，主要是侦查机关收集的言词证据、现场勘查记录、法医学尸体或活体检验报告、鉴定结论等书面卷宗材料。二是做好庭前准备，少走弯路，有利于审判效率的提高。如果没有充分的庭前阅卷，法官就不知道当事人为什么打官司，不知道双方争议的焦点和问题是什么，不知道有哪些事实需要在庭审中查清，案件就很难审好。如果先阅卷，让自己对案件有个初步的认识，对如何进行审理心中有个规划，工作就会显得主动、有成效。

阅卷的主要任务在于通过审阅全部案卷材料，熟悉和了解案情，审查案件的基础法律关系、当事人的身份与主体资格、案件的主管与管辖、控辩双方的主要意见、证明案件事实的证据等内容。法官阅卷不仅审查法律、事实问题，还要通过阅卷分析掌握当事人诉讼的原因与动机、有无调解的可能以及被告人、被害人亲属的情绪变化等案外情况。法官的阅卷质量与法官的观察能力、记忆思维能力、法律知识与经验等个性因素均有关系。

（二）阅卷的技巧与方法

阅卷是法官的重要认知活动。根据法官认知案情的心理规律与特点，笔者以为，法官要想提高阅卷质量，必须注意掌握以下技巧与方法：

1. 要有案件全貌意识，坚持全面阅卷原则

由于感知觉的选择性特点，前手法官、检察官、证人在认知案件事实过程中均只能获取部分案件信息，从而可能造成大量案件事实情节的遗漏。为了全面反映案情，法官在阅卷过程中须坚持全面阅卷原则，尽量恢复案件的事实原貌。在恢复事实原貌的情况下，从宏观的角度分析案件，往往会取得意想不到的效果。

2. 要把握关键行为决定定性的原则，在规范的指引下抓住关键情节

一般来说，带着问题和任务，阅卷的目的性就会更加明确，思路也就更为清晰。而一个案件究竟存在哪些问题和阅卷任务，取决于法官的审判预断与自身的法律知识、办案经验和司法水平。以刑事审判为例，刑法知识与原理告诉我们，关键行为决定定性，一个行为是否构成某种犯罪，要看这一行为是否符合该罪的犯罪构成要件。因此，法官阅卷的主要任务就是要抓住与犯罪构成要件有关的关键情节，根据法律规范的指引对重点情节进行审查分析与判断。

3. 要善于运用边阅卷边讨论的工作方法

由于法官个体知识、经验、动机与情绪等个性因素的局限，法官往往容易陷入某种认知误区，抓不住工作主题和审判重点，因此在阅卷过程中与他人进行讨论，有利于形成互补，及时调整自己错误或低效率的阅卷思路。与他人讨论包括两种途径：一是与法官同事特别是同一办公室的人讨论；二是与不同专业背景的人讨论，向不同专业背景的人请教。这两种方法都有利于帮助法官及时调整与确定阅卷重点。如在审理走私刑事案件中，与海关人员探讨关税知识、报关流程等有利于帮助法官搞清楚走私的过程，从而确定审查的重点。

三、庭审

（一）庭审的功能

庭审即法庭审判，是一个"具有法的范式和象征意义的法空间"。"在这个空间中，有法律程序的展开，控辩活动的推进，以及不同诉讼角色的扮演，

而其围绕的中心,是法官对案件实体的心证形成。"① 现代意义上的审判就是原告与被告在公开的法庭上为各自提出自己的主张和证据进行争辩,法官站在第三者的位置上,基于国家权力对该争执作出裁判的程序。② 因此,庭审是法官裁判案件最基本最重要的活动。庭审具有以下几方面的功能:

1. 发现事实真相与建构案件事实

发现事实真相既是庭审的功能,也是通过庭审实现正义的要求。笔者认为,庭审的主要功能就在于查明案件事实和证据,明辨是非曲直。同时,法官通过庭审展现的事实信息,形成内心确信,建构案件事实。

2. 发现法律规范与阐明法律原理

在事实确定的基础上,必须解决法律适用问题。通过庭审活动,法官可以在双方充分争辩的基础上,完成"找法"活动,阐明法律适用原理与规则,从而为正确适用法律对案件作出正确裁判打下基础。

3. 接受监督和满足知情权,增强司法透明度

建立公开、透明的审判制度是程序正义的必然要求。审判公开既包括对当事人的公开,也包括对社会公众的公开。法官通过公开开庭审理案件,允许公民参加旁听,从而使审判活动在阳光下进行,自觉接受社会监督,有助于防止司法专横和司法腐败。

4. 解决纠纷并打造司法公信力

庭审是解决纠纷的主要场所。司法公信力是指社会公众对审判权的运行及运行结果所具有的心理认同感,即人们对人民法院及其生效裁判文书等的信任程度,它能表明社会公众对法官是否信任和尊重以及信任、尊重、自觉服从法院生效裁判的程度。司法公信力越强,人们对司法的信任度就越高。而庭审是整个审判活动的中心,是法院向社会展示司法活动、行使裁判权的重要平台。法官的使命就是主持庭审,给当事人提供一个充分说理的机会,在此基础上查明案件事实,并通过理性的判断和缜密的思维作出公正的裁决,从而实现社会正义,庭审因此成为打造司法公信力的主要阵地。在封闭、不透明的司法环境中,当事人及社会民众是不会对司法产生信任的。公开开庭

---

① 龙宗智:《刑事庭审制度研究》,中国政法大学出版社2001年版,第1页。
② 参见左卫民、周长军:《刑事诉讼的理念》,法律出版社1999年版,第58页。

审判以看得见的方式进行,可以消除当事人及社会民众对司法公正性的疑虑,增强当事人及社会民众对司法的信任度,从而赢得当事人和社会民众对司法的充分信赖,提升司法公信力。庭审还具有正当化的功能,使国家对纠纷的处置正当化。即国家对冲突的处置不是通过幕后的审查研究而是通过公开开庭审判的方式进行,因而具有相当的合法性和正当性,从而有效地化解社会矛盾,真正地解决纠纷。

5. 宣传法治和教育民众

法官开庭审判就是运用法律对查清的事实作出裁判。在庭审中,法官释明法律,对案件的是非曲直作出评判,并将裁判结果公之于众,使当事人及旁听民众从中受到教育,起到了宣传法治、引导社会行为的作用。

(二)庭审的价值

上述功能主要就庭审的技术因素而不是针对其社会作用而言。庭审要完成其社会使命,需要尊重和实现以下几个价值:

1. 实现客观、公正

公平与正义是司法永恒的主题。审判是实现社会正义的最后一道防线,公正是审判的生命,也是庭审活动的基本价值目标。法官对庭审活动应确立最大限度追求庭审公正的理念,把实现司法公正作为自己最高的行为准则。庭审作为审判过程中最核心、最重要的环节,应最大限度地追求公正。公正包括实体公正和程序公正,二者相辅相成。美国著名法官弗利克斯·弗兰克法特曾经说,司法不仅在实质上必须公正,而且在"外观上的公正"也是需要的,这就是"程序公正"所能发挥的功用。[①] 各国的司法实践证明,庭审活动必须坚持实体公正和程序公正并举,任何偏颇于实体公正或程序公正的做法都是不当的。

2. 实现司法效率

所谓司法效率,主要具有两方面的含义:一是诉讼经济,即以较小的诉讼成本,实现较大的诉讼效益。以尽量少的投入,最大限度地实现诉讼的客观公正。二是诉讼及时。要求庭审能够较快地推进,使案件得到及时的审判。

---

① 参见龙宗智:《刑事庭审制度研究》,中国政法大学出版社2001年版,第25页。

追求庭审效率是我国现实社会条件的需要。目前，我国司法资源有限，而案件数量不断增加，审理难度不断增大，因此有必要特别讲求提高庭审效率，避免诉讼资源的低效率使用。特别是超审限现象必须杜绝，因为它不仅浪费司法资源，而且易使公众丧失对司法的信任，使司法的权威受到质疑。但需要指出的是，效率是以确保公正为前提的。追求庭审的效率应建立在实现司法公正的基础上，没有公正，效率也就失去了其存在的理由。

（三）庭审的结构与原则

庭审要有效地正当地发挥其功能，实现其价值目标，有赖于结构及其运作的合理性，而结构又是运作的基础。

由于历史传统、社会政治文化及法制背景的差异，各国的庭审结构有别。以两大法系的刑事庭审活动为例，英美法系国家采取当事人主义庭审结构，而大陆法系国家大多采用职权主义庭审结构。所谓当事人主义庭审结构，又称对抗式结构，是指控辩双方作为平等对抗的诉讼主体进行诉讼活动，法官（包括陪审团）处于居中公断地位的一种庭审结构。所谓职权主义结构，又称审问式结构，是指法官在庭审中处于主导地位，积极负责查明案件事实而形成判决的庭审结构。在职权主义庭审中，法官是庭审的核心，指挥庭审并对庭审进行起着主导作用，法官直接决定案件审理的范围和方式、主动讯问被告人、询问证人，必要时可直接调查收集证据，法官成了审判过程中"最忙的人"；而当事人主义庭审中，控辩双方诉讼地位平等，并就诉讼主张和证据展开诉讼攻防活动，法官居中消极裁判，一般不干预控辩双方的活动，即又被称为"沉默的法官，争斗的当事人"。

无论是职权主义模式还是当事人主义模式，就庭审的基本构造来说，都呈现出"控、辩、审"这"三方组合"的形式，法官的诉讼角色则是"居于其间、踞于其上"的裁判者，由此形成一个等腰正三角形结构。这一结构，实际蕴含着诉讼程序的基本法理，体现着程序公正的基本要求。根据学者研究，支撑和维系这一构造的基本原则包括：

1. 法官依法行使审判权

这里的法官依法行使审判权是指法官在审判活动中依法履行职责，不受行政机关、团体和个人的干涉。它为程序公正和裁决的理性创造了前提，主要体现在，合议庭成员能够排除来自内部和外部的各种非法干涉，依法决定审判中应由法官裁决的程序性事项并最终依法对案件作出实体判决。

2. 法官中立

所谓法官中立是指法官在诉讼中与双方当事人保持同等的司法距离，对案件保持超然和客观的态度。法官中立是维护法律的神圣与正义所必需的，要求法官站在客观中立的角度考虑、裁判案件，做到不偏不倚，中立是对法官庭审最基本的要求。不中立便是偏私，便是法官与当事人的角色混淆，其导致结果的不公正乃是必然的。法官中立与法院依法独立行使审判权是密不可分的，法院依法独立行使审判权必然要求法官中立；反之，法官中立也要求法院依法独立行使审判权。随着审判方式改革的深入，法官中立、居中裁判的审判观念越来越被人们所接受，有人把法官形象地比喻成球场上的裁判，强调法官要像裁判那样保持绝对的中立，不偏不倚。法官在宣判前，不得通过言语、表情或者行为流露出自己对裁判结果的观点或者态度。法官调解案件应当依法进行，并注意言行审慎，避免当事人和其他诉讼参与人对其公正性产生合理的怀疑。

法官中立原则包括以下两项具体要求：

一是法官同争议的事实和利益没有关联性。强调法官与案件事实和利益上具有非关联性，对于保持法官的中立性无疑是必要的。

二是法官不得对任何一方当事人存有歧视或偏私。法官所形成的偏见和预断有可能会妨碍纠纷的公平处理。因此，要保证法官中立地位的确定，有必要在法官遴选制度方面确立对法官的中立性方面的要求；同时，对现任法官要强化中立意识，居中裁判，以确保程序公正的实现。法官不仅要树立中立意识，而且还应表现出中立地位。加拿大司法委员会1998年制定的《司法职业道德基本准则》第6条也规定"法官审判案件时必须是公正的，而且应当表现出是公正的"，也就是说，法官不仅要在主观上公正，而且要在行为表现方面也体现公正。因此，法官在审理案件时应当依法进行，并注意言行审慎，避免当事人对法官的中立和公正产生合理怀疑。

美国学者戈尔丁提出的程序公正九项标准，也值得借鉴：

（1）任何人不能作为有关自己案件的法官；

（2）结果中不应包含纠纷解决者个人的利益；

(3) 纠纷解决者不应有支持或反对某一方的偏见；

(4) 对各方当事人的意见均给予公平的关注；

(5) 纠纷解决者应听取双方的辩论和证据；

(6) 纠纷解决者只应在另一方当事人在场的情况下听取对方的意见；

(7) 各方当事人应得到公平机会来对另一方提出的辩论和证据作出反应；

(8) 解决的诸项内容应需以理性推演为依据；

(9) 分析推理应建立于当事人作出的辩论和提出的证据之上。①

戈尔丁提出的程序公正标准贯穿了直观的诉讼过程，他认为，只要坚持上述公正标准，就能够促使争端从心理上得到真正解决，并且还能确保各方当事人对整个司法审判制度产生信任，这种信任构成了法律制度存在的基础。

基于法官中立的要求，为有效防止法官从裁断者演变成积极的调查者和变相的追诉者，在刑事诉讼中，法官应始终坚持司法的被动性原则，只做消极中立的裁判者。由于传统的庭审习惯，法官在庭审中大包大揽，对诉讼双方过分干预，往往卷入当事人的利益纷争中，难以保证其公正中立的形象，造成司法公信力下降。法官只需在庭审中保证庭审活动的顺利进行，负责听证、认证、质证并作出公正判决，法官对当事人之间达成的处理意见，只要不违背法律和公序良俗就应当予以认可，而不应主动干预。

3. 司法权威

法律权威是法治的基本要求，但法律自身不足以让自己"权威"。要实现这一点，就必须树立司法权威（法院的权威）。在一个成熟的法治社会，司法是法治实现的最后环节和最终保障，也是平衡权力与权利、国家与社会关系的最高手段，因而其必然具有权威上的至上性，司法的"权威"地位，可以从以下几方面加以理解：

一是在案件的实体处理上，人民法院依法对案件最终作出裁决，决定起诉与辩护的命运。

二是在程序问题上，法官代表人民法院在审判过程中具有诉讼指挥作用，而且对整个诉讼过程能够发挥重要的影响，包括评判控诉方和辩护方的诉讼活动从而规范双方的行为。

---

① ［美］马丁·P. 戈尔丁：《法律哲学》，齐海滨译，三联书店1987年版，第240页。

三是法官代表人民法院在庭审中的驾驭、指挥、处置等行为具有权威性。

四是人民法院对案件具有终结性处置权,判决一旦确定,便发生法律效力。

4. 诉辩平等

在等腰三角形的构造中,诉辩平等是"题中应有之义"。辩护与控诉是诉讼构造这一统一体中的两个对立方面和相对立的诉讼职能。诉讼的前提是控诉与被指控的双方存在"诉争",因而形成双方的对抗格局。诉讼的科学程序要求控诉与辩护双方在形式上应保持平等对抗的格局,这是保证诉讼客观、公正的前提。如果控辩双方在形式上明显一方优越而另一方处于极为劣势的地位,就有使诉讼在实质上变成行政程序的危险,程序公正就无从谈起,案件的处理就很难保证质量。平等包括法律地位平等和诉讼手段对等两项内容:一是平等获得与案件有关的信息。为了诉讼的公正与效率,须作庭前证据开示与交换。二是被告人应当成为诉讼主体并获得诉讼关照。要实现诉讼平等,必须承认被告人的主体地位和诉讼权利。被告人的主体地位主要表现在诉讼权利的享有上,如陈述事实和意见的权利,要求回避的权利,法律协助的权利,申请解释、调查的权利等。三是被告人辩护权的肯定和保障是诉辩平等的重点。由于公诉权过于强大,被告人的辩护权应当得到强化。法官只有在"兼听"的基础上才能作出公正的诉讼裁决。[1]

(四)庭审的技巧与方法

庭审是法官依法行使审判权,高效率、高质量地运用法律手段处理纠纷的一门艺术。[2] 正如有学者所言,法庭是一个舞台,各个法官根据各自的能力审理不同的案件,导演出具有鲜明个性的话剧,充分展示法官的风采、执法的形象。[3]《法官行为规范》第二十六条规定了庭审的基本要求:一是规范庭审言行,树立良好形象;二是增强庭审驾驭能力,确保审判质量;三是严格遵循庭审程序,平等保护当事人的诉讼权利;四是维护庭审秩序,保障审判活动顺利进行。这是法官进行庭审活动必须遵循的一般要求,也是评价法官

---

[1] 参见龙宗智:《刑事庭审制度研究》,中国政法大学出版社2001年版,第32-43页。
[2] 杨凯:《裁判的艺术——法官职业的境界与追求》,法律出版社2005年版,第174页。
[3] 乔宪生等主编:《法官素养与能力培训读本》,法律出版社2003年版,第99页。

庭审活动质量的主要依据。除此之外，法官进行庭审活动还必须掌握一定的技巧与方法：

1. 充分做好庭前准备工作

法官在庭前除了认真审阅案卷外，还应做好以下几方面工作：

（1）制作"阅卷看法"。通过"阅卷看法"归纳案件争议的焦点，确定庭审重点。

（2）拟制庭审提纲。主要内容至少应包括案件的审理范围、上诉理由、庭审重点、需要特别注意的问题等。

（3）开好预备庭。即合议庭在案件受理后，应当召开预备庭，庭前对案件如何审理和分工等问题进行合议，共同讨论确定庭审提纲和要点，共同研究庭前需要组织双方交换的证据，做到共同熟悉案情。在预备庭评议过程中，对疑难案件，承办人应当主动提请合议庭其他成员共同阅卷。

（4）对复杂案件组织庭前证据交换。

（5）组织庭前听证。即由法官组织双方当事人及其代理人就案件审理的争议焦点和相关证据进行举证和核对，以便更好地促进案件庭审顺利开展。

（6）确定开庭时间，在法定期限内通知诉讼各方开庭时间和地点。法官应当按照方便当事人诉讼的原则确定开庭时间。开庭时间确定后，不得随意更改，确因特殊事由需要推迟开庭的，应当至少提前48小时通知当事人及其他诉讼参与人。

（7）依法公告。公开审理的，应当及时公告；当事人申请不公开审理的，应当及时审查，不符合法定条件的，应当公开审理并解释理由。

（8）按时到庭，准时开庭，不迟到、缺席。一般情况下，不应无故更改开庭时间；因当事人、证人原因等特殊情况确需延期的，应当立即通知当事人及其他诉讼参加人。

2. 注重法官的形象和言行举止，认真对待司法礼仪

"法官坐在法庭之上就代表着国家法律，端坐在法椅之中的法官就是生动的法律的象征。因此，法官一定要通过自己规范、威严、严谨、端庄的形象和仪表，向诉讼当事人展现一种威仪四射的法官之威，只有首先做到形象上

的威严，才会有精神威严的可能。"① 具体而言，法官应注意以下几个问题：

（1）衣着规范整洁。规定着法袍的，应当在进入法庭前更换好并保持整洁和庄重。

（2）设立法官通道的，应当走法官通道。

（3）应当在当事人、代理人、辩护人、公诉人等入庭后进入法庭。

（4）不与诉讼中的任何一方有亲近的表示。

（5）坐姿端正，不得有穿拖鞋、掏耳朵、剪指甲、吸烟、吃零食等不雅行为。

（6）集中精力，专注庭审，不做与庭审活动无关的事。

（7）不得使用通信工具、在审判席上吸烟、随意离开审判席等。

（8）礼貌示意当事人及其他诉讼参加人发言。

（9）不得用带有倾向性的语言进行提问，不得与当事人及其他诉讼参加人辩论、争吵。

（10）严格按照规定使用法槌，敲击法槌的轻重应当以旁听区能够听见为宜。

（11）严禁酒后参加庭审。

3. 正确地指挥和驾驭、控制庭审

法官是庭审活动的组织者和指挥者，法庭上的所有人都应当服从法官的指挥。但由于法官特殊的角色，法官的指挥权不是绝对的，法官应当处理好指挥权与当事人行使诉讼权利之间的关系。法官的庭审艺术集中反映在其驾驭、控制庭审的能力上。根据审判实践，法官应当学会以下几条：

（1）合理地分配与控制诉讼各方陈述、辩论时间，使庭审有序进行。法官应当根据案情和审理需要，公平合理地分配诉讼各方在庭审中的陈述及辩论时间；不随意打断当事人、代理人、辩护人等的陈述；当事人、代理人、辩护人发表意见重复或与案件无关的，应当适当提醒，不以生硬言辞进行指责。

（2）允许当事人使用方言或者少数民族语言。诉讼一方只能讲方言的，应当准许；他方表示不通晓的，可以由法官或者书记员用普通话复述；使用

---

① 杨凯：《裁判的艺术——法官职业的境界与追求》，法律出版社2005年版，第175页。

少数民族语言陈述，他方表示不通晓的，应当为其配备翻译，提供语言帮助。

（3）当事人情绪激动，在法庭上喊冤或者鸣不平时，应当重申当事人必须遵守法庭纪律，法庭将会依法给予其陈述时间；当事人不听劝阻的，应当及时制止；制止无效的，依照有关规定作出适当处置。

（4）诉讼各方发生争执或者互相进行人身攻击时，法官应当及时制止，并对各方均进行批评教育，不得偏袒一方；告诫各方必须围绕案件依序陈述；对不听劝阻的，依照有关法律规定作出适当处置。

（5）归纳争议焦点，明确重点，指挥和引导当事人诉讼。法官应当归纳、突出争执的焦点，提高举证、质证和认证活动的质量，提高庭审效率，通过诉讼引导，克服举证烦琐、质证不深入和辩论不切题等问题，避免无效争吵、任意跑题。

（6）有效地控制庭审节奏。庭审的节奏应当能够体现一种起伏跌宕之美，而平铺直叙的庭审过程，累赘、拖沓的庭审过程都会消磨参与庭审者的激情和耐力，使庭审的效率低下。一般来说，对于程序性过程可以适当加快节奏，而对于双方争议较大，证据繁多的法律争议，则应放慢庭审的节奏，这样既有利于查清事实，也有利于书记员、速录员的记录。只有快慢相间、张弛有度的庭审节奏，才能给人以美的享受，才能在节奏的韵律变幻之间达到庭审目的。

（7）有效地预防和处置突发事件，冷静、果断、及时应对庭审中出现的复杂局面。现实中，有的法官应变能力较差，对庭审中出现的突发事件和各种复杂局面不能妥善处置。

4. 注重把握庭审中的语言

法官扮演的是中立的、客观的、相对超脱的、消极的裁判者角色，但这并不意味着法官不需要较好的语言能力。"法官的工作在很大程度上就是论辩说服的工作，法官必须具有很高的语言能力。法官要能把话说得抓住要害、丝丝入扣、入情入理，把话说到人们的心坎里，令人心服口服。法律作为一种文明人的排纷解难的文明方式，是'君子动口不动手'，实质上是一种语言的艺术，优秀的法官应是语言大家、演说大师。"① "法学其实不过是一门法律语言学"（麦考密克语）；对于法律职业者而言，"要想在与法律有关的职

---

① 邱本：《论古代法官的"身言书判"》，载《人民法院报》2001年9月7日。

业中取得成功，你必须尽力培养自己掌握语言的能力"（丹宁语）。语言表达能力是庭审艺术、技巧的一项最基本的内容。庭审的语言艺术主要包括以下几方面：一是要准确运用普通话开庭；二是要注重使用法言法语，体现庭审语言的专业性、规范性和严肃性；三是讲究庭审语言的表达艺术，针对不同情况调整语调和语速；四是要运用语言的重复表述和加重语气的表达方法，对庭审中的重点问题予以复述，方便书记员记录；五是要注意形体语言的表达。[①]

庭审参考用语

（1）请你围绕诉讼请求陈述案件事实和相关理由，正面回答法庭提出的问题。

（2）这些事情刚才你陈述过了，法庭已经认真听取并记录在案，由于时间关系，请不要再作重复。

（3）请根据你的诉讼请求（答辩意见），向法庭提供相关证据材料。

（4）请注意法庭秩序，遵守法庭纪律，让对方把话说完。未经法庭许可，请不要向对方发问。

（5）旁听人员请遵守法庭纪律，保持肃静。

（6）这是法庭审理笔录，请你认真阅看，如有遗漏或者错误，可以申请补正；如无异议，请在笔录上签名、捺印。

（7）你的证言法庭已经记录在案，谢谢你的配合。休庭后将请你阅看庭审笔录中的证言部分，现在请你到庭外休息。

（8）请你保持冷静。法庭已充分注意到你反映的情况，判决是根据事实、依照法律慎重作出的。如果你对本判决不服，可以在法定期限内向上级法院提起上诉。

根据学者对庭审语言的研究总结，法官在法庭上的负面表现主要有"喋

---

① 参见杨凯：《裁判的艺术——法官职业的境界与追求》，法律出版社2005年版，第178页。

喋不休""不耐烦"等几种类型。①

法官在法庭上的几种负面表现

（1）"喋喋不休"。其特点在于：说了很多不该说的话。这些法官的问题是对说什么把握不精确。我们经常见到的喋喋不休的法官是那些对当事人的陈述，不断以自己的语言进行复述和重复，以追求当事人陈述的原意。实际上这些法官经常代替一方当事人的陈述；有时是出于好意而频频对陷入困境的一方律师"出手相救"。

（2）"不耐烦"。其特点是：烦躁易怒、随意打断当事人陈述，态度粗鲁，甚至与当事人发生争论。这些法官的问题主要出在怎么说，出在使用语言的方式上。法谚有云："正义不生气。"但不耐烦的法官在法庭审理中并不少见，特别是有些年轻的法官，他们有很强的精英意识，认为法官应当严格就本案有关的事实予以审理，任何多余的表述都是对司法资源的浪费。对于某一个观点，只要当事人陈述到了，对除此之外的其他意见的赘述会使得法官没有耐性予以听取。他们会打断当事人对于无关事实的陈述，使得陈述的人感到十分"难受"。

（3）"急于查清事实"。指的是部分法官在双方辩论还没有充分展开之前就急于查清事实而提前介入双方之间辩论。这些法官对说话的时间发生了错误认识。这样的法官也极易给一方当事人造成法官在帮助对方的印象，从而影响了法官公正的形象。

（4）"缺少知识"。其特点在于：不知道该在法庭上说什么。法官的语言不能有错误，所以法官要慎言，可是开庭时法官也不能一直翻卷宗，似乎不知道自己该问什么。能言善辩绝非法官的职业目标，但有时为了查清事实而不得不说话。一个缺乏法律素养和渊博知识的法官，在庭审中该说什么、怎么说都是问题。

---

① 参见谢平：《浅谈法官在庭审中的语言》，载广州审判网，http://www.gzcourt.org.cn，最后访问时间：2019年7月14日。

(5)"缺乏智慧"。"智慧"是法官最重要的品质，而缺乏智慧的法官的特点是：说了不该说的话，该说的话没有说。比如，在民事庭审中，法官问一方当事人："你将违约情况讲一下。"在知识产权案件审理中，法官问被告方："你们生产、销售盗版CD有多长时间？"案件都没有审理完毕，怎么确认是违约？都没查清原告举证证明生产、销售行为是否成立，怎么认定被告有销售行为？都没查实是不是盗版怎么轻易作出判断？这就是法官主观臆断、未审先定，导致话一开始就让当事人反感，甚至形成对立情绪。

5. 学会做情绪的主人

"人非草木，孰能无情。"我国古代学者就有"喜、怒、哀、乐、爱、恶、惧"七情之说。庭审中，由于案情的复杂性，当事人的矛盾对立和出庭情绪影响，法官也会因人因事而情绪波动，如果把握不好，就会乱了方寸与阵脚，难以正确把握案件的审理方向，如果法官情绪失控，司法威严将会受损。有的法官突然神情紧张，无所适从，出现语言表述错误，遗漏重要事项，以及坐着宣读判决书，忘记起立等情况。有的法官遇到当事人纠缠不清或经多次解说仍不明白某一道理的情况时，会表现出不耐烦的情绪，甚至发脾气训斥当事人。为了克服这些问题，法官应当学会控制和管理自己的情绪，做情绪的主人，学会"克制"，养成一种镇定自若、泰然面对的积极修为。

6. 注重发扬民主风格

司法实践中，有的法官不能给自己的角色正确定位，在庭审中除了当裁判员之外，还身兼教练员和运动员两职。所谓教练员的身份，就是不停地教训当事人，训完原告训被告。所谓运动员的身份，是指公开地站在一方当事人立场上为另一方说话，不让另一方陈词。这种现象不仅无助于维护法律的尊严，恰恰相反会给人民法院的形象造成不良影响。正确的做法是，法官应当发扬和保持一种民主的风格。比如，不失时机地对偏离主题的辩论进行引导，不断征求代理人意见，审判节奏的掌握，面目表情的友善，语调的控制等，都体现了审判活动中的民主作风。

四、调解

（一）调解的概念与功能

法官从事的调解活动，即诉讼调解，又称法院调解，是指当纠纷进入诉讼程序后，法官作为居中第三人主持争议各方以达成调解协议和终结诉讼为目的的活动。诉讼调解作为审判工作的重要组成部分，是人民法院根据自愿、合法的原则，依照严格的诉讼程序，采取调解的方法促使双方当事人和解的一种重要的结案方式和诉讼活动，具有方便、快捷、灵活、成本低廉和对抗性弱的特点，"成则双赢，不成也无输方"，为当事人提供了一种解决纠纷的选择。由于受和谐、中庸等儒家传统思想的影响和人们无讼、厌讼、耻讼的观念导向，诉讼调解在我国存在厚实的文化底蕴和制度土壤。早在西周时期，其地方官吏中的"调人"之职，就是为"司万民之难而谐和之"，此后，诉讼调解逐渐演变为我国诉讼制度的核心。时至今日，这一"东方经验"仍然在发挥着重要的作用。

调解在民事诉讼、刑事附带民事诉讼和刑事自诉案件中都有广泛的运用。调解的最大特点是自愿原则，尊重当事人的意愿，照顾当事人自己的心理感受。调解过程中比较全面地贯彻和体现了当事人本人的意愿，是当事人主义在诉讼活动中的集中体现。调解结果能够使当事人的利益最大化。由于当事人本人直接参与了纠纷的解决，以自己的意愿影响了裁判的结果，并使自己的利益在裁判中得到最大限度的实现，因此，完全可以接受裁判的结果。实践证明，在诉讼中实行调解易于为当事人所接受，人们在心理上对调解的接受程度依然超出了对判决的接受程度。当前，调解已成为当事人接受裁判结果的最有效、最普遍采用的途径。应当指出的是，刑事附带民事诉讼中的被告人往往就是杀死或者伤害原告人或其亲属的致害人，因此双方当事人之间的矛盾在所有诉讼类型中对抗性最强、对立最尖锐。相对其他案件处理方式来说，调解尤其是庭前调解更具有迅速化解矛盾、消除分歧、解决纷争的突出特点，对解决刑事附带民事诉讼中当事人之间的争议十分有效，已经成为在刑事附带民事诉讼中运用最多的结案方式。近年来，法院调解再次勃兴，调解手段在人民法院诉讼活动中的广泛运用,进一步增强了法院解决纠纷的有效性。全国各级法院按照"预防在前、调解优先、运用法治、就地解决"的要求,积极运用调解的手段化解矛盾,减少诉讼对抗、缓解讼累,提高了息诉率,真正实现定分止争、钝化矛盾。法官的天职就在于解决纠纷,以调解方式将各种矛盾纠纷控制在社会秩序能够容纳的范围之内,通过审判权的有效行使,将法律抽象规定的当事人权利义务具体化,促进了社会和谐。

不过,需要指出的是,不是所有的案件都能够调解,或适合调解。用心可以增加调解的概率,但"用心就能够调解"其实是一句谎言,提高案件"调解率"可以去追求,但绝不能成为衡量法官业绩的唯一标准。在现代社会,法官绝不能把调解理念当成战无不胜的法宝,把调解变成"神话",一定要洞察诉讼参与者的心理,了解当事人隐藏在诉求文字背后的真实欲求。[①] 调解不是万能的,并不能代替判决。调解由于其正义性较弱,所起到的示范指引作用是有限的,彰显社会正义的效果不大,不能体现国家公权力对案件的态度和看法,而判决明断是非,规范人们的行为,指引社会的发展,对我国的法治建设尤其重要。实践中,不适当的调解亦会损害司法权威性与公正性,有的案件不当调解为虚假诉讼等违法犯罪行为带来了可乘之机,需要引起高度警惕并切实加以防范。

(二) 调解的技巧与方法

《法官行为规范》第三十九条至第四十五条共七个条款强调法官在诉讼调解中要注意规范化,并特别强调:在诉讼调解中,法官必须尊重当事人的意愿;要树立调解理念,增强调解意识,坚持"调解优先、调判结合",充分发挥调解在解决纠纷中的作用;坚持自愿、合法原则;讲究方式方法,提高诉讼调解能力,努力实现案结事了。调解细节中要求:在与一方当事人接触时,应当避免他方当事人对法官的中立性产生合理怀疑;不得强迫调解并应当动之以情,晓之以理,积极引导调解;发现调解协议有损他人利益的,不得认可该调解协议内容;要注意方式方法,分歧较大且难以调解的,应当及时依法裁判。

[①] 马军:《法官的思维与技能》,法律出版社 2007 年版,第 149 页。

要成功地进行调解,光靠讲解法律条文是远远不够的,还要讲究调解艺术,要求法官善于综合运用心理学、社会学等多种知识和多种技巧,才能达到成功调解的目的。调解的技巧即适用于诉讼调解的一些具体方式、策略,又可以称为调解艺术。将一定的调解技巧妥善地应用于调解前、调解中、调解后,能起到顺水推舟、鼓风扬波的特殊作用。根据实践经验,有关调解的技巧与方法主要有以下几条:

1. 把握当事人的诉求

俗话说"工欲善其事,必先利其器",作为承办法官,事先搜索案件信息,充分地了解案情,把握案件的争议焦点,对调解成功是非常重要的。法官只有做好充分的庭前准备,才能在审理案件的过程中,做到游刃有余,再运用法律教育、疏导当事人,使调解水到渠成。每个人都具有不同的心理特征,但人的心理一般具有一定的规律。在个案审判实践中,法官通过全面吃透案情,了解当事人的心理诉求,查找矛盾的根源和心理症结,把握当事人对法院的期待,然后根据当事人的心理特征和规律,在法律许可的范围内,充分运用调解手段,能调则调,当判则判,调判结合。在调解不成的情况下,应当倡导合理运用司法辩论、法官中立等程序制度的运作,增强当事人对裁判结果的可预测性,从而为增强裁判的可接受性奠定基础。

2. 取得当事人的信任

法官作为中立的第三方开展调解工作,促使矛盾对立方重新沟通的首要前提是取得每一方当事人的信任和尊重。赢得当事人信任的有效方法之一是关心当事人,让当事人感受到法官的亲和与司法的亲近,具体可以从以下几方面关心当事人:

(1) 对身体状况的关心,特别是对一些年迈体弱的当事人多关照其身体状况。

(2) 对家庭状况的关心。

(3) 对生活处境的关心。

(4) 对经营状况的关心。

(5) 对纠纷后果的关心。

唯有如此,才能拉近法官与当事人之间的心理距离。司法实践中,调解工作往往是通过法官与当事人之间的语言沟通进行的。因此,这也需要法官具有一定的语言艺术，采取合适的语言方式抓住当事人的心理，取得当事人的信任。本书向大家介绍法官在调解中经常说的"四种话"和参考用语。

法官在调解中经常说的"四种话"

（1）定心话。即安定当事人情绪的话，如对粗暴蛮横的当事人直言正告，使其恢复常态；对急躁不安的当事人耐心劝其冷静；对郁闷痛苦的当事人，婉言安慰，让他得以宽心；对生活失去信心的当事人，真诚开导，使他回心转意。

（2）风趣话。即风趣、幽默、爽快之中含启示，笑谈之中寓道理，幽默而不含糊，通俗而不失雅，以此获得当事人的信任和好感。

（3）圆场话。这种话能使调解僵局变得缓和，化干戈为玉帛，能够及时消除当事人之间的隔阂。

（4）希望话。即一番热情真挚、透人心房的希望话，能在当事人的心灵深处打上一个烙印，产生极大的震动，使其难以忘怀，让当事人最大程度地信任法官。总之，法官既要坚持公平公正的办案态度，又要保持耐心，让当事人感受到法官在设身处地地为他们着想，让当事人感受到法官解决矛盾的真心。

调解参考用语

（1）根据本案的情况和双方的关系，建议你们通过协商来解决纠纷。请问你们是否同意进行调解？

（2）既然双方都同意调解，希望本着互谅互让的精神，认真考虑对方提出的方案。

（3）请你们相信，法庭会按照自愿、合法的原则公正地主持调解，不会偏向任何一方。

（4）如果调解不能成功，法庭会依法作出公正判决，请你们不要有思想顾虑。

（5）对方已经同意作出让步，你是否也作些适当让步，这样有利于问题的解决。

（6）今天的调解双方没有形成一致意见，请你们回去再作考虑。如果还有其他调解方案，请及时与我们联系。

3. 选择最佳调解时机

调解时机是指在整个纠纷过程中最适宜调解的阶段，这个阶段既可能在诉讼内也可能在诉讼外。诉讼法规定，法官可以在诉讼程序中的任何一个阶段进行调解。但事实上，法官会尽可能抓住开庭之前的时机进行调解。对司法经验的实证研究表明，如果先开庭，后调解，当事人都选择调解的可能性以及调解的成功率都会降低。① 一般而言，诉讼内的调解时机可以分为"趁热打铁""冷却处理""欲擒故纵""一气呵成"等。

几种常见的调解时机

（1）"趁热打铁"。即案件受理时立即进行调解，制止事态扩大，及时化解矛盾，把纠纷处理在萌芽状态。

（2）"冷却处理"。即案件受理后不急于调解，等待时机成熟时再进行调解。一般适用于当事人感情比较冲动、对立情绪强烈或者抹不开面子以及一气之下引起的纠纷等，如离婚、损害赔偿、赡养、继承、分家析产等。此刻当事人正在气头上，比较固执，都恨不得置对方于死地而后快。因此，必须等待一段时间，让当事人气消了，情绪稳定了，考虑成熟后，有了调和的余地和基础再进行调解。

（3）"欲擒故纵"。即回避当事人轻率的调解意见，逐步引导当事人走上调解正轨。

（4）"一气呵成"。即整个调解过程要连贯、快捷、完整，一气

---

① 这是因为，影响调解成功的因素很多，首先是当事人对诉讼信息的掌握程度及对自己胜诉可能性的预测。开庭就是双方当事人信息交换的过程。通过开庭认为自己有理的一方，或者感觉自己开庭时占上风、胜诉可能性较大的一方一般不会同意调解。其次，庭审程序的公开性、对抗性和当事人在法庭调查、法庭辩论中对自己主张和理由的不断重复，强化当事人的对抗心理。心理学的态度改变理论认为，已经公开表示过或承诺过的态度不易改变，因为改变意味着承认自己过去错了。最后，对某一观点的不断重复会强化、巩固当事人对自己主张的信心。参见吴英姿：《法官角色与司法行为》，中国大百科全书出版社2008年版，第112-113页。

呵成。经说理、疏导、教育、批评、帮助后，当事人一有触动，要及时发现并把握时机，迅速拿出可行的调解方案，促成当事人达成协议。同时，充分利用现代化办公工具，及时制作调解书，当场送达双方当事人签收，防止夜长梦多，避免当事人反悔而前功尽弃。司法实践中，把握好调解时机，会收到事半功倍的效果。

4. 针对不同当事人选用不同的调解方法

司法实践中，法官应善于采取多种思维方式，运用多种观察角度，针对不同当事人和不同的案件种类，适用不同的调解方法。

几种常见的调解方法

（1）"背靠背"调解法。调解案件既可以让当事人同时在场，进行"面对面"调解，也可以进行"背靠背"调解。所谓"背靠背"，即把双方当事人分开，分别置于不同场所，由调解人员中间斡旋、沟通，平息双方情感上的冲突，拉近情感距离，促进调解成功。[①]如对故意伤害刑事附带民事案件，赔偿数额虽不大，但双方心里都想争面子、争口气，对此就可以采取"背靠背"的方法调解，避免发生正面冲突。

（2）"换位思考"调解法。俗话说"要想公道，打个颠倒"。在民事调解中，双方当事人由于自私自利思想作祟，跳不出个人圈子，好"钻牛角尖"。双方当事人往往固执己见，爱争强好胜。法官应善于启发双方当事人转换角色，换位思考。在考虑个人得失的同时，也要替对方利益着想，做到知彼知己，自我约束。特别是在当事人情绪激愤的情况下，不要急于调解，应适当给予当事人缓和情绪的

[①] 对调解应该"面对面"还是可以"背靠背"进行的问题，理论界存在一定的争议。反对"背靠背"调解方式的认为，该调解方式不公开、不透明，有"蒙骗"之嫌。笔者认为，这是对"背靠背"调解方式的误解。法官固然存在将双方当事人隔离开来，通过各个劝说的方法，使双方逐步缩小意见差距，但该调解方式并不能与对一方当事人说一套，对另一方当事人又说一套的方法等同。其实，国外也存在此种调解方式。如日本的劝告和解就采取交替面谈的方式进行，实质上就属于"背靠背"。参见宋才发、刘玉民主编：《调解要点与技巧总论》，人民法院出版社 2007 年版，第 187 页。

时间，在调解中引导当事人换位思考，反思自身不足，设身处地地考虑问题，将心比心，增进理解，消除隔阂，大力营造平和诚信、互谅互让的调解氛围。换位思考方法在运用时，法官也要站在当事人双方的立场和角度，寻找全面解决纠纷的方法。只有通过换位思考，从当事人双方的立场来看事情，才能真正理解别人的想法和感受，找准切入点，平衡利益分配。

(3)"说理劝导"调解法。即从伦理道德和法律规定各个角度阐明应尽的法律义务和道德要求，不推诿责任，以"理"为本，以"情"为切入点，瞄准感化点，引导调解，变"斗气"为"和气"，促使双方和解。

(4)"借力"调解法。即调动各方面力量，共同做当事人的思想工作，争取很好的效果。一是借助当地基层组织的力量，取得他们的协助和支持，共同做好调解工作；二是利用与当事人有特殊关系或交情的人做调解工作。这些人是当事人较信任的人，利用他们做思想工作，往往容易让当事人接受。现在所聘任的人民陪审员，有些是人大代表、政协委员，妇联、团委干部，有一定的群众基础，在合议庭中可起到法官所起不到的独特作用。

(5)"案例引导"调解法。是指运用调解成功的相似案例，以案说法进行剖析，让双方当事人结合案例，对纠纷重新进行思考，最终达成调解协议。

(6)"心理分析"调解法。即对当事人进行心理分析，了解其心理状态，把握其心理活动规律和心理特征，有的放矢、对症下药进行疏导教育。主要从三方面入手：一是影响当事人的认识。具体的方法有直述法、暗示法、迂回法、对比法等。二是调节当事人的情绪。具体的方法有宣泄法、冷却法、感化法、震慑法等。三是激励、引导当事人的行为。具体方法有激将法、归谬法等。[①]

(7)"集体会诊"调解法。以庭务会形式专题讨论个案的调解

[①] 参见宋才发、刘玉民主编：《调解要点与技巧总论》，人民法院出版社2007年版，第195-196页。

思路，对疑难案件的调解进行集体会诊和攻关，充分发挥广大法官的经验和智慧，精心拟定调解方案，理清调解思路，做好充分的准备。

近十几年来，全国各级法院按照"和谐司法""能动司法"的要求，大力加强司法调解工作，着力从根源上化解矛盾纠纷并取得良好成效。广大法官在司法实践中探索、总结出了不少行之有效的调解工作方法。如入选浙江法院十佳调解能手的嘉兴市中级人民法院民一庭审判员苏江平曾在实践中总结提炼了调解"四字"工作法，在浙江法院系统产生了重要影响，赢得广泛好评。

苏江平调解"四字"工作法

（1）秉持"四心"——热心、耐心、小心、用心；

（2）力求"四明"——向当事人释明法律规定、查明事实、讲明可能的裁判结果、说明调解方案的关键内容；

（3）找准"四点"——纠纷的冲突点、当事人利益的结合点、法理情的融合点、说服当事人的切入点；

（4）巧借"四力"——法院内部人员之力、人民调解组织之力、行政和仲裁调解之力、与当事人相关人员之力；

（5）牢记"四忌"——忌调解初始阶段便让当事人面对面交换调解意见，忌以一方当事人观点去做另一方当事人工作，忌调解过程中向当事人"打包票"，忌法官对案件的观点飘忽不定。

苏江平法官的调解"四字"工作法，充分说明调解也是高水平的审判，是驾驭审理、适用法律、做群众工作能力的综合运用，是新时代中国法官依法化解社会矛盾，促进和谐稳定最需要的裁判能力之一。

五、合议

（一）合议制的功能与价值

合议制度是法院根据法律规定以合议庭为组织审理各类案件的最基本的审判制度。合议制主要表现在，案件由三人或三人以上的合议庭成员通过集体审理、评议讨论、表决，然后以集体的名义作出裁判。支撑合议制运作的科学原理正是心理学上的群体决策机制，群体决策是合议制的核心和灵魂。我国法律设置合议制的初衷就在于通过群体决策这一形式充分发扬民主集中制、集思广益，形成监督，增强裁判结论的正确性、合法性和可接受性，保证案件得以公平、公正地解决。[①] 合议制度在实现诉讼民主化、抑制司法专横、防止司法腐败、促进司法判决的公正合理和人民才智的发展方面发挥着积极作用。

（二）合议制的原理与规则

真正有效地解决合议制问题，必须了解和遵循群体决策的科学规律。只有厘清合议制的基本原理，完善或构建相应的运行规则，才能确保合议庭走向理性化的群体决策。[②]

为了进一步规范合议庭的工作程序，充分发挥合议庭的职能作用，最高人民法院于2002年8月12日公布了《关于人民法院合议庭工作的若干规定》，2007年3月30日公布了《关于完善院长、副院长、庭长、副庭长参加合议庭审理案件制度的若干意见》，2010年1月11日公布了《关于进一步加强合议庭职责的若干规定》。为了全面准确落实司法责任制，规范合议庭运行机制，明确合议庭职责，最高人民法院又于2022年10月26日发布了《关于规范合议庭运行机制的意见》。这些规定为合议制的运行提供了重要操作依据。

根据《关于人民法院合议庭工作的若干规定》，合议庭评议案件时，先由

[①] 参见胡常龙、吴卫军：《走向理性化的合议庭制度——合议庭制度改革之思考》，载尹忠显主编：《合议制问题研究》，法律出版社2002年版，第30页。

[②] 关于合议制中的群体决策原理，将在本书第二篇第三章部分予以阐述。

承办法官对认定案件事实、证据是否确实、充分以及适用法律等发表意见，审判长最后发表意见；审判长作为承办法官的，由审判长最后发表意见。对案件的裁判结果进行评议时，由审判长最后发表意见。审判长应当根据评议情况总结合议庭评议的结论性意见。合议庭成员进行评议的时候，应当认真负责，充分陈述意见，独立行使表决权，不得拒绝陈述意见或者仅作同意与否的简单表态。同意他人意见的，也应当提出事实根据和法律依据，进行分析论证。

根据《关于完善院长、副院长、庭长、副庭长参加合议庭审理案件制度的若干意见》，各级人民法院院长、副院长、庭长、副庭长除参加审判委员会审理案件以外，每年都应当参加合议庭或者担任独任法官审理案件。院长、副院长、庭长、副庭长参加合议庭审理下列案件：一是疑难、复杂、重大案件；二是新类型案件；三是在法律适用方面具有普遍意义的案件；四是认为应当由自己参加合议庭审理的案件。院长、副院长、庭长、副庭长办理案件，应当起到示范作用。同时，注意总结审判工作经验，规范指导审判工作。院长、副院长、庭长、副庭长参加合议庭审理案件，依法担任审判长，与其他合议庭成员享有平等的表决权。

《最高人民法院关于进一步加强合议庭职责的若干规定》进一步强调合议庭全体成员均应当参加案件评议。评议案件时，合议庭成员应当针对案件的证据采信、事实认定、法律适用、裁判结果以及诉讼程序等问题充分发表意见。必要时，合议庭成员还可提交书面评议意见。合议庭成员评议时发表意见不受追究。

根据《关于规范合议庭运行机制的意见》，合议庭是人民法院的基本审判组织。合议庭全体成员平等参与案件的阅卷、庭审、评议、裁判等审判活动，对案件的证据采信、事实认定、法律适用、诉讼程序、裁判结果等问题独立发表意见并对此承担相应责任。合议庭审理案件时，审判长除承担由合议庭成员共同承担的职责外，还应当履行以下职责：（1）确定案件审理方案、庭审提纲，协调合议庭成员庭审分工，指导合议庭成员或者审判辅助人员做好其他必要的庭审准备工作；（2）主持、指挥庭审活动；（3）主持合议庭评议；（4）建议将合议庭处理意见分歧较大的案件，依照有关规定和程序提交专业法官会议讨论或者审判委员会讨论决定；（5）依法行使其他审判权力。

合议庭审理案件时，承办法官履行以下职责：（1）主持或者指导审判辅助人员做好庭前会议、庭前调解、证据交换等庭前准备工作及其他审判辅助工作；（2）就当事人提出的管辖权异议及保全、司法鉴定、证人出庭、非法证据排除申请等提请合议庭评议；（3）全面审核涉案证据，提出审查意见；（4）拟定案件审理方案、庭审提纲，根据案件审理需要制作阅卷笔录；（5）协助审判长开展庭审活动；（6）参与案件评议，并先行提出处理意见；（7）根据案件审理需要，制作或者指导审判辅助人员起草审理报告、类案检索报告等；（8）根据合议庭评议意见或者审判委员会决定，制作裁判文书等；（9）依法行使其他审判权力。合议庭审理案件时，合议庭其他成员应当共同参与阅卷、庭审、评议等审判活动，根据审判长安排完成相应审判工作。

六、裁判文书的制作

（一）裁判文书的功能与结构

法院的裁判不仅要做到公正，而且要让全社会都能准确无误地看到公正实现的过程。裁判文书是法律精神、法官思维、司法经验的载体，是向当事人乃至整个社会作出的关于正义、理性和秩序的良好宣示。它是国家意志和法律权威的体现，是整个审判活动的综合再现，同时，也是向社会展示司法公正、展示法院文化、展示人民法院和人民法官司法公正形象的有效载体，进行法治教育的生动教材。

裁判文书的功能还在于人民法院通过对当事人提起的诉讼标的作出裁判结论，向当事人解释法官认定事实、适用法律和作出结论的逻辑性，解释审判活动的正当性，实现当事人合法民事权益的保护，满足被裁判者，也就是当事人的诉讼需求。

裁判文书的事实、理由、结果三大部分，相当于逻辑推理的小前提、大前提和结论：

一是确认案件事实。案件事实是裁判的基础，人民法院只有通过庭审的质证认证来取舍证据，对案件的事实依法作出认定，这是推理的小前提。

二是阐述裁判的理由。案件事实确定后，选择法律关系，在现行法律规则中寻找或选择可适用的法律规范,通过摆事实、讲道理的说理方式推论出相应的裁判结果。说理可分为认定事实的说理和适用法律的说理。前者常见于事实部分,往往表现为对证据的分析;后者常见于本院认为部分,大多表现为对适用实体法之阐述。法理即是由法律根本精神演绎而得之法律的一般原则。感人心者,莫先乎情。在摆事实、讲道理的基础上,再辅之以恰当的情理说教,因为情感与事理最容易渗透人心。

三是作出裁判结论。案件的具体事实这一小前提在法律规定(具体表现形式为裁判文书理由)这一大前提之下,推出合乎事实、法律和逻辑的结论。

(二) 裁判文书制作的原则与要求

裁判文书制作基本原则包括:
(1) 依法制作原则;
(2) 说理充分原则;
(3) 繁简得当原则;
(4) 主文确定原则;
(5) 全面公开原则。

法官制作裁判文书的基本要求有:
(1) 严格遵守格式和规范,不断提高裁判文书制作能力,确保裁判文书质量,维护裁判文书的严肃性和权威性;
(2) 普通程序案件的裁判文书应当内容全面、说理透彻、逻辑严密、用语规范;
(3) 简易程序案件的裁判文书应当简练、准确、规范。

为达到这个要求,承办法官应当具备以下几方面的素质:
(1) 要熟悉裁判文书的格式,能按格式规范制作。
(2) 应具备精深而厚实的法律功底。必须熟知法律条文、熟悉法理,能在文书中针对当事人的起诉理由、经审理查明的案件事实、证据以及法律规定,把理说透。
(3) 具备较高的文字写作能力。文书结构要严谨,要运用证据规则,进行充分的说理和论证,为裁判结论提供逻辑推理和合理的依据。因此,要求法官的表述要客观,语气要诚恳,让当事人感受到法官不偏不倚,依法居中裁判，以无可辩驳的事实理由和法律依据，使当事人心悦诚服地接受判决。

（4）具有较强的分析综合能力。主要是对案件事实的综合分析和法律应用能力。这是关系案件处理是否公正、公开的关键问题。如果对案件事实的综合分析是错误的，必然导致法律应用上的错误。

（5）要有高度的责任感。写好裁判文书，让当事人分清是非，承担相应责任，使合法权益得到法律保护，这是裁判文书制作者最起码的责任。

七、执行

（一）执行的基本要求与心理素质

执行工作是法院工作的重要组成部分，也是法官裁判活动的延伸，更是司法公平与正义的最终体现。做好执行工作，对于实现当事人合法权益、维护司法公正和提升法官的司法形象，意义十分重大。根据最高人民法院《法官行为规范》的有关规定，执行工作应当遵循以下基本要求：

1. 依法及时有效执行，确保生效法律文书的严肃性和权威性，维护当事人的合法权益

依法及时有效执行，是做好执行工作的前提。其中，"依法执行"，就是要求执行法官严格依照《民事诉讼法》以及有关司法解释等法律规定，进行各项执行活动。

2. 坚持文明执行，严格依法采取执行措施

所谓文明执行，是指全面贯彻落实公正司法、和谐司法精神，积极倡导推行文明执行、人性化执行的执法理念，规范执行工作用语，改进执行工作作风，做到说服优先，保证执行案件的质量，争取良好的执行效果。执行法官只有注重文明执行，原来难以执行的"钉子户"问题，也可能得到圆满的解决。这样，在申请人的权益得以实现的同时，也树立了法院文明执法的形象，维护了法律的尊严，才会得到人民群众的好评。

3. 讲求方式方法，注重执行的法律效果和社会效果

要做好执行工作，势必要求各位从事执行的法官增强责任感和使命感，讲求方式方法，追求执行的法律效果与社会效果的最佳统一。

一般而言，一个称职的执行法官至少应具备以下几方面的心理素质：

(1) 要有强烈的责任感和使命感；
(2) 必须树立全局观念；
(3) 要有无所畏惧的胆略和勇于开拓的魄力；
(4) 应该有强烈的求知欲；
(5) 要有策略意识；
(6) 应具备临危不惧、处事不惊的良好心态；
(7) 应始终保持稳定的思想情绪；
(8) 应具备忍辱负重的心理素质。[①]

（二）作为执行员的法官角色混同与执行难

执行工作是人民法院依当事人申请将法律文书确定的权利兑现的一项重要工作，事关司法权威的维护和社会的和谐稳定，但由于诸如被执行人难找、被执行财产难寻、协助执行人难求、应执行财产难动等原因的存在，"执行难"已成为困扰司法机关发展的瓶颈。著名法学家王亚新研究指出："作为转型期、过渡时期特殊的法律现象，'执行难'可以理解为一种功能相当有限的法律程序直接面对过于复杂的社会现实，不得不处理远远超过其制度容量的问题时不堪重负而引起的制度扭曲或制度紧张。"[②] 对法律社会学颇有研究的吴英姿博士则认为，执行难的原因之一是由法官"兼任"执行员角色，以及在这种角色重叠状态下执行员与执行当事人之间存在矛盾关系。她研究指出，我国法律将强制执行权统一归属法院行使，使得法院在充当纠纷的裁判者的同时，还要负责实现自己所作出的判决。法官既是裁判者，又是执行者。然而，审判权和执行权的性质特征却不同，审判权强调其独立性、被动性、应答性，而执行权则有较强的行政权色彩，因此审判员与执行员所扮演的角色有明显的差异。但由于在机构上审执不分，导致法院必须同时扮演这两种迥

[①] 参见佘俊林：《执行法官的心理素质探析》，载中国法院网，http://www.chinacourt.org，最后访问时间：2023年11月20日。

[②] 王亚新：《社会变革中的民事诉讼》，中国法制出版社2001年版，第161页。

然不同的角色。对社会而言，这种角色重叠势必导致当事人对法官角色认识的错位与混同，影响当事人对法官的评价。对于申请人而言，既然法院负责执行，如果执行不到位，就会认为是法院失职："你法院就会给我打白条，你作判决有什么用？"就被执行人而言，从审判法官到执行法官的角色反差给他的角色认识混乱影响更大。他不理解的是，法官在审判时说自己是不偏不倚，"一手托两家的"，到了执行，"怎么就把斧子劈到一边去了"？并且，如果被执行人对判决本身就有不满，那么这种不满就会发泄到执行员身上。吴英姿博士还指出，对法官角色认识的混乱是导致执行中被执行人不怕法官，甚至敢于与法官对抗的重要原因之一。此外，法警参与执行又进一步增加了当事人对法官角色认识的混乱。① 造成执行难的原因是多方面的，固然需要多角度、全方位查找原因，寻求解决之道，而从角色扮演角度，分析造成执行难的原因，以及寻求解决执行难的对策，无疑是一种新的视角。

（三）执行艺术与方法

近年来，执行艺术逐渐成为学者研究的议题。执行艺术可以理解为在法律许可的范围内，以追求法律效果与社会效果相统一为目标，灵活主导形势、掌握时机，创造性地进行执行的工作方法。在目前执行难的大环境下，恰当地运用执行艺术既能防止诱发被申请执行人的对抗情绪，又能保证法院执行这条实现权利人利益的最后阵线不失守；既能节省大量的司法资源，又能取得最佳的执行效果；既能对个案有很好的指导作用，又能进一步促进法律基层化、民众化，让社会主义法治理念更深地植入所有公民的心中。杨凯在《裁判的艺术》一书中曾指出，"法官的执行艺术水平是抑制执行成效的最重要的主观因素""执行程序虽然是审判工作的最后一道程序，但却综合了审判业务知识和技巧。执行工作涉及各种变更性裁判、执行活动的组织领导、执行环境的创造、执行方法的更新等内容，是一门裁判的综合艺术""执行艺术要求执行法官既要有精深的法学理论知识和法律思维方法，掌握心理学、语言学的运用技巧和方法，还要有一定的综合协调能力"。② 这些观点颇有

---

① 参见吴英姿：《法官角色与司法行为》，中国大百科全书出版社 2008 年版，第 129-135 页。
② 杨凯：《裁判的艺术——法官职业的境界与追求》，法律出版社 2005 年版，第 229 页。

见地。

成功执结一起案件，需要执行干警付出一定的精力、时间和心血，但更需要执行干警掌握一定的执行艺术和方法：

1. 要吃透案情

做好执行工作，必要的前期准备非常重要。找准切入点、寻找突破口是关键。必须查明矛盾的焦点，找到问题的症结所在，才能根据案件的特点，制定切实有效的执行方案。要透过法律文书，了解双方真实的诉求。必要时走访当事人和周围群众，通过捕捉当事人的心理变化过程，准确分析案情，有针对性地采取每一项执行措施，做到一案一策，对症下药。

2. 尽量"做工作"

我国执行工作中有一条重要的工作就是将强制执行与说服教育相结合。法官在强制执行时首先要立足说服教育，提高当事人的思想认识和法律意识，促使当事人自动履行法律文书所确定的义务。[①] 要充分利用社会化大调解网络的力量，积极邀请调解委员会、执行联络员、有威望的村民等主体参与做思想疏导工作，从法律和人情等角度帮助被执行人分析利弊得失，解开被执行人思想上的疙瘩，动员其主动履行义务，配合执行。同时，还要提前做申请人的工作，告知其权利义务，分析可能执行不能的客观因素，增强申请人的风险意识，消除申请人对被执行人的对立情绪和矛盾冲突，把人性化的执行贯穿始终，努力达到法律效果和社会效果的双赢。"与审理中的调解一样，执行员'做工作'的技巧是让双方当事人都感觉执行员在替他着想。"[②]

几种常见的说服技巧与方法

(1) 兵临城下。这是一种兵法上常用的"引而不发"的心理战术技巧，通过造声势致使被执行人迫于法律的威严而自动履行执行义务。

(2) 温情感化。即保有一种人性化的观念，特别是在执行婚姻家庭等涉及人身关系的案件时，注重运用法官的温情、当地的民俗

[①] 参见梁书文：《执行的理论与实践》，人民法院出版社1993年版，第210页。
[②] 吴英姿：《法官角色与司法行为》，中国大百科全书出版社2008年版，第147页。

与民情等来感化当事人，重新唤醒当事人人性中真挚与善良的情感。

（3）公开听讼。即利用公开开庭和公开听讼的形式进行说服教育，消除当事人对法官工作可能产生的怀疑和猜忌，避免其因怀疑法官的公正性而对履行法律文书产生抵触情绪。

（4）借助舆论和媒体。即借助宣传工作，给被执行人造成一定的舆论压力，对个别案件可借助媒体跟踪报道的监督办法来配合法官做好思想工作。适时借助新闻媒体对拒不履行或长期遁形的"老赖"进行曝光，降低公众对其的社会评价，敦促其履行。

（5）对症下药。针对不同的主体采取不同的措施，不仅要"晓之以理"，更要"动之以情"，要把法律与具体案件具体情况结合起来，找到与被执行人的共鸣点，纠正其不当的思想和认识。①

3. 恰当运用"强制措施"

对明显有履行能力却拒不履行生效法律文书确定义务的被执行人，在思想疏导不能奏效的情况下，应坚决及时地采取强有力的执行措施，才能维护法律的尊严和当事人的利益。根据案件情况，可以在发送执行通知书的同时，想方设法调查被执行人的财产线索，果断采取控制性强制措施，防止被执行人转移、隐匿财产，对标的额小、被执行人态度恶劣等情形，可以要求被执行人即时履行，如拒不履行则即时采取搜查、拘留等强制措施。执行中要讲究执行艺术，查封、扣押、冻结等强制措施的灵活采取，控制性措施与处分性手段交叉运用，打破被执行人的侥幸心理。集中执行行动和重大案件的执行要慎重，达到执行一案、威慑一方的效果。

4. 要关注社情民意

对待执行工作要有正确的认识，要正确对待投诉、信访。申请人追求的是执行结果，而忽视了执行是个艰难的过程，当诉求长时间得不到实现时，往往通过投诉信访引起上级的重视，信访投诉的真正的目的是解决问题，反映诉求。面对投诉信访，执行干警应从大局出发，引起高度重视，正确分析

---

① 参见杨凯：《裁判的艺术——法官职业的境界与追求》，法律出版社2005年版，第244-245页。

原因，相当数量的信访投诉申请人对执行干警不理解、不信任，要多检讨自身的原因，多与申请人思想交流和执行措施通报，做好法律释明工作，讲清当事人的责任和诉讼风险承担，对其提供被执行人财产和下落的线索，及时采取措施并反馈，促使其理解执行工作。

5. 要注意语言艺术

执行语言艺术就是通过形象、生动、感人的形式创造出和谐的效应。在新的历史条件下，执行干警必须能写、能说、能吃苦。"说"是执行活动的基本功之一，执行活动的主要行为都是靠语言来进行的，因此，执行语言艺术在执行过程中占据十分重要的位置，它是顺利开展执行工作的有力武器。在执行过程中，应当根据具体情况参考使用如下文明用语。

执行参考用语

（1）你的案件由×××执行员（法官）办理，你可直接与他联系，办公电话是×××。

（2）你的案件正在执行中，执行情况我们会及时向你反馈。

（3）如果你知道被执行人的下落和财产情况，请你向法院提供，这样有利于尽早实现你的债权。

（4）目前被执行人下落不明，又无财产可供执行，你若有这方面的线索，请及时与执行人员联系。

（5）履行法院生效判决或裁定是公民的义务。如果拒不履行法院判决，要承担相应的法律责任。

（6）希望你按照判决配合法院执行。如果不按法律规定履行义务，法院将依法强制执行。

（7）我们是严格依法执行。如果你认为法院判决不公，可以通过申诉解决，但按照法律规定，申诉期间不能停止执行，请你理解和配合。

（8）现在我们依法开始强制执行，请案件无关人员离开现场。暴力抗拒执法是违法犯罪行为，妨碍法院执行将被追究法律责任。

（9）感谢你对法院执行工作的支持和协助。

根据报道，有的法院为推动"规范执行行为，促进执行公正"专项整改活动的深入开展，公布了执行工作"十条忌语"，以促进文明执行，很有典型意义，值得关注。

执行工作"十条忌语"

(1) 这里是法院，是你说了算还是我说了算。
(2) 你不服，到上面告好了。
(3) 你急什么，法院又不是只有你一个案子。
(4) 啰唆什么，到底是听你说还是听我说。
(5) 要告就告吧，本事这么大还来找我干什么？
(6) 这个案子我管不了，去找领导好了。
(7) 你问我，我问谁？
(8) 你这事不好执行。
(9) 你这案子执行不了，没什么新鲜的，执行不了的多了。
(10) 甭废话，不交钱就抓你。

执行艺术本身没有固定的模式。执行艺术的运用，应当坚持以人为本的执行理念，以基本的法律原则为前提、以法律的具体规定为基础，要求执行人员应当具有良好的道德素养，严谨正派的工作作风，更要重视对当事人的道德引导。笔者坚信，执行法官只有综合运用法律、道德、感情的方法，以强制执行为后盾，以思想疏导为主攻，才能真正形成有理、有力、有据、有节的执行态势，从而为破解"执行难"贡献自己的力量。

八、涉诉信访的处理

（一）涉诉信访工作的重要意义与形势

目前，涉诉信访已成为法院工作的重要组成部分，成为审判工作的延伸和继续。各级法院和人民法官必须充分认识到做好涉诉信访工作的重大意义。

首先，信访工作是党和国家密切联系群众的桥梁和纽带。国家通过信访渠道了解与沟通民意，发现制度与工作中的不足，完善制度、改进工作，进一步服务民生，而民众则通过此种合法的形式表达民意与诉求，与国家之间实现沟通。其次，信访是人民群众保护自身合法权益的一个重要手段，也是中国目前最基本的民意表达制度。任何社会都不可能彻底消弭社会矛盾，在社会剧烈转型的当代中国，由于快速的社会变迁，社会矛盾也会大量出现，而司法制度、社会制度的改革和完善也都需要一个过程，在满足人民的诉求方面势必会存在这样那样的不足。这样的时代背景下，国家为民众提供合适的利益表达渠道，让民众以恰当的形式诉说意见、表达要求，及时吸纳民意，满足民众合理要求，维护好群众利益，让社会矛盾消弭于国家倾听吸纳民意的过程之中，同时通过信访工作使社会矛盾得到化解。最后，信访工作是人民法院工作的"晴雨表""恒温器"。我们可以拿一个地区、一段时期的信访状况来检验该地区该段时期审判执行工作的整体水平。

值得关注的是，近年来信访工作出现了新的形势与特点，也给人民法院的工作带来了巨大的压力与挑战：一是信访总量逐年上升。有的对已判决的案件不服，有的为正在审理中的案件上访，目的是给审理法院与法官施加压力；有的对审判工作不服，有的则对执行工作不满，案件形式多样，涉及面广。二是重访、缠访、无理访的案件数量上升。有的案件上访至上三级法院，甚至多次进京上访，上访数年。三是上访行为方式多样化，有的行为表现偏激。有的采取集体上访，有的围堵党委、人大、政府机关大门，有的至法院门口以自杀等方式威胁，有的采取静坐、静卧、散发上访材料、扯横幅、拦截领导车辆等极端方式上访。无理缠访、违法上访不仅扰乱了正常的社会秩序，也给人民法院的信访工作带来了巨大的压力和挑战。面对严峻的信访形势，无论是理论界还是实务界都必须认真探究分析现行的信访制度、工作机制问题以及解决涉诉信访问题的方式方法等，以期使其逐步进入良性循环的轨道。如何以一种高度的政治责任感，带着对人民群众的深厚感情去做好信访接待的具体工作，缓解大量申诉上访的矛盾，真正践行司法为民宗旨，这无疑是摆在我们每一位法官面前的重大课题。

(二) 处理涉诉信访的工作原则与基本要求

信访工作无小事。处理涉诉信访,必须坚持以下几个工作原则:

一是重视并认真做好涉诉信访工作,切实保护信访人合法权益;

二是及时处理信访事项,努力做到来访有接谈、来信有着落、申诉有回复;

三是依法文明接待,维护法院形象。

处理涉诉信访工作一般应当遵循以下几个基本要求:

——对来信的处理。要求做到:(1)及时审阅并按规定登记,不私自扣押或者拖延不办;(2)需要回复和退回有关材料的,应当及时回复、退回;(3)需要向有关部门和下级法院转办的,应当及时转办。

——对来访的接待。要求做到:(1)及时接待,耐心听取来访人的意见并做好记录;(2)能当场解答的,应当立即给予答复,不能当场解答的,收取材料并告知其按约定期限等待处理结果。

对几种特殊情况的处理,应当遵循以下要求:

——来访人系老弱病残孕者。要求做到:(1)优先接待;(2)来访人申请救助的,可以根据情况帮助联系社会救助站;(3)在接待时来访人出现意外情况的,应当立即采取适当救护措施。

——集体来访。要求做到:(1)向领导报告,及时安排接待并联系有关部门共同处理;(2)视情况告知选派1至5名代表说明来访目的和理由;(3)稳定来访人情绪,并做好劝导工作。

——信访事项不属于法院职权范围的。告知法院无权处理并解释原因,根据信访事项内容指明有权处理机关。

——信访事项涉及国家秘密、商业秘密或者个人隐私。要求做到:(1)妥善保管涉及秘密和个人隐私的材料;(2)自觉遵守有关规定,不披露、不使用在信访工作中获得的国家秘密、商业秘密或者个人隐私。

——信访人反映辖区法院裁判不公、执行不力、审判作风等问题。要求做到:(1)认真记录信访人所反映的内容;(2)对法院裁判不服的,告知其可以依法上诉、申诉或者申请再审;(3)反映其他问题的,及时将材料转交本院有关部门处理。

——信访人反复来信来访催促办理结果。要求做到：（1）告知规定的办理期限，劝其耐心等待处理结果；（2）情况紧急的，及时告知承办人或者承办部门；（3）超过办理期限的，应当告知超期的理由。

——信访人对处理结果不满，要求重新处理。要求做到：（1）发现处理确实不当的，及时报告领导，按规定进行纠正；（2）处理结果没有问题的，应当做好有关解释工作，讲清处理程序和依据。

——来访人表示不解决问题就要滞留法院或者采取其他极端方式的。要求做到：（1）及时进行规劝和教育，避免用不当言行刺激来访人；（2）立即向领导报告，积极采取适当措施，防止意外发生。

处理接待来访者，应当主动问候、语言礼貌、态度热情，解答问题清晰、准确，诉讼引导认真、耐心，不得对来访者的询问简单敷衍或者不予理睬，不得嘲讽、挖苦、训斥来访者。在接待来访过程中，应当根据具体情况参考使用如下文明用语。

接待来访参考用语

（1）你好！今天来访的人比较多，请你排队等候。

（2）你好，请问你来法院要办什么事情？

（3）请不要着急，有话慢慢讲，法院会依法处理的。

（4）如果你要起诉，请先看看诉讼须知，把有关材料准备齐全。如果有不清楚的地方，我们会为你提供帮助。

（5）起诉最好提交诉状，也可以口头起诉。如果你自己不会写诉状，可以委托他人代写。

（6）你要找的×××法官（同志）现在不在办公室。请你留下联系方式，我们将转交给他，请他和你联系。

（7）按照法院有关规定，当事人（代理人）不能到法官办公室。请你到××接待室等候，我们马上帮你约见法官。

（8）你反映的问题我们已经记录下来，请你留下联系方式，我们将按规定办理并及时给你答复。

（9）你提出的要求不符合法律规定，我们不能办理，请你理解。

（10）你提出的问题属于审判工作秘密，依照法律规定我们不能透露，请你理解。

（三）信访接待法官的心理素质与策略方法

根据信访工作的形势与特点，承担信访接待处理的法官必须具备以下较高的心理素质：

（1）具有较强的心理承受能力。能够较一般法官承受更多的压力与指责。

（2）具有较强的心理疏导能力。能够充分利用心理学中的"倾听""共情"和"自我暴露"等心理技术，疏导当事人的心理压力。

（3）具有较强的心理控制能力。遇事能够做到沉着冷静，临危不惧，做自己情绪的主人。

（4）具有克服从众的心理能力。在具体信访事项的处理中，要杜绝影响从众心理的"情景明确性"因素，找准问题的切入点，切实做到信访事项发现得早、处理得好。

信访工作关键是做人的工作，要做好信访工作必须坚持以人为本的工作原则，不但要解开当事人的"法结"，还要解开当事人的"心结"。要了解当事人的心理需求，针对不同上访人员的心理需求，采取相应的策略，区别对待是做好信访工作的关键。本书介绍上访人员的几种典型心理。

上访人员的几种典型心理

（1）需要心理。根据心理学研究，各种需要会对人的情绪和行为产生一定影响，当需要得不到满足时，就会产生压力，引起烦恼、痛苦、忧虑。人的基本需要分为生理、安全、社会、尊重、自我实现五大类。涉诉信访的群众首先都是有某种需要而没有得到满足，因此，信访工作人员想方设法满足他们合情合理的需要，是让其息诉罢访的前提。

（2）侥幸心理。这是一种趋利避害的投机心理。有这种心理的信访人往往对解决某个问题抱有一定的希望，并把这种希望寄托在

"机遇"上。他们明知问题不能解决，却也要找一些借口或理由上访。

（3）嫉妒心理。这是一种与他人相比，发现自己的才能、地位、经济收入或工作生活境遇等方面不如他人而产生的愤怒、怨恨等复杂的心理状态。只有我们正确引导，嫉妒的消极作用才可能转化为一种进取向上的积极心理。

（4）逆反心理。逆反心理是一种单值、单向、单元、固执偏激的思维习惯，具有强烈的情绪色彩，带有较强的抵触情绪。一般来说，逆反心理在以下三种情况下容易产生：一是当一个人的自尊心受到伤害时；二是当人的平衡心理受到冲击时；三是当客观要求超过主观的限度时。

（5）信任心理。绝大多数信访者属于这种类型，他们对上级组织还是充满了信任和信赖。尽管有时期望高了一点，但他们的信访行为本身就证明了对领导的权威和能力充满信心，相信领导能为其排忧解难，相信总有"青天老爷为其做主"。

（6）从众心理。集体上访就是从众心理导致的从众行为。

总之，法官要学会运用心理学方法做好信访工作。不仅要使信访部门成为化解矛盾的"减压阀"，还能够成为信访人心灵倾诉、宣泄情感的"避风港"。[①]

九、协调

（一）协调的性质与意义

严格地讲，"协调"不是法律上的术语，只是法官审判、执行实践中的口头用语。但是，协调的确是法官工作的一个重要组成部分。有的学者对"协

---

① 参见江晨、周斌：《心理学方法在信访工作中的应用》，载《长沙铁道学院学报（社会科学版）》2009 年第 1 期。

调"作了如下定义:"'协调'是指通过法官的斡旋,当事人就案件处理方案达成和解,从而结束司法程序的做法。"① 据此,协调在本质上是一种制度外的案件处理方式,是法官在程序之外进行的案件调解活动,但与法律规定的调解程序却有所不同。笔者在网上输入"法官协调"进行搜索,找到相关网页约 382 万篇,用时 0.001 秒,可见"法官协调"内容之广泛。相关文章、新闻题目主要有以下几种情形:

(1) "浅论行政诉讼中法官的协调工作";
(2) "子承父志两代申诉十八年,法官协调积怨冰释慰天颜";
(3) "在校大学生结婚一月就闹离婚,法官协调后和解";
(4) "借钱没还,同学翻脸,法官协调握手言和";
(5) "兄弟划起'三八线',法官协调拆'藩篱'";
(6) "两年互诉四次法官妥善协调";
(7) "老年公寓拖欠房租成被告,法官耐心协调双方达成和解";
(8) "久占病床不付费,法官协调解难题";
(9) "法官耐心协调,双方达成和解";
(10) "外地小伙欲告银行,法官协调诉前和解";
(11) "十多村民为争山场起冲突,法官协调成功化解";
(12) "一家三口惨死车轮下,法官协调百万赔偿款到位";
(13) "学生学校对簿公堂,法官协调化解纷争";
(14) "行政失误引发纠纷,法官协调双方满意";
(15) "百万欠款法官协调执行到位";
(16) "法官协调执行'马拉松'跑到终点";
(17) "车祸无情夺人命,法官协调平纠纷";
(18) "十年前卖的房屋升值,房主悔售,法官协调化解纠纷";
(19) "锦旗感谢法官精心协调促进经济发展";
(20) "法官协调双方当事人握手言和";
(21) "法官协调镇政府拨款化解拖欠 20 年村债";

---

① 吴英姿:《法官角色与司法行为》,中国大百科全书出版社 2008 年版,第 190 页。

(22)"为谋生计打工受伤致残,法官协调获赔";等等。

从上述标题来看,法官协调的范围很广,影响大,作用显著。对于某些案件,"协调"在"解决当事人的实际问题""避免矛盾激化"等方面似乎体现了非常独特的优势。可见,在现阶段,我国法官的"协调"工作仍然占有十分重要的地位与作用。法官应当着力提升"协调"能力与水平。

(二)协调的技巧与方法

从协调的过程与法官的技术层面来看,协调与调解并无二致。"庭前调解""背靠背做工作""抓住当事人的麻筋""让当事人觉得法官在为自己着想"等调解常用的策略,也是协调常用的方法。但走到协调的背后,有学者研究认为,协调还是具有一些有别于调解的特点:

(1)"案结事了"的"事了"逻辑更加明显,更加强调没有"后遗症"。

(2)"两头强劝"。在协调中,法官的组织、主导作用更为明显,当事人自愿的成分较一般调解更少一些。

(3)主动协调。通常事先不征求当事人的意见,主动找上门去,解释法律后果等。

(4)"双扩大"协调法。扩大参与调解的人员范围,依靠上级主管部门、基层组织、利害关系人、亲朋好友等社会力量支持协调,使诉讼程序变成一个集合党政和社会各方力量共同解决纠纷的过程。[①]

在协调过程中,法官会面临角色的转变与适应问题,法官应当从传统的权威的裁判者转变为平等的伙伴,从"法官"转变到"协调员"。法官应当运用心理学的方法,根据不同当事人的心理特征做好协调工作。

第二节 法官的业外活动

法官的业外活动是指法官工作职责范围之外的活动。法官形象的形塑不

[①] 参见吴英姿:《法官角色与司法行为》,中国大百科全书出版社2008年版,第195-199页。

仅在司法活动之中，也在法官的业外活动之中。业外活动中的不良表现也会直接影响法官的形象，从而影响法官作为特殊群体的公正形象。而法官裁判形象的公正性具有外在的强化作用，有利于裁判结果的实现和树立司法的权威。《法官行为规范》不仅就业外活动的行为规范提出了基本要求，还针对法官在各种社会场合中的行为规范作出了明确的规定，如对法官参加座谈、社团组织、联谊活动、接受采访、授课等方面的行为予以了规范，这对于形塑法官的正面形象有着重要的意义。总的来讲，法官从事各种职务外活动，应当避免使公众对法官的公正司法和清正廉洁产生合理怀疑，避免影响法官职责的正常履行，避免对人民法院的公信力产生不良影响。

一、受邀请参加座谈或研讨

法官受邀请参加座谈、探讨活动时，应特别注意以下几点：

对于律师事务所、中介机构和可能与案件有利害关系的企事业单位的邀请，应当拒绝。根据《法官职业道德基本准则》等规定，法官从事职务外活动应当避免使社会公众对司法公正和清正廉洁产生合理怀疑，避免对法院的公信力产生不良影响。如果法官参加由律师事务所或与案件有利害关系的单位举办的座谈会、研讨会，势必会让社会公众对司法公正性产生合理怀疑，影响法官和法院的公正形象，理应避免。

对与案件无利害关系的党、政、军机关，学术团体，群众组织的要求，不影响司法公正的，经向单位请示获准后可以参加。

二、受邀请参加社团组织或联谊活动

法官受邀请参加社团组织或联谊活动时，应当注意以下几点：

确需参加在各级民政部门登记注册的社团组织的，应及时报告并由所在法院按照法官管理权限审批。

法官不得参加营利性的社团组织或可能借法官影响力营利的社团组织。

不接受任何有违清正廉洁的吃请、礼品、礼金和赞助。

三、从事写作、授课等司法职务外活动

最高人民法院对法官发表文章、从事授课等活动作了一定的限制性规定。比如：

对法官的言行作出了限制。根据有关规定，法官在履行职责时，应当切实做到实体公正和程序公正，并通过自己在法庭内外的言行体现出公正，避免公众对司法公正产生合理怀疑。法官在宣判前，不得通过言语、表情或者行为流露出自己对裁判结果的观点或者态度。法官退休后应当继续保持自身的良好形象，避免因其不当言行而使公众对司法公正产生合理怀疑。

对法官的出版自由提出了严格要求。根据有关规定，法官在公众场合和新闻媒体上，不得发表有损生效裁判的严肃性和权威性的评论。如果认为生效裁判或者审判工作中存在问题的，可以向本院院长报告或者向有关法院反映。法官发表文章或者接受媒体采访时，应当保持谨慎的态度，不得针对具体案件和当事人作出不适当的评论，避免因言语不当使公众对司法公正产生合理怀疑。

对法官的学术研究进行了必要的限制。根据有关规定，法官可以参加有助于法治建设和司法改革的学术研究和其他社会活动。但是，这些活动应当以符合法律规定、不妨碍公正司法和维护司法权威、不影响审判工作为前提。

根据《法官行为规范》，法官从事写作、授课等司法职务外活动时，应当注意以下几点：

（1）在符合法律规定、不妨碍司法公正、不影响审判工作的前提下，可以利用业余时间从事写作、授课等司法职务外活动。

（2）在写作、授课过程中，应当避免对具体案件和有关当事人进行评论，不披露或者使用在工作中获得的国家秘密、商业秘密、个人隐私及其他非公开信息。

（3）对于参加司法职务外活动获得的合法报酬，应当依法纳税。

也许有人会提出，法官作为公民，享有言论自由与出版自由，不应该对法官从事写作、授课等职务外活动作过多限制，否则对法官不公平。笔者不赞成这样的观点。从言论自由的角度来说，法官与所有公民一样享有宪法所

赋予的出版自由。但法官又不是一个普通的公民。我们在谈论一个法官时，首先要基于其法官的职业身份，其次才是法官作为普通公民的权利义务问题。这是由法官这一特殊职业所必然要求的。法官个人发表文章的行为在符合一定条件的情况下，可以引起某些诉讼程序的适用，主要是审判回避，以及与此相联系的再审程序的启动，因此不能把法官个人发表文章的行为等同于普通公民的个人行为。①

近年来，我们注意到越来越多的法官在报纸杂志等新闻媒体上对司法判决、国家的法律发表评论，法官学者化的趋势固然值得肯定。但笔者认为，法官与学者之间还是有很大的不同，正如有的学者指出：在许多时候，法律家与法学家的角色不能混同，更不能错位。法官发表文章除了上述几个限制以外，法官还应当维护法律与生效判决的权威，不应对现行的法律和司法判决进行过多的批评。对现行法的不足，对其他法官的司法判决，他可以有自己的看法，但在公开发表自己的观点时，一定要谨慎，保持有限的沉默。

四、接受新闻媒体与法院工作有关的采访

新闻自由与司法公正之间存在十分复杂、微妙的关系。法官需要把媒体与司法之间的关系处理好，既要主动与媒体接触，借助媒体的力量沟通民意，加强宣传，强化监督，推动法治的进程，又要防止被舆论所左右，或者被媒体炒作，形成"媒体审判"。法官应当寻求媒体与司法之间的平衡点。法官接受新闻媒体与法院有关的采访时，应当注意以下几点：

（1）通过法院新闻部门接受新闻媒体采访。法官应当慎言，未经批准，人民法院的法官和其他工作人员一律不应擅自接受记者采访，或在新闻媒体上对重大敏感问题发表议论。

（2）接受采访的内容涉及重大、疑难、复杂问题的，应当事先做好充分准备。

（3）在接受采访时，不发表有损司法公正的言论，不对正在审理中的案件和有关当事人进行评论，不披露在工作中获得的国家秘密、商业秘密、个

---

① 参见柳福华：《法官的出版自由与审判回避制度》，载《人民法院报》2004年11月17日。

人隐私及其他非公开信息。

五、本人在日常生活中与他人发生矛盾

法官作为社会人,在日常生活中与他人发生矛盾是难免的。但法官应当注意以下几点:

(1) 保持冷静克制,通过正当、合法的途径解决纠纷。
(2) 在纠纷解决中不得利用法官身份寻求额外照顾,损害法官形象。

六、亲友与他人发生矛盾要求帮助解决

现实生活中,法官的亲友与他人发生矛盾时,往往会向自己的亲友法官寻求帮助。从亲情与道义上讲,法官不能六亲不认,给自己的亲友提供一些力所能及的合法的帮助,固然是应该的。但法官不是一般的人,当其亲友向其寻求帮助时,法官应当注意以下几点:

(1) 劝导亲友通过合法途径解决矛盾。
(2) 不利用法官身份,妨碍有关部门对问题的解决。

七、本人及家庭成员遇到纠纷需通过诉讼方式解决

法官本人及家庭成员遇到纠纷需通过诉讼方式解决时,应当注意以下几点:

(1) 对本人的案件或者以直系亲属代理人身份参与的案件,应当依照有关法律规定,平等地参加诉讼。
(2) 在诉讼过程中不以法官身份获取特殊照顾,不利用职权收集所需的证据。
(3) 对非直系亲属的其他家庭成员的诉讼案件,一般应当让其自行委托诉讼代理人,本人不作为诉讼代理人参与诉讼。

八、出入社交场所注意事项

法官出入社会场所需注意以下几点：
（1）参加社交活动要自觉维护法官形象。
（2）严禁乘警车、穿制服出入营业性娱乐场所。

九、家人或者朋友约请参与封建迷信活动

关于家人或者朋友约请参与封建迷信活动时，法官应当做到：
（1）坚决拒绝参与封建迷信活动。
（2）向家人和朋友宣传科学，引导他们相信科学、反对封建迷信。
（3）对利用封建迷信活动违法犯罪的，应当立即向有关组织和公安部门报告。

十、因私出国（境）探亲、旅游

关于因私出国（境）探亲、旅游时，法官应当做到：
（1）如实向组织申报所去的国家、地区及返回的时间，经组织同意后方可出行。
（2）准时返回工作岗位。
（3）遵守当地法律，尊重当地民风民俗和宗教习惯。要遵守所在单位的规章制度，严禁参加所访国的政治活动和不正当的、非法的经济活动，不得介入或干涉对方的内部事务。
（4）注意形象，维护国家尊严。
法官出国期间，应当特别注重涉外礼仪。这里介绍几种外事礼仪知识。[①]

[①] 有些涉外礼仪知识是在公务活动中才能遇到，这里一并介绍。

几种常见的涉外礼仪

（1）接待外宾要谦虚有礼，朴实大方，不卑不亢，既不要过分拘谨，也不能傲慢。

（2）尊重外宾生活习惯，对服饰和形貌不要品头论足，更不能讥笑或有怪样表情。

（3）参加外事活动应着正装，严守时间，不能迟到早退。因故不能出席时，要提前通知主办单位。

（4）走路时要注意自己的身份，主陪人员走在后面，非主陪人员不要抢前，如有女宾应让女宾先行。乘车、上楼时，要让女宾先上，但下车、下楼时，男同志要先下。上下电梯时，让女宾先行，以示尊重和照顾。

（5）走路、入座、乘车应尽量让外宾在自己的右侧，以示尊重。

（6）坐立要端正。坐时不要仰靠椅背伸直腿，不要乱跷、摇晃双腿，不要把腿搭到椅子扶手上或把裤管撩起，两腿更不能做有节奏的抖动动作，女同志不要叉开双腿。站立时，身子不要歪在墙上或柱子上，不要坐在椅子扶手上。

（7）在外宾面前，不要修指甲、剔牙、揩鼻涕、掏耳朵、抠眼屎、搓泥垢、搔痒、脱鞋、撸裤腿、撸袖子、伸懒腰、哼小调。如要打喷嚏、打呵欠应用手帕遮住嘴、鼻，并面向一旁，尽量避免发出声音。

（8）路遇熟悉外宾，应主动打招呼。

（9）在外宾面前，不要争吵或争论，不呼喊、不喧哗、不放声大笑；夜晚走路脚步要轻；开关门不要用力过重，走路不要搭肩膀，遇急事加快步伐，不可慌张奔跑；见有失足跌倒等情况，应迅速趋前扶助，切勿在旁讥笑；如碰了外宾或踩了外宾的脚应表示歉意。

（10）在公共场所不要吸烟，吸烟要到指定场合；不要边走路边吸烟；进入会客室、餐厅应把烟熄灭。

（11）在公共场所应保持清洁，不要随地吐痰和乱扔果皮、纸屑。吐痰、揩鼻涕时，要用手帕掩住口鼻，用过手帕不要打开看。

(12) 参加外事活动前，不要吃葱蒜等有异味的东西。

(13) 不要私自收受外宾礼品，更不要暗示外宾送礼。

第三节　法官活动中的细节

全面依法治国最广泛、最深厚的基础是人民，必须坚持为了人民、依靠人民。习近平总书记强调，努力让人民群众在每一个司法案件中感受到公平正义。为进一步把习近平总书记的重要指示精神落到实处，在最高人民法院学习贯彻习近平新时代中国特色社会主义思想主题教育动员部署会上，张军院长明确要求："要始终坚定人民立场，时刻牢记'感受到'公平正义的主体是人民群众。"时刻牢记感受到公平正义的主体是人民群众，意味着司法工作理念的深度聚焦和升华，彰显了习近平法治思想的立场、观点和方法，为新时代人民法院各项工作的高质量发展提供了遵循、指明了方向。

汪中求先生曾提出过一个关于企业市场营销的著名论断——细节决定成败。其实，细节问题不仅仅是一个企业管理问题，各行各业同样存在。正所谓"天下难事必作于易，天下大事必作于细"，司法领域也不例外。司法裁判是一种回应，而不是一种单方面的宣讲或布道，与回应密切关联的细节问题看似微不足道，实质上却决定司法公正的实现与当事人对个案的司法结论能否形成公正感，影响人民群众对公平正义的切实感受。

一、司法细节的含义

司法细节是指司法活动中细小的环节，或细枝末节。细节因其"小"，往往被人忽视，嗤之以鼻；因其"细"，也常常使人感到烦琐，不屑一顾。司法细节因其不属于司法方向性、根本性的问题，实践中容易被人忽视。现实中，有的法官不注意自己行为的"细节"，工作马虎，只求过得去，不求过得硬，只求完事，不求完美，细节问题不胜枚举，比如：

（1）在庭审活动中，着装不庄重，开庭审理案件时不着法官服装，法官服装与便装混穿，穿法官服不佩带法官领带，佩戴法官徽章大小不一致。

（2）在庭审过程中不严肃，开庭时随意出入、接听电话、抽烟等。

（3）在接待当事人时不热情，对当事人询问的问题回答不细致。

（4）当事人陈述时随意打断当事人的发言。

（5）与当事人发生争论，当事人辩解时对当事人出言不逊等。

（6）在发表意见时不慎重，草率下结论，等等。

值得欣慰的是，实践中，有的法院和法官则非常注意司法细节，注重在细节中体现司法公正，特别是近年来随着司法规范化建设的推进，上述不规范现象越来越少，而重视细节的典型事例越来越多。如"全国模范法官"宋鱼水在庭审中耐心倾听一个年迈当事人的陈述，连旁听的人都打起了瞌睡，而宋鱼水却神情专注，始终没有打断老人的陈述。一直情绪激动的老人由衷地说："这事出来以后，你是头一个完完整整听完我讲话的人。"结果老人最终接受了法庭的调解。宋鱼水法官在庭审中注重耐心倾听，是法官注重细节的榜样。有的法院在立案大厅当事人休息区常备饮水机和报纸杂志，电子屏幕上滚动播出温馨提示，大厅里悬挂办案流程图等，为当事人提供各种便民、利民措施，虽然抓的是小细节，得到的却是大丰收。

二、细节决定成败

古人用"大丈夫不拘小节"来形容一个人的洒脱与豪迈，反之则说此人婆婆妈妈，谨小慎微，干不成大事。但对法官来说，无论庭审中，还是庭审外，都要处处注意自己行为的细节，细节关乎司法公正和司法权威，可以说，"细节决定司法公正"。

无论中外，司法的根本要求无疑是公正。司法作为一种特殊的行为与制度设计，就是为公正而存在的。对司法公正的诉求正是人民群众愿意走进法庭、选择司法途径解决矛盾纠纷的理由。正因为如此，西方人干脆把司法官叫作Justice（正义），中国老百姓则习惯于称谓理想的法官人格为"青天"。然而，千百年来，公正却没有统一的定义和标准。所谓的公正究竟是一种客观的存在还是人的主观公正感？人们究竟如何感知与判断司法的公正性？作为"司法者"来说，如何有效地引导"被司法者"对司法结论作出公正的评判？对于这些，如果恪守以往狭窄的思维通道，固守于单纯的法律的分析视角，那就无法作出圆满的回答。事实上，在日益强调法学与其他学科的交叉研究以及拓宽法学研究视野的学术背景下，法律与心理学的互补与渗透在研究特色上已经体现得越来越明显。心理学方法的引入对拓宽司法公正理论研究的疆域具有极为重要的作用。

为什么司法会陷入公正的困境？原因当然是多方面的，其中一个重要原因在于，"公正"本身具有高度的抽象性，在过去的理论和实践中，怎样认识司法公正，本身就是一个颇有争议的问题，以至于有关公正的操作标准也各不相同。比如，在具体的案件中，特定的被告人、被害人及其亲属对公正均会有具体的期待，每一个人对公正都会有自己的标准。随着时代的发展和社会的变迁，人们关于公正的观念也时刻发生着变化。公正又是一个具有"地方知识性"的观念，与当下地域的主体观念紧密相连。从不同的理解角度以及不同主体的立场态度出发，我们都能发现针对司法公正而言的不同解释，这不仅缘于"公正提出"和不同利益的期待有着密切联系，而且缘于众所周知的"公正"问题在公共空间中十分容易陷入主观化的思想纷争。

司法依赖制度，而公正的力量却来自人的心理支撑。公正从一开始就不全然是一种客观性的存在，公正作为一种价值理想准则一直都与人们的主观价值判断如影随形。近年来，法律心理学尤其对公正的主观维度（subjective justice）感兴趣，在很大程度上就是将"公正"替换为了"公正感"。有关研究证明，"公正感"乃是人类的一种基本心理需求，而法律制度的一个基本功能就是要满足这种需求；反过来，法律制度本身的合法性也需要建立在人类心理上的"公正感"之实现的基础之上。就司法公正的追求与实现而言，也不例外。根据法律心理学原理，在今后的司法理论与实践中，应当完成一种分析视角的转换，应当从抽象地讨论"公正"问题转向关切人的"公正感"的形成与实现这一主题上来。司法公正不仅要与法官的视角联系在一起，而且应当和当事人（社会公众）的视角联系在一起，要求站在当事人的立场，让其感受到司法的公正性。这种从"司法者"到"被司法者"的视角转变，意味着法官从事司法活动时必须着眼于司法裁判的社会适应性，着眼于司法的过程和细节，尽最大努力和诚意让人民群众感受到司法的温度和公正性。

在构建和谐社会的时代背景下，法官着力消解当事人的心理症结、提高司法的公正感，与努力消解法律纠纷本身同样重要。对于法官来说，一个重要任务是，如何想方设法让当下的人们、个案中的当事人感受到司法公正。无论我们怎么概括司法公正的内涵，司法行为是否公正最终应由广大群众去评判，只有群众感受到司法行为是公正的时候，司法公正才算真正实现。而司法活动中的平凡细节，却往往能充分检验一个法官的精神面貌。按照霍布斯的说法，担当一定职务的人应当具有这一职务相应的品质。品质是一种内在的东西，往往是通过行为加以体现并形成一种外在形象。宋鱼水法官耐心听完当事人的陈述，这一庭审细节充分体现了宋鱼水认真负责的态度，彰显其严谨细致的作风，于细微之处体现了司法公正，让当事人由衷感到司法的公正性。

随着公民法律意识的增强，法官已超出了自身单纯的职业范畴，承载着普通人的道德期待，在群众眼里，法官是社会公平正义的"守护者"，不仅要有一丝不苟的职业素养和操守，而且对法律要有发自内心的信仰。在公众眼里，正气的感觉来自法官的行为细节，他们基于法官的行为进而得出的肯定或否定、赞扬或非议的结论，并由此评定法院司法能力的强弱。因此，法官在审理案件中的一言一行，无不在诉讼参与人的注视之下，当事人将其与自身利益相权衡，最终形成对法院裁判信服与否的心理活动。司法公正与效率的实现，最终是法官行为的结果，而任何司法不公与司法低效，也必然由法官行为造成。个别法官认为只要裁判结果正确，其他都是小问题。其实非也，裁判结果的公正固然重要，但如果当事人对法官庭审过程中的不当行为产生怀疑，即使是很公正的裁判，也可能得不到当事人的认可，并导致上诉或上访。因此，法官不但要做到实体上公正裁判，而且要注意自己的一言一行，要让公众感觉到得出裁判的过程也是公正的。

现代社会，立法者对于制度的设计基本上都遵循着公平、正义、人本、和谐等价值理念，司法程序的展开一般不会出现根本性、方向性的错误。制度设计和程序运作已经由当初的价值理念层面转变到具体的细节安排上来。事实上，司法的公正和权威从来不在于构建多么宏大的制度话语体系，而是更深刻地蕴含在司法的细节之中，藏纳于统一、规范、严谨的裁判行为里。

当前，人民群众对法官的期待越来越高，案件是否公开透明、审理及时、公平公正、态度亲民都会成为他们评价法官工作的因素。在我们法官审理的100起案件里，如果只有一位不满意，虽然对于法官来说只是1%的不合格，但对于该群众而言，他得到的却是100%的不满意。也就是说，1%的错误导致100%的失败，这就是"蝴蝶效应"。"蝴蝶效应"原理是说：一只南美洲亚马孙河流域热带雨林中的蝴蝶，偶尔扇动几下翅膀，可能两周后会在美国的密西西比河流域引发一场龙卷风风暴。"蝴蝶效应"的实质是指：一个很小的因素会导致一个较为复杂的连锁反应。这一理论之所以发人深省，不仅在于其深刻的科学内涵与哲学魅力，更在于它对我们的实践活动具有重要的指导意义，给我们法官做好审判工作、关注司法细节带来十分重要的启示。

三、怎样注意司法细节

（一）应当在司法过程中注入"情感"因素，密切关注"公正感"的形成与有效实现

司法公正作为一种心理判断，实质上是人的主观公正感。根据综合心理学研究中的经典公平理论、参照对象认知理论、公平启发理论等公正感理论，影响司法公正心理判断的相关因素有：

1. 裁判结果是否经得起比较并具有可预测性

公正是社会比较的结果。人们判断公正与否的方法是将自己的收获与投入之比与一个参照对象的收获与投入之比进行比较，若比值相等则产生公平感，若两个比值不等则产生不公正感。这种比较，符合人类心理中以相同方法处理相同情况的自然趋向。同时，裁判结果是否具有可预测性，与当事人预期是否具有一致性也是影响司法公正感形成的重要条件。

2. 对承办法官是否形成了公正执法的印象

参照对象认知理论告诉我们，公正是比较加责任归因的认知推理。当个体相信有可以选择的多个程序，其中将会产生更好的结果而应当被选择的程序没有被采用时，个体就会产生不公平感。假如负责的个人或实体原本可以采取不同的行为，但由于客观情况限制没法实施，那么面对不利情境的个体也可能不会认为这不公平。如果个体认为是法官的主观因素造成的，就会产

生强烈的不公平感。因此，对法官是否形成了公正的印象对于公正感的形成非常重要。

3. 能否由自己控制诉讼过程

寻求控制是个体的一种动力。心理学家通过对一系列关于冲突解决的过程的研究指出，人们对冲突解决的过程是否公正的评价与过程控制和决定控制这两种控制有关，前者如能够在程序中表达自己的观点并进行论述，后者如能够影响结果。在法庭审判程序中，如果能给予当事人更多的控制权，则更容易被认为司法是公正的。

4. 诉讼主体是否有发表意见的机会

社会心理学研究发现，在诉讼中拥有能够发表意见的机会正是决定对程序公正性判断的关键因素之一。程序公正的一个内在要求就是参与。而参与的核心思想是，那些权益可能会受到诉讼结局直接影响的主体应当有充分的机会富有意义地参与到裁判的制作过程中去，并对裁判结果的形成发挥其有效的影响和作用。

5. 主体的尊严、价值、需要是否得到合理的维护与满足

根据"尊重效应"理论，当人们在程序中受到尊敬，其尊严、价值得到维护时，该程序更容易被认为是公正的。如果法院能够给予双方当事人平等的机会、能力和程序的保障，各个当事人的诉讼主张和请求受到平等的尊重和关注，并可在一定限度内自由进攻和防御，诉讼主体受到公正对待的情感便会油然而生。

从司法细节角度考察，要使当事人对个案结论形成"公正感"，必须完成从单纯强调"司法技术"到突出"司法艺术"的理念提升，必须从裁判艺术的角度加强法官断案心理机制的研究，促进法官司法能力和水平的整体提高。我们通常所言的科学司法是审判技术上的要求，而合理司法则蕴含着法官对情感因素的艺术考量。科学、合理司法不仅取决于法官的智慧，更重要的是法官的司法技术与情感的调和。这种调和本领实质上是一种细节艺术，在此过程中如何掌握裁量的尺度，就如同一名艺术家创作一幅作品一样，完美与否、艺术性成功与否，都将关乎其真实的社会效应。法律是无情的，这并不代表法官可以不讲感情，法官不仅应该有感情，而且应该有比普通大众更加坚定、更加深沉的感情，这种感情体现在对于正义的坚守之情；对于祖国的

忠诚之情；对于人民、对于社会的挚爱之情。

（二）以"司法为民"为宗旨，全环节完善审判细节，以细节提形象促公正

1. 注重立案接待细节，体现人格尊重和为民情怀

立案是当事人接触法院和法官的第一个环节，立案工作烦琐细致，能否给当事人留下良好的第一印象至关重要。立案法官一定要礼貌待人，文明用语，信守承诺，讲求诚信，依法审查，及时决定是否立案，尽可能地方便人民群众诉讼。对诉状的内容和形式不符合规定的，应当一次性讲清楚有关规定要求，告知其依规更正，不得因起诉要件以外的瑕疵拒绝立案。同时，在与当事人接触的过程中，一定要注意体现人格尊重。记得有一次信访接待前，笔者曾给一个老上访户泡了杯龙井茶，气氛明显好转，为事情的最终解决打下了良好的基础。

2. 注重庭审细节，严格程序把控和体现公平规范

庭审中法官与公诉人、律师和当事人互动，旁听者列席其中。法庭的摆设和清洁卫生，法官的一言一行，举手投足，乃至一个眼神一个脸色，都被当事人看在眼里，记在心里。因此，审判人员应当做遵守法庭纪律的模范，庭审时应当特别注重着装、仪态仪表、言谈举止等，切莫"只许州官放火，不许百姓点灯"。比如，法官必须严格按排期开庭，即使诉讼当事人没有到场，法官也必须准时到庭等候；更换审判制服必须在办公室进行，不得在审判法庭内更衣；开庭时必须着法官袍或法官制服，不得着便装或制便混穿；法官、书记员、值班法警在庭审中应精神饱满，举止文明规范，不得有挖鼻、挠耳、吐痰等不雅动作；法官严禁在庭审中使用手机。在法庭上不许打断当事人的正常陈述、辩论。如果法官在法庭上随意打断当事人的陈述和辩论，使当事人不能完整地表达自己的诉求和理由，客观上有剥夺和限制当事人诉讼权利之嫌，必然在当事人中产生不公正的猜疑。为防止当事人可能对司法公正产生合理怀疑，法官必须自觉与当事人保持"距离"：在庭审前和诉讼中，法院所有工作人员都不得有与当事人及其诉讼代理人打招呼、聊天等亲近行为。这些细节问题表现的是法官的公正和对当事人的尊重，注重这些细节才能为司法赢得尊重和公信。

3. 注重文书细节,加强裁判结论的论证与说理

司法向来是一门精细的艺术,它不仅需要法官在审判过程中通过严密的逻辑推理作出公允的判断,也需要在最终的裁判文书中向社会宣示法律的神圣、公正与理性。判决书不仅是写给当事人看的,更是写给天下人看的。一案既出,事关身家性命,很多人在盼着、盯着、惦着,白纸黑字,万众瞩目,民众是永远潜在的阅读者、监督者,更是批评者和传播者。小小的一纸判决,承载着正确解释法律、充分宣示正义、合理判定冲突的重要功能。裁判文书中的每句话、每个字乃至每个标点,往往差之毫厘,谬以千里。某些裁判文书文理不通、病句连篇、生造法条、错别字层出、标点乱用,足以让当事人和公众对裁判的公正性产生怀疑,进而降低裁判的公信度。裁判文书不是不允许出现失误,根据有关规定,对"法律文字误写、误算,诉讼费用漏写、误算和其他笔误"等应以裁定的形式予以修正。另外,法官不但要注重通过审理活动发现"裁判的答案",而且要通过审理活动,论证"裁判答案"的公正性。裁判结论的"论证",首先是指法官通过权衡不同裁判所带来的可能后果,对结论进行后果主义论证,经不断试错与修正,求得最恰当的结果。法官为了证明"裁判结果"的公正性,还必须加强裁判文书的说理。

4. 注意"八小时以外"的日常细节

有的法官"八小时"之外不拘"小节",有的口无遮拦,乱发议论;有的不修边幅,举动猥琐;有的乘警车、穿制服出入营业性娱乐场所;有的笃信封建迷信,烧香拜佛;有的接受可能影响清正廉洁的吃请;有的在个人或亲友与他人发生纠纷时,利用法官身份寻求额外照顾或者妨碍有关部门对问题的解决;等等。这些看似"小节",却对司法公正造成严重的损害。

(三)以《法官行为规范》为操作标准,慎重对待每一项司法行为

最高人民法院制定的《法官行为规范》从法官司法审判和业外活动等各个方面进行规范,初衷在于"使法官慎重对待每一项司法行为,把各项司法便民、司法利民、司法护民的具体要求,落实在法官司法活动的每一个方面,细化到法官司法活动的每一个环节"。行为规范列举了数十种法官行为与群众关系最直接、最有可能出现的情况,以"情景设置"的方式,对问题产生的原因、可能导致的后果、应当如何解决和克服提出了明确要求。因此,对于

法官而言，认真、严格地执行该《法官行为规范》是注意司法细节的重要抓手。此外，有的地方法院制定了《关于规范法官职业行为的若干规定》《审判操作流程》等规范性文件，从廉洁自律、司法公开、法官中立、审判效率、司法礼仪等方面，对司法活动的一些细节问题进行了详细规定，提出了明确要求，对最高人民法院的相关制度作了进一步细化量化。诸如为当事人推荐介绍律师，无故延迟开庭时间，不按规定着装，司法用语不文明，开庭时未关闭通信工具，调查、调解、听证时自审自记等司法活动中的不规范行为，都将被"警诫"，发放警诫书，由庭室负责人进行诫勉谈话。年度内被警诫一次，扣发一个季度岗位补贴，并取消评选先进资格；被警诫两次者，扣发年度岗位补贴，取消年度晋级晋职资格。

　　司法是一门科学，更是一门艺术。规范的制定与设计无论怎么具体，相对于社会现实而言，总是原则性的，社会生活的丰富性永远超越于机械的东西，活生生的个案裁决永远离不开法官的智慧与良知。各国所处的历史阶段不同，法律进程亦应有所不同。司法规范化的观念与做法深入人心并成为一种习惯，显然需要一个长期、渐进的过程。我们在大踏步推进司法规范化改革的同时，一定要注意"制度因素"与"人的因素"的统筹兼顾，以一种务实的态度确保司法公正的有效实现。细节对于司法公正的作用不限于民事诉讼，在刑事诉讼和其他司法活动中都有着毋庸置疑的正向效应。在司法活动中决不能采取"不拘小节"的工作方式和态度，法官应当保持足够的耐心和细心，重视细节，完善细节规范，做好每一个细节性的工作。我们相信，无数个不可或缺的细节共同构成司法公正。

第三章 法官合作

审判是一种广泛运用法官集体决策、法官个体之间既相互监督又有合作的事业。只有相互合作，才能取长补短，发挥集体的优势，实现司法公正，维护社会公平与正义。本章将从合作原理、合作方式以及合作中出现的法官群体心理等三方面对法官合作问题展开理论研究。

第一节 合作概述

一、合作的含义与基本条件

所谓合作，是指一种联合行动的方式，即个人与个人、群体与群体之间为达到共同目的，彼此相互配合的一种联合行动。

成功的合作需要具备的基本条件主要有：

（1）一致的目标。任何合作都要有共同的目标，至少是短期的共同目标。

（2）统一的认识和规范。合作者应对共同目标、实现途径和具体步骤等有基本一致的认识；在联合行动中合作者必须遵守共同认可的社会规范和群体规范。

（3）相互信赖的合作氛围。创造相互理解、彼此信赖、互相支持的良好气氛是有效合作的重要条件。

（4）具有合作赖以生存和发展的一定物质基础。必要的物质条件（包括设备、通信和交通器材工具等）是合作能够顺利进行的前提，空间上的最佳配合距离，时间上的准时、有序，都是物质条件的组成部分。

二、合作的类型

第一，按合作的性质，可分为同质合作与非同质合作：
（1）同质合作，即合作者无差别地从事同一活动，如无分工地从事某种劳动。
（2）非同质合作，即为达到同一目标，合作者有所分工，如按工艺流程分别完成不同工序的生产。
第二，按照有无契约合同的标准，合作分为非正式合作与正式合作。
（1）非正式合作发生在初级群体或社区之中，是人类最古老、最自然和最普遍的合作形式。这种合作无契约上规定的任务，也很少受规范、传统与行政命令的限制。
（2）正式合作是指具有契约性质的合作，这种合作形式明文规定了合作者享有的权利和义务，通过一定的法律程序，并受到有关机关的保护。
第三，按合作的参加者分，有个人间的合作和群体间的合作等。就合作本质而言，双方具有平等的法人地位，在自愿、互利的基础上实行不同程度的联合。

三、法官合作的必要性：源自法官的个体差异

前述章节中借助差异社会心理学的有关知识，对法官角色的年龄差异、性别差异、心理差异作了探究。

关于年龄差异。根据前述研究，年长的法官一般为资深法官，他具有丰富的社会阅历和对社会现实具有相对深刻的理解，经验相对丰富，而年轻法官则阅历相对简单，经验比较缺乏。由于年龄的差异，不同的法官继承不同的法律职业传统，对法律知识和技能的掌握程度不同。法律是一种人为的理性，只有经过了长期专门训练的法律人才能够从事法律职业活动，以确保法律得到正确的适用。不同年龄的法官具有不同的生活常识。法官的不同教育背景、成长环境、人生阅历等因素决定着法官的"知识库"中具有不同的内

容。不同年龄的法官具有不同的心理特征。

关于性别差异。根据前述研究，男法官和女法官的角色是性别角色，这是法官的性别不同而产生的符合一定社会期待的品质特征，男女法官在个性、行为、能力、成就等方面具有差异性。由于男女性别的差异，女法官在离婚、未成年人犯罪案件等部分特殊类型案件审判中表现出其独特的优势和专长。男法官可能更重视法条，强调技术细节、规则、严格解释，而女法官则更加强调衡平，重视宽泛的标准、实质性的正义和裁量。女法官可能比男法官更严谨，但对男犯的判决结果可能更严厉。

关于心理差异。不同的法官具有不同的心理特征，导致了法官角色的个性差异。不同的教育背景、工作经历和年龄，不但导致法官的司法理念不尽相同，而且影响法官的气质、个性等心理特征，影响判决。男女法官的心理差异比较明显，这也是导致法官心理差异的主要表现。

法官个体差异如此之大，正好说明了法官合作的必要性与重要性。

第二节 法官个体决策与群体决策

根据一般的决策理论，决策由决策者、决策信息、决策对象、决策理论与方法、决策结果五个基本要素构成。[1] 法官决策是"法官在具体的诉讼过程中，作为案件裁判者的决策主体，在包含证据认定在内的认定事实活动中，在界定案件法律关系、选择适用法律活动中，以及在形成最后裁判结果等活动中所进行的确认、判断、决定等一系列的诉讼行为的集合"[2]。法官决策与一般决策活动既有共性，又有自身的个性。根据决策主体的不同，法官决策有个体决策与群体决策两种形式。

---

[1] 决策就是进行选择：决定做什么、怎么做，实际上就是确定一个最优的行动计划。决策可以看作是推理的高级形式。推理是根据已知推知未知，决策则是根据已知信息对现实事物的状态作出判断或对未来的行动方案作出选择。参见邵志芳：《思维心理学》，华东师范大学出版社2007年版，第104页。

[2] 决策论作为运筹学的一个分支和决策分析的理论基础，是一门在概率论基础上发展起来的科学。在实际生活与生产中对同一问题所面临的几种自然情况或状态，又有几种可选方案的时候，决策者应对这些情况所选取的对策方案形成决策方案或策略。参见钱卫清：《法官决策论——影响司法过程的力量》，北京大学出版社2008年版，第1-3页。

一、法官个体决策方式

法官个体决策方式，即由法官单独作出决策。心理学研究表明，个体决策与个体的知觉有着密切联系。

首先，人们的行为是以他们对现实的知觉为基础的，而不是以现实本身为基础。个体要在两个或多个备选方案中进行选择，最终作出的选择质量如何，在很大程度上受到知觉的影响。

其次，决策是对于问题的反应，由于事件的当前状态与期望状态之间存在着差距，因而要求个体考虑几种不同的活动进程。如果你的车在半路抛锚，而你又要依靠它去学校上课，这时就出现了一个问题需要进行决策。但是，大多数问题并非明确地标上"问题"的标签呈现在我们面前。对某个人的"问题"在另一个人眼里可能是"事情的满意状态"。比如，一名管理者可能认为在他的管辖区内本季度销售数字下降了2%是个非常严重的问题，需要他在这方面采取及时行动。而同一公司中另一区域的管理者面对同样2%的销售下降则可能感到十分满意。可见，对问题存在和决策需要的认识是一个知觉问题。

最后，任何一个决策都需要对信息进行解释和评估。我们的资料一般都来自多种渠道，需要对它们进行过滤、加工和解释。比如，哪些资料与决策有关，哪些资料与决策无关？决策者的认知将回答这一问题。决策者还需要开发各种备选方案，并评估每一方案的优点和缺点，由于备选方案并没有插上小红旗明确指明自己有多少个，或清楚表明自己的优缺点，因而，决策者的知觉过程会对最终结果有巨大的影响。由于知觉存在个体差异性，这也就造成了个体决策的差异性。这也正好说明，法官个体决策难免具有不稳定性和多样化等个性特征。

审判实践中，典型的法官个体决策是以独任庭的形式出现。独任庭是由审判员一人审判案件的组织形式。实践证明，适用独任庭审判简单案件，对于合理安排审判力量，提高办案效率，缓解案多人少的矛盾有着重要作用。但独任审判的程序并非一切从简，更不能草率从事，而是要依照法定的程序和制度进行。

二、作为法官合作方式的群体决策

所谓群体决策，俗称集体决策，简而言之，即与个人相对的决策，由决策群体共同作出决策的过程。① 它既是一种决策形式，又是一门学问。作为合作的决策形式，群体决策是处理重大定性决策问题的有力工具。② 投票是群体决策行为中一种常见的方式，人们往往以投票的结果作为群体最后的决策选择。③ 作为学问，群体决策是研究如何将一群个体中每一成员对某类事物的偏好汇集成群体偏好，以使该群体对此类事物中的所有事物作出优劣排序或从中选优的一门具有悠久研究历史和现代应用价值的学科。④ 一个群体决策问题包含两大要素：一个是供选择的对象，称为供选方案，如选举中的候选人、购物中的品牌货物或文体竞赛中的选手、案件合议中的定罪量刑方案；另一个是参与决策的成员，即决策者或称决策个体，如选举中的选民、购物中的顾客或文体竞赛中的评判员、案件审理中的法官。当然，任意一个群体决策问题均应有不少于两个供选方案和不少于两位决策个体。体现法官合作的群体决策，在司法实践中主要体现为四种形式：一是合议庭评议；二是审判委员会讨论；三是专业法官会议；四是国外的陪审团。

（一）合议庭

合议制度是法院根据法律规定以合议庭为组织审理各类案件的最基本的审判制度。合议制主要表现在，案件由3人或3人以上的合议庭成员通过集体审理、评议讨论、表决，然后以集体的名义作出裁判。支撑合议制运作的

---

① 参见刘兴波：《群体决策分析》，载《党政论坛》2006年第2期。
② 在现代，任何一种民主社会体制都应当尽可能地满足它的每一个成员的需求。然而，在一个社会群体中，由于各个成员对所考虑的事物总会存在着价值观念上的差别和个人利益间的冲突，因而他们对各种事物必然会具有不同的偏好态度。将众多不同的个体偏好汇集成一个群体偏好，据此对某类事物作出群体抉择，是当今社会处理各种重大决策和分配问题的有效手段。民主政治中的选举、市场机制中的投资招标、专业职称评定、文体竞赛排名以及军事参谋团决策，这些都是典型的群体决策问题。
③ 参见吴泽俊、李平香：《群体决策中的投票行为分析》，载《江西社会科学》2001年第4期。
④ 参见胡毓达：《群体决策的不可能性定理和多数规则》，载《科学》2004年第6期。

科学原理正是心理学上的群体决策机制,群体决策是合议制的核心和灵魂。①

2002年7月30日,最高人民法院审判委员会通过的《最高人民法院关于人民法院合议庭工作的若干规定》对合议庭的职责作了进一步明确:(1)根据当事人的申请或者案件的具体情况,可以作出财产保全、证据保全、先予执行等裁定;(2)确定案件委托评估、委托鉴定等事项;(3)依法开庭审理第一审、第二审和再审案件;(4)评议案件;(5)请院长决定将案件提交审判委员会讨论决定;(6)按照权限对案件及其有关程序性事项作出裁判或者提出裁判意见;(7)制作裁判文书;(8)执行审判委员会决定;(9)办理有关审判的其他事项。

浙江省高级人民法院研究室曾对合议制进行调查发现,合议制的运行具有以下几个特点:

(1)职业法官合议制实施的范围很广,但绝对数量比不上独任制。特别是2003年最高人民法院出台扩大适用民事简易程序的司法解释后,合议制的适用相对减少,其作为"最基本的审判组织形式"受到独任制的挑战。

(2)合议庭的组成人数三大诉讼法规定不一,但实践中3人合议庭的情形居多。合议制度的主要形式特征便是多人参与,没有多人,自然也就谈不上"合议"。但我国现行法对合议庭组成人员的上限并没有统一规定,《民事诉讼法》《行政诉讼法》只规定合议庭组成人员必须是单数,但具体上限是多少并不明确;只有《刑事诉讼法》明确规定,基层人民法院、中级人民法院审判第一审案件,应当由审判员3人或者由审判员和人民陪审员共3人或者7人组成合议庭进行,高级人民法院审判第一审案件,应当由审判员3人至7人或者由审判员和人民陪审员共3人或者7人组成合议庭进行。最高人民法院审判第一审案件,应当由审判员3人至7人组成合议庭进行。人民法院审判上诉和抗诉案件,由审判员3人或者5人组成合议庭进行。但司法实践中,无论是一审、二审还是再审程序,无论是民事、刑事还是行政案件的审理,3人合议庭是最常用的合议形式。

(3)审判长选任制实施以后,庭长、副庭长担任审判长的案件数量增多,

---

① 参见陈增宝:《合议制的原理与规则——基于群体决策理论的检视》,载《法律适用》2008年第5期。

但部分法院院长、副院长出庭担任审判长的仍然偏少。

（4）合议制的本意是为了集思广益，体现民主集中，但实际而普遍遵循的承办人负责制极大地稀释了立法者的价值追求。①

为进一步规范合议庭的运行，最高人民法院于2022年10月26日印发的《关于规范合议庭运行机制的意见》（法发〔2022〕31号）明确指出：合议庭是人民法院的基本审判组织。合议庭全体成员平等参与案件的阅卷、庭审、评议、裁判等审判活动，对案件的证据采信、事实认定、法律适用、诉讼程序、裁判结果等问题独立发表意见并对此承担相应责任。合议庭审理案件时，审判长除承担由合议庭成员共同承担的职责外，还应当履行以下职责：（1）确定案件审理方案、庭审提纲，协调合议庭成员庭审分工，指导合议庭成员或者审判辅助人员做好其他必要的庭审准备工作；（2）主持、指挥庭审活动；（3）主持合议庭评议；（4）建议将合议庭处理意见分歧较大的案件，依照有关规定和程序提交专业法官会议讨论或者审判委员会讨论决定；（5）依法行使其他审判权力。合议庭审理案件时，承办法官履行以下职责：（1）主持或者指导审判辅助人员做好庭前会议、庭前调解、证据交换等庭前准备工作及其他审判辅助工作；（2）就当事人提出的管辖权异议及保全、司法鉴定、证人出庭、非法证据排除申请等提请合议庭评议；（3）全面审核涉案证据，提出审查意见；（4）拟定案件审理方案、庭审提纲，根据案件审理需要制作阅卷笔录；（5）协助审判长开展庭审活动；（6）参与案件评议，并先行提出处理意见；（7）根据案件审理需要，制作或者指导审判辅助人员起草审理报告、类案检索报告等；（8）根据合议庭评议意见或者审判委员会决定，制作裁判文书等；（9）依法行使其他审判权力。合议庭审理案件时，合议庭其他成员应当共同参与阅卷、庭审、评议等审判活动，根据审判长安排完成相应审判工作。合议庭审理案件形成的裁判文书，由合议庭成员签署并共同负责。

（二）审判委员会

审判委员会是人民法院决定案件处理的最高审判组织。从司法决策的角

---

① 参见叶向阳：《对当前职业法官合议制实施情况的调查与思考》，载《法律适用》2004年第7期。

度看，审判委员会无疑是法院中的最高审判组织和案件决策机构，指导和监督全院审判工作。审判委员会由院长1人，副院长、庭长、副庭长、审判员中的若干人组成。《刑事诉讼法》规定，对于疑难、复杂、重大案件，合议庭认为难以作出决定的，由合议庭提请院长决定提交审判委员会讨论决定。审判委员会在对案件的实质处理上的职权，决定了它在诉讼中的地位，表明它具有审判组织的性质。审判委员会与独任庭、合议庭相比，后二者的组成人员是不固定的，只是在审理案件时指定，一旦案件审理终结即结束；而审判委员会的人员组成是固定的，审判委员会委员由与人民法院同级的国家权力机关任免。为使审判委员会活动制度化、规范化，提高工作效率，以充分发挥其审判组织的重要作用，各级法院一般都根据《人民法院组织法》和有关法律的规定以及审判实践经验，制定《审判委员会工作规则》。

审判委员会的设置是我国审判权行使中的一大特色。实践证明，审判委员会作为审判工作的一个集体决策机构，在总结审判经验，讨论、决定重大、疑难案件，避免错案、冤案的发生，提高办案质量上，起到了十分积极的作用。但随着司法改革的逐步深入，审判委员会的改革和完善已成为理论和实践广泛关注的重大课题。

为贯彻落实党中央关于深化司法体制综合配套改革的战略部署，全面落实司法责任制，最高人民法院于2019年8月2日印发《关于健全完善人民法院审判委员会工作机制的意见》。该意见对审判委员会的基本原则、组织构成、职能定位、运行机制、保障监督等进行了明确。其中，明确审委会实行民主集中制，坚持充分发扬民主和正确实行集中有机结合，健全完善审判委员会议事程序和议事规则，确保审判委员会委员客观、公正、独立、平等地发表意见，防止和克服议而不决、决而不行，切实发挥民主集中制优势。要遵循司法规律，优化审判委员会人员组成，科学定位审判委员会职能，健全审判委员会运行机制，全面落实司法责任制，推动建立权责清晰、权责统一、运行高效、监督有力的工作机制。要恪守司法公正，认真总结审判委员会制度改革经验，不断完善工作机制，坚持以事实为根据、以法律为准绳，坚持严格公正司法，坚持程序公正和实体公正相统一，充分发挥审判委员会职能作用，努力让人民群众在每一个司法案件中感受到公平正义。

（三）专业法官会议

专业法官会议是指人民法院向审判组织和院庭长（含审判委员会专职委员）履行法定职责提供咨询意见的内部工作机制。2015年印发的《最高人民法院关于完善人民法院司法责任制的若干意见》，明确人民法院可以建立专业法官会议，为审判组织正确理解和适用法律提供咨询意见。司法责任制改革全面推开后，各级人民法院均配套建立了专业法官会议机制。[①] 2018年12月，最高人民法院在总结各地经验基础上，印发《关于健全完善人民法院主审法官会议工作机制的指导意见（试行）》，为健全完善专业法官会议机制提供初步政策指引。[②] 2020年7月底公布的《最高人民法院关于深化司法责任制综合配套改革的实施意见》，进一步将"类案检索初步过滤、专业法官会议研究咨询、审判委员会讨论决定"作为新型审判权力运行体系的基础制度框架。为进一步激发专业法官会议的制度效能，健全新型审判权力运行机制，推动司法责任制全面落实落地，最高人民法院经深入调研，并广泛征求意见，于2021年1月6日印发《关于完善人民法院专业法官会议工作机制的指导意见》（法发〔2021〕2号）。[③] 该指导意见第1条开宗明义，明确了"专业法官会议是人民法院向审判组织和院庭长履行法定职责提供咨询意见的内部工作机制"，具有辅助决策、咨询参考、全程留痕三种制度属性。

值得一提的是，专业法官会议由原先的审判长联席会议演变而来，在名称上也曾经有"主审法官会议""法官联席会议"等不同称谓。客观地讲，无论是专业法官会议，还是以前的审判长联席会议，该制度的产生有着特殊

[①] 例如，陕西省高级人民法院于2016年2月出台《专业法官会议规则（试行）》，2016年11月四川省自贡市中级人民法院出台《专业法官会议工作规则（试行）》，浙江省宁波市中级人民法院于2017年5月出台《专业法官会议工作规则（试行）》，上海市第一中级人民法院于2018年出台《关于专业法官会议集体研判（专家会诊）疑难复杂案件的规定（试行）》，天津市高级人民法院于2019年3月出台《关于规范专业法官会议运行机制的指导意见》。同时，各地法院还在积极探索专业法官会议的新模式，如2020年7月7日，浙江嘉善、上海青浦、江苏吴江三地法院出台《跨区域专业法官会议工作指引》，对提请跨区域专业法官会议的议案范围、会议规则等作了规定，积极探索和推进长三角一体化司法，优化共享司法资源，促进裁判标准尺度的统一。

[②] 该意见现已失效。

[③] 参见刘峥、何帆、马骁：《〈关于完善人民法院专业法官会议工作机制的指导意见〉的理解与适用》，载《人民法院报》2021年1月14日。

的背景。一段时间以来，随着关于强化合议庭职责、推行审判长选任改革的深入，各地法院选任了一批德才兼备的法官担任审判长，保障了司法公正，提高了审判效率，也优化了审判管理。改革所倡导的"还权于合议庭"和"依法独立审判"理念，符合我国司法发展的总体方向；但基于当时我国的司法环境和法官素质总体上与社会发展的要求和人民群众的期望还存在一定差距的现实，实践中也产生了一些副作用，主要表现为合议庭（或独任庭）之间执法的不统一，"类案不类判"的现象还不同程度地存在，影响了司法的权威性和严肃性。并且，由于新的法律、法规不断出台，各种新类型和疑难案件层出不穷，而同一合议庭内精通业务的法官数量有限，解决疑难复杂问题的能力也较为有限。因此，非常需要通过一个业务精通的法官群体来集体研究疑难、复杂案件的法律适用问题，尽量减少和避免出现"类案不类判"的问题。从最高人民法院颁布的第二个五年改革纲要开始，就着手把建立法院内部审判机构之间、审判组织之间法律观点和认识的协调机制、统一裁判尺度作为一项重要内容。为解决上述问题，实践中曾有不同的观点和做法。一种看法认为要加强院庭长对合议庭的指导作用；另一种意见认为，应当由审委会来承担这一职责。这固然有法律上的依据，但基于目前审委会的人员构成基本上都是院庭长，本身行政公务繁忙，大量讨论案件并不现实。而"审判长联席会议"则是一个比较可行的机制。主要理由是：（1）强化司法集体决策机制，是世界各国的先进司法经验，通过联席会议可以集思广益，预防法官恣意裁判，加强合议庭之间的沟通和协调，避免或减少因观点不一而产生的判决之间的冲突。（2）审判长均是通过"审判长选任办法"产生的，一般具有较高的法律业务水准和素养，在专业审判领域能够代表一个法院的水平。（3）审判长的行政级别相对比较接近，可以避免由于行政级别相差过大而产生的行政化现象。[①] 随着改革的深入开展，审判长联席会议已经被专业法官会议所取代。从前述文件来看，专业法官会议作为一种咨询、会商、研讨机制而存在，负责讨论研究重大、疑难、复杂案件以及具有普遍意义的法律适用问题，为合议庭办案提供智力支持，讨论意见供合议庭复议时参考。但

---

① 参见叶向阳：《试论审判长联席会议制度的运行机制及功能实现》，载《法律适用》2008年第7期。

从决策机制的角度来看，专业法官会议与原先的审判长联席会议均具有群体决策的特点。

浙江省高级人民法院
审判长联席会议工作规则（试行）[①]

第一条【宗旨】 为规范审判长联席会议工作制度，充分发挥审判长职能作用，及时总结审判经验，统一司法裁判尺度，保障司法公正和效率，根据本院审判工作实际，制定本规则。

第二条【定位】 各审判业务庭建立审判长联席会议制度，审判长联席会议在庭长指导下工作，对审判工作中指导性文件和重大、疑难法律适用问题进行集体研究。

第三条【组成和参加】 审判长联席会议由庭长、副庭长、审判长组成。

必要时庭长可以指定审判业务骨干或合议庭有关成员列席会议。

讨论具体案件法律适用问题的，该案的合议庭成员应列席会议，并充分阐述自己的意见和理由。

第四条【提请】 审判长联席会议一般由审判长提起，庭长决定。庭长对合议庭多数意见有异议的，在建议合议庭复议前，可以提请审判长联席会议讨论。

审判指导性文件、工作制度等需提交审判长联席会议讨论的，由庭长径行决定。

提交审判长联席会议讨论的案件的审理报告和合议庭评议意见或文件材料，应在召开会议三天前送交各联席会议成员。

第五条【召集】 审判长联席会议由庭长召集并主持，副庭长受庭长委托也可以召集、主持。每次参加审判长联席会议的正式成员必须达到本庭审判长人数的三分之二并至少在三人以上。

[①] 为了帮助读者更加全面地了解审判长联席会议的历史及其运行状况，在此以浙江省高级人民法院曾经运行的工作规则作一介绍。该院曾于2006年6月制定了《浙江省高级人民法院审判长联席会议工作规则（试行）》，为各个审判业务庭所遵循，运行效果良好。

第六条【讨论范围】 审判长联席会议主要讨论下列事项:
(一)总结审判经验、指导全省法院审判工作的指导性文件建议稿;
(二)讨论重大、疑难案件的法律适用问题,具体包括:
1. 合议庭形不成多数意见或合议庭之间有不同意见的;
2. 新类型和具有指导意义的;
3. 有较大社会反响或可能影响社会稳定的;
4. 中级法院的书面请示案件。
上述案件的证据、事实等实体问题由合议庭负责,审判长联席会议不作讨论。
(三)其他与审判业务工作有关的重大事项。

第七条【发言顺序】 审判长联席会议讨论案件的发言顺序为:承办人先发言、持不同意见的合议庭成员发言、审判长发言、非主管副庭长发言、主管副庭长发言、庭长最后发言。

庭长、副庭长、审判长作为案件承办人的,可以就案件的焦点和提请研究讨论的法律适用问题先作发言。

讨论审判工作指导性文件或其他事项的,可不受上述发言顺序的限制。

第八条【参会责任】 参加审判长联席会议的人员会前应当认真审阅有关材料,做好参会准备;在听取案件承办人或文件材料撰写人的汇报后,要充分发表意见。

主持人应当在与会者发表意见之后对讨论结果进行客观的综合归纳。

第九条【效力】 审判长联席会议讨论具体案件形成的意见供合议庭参考。审判长联席会议意见与合议庭意见不一致的,庭长应建议合议庭进行复议,复议后仍不一致的,审判长应提请院长决定是否将案件提交审判委员会讨论。

讨论其他事项形成的意见,用于审判管理和指导审判实践。其中涉及全省法院审判工作的指导性文件,可作为建议稿提请审判委员会讨论决定。

第十条【记录与保密】 审判长联席会议讨论案件或其他事项,应设专用记录本,由专人记录,并建档备查;讨论案件形成的记录应以书面形式抄告审理该案的合议庭,并装入副卷。记录的内容包括会议时间、主持人、与会人员、讨论内容和形成的意见等。

讨论案件的记录应当保密，未经批准不得外传。

第十一条【施行与解释】 本规则由本院审判委员会负责解释，自2006年1月1日起施行。

最高人民法院
关于完善人民法院专业法官会议工作机制的指导意见①

为全面落实司法责任制，充分发挥专业法官会议工作机制在辅助办案决策、统一法律适用、强化制约监督等方面的作用，现提出如下指导意见。

一、专业法官会议是人民法院向审判组织和院庭长（含审判委员会专职委员，下同）履行法定职责提供咨询意见的内部工作机制。

二、各级人民法院根据本院法官规模、内设机构设置、所涉议题类型、监督管理需要等，在审判专业领域、审判庭、审判团队内部组织召开专业法官会议，必要时可以跨审判专业领域、审判庭、审判团队召开。

三、专业法官会议由法官组成。各级人民法院可以结合所涉议题和会议组织方式，兼顾人员代表性和专业性，明确不同类型会议的最低参加人数，确保讨论质量和效率。

专业法官会议主持人可以根据议题性质和实际需要，邀请法官助理、综合业务部门工作人员等其他人员列席会议并参与讨论。

四、专业法官会议讨论案件的法律适用问题或者与事实认定高度关联的证据规则适用问题，必要时也可以讨论其他事项。独任庭、合议庭办理案件时，存在下列情形之一的，应当建议院庭长提交专业法官会议讨论：

（一）独任庭认为需要提交讨论的；

（二）合议庭内部无法形成多数意见，或者持少数意见的法官认为需要提交讨论的；

（三）有必要在审判团队、审判庭、审判专业领域之间或者辖区法院内统

---

① 为进一步激发专业法官会议的制度效能，健全新型审判权力运行机制，推动司法责任制全面落实落地，最高人民法院经深入调研并广泛征求意见，于2021年1月6日印发《关于完善人民法院专业法官会议工作机制的指导意见》，在此一并予以介绍。

一法律适用的；

（四）属于《最高人民法院关于完善人民法院司法责任制的若干意见》第 24 条规定的"四类案件"范围的；

（五）其他需要提交专业法官会议讨论的。

院庭长履行审判监督管理职责时，发现案件存在前款情形之一的，可以提交专业法官会议讨论；综合业务部门认为存在前款第（三）（四）项情形的，应当建议院庭长提交专业法官会议讨论。

各级人民法院应当结合审级职能定位、受理案件规模、内部职责分工、法官队伍状况等，进一步细化专业法官会议讨论范围。

五、专业法官会议由下列人员主持：

（一）审判专业领域或者跨审判庭、审判专业领域的专业法官会议，由院长或其委托的副院长、审判委员会专职委员、庭长主持；

（二）本审判庭或者跨审判团队的专业法官会议，由庭长或其委托的副庭长主持；

（三）本审判庭内按审判团队组织的专业法官会议，由庭长、副庭长或其委托的资深法官主持。

六、主持人应当在会前审查会议材料并决定是否召开专业法官会议。对于法律适用已经明确，专业法官会议已经讨论且没有出现新情况，或者其他不属于专业法官会议讨论范围的，主持人可以决定不召开会议，并根据审判监督管理权限督促或者建议独任庭、合议庭依法及时处理相关案件。主持人决定不召开专业法官会议的情况应当在办案平台或者案卷中留痕。

主持人召开会议时，应当严格执行讨论规则，客观、全面、准确归纳总结会议讨论形成的意见。

七、拟提交专业法官会议讨论的案件，承办案件的独任庭、合议庭应当在会议召开前就基本案情、争议焦点、评议意见及其他参考材料等简明扼要准备报告，并在报告中明确拟提交讨论的焦点问题。案件涉及统一法律适用问题的，应当说明类案检索情况，确有必要的应当制作类案检索报告。

全体参加人员应当在会前认真阅读会议材料，掌握议题相关情况，针对提交讨论的问题做好发言准备。

八、专业法官会议可以定期召集，也可以根据实际需要临时召集。各级人民法院应当综合考虑所涉事项、议题数量、会务成本、法官工作量等因素，合理确定专业法官会议的召开频率。

九、主持人应当指定专人负责会务工作。召开会议前，应当预留出合理、充足的准备时间，提前将讨论所需的报告等会议材料送交全体参加人员。召开会议时，应当制作会议记录，准确记载发言内容和会议结论，由全体参加人员会后及时签字确认，并在办案平台或者案卷中留痕；参加人员会后还有新的意见，可以补充提交书面材料并再次签字确认。

十、专业法官会议按照下列规则组织讨论：

（一）独任庭或者合议庭作简要介绍；

（二）参加人员就有关问题进行询问；

（三）列席人员发言；

（四）参加人员按照法官等级等由低到高的顺序发表明确意见，法官等级相同的，由晋升现等级时间较短者先发表意见；

（五）主持人视情况组织后续轮次讨论；

（六）主持人最后发表意见；

（七）主持人总结归纳讨论情况，形成讨论意见。

十一、专业法官会议讨论形成的意见供审判组织和院庭长参考。

经专业法官会议讨论的"四类案件"，独任庭、合议庭应当及时复议；专业法官会议没有形成多数意见，独任庭、合议庭复议后的意见与专业法官会议多数意见不一致，或者独任庭、合议庭对法律适用问题难以作出决定的，应当层报院长提交审判委员会讨论决定。

对于"四类案件"以外的其他案件，专业法官会议没有形成多数意见，或者独任庭、合议庭复议后的意见仍然与专业法官会议多数意见不一致的，可以层报院长提交审判委员会讨论决定。

独任庭、合议庭复议情况，以及院庭长提交审判委员会讨论决定的情况，应当在办案平台或者案卷中留痕。

十二、拟提交审判委员会讨论决定的案件，应当由专业法官会议先行讨论。但存在下列情形之一的，可以直接提交审判委员会讨论决定：

（一）依法应当由审判委员会讨论决定，但独任庭、合议庭与院庭长之间不存在分歧的；

（二）专业法官会议组成人员与审判委员会委员重合度较高，先行讨论必要性不大的；

（三）确因其他特殊事由无法或者不宜召开专业法官会议讨论，由院长决定提交审判委员会讨论决定的。

十三、参加、列席专业法官会议的人员和会务人员应当严格遵守保密工作纪律，不得向无关人员泄露会议议题、案件信息和讨论情况等审判工作秘密；因泄密造成严重后果的，依纪依法追究纪律责任直至刑事责任。

十四、相关审判庭室应当定期总结专业法官会议工作情况，组织整理形成会议纪要、典型案例、裁判规则等统一法律适用成果，并报综合业务部门备案。

各级人民法院可以指定综合业务部门负责专业法官会议信息备案等综合管理工作。

十五、法官参加专业法官会议的情况应当计入工作量，法官在会上发表的观点对推动解决法律适用分歧、促成公正高效裁判发挥重要作用的，可以综合作为绩效考核和等级晋升时的重要参考因素；经研究、整理会议讨论意见，形成会议纪要、典型案例、裁判规则等统一法律适用成果的，可以作为绩效考核时的加分项。

各级人民法院可以参照前述规定，对审判辅助人员参加专业法官会议的情况纳入绩效考核。

十六、各级人民法院应当提升专业法官会议会务工作、召开形式、会议记录和审判监督管理的信息化水平，推动专业法官会议记录、会议纪要、典型案例等与智能辅助办案系统和绩效考核系统相关联，完善信息查询、裁判指引、自动提示等功能。

十七、各级人民法院应当根据本意见，并结合本院实际，制定专业法官会议工作机制实施细则。

十八、本意见自2021年1月12日起施行，《关于健全完善人民法院主审法官会议工作机制的指导意见（试行）》（法发〔2018〕21号）同时废止。最高人民法院此前发布的文件与本意见不一致的，适用本意见。

（四）陪审团

陪审团是美国等西方国家诉讼的重要组织和制度基础，其基本作用是认定案件事实。在有陪审团的诉讼中，法官的基本作用是控制诉讼程序，根据陪审团认定的事实适用法律。陪审团制度的背后也有群体决策原理的支撑。只不过，这是一种由非法律专业人员组成的较为特殊的决策形式。在美国，刑事案件和部分民事案件（主要是民事侵权案件）的审理都有可能使用陪审团。而在英国及英联邦国家，民事案件基本不再使用陪审团。美国陪审团一般由12人组成，负责事实审，判决实行多数同意制度，即按12名陪审员的多数意见作为陪审团的裁决。

陪审团人数虽然只有12人，但他们是从几百人甚至上千人中遴选出来的，这个遴选过程比较复杂。对于需要陪审团审理的案件，第一步就是挑选陪审员，组成陪审团。陪审员的挑选是在审理法官的主持下进行的。法官的助手从当地的选民登记手册中随机抽选候选人名单。法官根据案件的情况确定最初陪审员的候选人数。陪审员的挑选公开进行。挑选时，法官和双方的律师都应在法庭现场。法官会将不符合法定条件的人从陪审员候选人中剔除。例如，非本国公民、有犯罪前科、没有选举权等。列入候选的人也可向法官提出不适合担任本案陪审员的理由，请求不担任陪审员，例如身患疾病等。对这些理由都要求有相应的证据加以证明，经法官同意可以退出。

就社会正义来说，陪审团被西方国家看作是一个重要的司法平衡器。陪审团制度通过人民分享司法审判权，以权利制约权力，保障公民自由，而且陪审团审理被看作是公民的权利，通过权利制约权力。在他们看来，陪审员通过对证人证供之可信性和可靠性所作综合判断而取得一致意见，比法官自己的判断更为稳当；某种程度上，法官必然与杂乱无章的社会脱节，常误认为全部人都像他们一样合逻辑，而陪审员来自普通民众，常常比较明了普通人的昏乱和谬误，所以，由陪审团进行事实审，由法官进行法律审，法官和陪审团相互影响、交流，很可能比法官单独工作更能取得健全的结果。此外，审判过程中，普通公民常常受到法律家分析问题的思路、方法及语言的影响，陪审团审理也是法治精神向社会渗透的重要渠道，无形中提高了社会整体的法律意识，扩大了司法审判的政治效果和社会效果。

但是，陪审团审判也存在不少弊病。其在一个特定的案件中也可能给判决带来偏见。陪审团的最大缺点在于要耗费大量的人力、物力，并且程序复杂烦琐，审理时间冗长拖沓，不利于纠纷迅速及时解决。由于陪审团不具备法律专业知识，无法保证他们对证据和事实的认定能够符合法律的规定和精神。实际上，因陪审员在知识背景、生活背景、认识方法、种族意识等方面的差异，不同的陪审团也会产生不同的裁决结果。陪审制度更体现了一种规则的游戏性。因此，英美法系国家关于陪审团的存废问题，一直是争论激烈的话题。目前的趋势是，对陪审团审理案件的适用条件，加以严格的限制，以保证这种有限的司法资源在最需要它的地方发挥作用。

三、个体决策与群体决策的比较

俗话说，"三个臭皮匠，赛过诸葛亮"；系统观有"1+1＞2"的说法，这说的都是群体效应，即共做优于独做。与个体决策相比，群体决策的主要优势有三：

一是占有更完全的信息和知识，能够增强观点的多样性和决策的正确性。群体决策有许多成员参加，知识面较广，信息量较大，能够产生较多的可供选择的方案，又具有校正错误的机制，因而群体决策的结果往往比较正确。[①] 一个人的能力、知识、经验和精力都是有限的，群体决策可以把众人的力量、智慧集中起来，取长补短，使决策更加科学、更加全面、更加准确，从而最大限度地减少失误的发生。

二是提高了决策的可接受性。许多决策在作出之后，因为不为人们所接受而宣告夭折。但是，如果那些会受到决策影响的人或将来要执行决策的人能够参与到决策过程中去，他们就更愿意接受决策，并鼓励别人也接受决策。这样，决策就能够获得更多支持，执行决策的员工的满意度也会大大提高。

三是增强结论的合法性。群体决策过程与人类的民主理想是一致的，是民主的体现，因此，容易被认为比个人决策更合乎法律要求。如果个人决策者在进行决策之前没有征求其他人的意见，决策者的权力可能会被看成是独

[①] 参见郭亨杰主编：《〈心理学〉——学习与应用》，上海教育出版社2001年版，第361页。

断专行,缺乏合法性。很久以来,北美和其他国家法律体系一直拥有的一个基础理念是:两人智慧胜一人。这在这些国家的陪审团制度中表现得最为明显。[1] 现在,这种信念已经扩张到许多新的领域:组织中的许多决策是由群体、团队或委员会作出的。

不过,群体决策也不是没有缺点的。其主要的不足有以下几点:

一是容易浪费时间。组织一个群体需要时间。群体产生之后,群体成员之间的相互作用往往是低效率的,这样一来,群体决策所用的时间与个人决策所用的时间相比,就要多一些,从而限制了管理人员在必要时作出快速反应的能力。

二是造成从众压力。群体中存在社会压力,群体成员希望被群体接受和重视的愿望可能会导致不同意见被压制。

三是被少数人控制。群体讨论可能会被一两个人所控制,如果这种控制是由低水平的成员所致,群体的运行效率就会受到不利影响。

四是造成责任不清。群体成员对于决策结果共同承担责任,但谁对最后的结果负责呢?对于个人决策,责任者是很明确的;但对于群体决策,任何一个成员的责任都会降低。[2]

群体决策和个体决策孰优孰劣?这取决于衡量决策效果的标准。就准确性而言,群体决策更准确。证据表明,群体决策比个人决策质量更优。但就速度而言,个体决策优势更大。如果认为创造性最重要,那么群体决策比个人决策更有效。如果标准是最终方案的可接受性,那么还是群体决策好。在考察决策效果时不能不考虑决策效率。就效率这一点来说,群体决策总是劣于个体决策。就同一个问题而言,群体决策所用时间总是比个体决策所用的时间多,而且很少有例外。

---

[1] 参见乐国安主编:《法律心理学》,华东师范大学出版社 2003 年版,第 232 页。
[2] 美国学者安德鲁·杜布林将群体活动的缺点归纳为以下几点:一是忽视个人的重要性;二是吃"大锅饭",会出现社会懈怠现象;三是"一言堂",群体中的某位成员主导了整个局面,以至于其他成员无法将自己的想法表达出来;四是群体极化,一种为风险偏移,另一种为更加偏好一些保守的立场;五是群体思维。参见[美]安德鲁·杜布林:《心理学与工作》,王佳艺译,中国人民大学出版社 2007 年版,第 284-285 页。

第三节 法官的群体心理

群体心理,是指群体成员中普遍存在的,反映群体社会关系的共同心理状态和心理倾向。法官群体心理现象是以法官群体共同意愿的折射对成员之间的关系发生积极和消极影响。社会舆论、集体感受、竞赛、模仿、社会助长、从众都属于群体心理现象。

一、群体心理与行为特征

在组织管理中,所谓群体是一个介于组织与个人之间的人群结合体,是成员间为实现共同的目标和共同的利益,通过相互交往和相互作用,并依据一定的社会规范而建立起来的有机整体。一个群体的存在,离不开三个要素:一是群体成员必须以一定的方式联系在一起,其中思想感情和心理的联系是极为重要的因素,心理上没有联系的人群就不是群体;二是群体必须有活动,无论是学习活动、生产活动、还是商业活动,都必须以分工协作为基础,在活动中发挥各自的智慧、才能和力量;三是群体内的成员为实现共同利益和目标必然会相互配合、相互作用、相互依存、相互影响。因此,群体具有四个特征:一是共同的社会需要与目标;二是共同的规范,即"群体规范";三是群体成员具有群体意识和归属感;四是有一定的组织功能。[1]

所谓群体的心理特征,是指群体成员在工作和生活中形成的与群体活动

---

[1] 根据不同的标准,群体可作不同的分类:(1)根据群体是否存在,可分为实际群体和假设群体。前者如某企业的车间、班组,后者如女法官群体、未成年群体;(2)根据群体构成原则,可分为正式群体和非正式群体,前者如某学校的院系,后者如同学、老乡、球迷协会;(3)根据群体规模大小,可分为大型群体和小型群体,前者如同一民族、国家等,后者如学校的班级、工厂的班组等;(4)根据成员是否正式,可分为成员群体和参照群体,如有的人出身于地主阶级家庭,却投身于革命队伍;又如,一个菲律宾人长期生活在美国,逐渐学会了用美国人的价值和观念去为人处世。参见朱吉玉编著:《管理心理学》,东北财经大学出版社2007年版,第140-141页;全国13所高等院校《社会心理学》编写组编:《社会心理学(第三版)》,南开大学出版社2003年版,第316-317页。

和状况相关的经常的、稳定的心理感觉。① 具体表现在以下几方面：

（1）归属感。法官群体的归属感是指法官个体对群体具有依赖的要求，是产生向心力的一种特殊的情感表现。心理学研究证明，"强烈的归属感是形成良好集体的重要社会心理因素"②。法官个体因归属于法官队伍而产生一种职业尊荣感和满足感，使得法官能够自觉遵守法官职业道德规范与司法操作规范，把法官群体的荣辱看成自己的荣辱。

（2）认同感。法官群体的认同感是指法官个体在一些重大问题和原则问题的认识和评价上与群体保持一致的情感。法官个体认同法官群体的审判目标、规范，并在此基础上产生自觉的行动。

（3）整体感。法官群体的整体感是指法官个体意识到其群体的整体性，认识到成员不是分散的个体，而是一个有机的整体，组织成员与组织"同呼吸、共命运"，对社会公平正义目标的实现负有责任感和使命感。法官个体在群体内长期所处的角色还会使其形成"角色感"，即一种特有的习惯心理，令其言谈、举止和思想方法等都打上"法官角色"的烙印。

（4）排外感。法官群体的排外感是指法官群体内成员有排斥其他群体的意识，体现了法官群体具有相对独立性和整体意识等特点。

（5）力量感。当个体表现出符合群体规范和群体期待的行为时，群体就会给予赞许和鼓励，从而进一步强化其行为，使其产生力量感。

个体在群体中由于受其他成员的认识、感情和行为的影响，所表现出来的行为方式与个体在单独情况下所表现出来的行为方式是不同的，这是个体为了适应群体与群体环境所造成的。群体的行为特征主要表现在：

（1）助长倾向。又称为社会助长作用，是指个体与其他人一起工作活动有助于消除单调、沉闷的心理状态，因而有利于激发积极的工作及活动动机，提高工作效率和活动效率。这也是群体支持力量或促进力量。早在1897年，有位心理学家让一个班的学生绕线圈，结果他发现在一块儿做比单独做做得更快更好。1965年，教育心理学家林格伦（H. C. Lindgren）在大学生中做实验，他在实验组中采用智力激励法，让大学生在群体中先交流想法，相互启

---

① 参见朱吉玉编著：《管理心理学》，东北财经大学出版社2007年版，第141页。
② 参见人民教育出版社师范教材中心组编：《心理学》，人民教育出版社1999年版，第267页。

发,达到"预热"的目的,然后让每个人独自思考有创意的意见。结果,每个人对本来不大关注的问题或工作都发生了兴趣,并把群体的创造行为当作社会规范迫使自己去做,从而推动创造性思维活动。当然,有的群体也会助长成员的错误行为。①

(2)顾虑倾向。又称社会致弱作用,是指个体在大众面前感到不自在,感到拘谨,从而影响了行为效果。法官的审判行为不仅要受到法官群体的影响,还有可能受到社会舆论、新闻媒体的影响。顾虑倾向与法官的个性、职业素质等密切相关。

(3)标准化倾向。个体对事物的知觉、对事物的判断,以及工作的速度、产生的数量,在单独情境下,个体差异很大。但是,在群体中会趋向于同一标准。法官必须掌握在职业共同体内公认的一套技术、标准,运用共有的知识,去裁判案件。如果法官知识高度同质,那么裁判就容易达成共识。因此,群体决策是裁判客观性、稳定性的重要保障。

(4)服从行为。服从行为是个体按照社会要求、团体规范或别人的意志而作出的行为。在服从情况下的个体,则完全是在不自愿的情况下,应别人的要求去行动的。服从包括两个方面:对权威人物命令的服从;在有一定组织的群体规范影响下的服从。②

二、影响法官决策的群体规范

所谓群体规范,是指群体成员必须共同遵守的行为准则的总和。广义的群体规范包括社会制度、法律、纪律、道德、风俗和信仰等,都是一个社会里多数成员共有的行为模式。不遵循规范就要受到谴责或惩罚。群体规范可分为正式规范与非正式规范,前者指在正式群体中明文规定的行为准则,如严格依法办案,尊重事实,维护法律,后者指成员间相互约定,虽没有明文规定但大家一致同意的规范。群体规范还可分为一般的社会规范与反社会的规范。

---

① 参见人民教育出版社师范教材中心组编:《心理学》,人民教育出版社1999年版,第268页。
② 参见朱吉玉编著:《管理心理学》,东北财经大学出版社2007年版,第143页。

群体规范的研究,始于美国社会心理学家谢里夫(M. Sherif)。为了考察群体对个体成员的影响,谢里夫设计了一项实验。他让被试者观察一间屋子里的固定光点,由于背景的原因,这个光点看起来似乎在微微移动。主试者问被试者,在他们看来,光点移动了多远。问过几次以后,被试者的判断基本固定了,有人说2英寸,有人说3英寸,等等。然后,被试者又被重新分组,再做一次实验,这次允许他们听别人的意见。结果发现,被试者的判断开始向一个新的群体平均数集中。最后,每个被试者又被单独施测一次,但他们的估计仍是整个群体的估计数。谢里夫认为,这一结果说明了群体对个人在社会知觉水平上的影响,个人逐渐形成了以团体的眼光来看光点移动的态度。这一实验结果与人类学资料结合起来,说明个人的知觉习惯是对社会文化习惯的适应。谢里夫的其他实验还表明,在形成群体的初期,成员之间的差异性是明显的,但是随着时间的推移,成员之间的差异性就会逐渐消失,一致性会明显表现出来。①

法官群体有别于其他群体的原因之一,就是法官群体有一套成员应该如何做的行为规范,这就是法官群体规范。法官群体规范是法官应当遵守的行为准则,明确了法官行为的奖惩标准,保障了法官行为的一致性,从而维护了法官群体的稳定,发挥了法官队伍的正常功能。法院的审委会,构成一个典型的小群体。曾有学者对审委会讨论的群体规范进行研究后指出,观察审委会讨论的过程,可以看出审委会成员之间的确形成了自己的群体规范:

(1)发言顺序。不同法院有自己的特点,特定法院的审委会讨论发言顺序往往相对固定,或者形成了某种特定的规范。如某法院形成一种"谁熟悉案情谁先说话",或者"谁脑子快谁掌握发言权"的规范。

(2)讨论范围。从理论上讲,审委会要讨论法律问题,但事实上,委员们往往关心许多与法律无关的事实,比如说矛盾激化、权力干预、某种社会关系需要协调等。

(3)讨论目的。讨论的目的是解决问题。审委会成员必须明白两点:一是讨论必须有结果,因此每个人必须拿出意见,或者对别人的意见表态;二

---

① 参见全国13所高等院校《社会心理学》编写组编:《社会心理学》,南开大学出版社2003年版,第320页。

是不能就案办案。①

典型的群体规范的形成过程一般要经历探索、形成和定型三个阶段。探索阶段是指成员按照个人标准看待和了解群体中其他成员的行为标准和业已存在的群体规范体系。这是一个成员之间彼此接近、逐步同化的过程。形成阶段是指成员不同的行为、价值、观念体系相互融合，通过心理和行为的互动，逐步形成某种公认的、可接受的规范群体行为的标准。定型阶段是指经历了一段时间的群体与个体之间、个人与个人之间利益行为及观念的交换、归属及服从过程，最终形成对群体所有成员具有共同约束力的行为规范体系，并以此来评价成员的行为效果。

法官群体规范一旦形成，对法官的决策行为将产生重要的影响和制约作用：第一，成为维系法官群体行为的无形力量。当法官个体发现自己的意见与群体中大多数意见不一致时，就会体验到由于与众不同所造成的被孤立、排斥的感觉。第二，成为评价法官具体行为的标尺。第三，成为群体成员行为的动力。群体规范规定了成员努力的方向和目标，每个成员只有按照群体规范去行动，才能融入群体之中，成为被群体接受、认可的一员，体现个人价值。第四，具有行为导向和矫正作用。

三、群体思维与群体决策的冒险转移

群体思维和群体决策的冒险转移是群体决策过程中的两个副产品。这两种现象可能会潜在地影响群体客观地评估各种方案和达成高质量决策的能力。两种现象的产生主要是群体压力和群体规范的影响。

（一）群体思维

群体思维是群体决策中的一种现象，是群体决策研究文献中一个非常普遍的概念。群体思维是指高凝聚力的群体在进行决策时，由于思维高度倾向于寻求一致，致使其他变通路线的现实性评估受到压制的倾向性思维方式。即由于受从众的压力影响，群体对不寻常的、少数人的或不受欢迎的观点得

---

① 参见吴英姿：《法官角色与司法行为》，中国大百科全书出版社 2008 年版，第 172-174 页。

不出客观的评价,少数人的和不受欢迎的观点难以充分表达出来。"群体思维,是指为了群体的团结而降低群体思维的效率,不尊重客观事实,不明辨是非的现象。"① 群体思维是伤害许多群体的一种疾病,它会严重损害群体绩效。也就是说,在群体就某一问题或事宜的提议发表意见时,有时会长时间处于集体沉默状态,没有人发表见解,而后人们又会一致通过。通常是组织内那些拥有权威,说话自信,喜欢发表意见的主要成员的想法更容易被接受,但其实大多数人并不赞成这一提议。之所以会这样,是因为群体成员感受到群体规范要求共识的压力,不愿表达不同见解。这时个体的思辨及道德判断力都会受到影响而下降。这种情形下作出的群体决策往往都是不合理的和失败的决策。当一个组织过分注重整体性,而不能持一种批评的态度来评价其决策及假设时,这种情况就会发生。

1. 群体思维的表现形式

群体思维现象,主要有以下几种表现形式:

(1) 对于那些时不时怀疑群体共同观点的人,或怀疑大家所信奉的论据的人,群体成员会对他们施加直接压力。

(2) 群体内持怀疑或不同看法的人,往往通过保持沉默,甚至降低自己看法的重要性,来尽力避免与群体观点不一致。

(3) 如果某个人保持沉默,大家往往认为他表示赞成,即"缺席者就被看作是赞成者"。

2. 决定群体是否易受群体思维影响的要素

(1) 凝聚力强的群体内部讨论较多,能够带来更多信息,但这种群体是否不鼓励群体成员提出反对意见尚难确定。

(2) 如果群体领导公正无私,鼓励群体成员提出自己的意见,群体成员会提出更多解决问题的方法并进行更多的讨论。

(3) 群体领导在讨论初期应避免表现出对某种方案的偏爱,否则会限制群体成员对该方案提出批评性意见,而使群体最终选择该方案。②

"群体思维"现象的存在是群体决策的缺陷,但也不是客观规律的必然,

---

① [美]安德鲁·杜布林:《心理学与工作》,王佳艺译,中国人民大学出版社2007年版,第285页。

② 参见孙娟主编:《警察组织行为学》,中国人民公安大学2006年版,第216-217页。

从组织行为学和人力资源管理学的角度分析，是可以采用技术手段克服的。因此，审判工作中，作为各级决策组织的审判人员，要通过学习注意防范，组织内部要建立必要的决策机制加以克服，以科学和创新的精神提高法官决策的质量和效能，从而更好地服务于审判事业的发展需要。

（二）群体决策中的冒险转移

一般认为，群体决策能够集思广益、博采众长，小组讨论的结果应该比个人决策更为合理和有效。由此推论，群体决策比个人决策更合理。但是实际上，"冒险转移"理论告诉我们，群体决策的结果有时恰好跟常理相反。冒险转移是群体极化的一种。心理学研究表明，要收到良好的或优化的群体决策效应，必须注意克服决策中的群体极化效应。所谓群体极化效应，指的是群体决策过程中，由于受群体气氛的影响，会出现支持极端化决策的心理倾向，即决策向极端化偏移。这种倾向可分为两种情况：倾向激进的一种叫作冒险转移，倾向保守的一种叫谨慎偏移。[1] 这种群体转移也称群体决策的风险转移现象，是由美国学者在本国背景下最先发现的。群体转移致使群体决策在多数情况下向冒险转移，在少数情况下向保守转移。群体转移可看作是群体思维的一种特殊形式。群体的决策结果反映了在群体讨论过程中形成的、占主导地位的决策规范。

举例来说明冒险转移的现象。某人得病需要手术，手术的成功率直接影响是否动手术的决策。如果请一个测试者来进行决策，让他在如下的手术成功率中进行选择：10%、30%、50%、70%、90%。经对一批测试者的决策的分析，结果是成功率在50%就可以动手术。如果请七个人进行讨论，结果是成功率在30%就可以动手术，等于风险率增加到了70%，出现了集体冒险现象。这在组织行为学和组织管理学中被称为"冒险转移"。在组织管理过程中，个人决策从理论上应该比集体决策更稳妥和安全。这很容易理解：在一个健康的组织内，个人决策承受的压力要比集体决策要大得多，因此决策的冒险率低是很正常的。而在集体决策时，由于出现责任分摊、社会比较作用，以及领导人倾向作用等，群体决策的结果比个人决策更趋于冒险。现实中，

---

[1] 参见郭亨杰主编：《〈心理学〉——学习与应用》，上海教育出版社2001年版，第363页。

这种现象其实很明显，特别是个别领导为实现自己的目的，在一些重大决策时往往采取党组会议、行政领导小组会议等群体决策，其实并不是真正想让大家进行充分的讨论和决策，而是基于法不责众的基本思路，通过这样的群体决策让自己的想法得到大家的支持和拥护而已。而小组成员一般基于"一把手"的权威作用，大部分人也往往不假思索，点头认可，唯恐给一把手留下"政见不同"的印象，群体决策成了"支持大会"，这种决策的冒险性可想而知。

对于为什么会出现冒险转移现象，对原因的解释目前尚无定论。主要有以下几种解释：

（1）责任扩散论。这种观点认为，群体比个体更容易作出冒险决定，是由于决定的责任广泛落到了每个成员的身上，任何一个个体都不必对错误的决定承担全部责任，所以群体比个体更大胆。

（2）文化价值论。这种观点认为，要看人们所处的文化背景中推崇冒险行为还是谨慎行为。群体成员所具有的社会文化背景和信奉的价值观会被反映在群体决策中。例如，美国社会崇尚冒险，敬慕敢于冒险而成功的人士，所以其群体决策更富于冒险性。

（3）领导者影响论。小群体中，恰恰有一些极富冒险精神的领导型人物，其他成员受他们影响，也倾向于冒险。[1]

四、理想情境中的群体决策

心理学研究表明，群体决策这种决策形式虽然有独特的优势，但也有其先天的不足，主要在于群体决策容易在实际的操作运行过程中事与愿违，甚至被少数人操纵控制。为此，理性的群体决策应当遵循以下几条规则：

1. 要遵循依多数决策规则

将众多不同的个体偏好汇集成一个群体偏好，依靠的就是少数服从多数的多数决策规则，即依多数人的偏好作为群体偏好，进而作出决策。为了提

---

[1] 参见全国13所高等院校《社会心理学》编写组编：《社会心理学》，南开大学出版社2003年版，第335页。

高决策质量，在一些特别重大问题的决策上，应当提倡以复杂多数规则谨慎通过表决，如规定需要超过与会人数的三分之二或四分之三或五分之四以上方能通过表决。

2. 要保证个体有效获取决策信息

信息的获取是判断与决定的基础。只有让受到决策影响的人和将来要执行决策的人都能够参与到决策过程中去，让个体参与决策的全过程，占有更完全的信息和知识，才能确保群体决策过程拥有更多的信息，给决策过程带来异质性，为多种方法和多种方案的讨论提供机会。如果决策者的信息不对称，即使表面上共同参与，但实际上也难以做到共同决策。

3. 要促进个体成员克服从众心理

社会心理学认为，个体在群体中生活，常常会不知不觉地遵从群体压力，在知觉、判断、信仰以及行为上，放弃自己的主张，趋向于与群体中多数人一致，这就是从众现象。① 群体成员希望被群体接受和重视的愿望可能会导致不同意见被压制，在决策时使群体成员都追求观点的统一。从众行为的特点主要有三：一是引起从众行为的压力可能是真实存在的也可能是想象的；二是群体压力可以在个体意识到的情况下发生作用，使个体通过理性选择而从众，也可以在没有意识到的情况下发生作用，使其表现为"人云亦云"的盲目跟从；三是从众个体的自愿行为。从众在一定程度上具有积极的促进作用，有利于学习他人的智能经验，开阔视野，克服固执己见和盲目自信，修正自己的思维方式。但也有着不容忽视的消极作用，它很大程度上压抑了个性，束缚了思维，扼杀了创造力，在理性的群体决策机制中应当注意培养主体的自觉、自主性。

4. 要防止被少数人控制与多数人服从

群体讨论可能会被一两个人所控制，如果这种控制是由低水平的成员所致，那么群体的运行效率就会受到不利影响。如果是被领导控制，这时就会出现服从心理。所谓服从，是指个体按照社会要求、群体规范或他人意志而作出的行为。② 个体之所以会有服从行为，主要原因有两个：一是合法权力。

---

① 参见郭亨杰主编：《〈心理学〉——学习与应用》，上海教育出版社2001年版，第348页。
② 参见郭亨杰主编：《〈心理学〉——学习与应用》，上海教育出版社2001年版，第352页。

我们通常认为，在一定情境下，社会赋予了某些社会角色更大的权力，而自己有服从他们的义务。比如，学生应该服从教师，病人应该服从医生，下级应当服从上级等。二是责任转移。一般情况下，我们对于自己的行为都有自己的责任意识，如果我们认为造成某种行为的责任不在于自己，特别是当有指挥官主动承担责任时，我们就会认为该行为的主导者不在自己，而在指挥官。因此，我们就不需要对此行为负责，于是发生了责任转移，使得人们不考虑自己的行为后果。

5. 要明确各个成员的具体责任

对于个人决策，责任者是很明确的。但对于群体决策，任何一个成员的责任都会降低，群体决策容易导致责任不清。法国农业工程师林洛曼曾经设计了一个拉绳实验：把被试者分成一人组、两人组、三人组和八人组，要求各组用尽全力拉绳，同时用灵敏的测力器分别测量其拉力。结果，两人组的拉力只是单独拉绳时两人拉力总和的95%；三人组的拉力只是单独拉绳时三人拉力总和的85%；而八人组的拉力则降到单独拉绳时八人拉力总和的49%。实验证明了群体合作有内耗现象出现，群体力量的总数低于单个人力量叠加的总和。"拉绳实验"中出现1+1<2的情况说明，对于某件事，一个人单枪匹马进行独立操作，会作出积极反应，并竭尽全力去完成；如果在由群体完成的情况下，就会将责任悄然分散，扩散到其他人身上，表现为退缩和保留。社会心理学家认为，这是集体工作时存在的一个普遍特征，并可概括为"责任分散"现象。

根据群体决策的心理机制，理想情境中的合议庭、审委会运作机制应能够确保合议庭成员、审委会参与到案件审判的全过程中去，能够使参与审判的合议庭成员、审委成员均能在审判过程中真实有效地表达个人的意愿和观点，真正承担个人应当承担的责任，从而真正发扬民主、集思广益、形成监督，保证办案质量。为此：

（1）加强对人民陪审员的培训。

人民陪审员参与合议庭审理案件是基层法院、中级法院的普遍做法，也是民主集中的具体体现。我国的人民陪审员承担着与职业法官同样的职权和责任，他不仅参与案件事实的认定，而且参与法律问题的决策，不仅管定罪，而且管量刑。理想情境中的群体决策，需要个体之间就言谈具有共同的价值观和知识背景,方能防止从众、服从等心理的出现,才能确保个体能够正确、自由地表达自己的意愿。应当承认,实践中不少人民陪审员缺乏法律专业知识背景。笔者曾在参与对下级法院进行案件评查时发现,有的人民陪审员对案件处理的表态较为简单,究其原因,是因为担心说多了说错,有的随意附和审判长的观点,有些案件有两位陪审员,只有审判长一人是职业法官,因此全案的处理结论几乎是审判长一人说了算,这样的合议制与独任审判又有什么区别?故对人民陪审员在上岗前进行系统的法律培训,提高人民陪审员的整体素质,就显得非常重要。这是确保案件质量的需要,也是完善合议制必须坚持的关键一步。

(2)制定配套措施对理论上已经解决的制度坚决予以贯彻落实。

在以往对合议制、审委会的法学研究中,改革现有的承办人制度、合议庭成员应当共同阅卷①、认真参与庭审等结论已经不再是新鲜的观点了。从以上有关群体决策心理机制的论述中,也能够看出合议庭成员、审委会委员全面了解案情的重要性,从心理学角度得出与法学研究相同的结论。但是理论上成熟,不等于实践中到位,现在的关键在于,怎样确保这些理论上已经成熟的观点或制度在实践中行动上得以确立、贯彻和落实,使合议制、审委会的运行时时处处着眼于促进全体成员全面了解案情、获取信息,真正做到群

---

① 案卷材料是法官获取案件信息的重要来源。在我国当事人主义审判方式尚不完善成熟的情况下,法官的阅卷审查就更为重要。以刑事审判为例,我国实行的是案卷笔录中心主义的裁判方式,检察机关不仅在开庭前可以向法院移送案卷笔录,在法庭上可以有选择地宣读案卷笔录,还可以在庭审结束后将全部案卷笔录移送法院。因此,阅卷就更重要。但长期以来,不直接经办本案的合议庭成员往往不参与案卷的书面审查和阅卷,导致在庭前根本不参与了解熟悉案情,在庭后也难以确保真正熟悉了解案情。因为信息不对称,其决策时依赖于承办人或其他成员也就在所难免。因此,要提升群体决策的质量,笔者认为,首先要从落实和完善合议庭成员共同阅卷制度入手。不仅合议庭成员在庭前可以共同阅卷,而且在庭上、庭后均可以共同阅卷。

体决策。①

（3）完善合议庭评议、审判委员会讨论表决规则。

近年来，有关合议制、审委会的改革，以及学界对完善合议制、审委会的理论探讨，其重心多围绕合议庭、审委会依法独立行使审判权，审判分离与结合问题而展开，对合议庭、审委会内部运作的评议规则，缺乏足够的关注。当前合议庭、审委会制度存在两个最为突出的问题：一是表决对象不清，即到底哪些问题需要评议表决。实践中，对应当评议的事项，未经评议讨论便作出决定的现象不在少数，这其实侵犯了其他成员的决策权力，架空了集体审判制度。二是表决规则模糊。在决定评议结果时，法律和司法解释将评议原则简单地规定为少数服从多数，但对表决的方式、具体规程并不明确。如果缺乏共同参与、民主决策、科学合理的评议表决机制，合议制、审委会容易沦为事实上的独任制、"一言堂"。空有独立外壳而缺乏民主内涵的合议制、审委会，是很难取得预期改革效果的。笔者认为，当前坚持和完善合议

---

① 就合议制的完善，笔者曾提出以下几个配套措施：(1) 建立预备庭制度。在案件受理后，合议庭应当召开预备庭，庭前对案件如何审理和分工等问题进行合议，共同制定庭审纲要和要点，共同研究庭前需要组织双方交换的证据，做到共同熟悉案情。在预备庭评议过程中，对疑难案件，承办人应当主动提请合议庭其他成员共同阅卷，审判长发现案件有亲自阅卷或指定合议庭其他成员阅卷的必要的，有权作出决定，合议庭成员应当执行。(2) 充分保障庭审时间，并分工负责。据笔者观察，以往司法实践中，由于受排期开庭、片面追求效率等因素的影响，开庭普遍存在庭审不充分的问题。由于庭审时间过于仓促，难以确保合议庭成员通过庭审活动获取案件决策信息，导致庭审的功能没有得到应有的发挥。因此，笔者认为，应当对"普通程序简便审"进行反思和调整，对疑难案件一定要保障开庭时间，让庭审成为法官解决案件争议问题的主要场所。庭审中的另一问题是，合议庭成员缺乏分工。主要原因也是受承办人制度的影响，承办人包揽工作，甚至连审判长都没有真正成为庭审活动的驾驭者和主持人。笔者曾专门至有关基层法院旁听了几起刑事案件的庭审。结果发现，有的审判长仅主持少部分法庭审理，大部分工作则"授权"给承办人主持，即庭审中的举证、质证、讯问等工作基本上由熟悉案情的承办人"自己负责"。由于缺乏合理的分工，只负责"听"的合议庭另外成员也往往参与性不强，容易走神。为了防止这些现象的出现，给每一位合议庭成员分派一些任务是必要的。(3) 共同审签裁判文书。根据当前的实际，可从以下三方面做起：一是对一般案件，实行"承办人起草文书+合议庭其他成员核稿+审判长签发"的裁判文书制度。如此一来，合议庭成员均可以参与其中，一方面，直接促进了合议庭成员共同阅卷制度的进一步落实；另一方面，由于每个人观察问题的能力和看问题的角度不同，通过共同核稿签发也有助于发现问题、提高审判质量。从实践情况来看，很多问题就是在核稿签发阶段通过翻阅案卷才发现并纠正的。二是有分歧案件，实行"合议庭其他成员起草裁判文书+承办人核稿+审判长"签发裁判文书制度。所谓有分歧案件，特指承办人意见与合议庭意见不一致的案件，对这类案件应当由合议庭其他成员制作裁判文书，承办人进行审核并在原稿上签字，审判长依职权负责签发最后把关。三是审判长自己承办的案件，实行"合议庭成员起草裁判文书+合议庭其他成员核稿+审判长签发"的裁判文书制度。参见陈增宝：《合议制的原理与规则——基于群体决策理论的检视》，载《法律适用》2008年第5期。

制、审委会改革的重点应当放在健全科学、理性的讨论表决规则上。内容上至少应当包含以下几条：

——充分的讨论。也就是说，合议讨论时间、程度要有保障，在讨论过程中应当营造一种有利于群体决策的氛围，让成员把话讲完，充分发表自己的意见。应当持续、集中进行，避免打断对方发言，要提倡提问、相互启发。审判长、主持人必须有虚怀若谷的情操和容人的气量，不但要允许大家发表不同的意见和看法，而且还要鼓励大家发表不同的意见和看法。

——合理的提炼和归纳。为了提高效率，审判长、主持人应当对评议和表决对象作适当的提炼和归纳，同时归纳出来的观点不宜太多，然后集中表决或逐条表决。

——禁止弃权规则。根据规定，合议庭能够作出决议的，应当作出裁决，不得将案件提交给非合议庭成员进行判决。现实审判活动中，普遍存在的提交专业法官会议或审判委员会讨论制和向领导、上级法院请示汇报制，有些是有违禁止弃权原则的做法，应当予以规范限制或禁止。

——限定发言顺序。群体决策的目的在于发挥集体的智慧，能够使每一个成员的意愿得以真实表达，因此规定发言顺序可以使得职位较低的也能表达自己的意见，这是解决"一言堂"的基础。比如，主持人、审判长或资深法官后发言，资历较浅的法官或陪审员先发言。对此，最高人民法院于2019年8月2日印发《关于健全完善人民法院审判委员会工作机制的意见》第20条规定，审判委员会讨论决定案件和事项，一般按照以下程序进行：（1）合议庭、承办人汇报；（2）委员就有关问题进行询问；（3）委员按照法官等级和资历由低到高的顺序发表意见，主持人最后发表意见；（4）主持人作会议总结，会议作出决议。该意见对审判委员会的发言顺序已经作了明确，在实践中应当注意抓好贯彻落实。

——禁止复议规则。为了保证决策的权威性，没有法定的理由禁止复议，随便更改合议庭已经形成的决议。

——禁止结论性的简单表态。即法官在表达意见过程中应当阐明理由。

——同时亮出观点（投票）规则。多人参与并不能保证平等决策，"不平等的多人决策只会为少数人的独裁或擅断提供合法的外衣"①。因此，对于重大事项如定罪量刑等采取投票的形式，确保合议庭、审委会成员同时亮出观点是很有必要的。

(4) 加强对合议庭、审委会的组织建设。

具体建议有三：

——成员的组成、搭配要合理。审委会成员的年龄、性别、职务、专业能力等结构要合理。合议庭成员的组成搭配也要有所考虑，应当避免盲目组合，具体可从业务强弱、纪律作风好坏、知识结构等方面综合考虑。

——合议庭成员适时适度交流轮岗。据笔者观察，随着司法改革的实施，比较多的法院合议庭成员的组成也趋于长期固定的状态。不少法院的审判庭划分为几个合议庭或审判团队加以管理，每个合议庭确定一名负责人，由负责人再带几个审判人员。有的"团队"成员总人数虽然有三到五个，就个案合议庭而言，增加了一些随机性，但长远来看，仍然比较固定。合议庭成员的长期固定显然有利有弊。最大的好处在于合议庭成员之间相互比较了解，有利于沟通，从而提高审判质量。但从全面来看，合议庭成员长期固定弊大于利。最大的弊端在于极易结成利益同盟，滋生司法腐败。因此，对同一专业背景的不同合议庭成员进行适时交流轮岗是非常必要的。

——建立理性的责任追究制度。以往，合议庭成员容易出现"陪衬"现象，没有真正成为责任主体。有些案件出现错误问题后，仅仅追究承办法官的责任甚至因责任不清而大家都不承担责任。长期如此，合议庭成员自然缺乏积极性、主动性和责任心。以上就阅卷、庭审、评议到核稿签发等环节所提的建议就是希望能够从制度上真正界定审判长、承办人及其他合议庭成员的职责，做到共同审案，职责明确，责任也就容易明晰。在合议庭负责制下，审判长、承办人均是合议庭成员，全体成员以平等的身份共同参与案件的审理，对所承办案件的事实、证据、定性、适用法律、裁判结果理应全面负责。为了促进发言，案件出错时对原来审委会讨论过程中附和了事、敷衍塞责甚至一言不发不表态者也要追责。只有全面参与，每个成员都是主角，人人都

---

① 参见胡常龙、吴卫军：《走向理性化的合议庭制度——合议庭制度改革之思考》，载尹忠显主编：《合议制问题研究》，法律出版社2002年版，第30页。

有责任，才能促使人人都尽职尽责，促进合议庭、审委会整体功能的发挥。

（5）推行院庭长"阅核"制度。

2023年7月13日，全国大法官研讨班在北京召开。本次全国大法官研讨班上，与会大法官围绕推进审判机制现代化对院庭长"阅核"进行了研究讨论。作为加强合议庭监督管理的一项制度举措，"阅核"具有重要的制度价值和实际影响力，迫切需要理论和实践部门加以全面、系统、深入研究，准确地理解和适用。从词义上看，"阅核"和"核阅"不同，通常用于描述核对、审查试卷或者文件等书面材料的过程。这个过程可能涉及对材料内容进行仔细的阅读、对比和评估，以确保其准确性、真实性和完整性。案件"阅核"制不是恢复原来的案件"审批"制，也不是简单的院庭长"阅卷"，而是侧重于"审核把关"，彰显院庭领导审判监督管理的功能定位。当前形势下，推行院庭领导"阅核"制度，不仅有其现实必要性，而且具有可行性，既符合司法责任制改革的制度规定，又符合司法责任制的本质要求。

首先，推行院庭领导"阅核"制度是践行司法公正为民宗旨、全面提升案件审判质效的现实需要。总体上看，通过这几年深化司法体制改革，持续加强审判质量监督管理，人民法院的案件质量是好的，但是，我们也应当清醒地意识到，从历年查案情况来看，审判执行领域的滥用自由裁量权、同案不同判、虚假诉讼等质量瑕疵和顽瘴痼疾问题仍然不少，人民群众对司法公正的期待与案件审理质量不高、裁判文书说理不够充分、裁判标准不够统一等之间的矛盾还比较突出。尤其是一段时期以来，较多强调"还权于合议庭"，院庭领导不愿管、不敢管、不会管的现象还存在一定的普遍性，影响了案件质量的整体提升。只有不断创新和加强审判监督管理，"规范、保障、促进、服务"审判执行工作，不断巩固提升办案质效，才能让人民群众切实感受到公平正义就在身边。

其次，推行院庭领导"阅核制度"是由全面准确落实司法责任制的本质要求所决定的，体现了司法裁判责任和监督管理责任的有机统一。根据法律规定，司法责任是人民法院的宪法责任，由审委会、院庭长、合议庭、法官依法定职责分别承担、共同负责。从责任归属上看，院庭领导"阅核"制度体现了司法裁判责任和监督管理责任根本统一于党的领导责任。实践中，既要落实落细审判组织的法定职责，又要以党的领导责任统领、压实司法审判各环节、各方面的责任。

最后,"阅核"机制符合现有的制度规范以及科学的司法原理和规律,彰显了党对司法责任制改革认识和把握的持续深化。党的十八届三中、四中全会提出,完善主审法官、合议庭办案责任制,让审理者裁判,由裁判者负责,落实谁办案谁负责;党的十九大报告提出,全面落实司法责任制,努力让人民群众在每一个司法案件中感受到公平正义;党的二十大报告强调,全面、准确落实司法责任制,加快建设公正高效权威的社会主义司法制度。从"落实"到"全面落实",再到"全面准确落实"的递进,蕴含着党对司法责任制规律性认识的持续深化,完全符合现有的制度规定,为我们以全面准确落实司法责任制为牵引、加快推进审判机制现代化指明了方向,提出了新的更高要求。此次全国大法官研讨班研究讨论提出对"四类案件之外的案件,原则上庭领导都应当阅核,重要问题报院领导阅核",从而为全部案件构建起一个完整的监督管理体系。当然,院庭领导亦应当依法对裁判承担相应责任。

第三篇
法官职业心理与司法效能

第一章 法官选拔和培训

裁判活动的"主体"永远是法官，而不是程序，无论如何科学、精密的程序也取代不了"法官"。程序规则只是形成法官"内心确信"的工具，正如"程序正义"只是实现"实质正义"的手段。司法改革也好，庭审改革也罢，法官人格的塑造才是关键。① 人格管理，是管理心理学中的一个重要范畴。而法官的人格由先天禀赋和后天环境及生活经验所塑造，人如其面，各有千秋。人格分法很多，为了法院及法治事业的成功，需要对法官进行科学的选拔任用和科学的培训管理。只有这样才能选拔好人才，安排好工作，促进司法效能的整体提高和法治目标的顺利实现。

第一节 法官的背景

过去，对于在法官岗位上工作的男性和女性特征的研究较多，但对于法官的背景或法官的个体差异与法官的裁判活动之间的关系，相对而言研究得比较少。前者研究的是法官个性特征本身对审判活动的影响，后者则是从法官背景的角度从外围研究其对审判决策的影响。对法官的背景展开理论研究，有利于改善法官的培养与选拔等工作。

---

① 参见梁慧星：《形式正义只是手段，实质正义才是目的》，载中国法学网，http://www.iolaw.org.cn，最后访问时间：2023年11月20日。

一、法官的背景因素

（一）家庭类型

法官的家庭出身，是法官背景中的一个重要因素。因为，家庭环境因素对一个法官人格的形成颇为重要。家庭是社会的细胞，它不仅具有自然的遗传因素，也有着社会的"遗传"因素。正如人格心理学家所言，"家庭对人的塑造力是今天我们对人格发展看法的基石。"家庭因素主要表现为家庭对子女的教育作用。心理学研究表明，家庭的教养方式对人格的形成有影响，不同类型的教养方式塑造了不同的人格特征。如美国心理学家皮克研究认为，青少年的性格特征与父母对子女的教养方式相关，孩子良好的性格特征与信任、民主、容忍的教养方式有较高的相关，孩子的敌对行为与严厉的教养方式有较高相关。[①] 心理学研究者一般把家庭教养方式分成三类：

一是权威型。这类家庭教养方式中的父母往往在对子女的教育过程中表现为过分支配孩子，孩子的一切事情均由父母来控制。成长在这种教育环境下的法官容易形成消极、被动、依赖、服从、懦弱的人格，做事缺乏主动性，甚至会形成不诚实的人格特征。

二是放纵型。这类教养方式中的父母对孩子往往溺爱，父母让孩子随心所欲，对孩子的教育管理甚至达到完全失控的状态。成长在这种家庭环境下的法官容易表现出自私、野蛮、无礼、任性、幼稚、唯我独尊、蛮横胡闹、独立性差等人格特征。

三是民主型。这类教养方式下的父母与孩子往往在家庭中形成平等和谐的关系，在这种氛围之下，父母给孩子一定的自主权，尊重孩子，并给孩子以积极正确的指导。这种教育方式容易使法官形成活泼、快乐、直爽、自立、彬彬有礼、善于交往、容易合作、思想活跃等积极的人格品质。可见，和谐的家庭环境有利于法官健康人格的形成与发展。

现代社会离婚率不断上升，父母离婚成为影响法官人格发展的重要影响

[①] 参见郭亨杰主编：《〈心理学〉——学习与应用》，上海教育出版社2001年版，第82页。

因素之一。

此外，心理学研究还表明独生子女具有明显的个性特点，其性格开朗、活泼好动、兴趣广泛，但感情容易冲动、注意力不稳定、缺乏忍耐力。①

根据以上这些结论，我们不难看出，法官的家庭环境对其人格的形成与发展必然有着重要的影响。因此，并不是所有人都适合从事法官职业，在法官的选拔、培训上应当结合考察其家庭成长环境，将人格健全的人选拔到法官工作岗位上来。

(二) 教育背景

法官的人格全面形成依赖后天的教育因素。其中，专门的学校教育对法官的培养与成长具有重大影响。学校教育是一种有计划、有组织、有目标的培养人才的活动。学校具有集体的性质，对法官个体人格的发展较家庭有独特的优势。学校教育中，学校的教学条件、环境结构、教师自身的状况、教材和课外读物、同学的状况等因素均会对法官个体人格的形成与发展产生影响。一个人从事法官职业之前，从儿童开始就进入学校，接受学校的正规教育，不但在知识上不断提高、智力上不断进步，而且在人格方面也逐步发展。在成为法官前，学校教育对法官人格形成的影响比较大。我国《法官法》对法官的任职条件作了比较严格的规定，其中要求法官具有大学本科以上学历，充分证明国家对法官接受教育因素的重视，这是正确的。

在国外，要想成为一个法官，也都必须接受特定的教育。如在德国，从事法律事业必须具备的基本资格就是要通过毕业考试，这样才有资格在经过总共13年的中小学学习之后（16个州中有3个州仅需要12年的中小学教育）被大学录取。通常，大学里的法律学习要持续4～5年，内容覆盖法律的基本历史和哲学基础，以及一些主要的法学部门，如民法、刑法、行政法和宪法。② 英国的法官不仅都有正式的法学教育背景，而且必须有长期的法庭执业的经验。在获得任命时，他们不仅对法律专业知识有精深的把握，而且也有长期的法庭经验。

---

① 参见郭亨杰主编：《〈心理学〉——学习与应用》，上海教育出版社2001年版，第82页。
② 参见怀效锋主编：《法院与法官》，法律出版社2006年版，第344页。

（三）成长经历

我们每个人都深深地嵌入整个社会之中，一个社会在每个时空之下均有其特定的文化、观念，这种社会文化因素对每个法官个体均在潜移默化地起着作用。许多科学研究表明，社会文化对个体人格具有塑造功能。如米德等人研究了新几内亚的三个部族都具有其固有的共同人格特征，鲜明地体现了社会文化对人格的影响力。对于一个法官的成长而言，能够保持与时俱进的理论品质，具有敏锐的社会观察能力和鉴别力，及时、正确地吸收社会文化中的精华因素，去除其糟粕，是非常必要的。

二、法官的背景对审判决策的影响

法官的教育背景、家庭背景、成长经历与法官个性因素具有密切的联系。什么样的教育、家庭、成长经历等后天因素塑造出什么样的法官。司法活动作为一种认识活动和实践活动，不光是法官的理性活动，法官的非理性因素也包含在其中并发挥着作用。关于法官人格、背景等心理因素对裁判活动的影响，一些国外法学家已有一定的研究。如：

（1）美国现实主义法学家弗兰克（Jerome Frank）的司法判决公式很好地说明了个人因素对法官裁判的影响，即：D（判决）= S（围绕法官和案件的刺激）×P（个性）。弗兰克认为，法官的个性是法官裁判活动的中枢因素，判决结果可能要依碰巧审理个案的法官的个性而定，法官的裁判结果由情绪、直觉、预感、偏见、脾气以及其他非法律因素所决定。[①] "判断的过程很少是从前提出发继而得出结论的。" "判断的起点正与之相反——先形成一个不很确定的结论；一个人通常是从这一结论开始，然后努力去发现能够导致出该结论的前提。"[②]

（2）英国著名法学家、大法官丹宁勋爵提出的比喻也形象地说明了法官个性对于弥补法律局限性的作用："法官应该向自己提出这么个问题：如果立

[①] [美] 博西格诺：《法律之门》，邓子滨译，华夏出版社2002年版，第27-34页。
[②] [美] 博西格诺：《法律之门》，邓子滨译，华夏出版社2002年版，第27页。

法者自己偶然遇到法律织物上的这种皱褶，他们会怎样把它弄平呢？法官必须像立法者们那样去做。一个法官绝不可以改变法律织物的编织材料，但是他可以，也应该把皱褶熨平。"①

（3）法律心理学家史密斯和布卢姆伯格研究发现，法官的"个人风格"对审判效率有影响，两位法律心理学家在1967年发表论文指出，对法庭上九位法官，他们归纳了六类主要法官角色模式：智力学者型、墨守成规唯命是从型、政治冒险野心家型、为金钱收买型、打手型和卖弄慈善的专制暴君型。在整个法庭中，审判工作主要由两位法官掌握，一位是智力学者型，另一位是墨守成规唯命是从型，结果发现，受过良好教育的智力学者型法官几乎在疯狂地工作，周末及夜间也加班，而且引起其他法官的对抗情绪；而平庸的墨守成规唯命是从型法官则在工作中表现得更加传统化，但他们仍然具有较高的办事效率。②

（4）自由法学和法社会学的倡导者爱尔里希曾言："唯有法官的人格，才是法律正义的保障。"③

在逻辑学和心理学领域，相关研究也证明了人的知识背景对思维活动的影响。如归纳推理研究领域出现了一些引人注目的实验研究：Heit 和 Rubinstein 等的研究表明了知识背景对归纳推理存在不可忽视的影响；Medin 等以"相关"，Loman 等以"一致性"作为变量的研究，比较系统地探讨了知识背景对归纳推理的影响；对于这些实验研究结果，假设评价模型、贝叶斯模型、PPP 模型以及相关理论都分别能够作出部分的解释；在对上述理论模型进行评价的基础上，提出了利用贝叶斯网络解释知识背景对归纳推理的影响的观点。④ 从相关领域推断，知识背景对裁判形成的影响则是客观事实。

在探讨法官的背景对审判决策之影响时，我们不得不探讨与法官背景因素相关联的直觉因素。直觉是主体基于知识背景、感性经验和事实材料，对

---

① ［英］丹宁勋爵：《法律的训诫》，杨百揆等译，法律出版社1999年版，第13页。
② 参见［美］M. J. 萨克斯、R. 黑斯蒂：《法庭社会心理学》，刘红松等译，乐国安校，军事科学出版社1989年版，第44页。
③ 转引自梁慧星：《形式正义只是手段，实质正义才是目的》，载中国法学网，http：//www. iolaw. org. cn，最后访问时间：2023年11月20日。
④ 彭文会等：《知识背景对归纳推理的影响》，载《重庆工商大学学报（自然科学版）》2005年第6期。

客观事物本质的突然领悟,使问题在一瞬间就得到了解决的思维形式。关于直觉思维在法律发现与司法判决中的作用,已经引起了一些法学家和法律工作者的关注,他们研究认为,法官在司法判决中采取了直觉思维的作用,这种直觉思维有的称之为"法感"。例如:

(1) 德国法学家伊赛和美国法学家弗兰克都表达过类似的观点,即认为法官的判决是建立在感觉与直觉之上。①

(2) 弗兰克提出,"法庭的判决像其他判断一样,无疑在多数情况下是暂时形成的结论倒推出来的","法官的判决取决于一种预感","建立在法官训练有素的直觉"之上,在这个过程中具有决定性意义的是法官的个性。②

(3) 美国法学家波斯纳认为,实践理性被理解为当逻辑和科学不足之际人们使用的多种推理方法(包括直觉、权威、比喻、深思、解释、默悟、时间检验以及其他许多方法)。③

(4) 霍姆斯在其著名的《普通法》一书中指出,"法律的生命始终不是逻辑,而是经验。可感知的时代必要性、盛行的道德理论和政治理论、公共政策的直觉知识(无论是宣称的还是无意识的),甚至法官及其同胞所共有的偏见等,所有这一切在确定支配人们所应依据的规则时,比演绎推理具有更大的作用。"

(5) 哈奇逊法官在有关司法过程(法官如何思维)的研究报告中驰骋自己的想象:"沉思着原因,等待着感觉、预感——那直觉的闪现,在疑问与判决的连接处迸发出的火花照亮了司法双脚所跋涉的最黑暗的路途……在感觉或'预感'自己的判决时,法官的行为精确得与律师对案件的处理相一致,只有这样一个例外:律师已经在其观点中预设了目标——为委托人赢得诉讼——他仅搜寻和考虑那些确保他走在自己所选择的道路上的预感,而法官仅负有漫游着去作出公正判决的使命,他将沿着预感引导的道路前行,无论到达哪里……"哈奇逊法官补充说:"我必须假定我现在所说的是判决或决定,是问题的解决本身而不是对该决定的辩白;是判决而不是法官玩弄辞藻对判决的解释或辩解……法官作出决定,的确是通过感觉而不是通过判断,

---

① 参见 [德] H. 科殷:《法理学》,林荣远译,华夏出版社 2004 年版,第 219 页。
② 参见 [美] 博西格诺:《法律之门》,邓子滨译,华夏出版社 2002 年版,第 27-34 页。
③ [美] 理查德·A. 波斯纳:《法理学问题》,苏力译,中国政法大学出版社 2002 年版,第 39 页。

通过预感而不是通过三段论推理，这种三段论推理只出现在法庭意见中。法官作出决定的关键冲动是在特定案件中对于正确或错误的直觉，精明的法官，在已经作出决定的前提下，劳其筋骨，苦其心智，不仅要向自己说明直觉是合理的，而且还要使直觉经受住批评苛责。因而，他使所有有用的规则、原则、法律范畴和概念受到检阅，从中直接地或通过类比的方式进行遴选，用以在法庭意见中说明他所期望的结果是正当合理的。"①

（6）日本学者川岛武宜把法律价值判断的过程分为法律感觉和法律价值判断的合理化两部分，② 所谓的法律感觉就是一种法律直觉和无意识、思维定式的综合体。

（7）我国学者杨凯在其著作《裁判的艺术——法官职业的境界与追求》一书中分析了在裁判艺术当中，法官的直觉及运用直觉的艺术，同时又提出：法官裁判的直觉艺术是一个值得研究而又未被研究的现实课题。③

（8）我国王纳新法官在其著作《法官的思维——司法认知的基本规律》一书中对灵感（直觉）思维在法官办案中的作用也作了精彩的论述。该书中指出，实践表明，对于一些经验丰富的法官而言，他对案件的思索，特别是一些疑难案件的思索，往往是先凭直觉思维得出案件的处理结论，然后再根据结论去寻找法律依据和理由，再通过法律论证进行检验，最终形成正式裁判结论。④

根据心理学研究成果，直觉顿悟解决问题的能力也是可以培养的。2004年，德国学者瓦格纳（Wagner）等人在英国《自然》杂志上就发表论文，证明睡眠可以促进顿悟的发生。⑤ 根据这一研究成果，保持清醒的头脑和敏锐的思维能力会帮助人们走出思维僵局，获得顿悟。此外，有关儿童创造性思维的研究也表明，在压力和精神负担较大的情况下，儿童多会选择墨守成规的思路；而在较为宽松的环境下，创造性思维和顿悟会不断涌现。这些均能说

---

① ［美］博西格诺等：《法律之门》，邓子滨译，华夏出版社2002年版，第29页。
② ［日］川岛武宜：《现代化与法》，王志安等译，中国政法大学出版社1994年版，第248-251页。
③ 杨凯：《裁判的艺术——法官职业的境界与追求》，法律出版社2005年版，第187页。
④ 参见王纳新：《法官的思维——司法认知的基本规律》，法律出版社2005年版，第76页。
⑤ 他们比较了晚上睡觉或者不睡觉的人通过顿悟解决问题的能力，结果发现，有充分睡眠的人比没睡的人的顿悟能力要高。瓦格纳等人根据在顿悟中观察到海马活动的研究结果，推测是因为海马在人的睡梦中的持续活动酝酿了新思维的产生。

明，轻松愉快的学习和工作气氛也许会有助于顿悟和创造性思维的产生。由此也表明，培养法官保持清醒的头脑和敏锐的思维能力，以及排除外界各种干扰的能力，应当成为法官司法能力建设的重要组成部分。

在当代中国，我们研究法官的个性对审判决策的影响并不是追求司法的主观性，构成对法治之客观性、稳定性的践踏，目的是更好地实现法治。法律的首要特点是法律与道德的分离，法律与权力的隔离，造就了一个独立的法律领域，即法律帝国。形式理性是任何法治社会的基本要求，现代社会生活更需要"能像机器那样被依赖的法律"。系统性的法典经职业法官通过正当程序加以职业化的解释、推理和适用，法律的客观性不容动摇。但是司法过程中人的因素存在是客观的事实，我们只有正视裁判形成中人的因素，从制度设计上加以完善，对司法裁判的主观性进行预防和控制，才能更加理性地作出裁判。多年来，尤其是《法官法》实施前，法官职业的特殊性一直被忽略了，对法官的选任几乎无任何诸如教育背景、专业知识、工作经历等方面的要求，很多人未经专门的法律教育却成了法官。缺乏法律教育背景、法律知识粗浅仍然是阻碍法官法律信仰培养的瓶颈。针对这些不足，本轮司法体制改革过程中，全国法院认真落实法官员额制改革，大力加强法官队伍建设，推进法官的正规化、专业化和职业化，改革方向是非常正确的。

第二节　法官的选拔

本文所谓法官的选拔，主要指法官心理选拔，同时也涵盖其他素质选拔。法官心理选拔是法官心理学研究的一个重要课题，同时，也是法官心理学产生的最重要的推动因素。

一、法官心理选拔

从世界法官范围来看，各国选拔法官的方法多种多样。有的通过公民选举而挑选法官，有的通过政府的首脑、市长、立法机关的长官任命法官，有的由律师、公民、政治家在一起商讨以他们的职业记录为基础挑选法官。在我国，法官的来源多种多样，有的从部队转业到法院担任法官，有的从其他行政机关调入法院，有的从学校毕业分配至法院，有的属于科班出身，有的则是自学法律后成才，其中转业军人进法院成为我国司法的一大特色。近年来，我国有关法官选拔任用的制度逐步进行改革，有的尝试上级法院的法官从下级法院中选拔，有的则从律师、法学教授中选拔，通过国家法律职业资格考试成为担任法官的必备条件。这种法官来源的复杂性显然造成了法官个人特征方面的巨大差异。目前，国外对于在法官工作岗位上工作的男性和女性的特征的研究相当多，但对于法官的背景或个体差异与裁判活动之间的关系，相对而言研究得比较少。[1] 但许多国家在实践中对法官的要求都很高，比较注重法官尤其是刑事法官的心理素质，对法官的录用有着严格的选拔程序，其中十分强调运用心理测验审查他们的工作动机、能力和性格等心理品质；也十分注重心理学知识在选拔法官中的作用，对志愿当刑事法官的人要进行为期两天的身心检查，检查通过后心理学家还要单独与其面谈，以此检查其各种应变能力。相对而言，我国在选拔法官时对身高和政治素质要求比较高，而对心理素质要求没有得到应有的重视。在我国，对此有必要从理论上进行深入、系统的研究。

法官职业心理选拔，是依据法官职业活动结构的特点及对法官的职业活动的要求，借助心理学的测验或非测验技术，对应聘人员在法官职业的合适情况所进行的预测和评定。也就是依据法官职业活动的特殊要求与个体职业心理特点和个性品质的相互关系，对应职人员进行的职业选拔。法官职业选拔的出发点和归宿都是承认人是有个体差异的。这主要表现在：一是心理过程诸方面的差异。包括在感觉、知觉、注意、记忆、想象、思维、意志及情绪情感等方面存在显著的个体差异；二是个体个性心理特征上的差异。包括气质、性格、能力等个性品质的差异。这些差异的表现形式和区别程度各不相同，但可以通过一定的手段加以定性或定量地测定和评价。而差异的来源也是多样的：有的来源于遗传素质或神经类型上的差异，有的来源于个体所

---

[1] 参见［美］M. J. 萨克斯、R. 黑斯蒂：《法庭社会心理学》，刘红松等译，乐国安校，军事科学出版社1989年版，第44页。

受的文化教育和从事的活动性质等社会因素的不同。

根据职业心理学的有关研究成果，法官选拔作为一种职业心理选拔，至少要进行以下几方面的测定：

其一，生理心理学方面的，如在某些紧张程度强、反应速度快、易于疲劳和负有重大责任的工作中，对人的神经系统强度的测定。

其二，个体的某些个性特征，如智力、气质、性格等。

其三，社会心理学方面的，如成就动机、挫折反应、社会态度、从众性、竞争意识、合作倾向、领导能力和人际关系中的沟通等。①

对法官实行职业心理选拔，有利于明确法官职业的特定心理要求，显示个体职业适应性倾向，增进人、职匹配，加强人的职业适应性，提高法官职业活动效率和职业培训效益。事实证明，并非任何人都能胜任法官的职业需要，也不是人人都适合当法官。对人对职业来说，都存在一个"职业适应性"的问题。在较为充分的选择条件下，如果求职者与职业岗位能够相互适应、匹配，可以使大家各得其所、各尽其职，从而形成人力资源的合理布局和正向流动，有利于保障社会主义法治事业的顺利进行。因此，正如我国著名法律心理学家吴宗宪教授所期待的，"我希望，未来的法官选拔和国家司法考试中，不仅仅有法律方面的内容，也应该有相关的能力测验和对合理知识结构的考察"，"只有这样，才能选拔出真正符合司法实践和社会生活需要的合格法官"。②

二、心理测试

（一）什么是心理测试

所谓心理测试，又称心理测验，是指借助心理量表，对心理特征和行为的典型部分进行观测和描述的一种系统的心理测量程序。在众多的定义中，阿纳斯塔西所下的定义最为完整和为大多数心理测验学家所接受，即"心理

---

① 参见俞文钊等编著：《职业心理学》（第二版），东北财经大学出版社2007年版，第166-167页。

② 参见吴宗宪教授为美国学者Lawrence S. Wrightsman的著作《司法心理学》（中国轻工业出版社2004年版）一书所作中文版序，第7页。

测验实质上是行为样组的客观的和标准化的测量"①。"恰当的心理测验是经过标准化的，是客观的，是基于合理的常模的，是可靠的而且有效的。"② 因此，它具有如下特点：

（1）标准化。指的是实施心理测验的条件和程序的一致性和统一性。即测验的编制、实施、记分以及测验分数的解释等一系列环节，在测验条件和程序上保持连贯性和一致性。如果要比较几位求职者在同一测验上的成绩，必须保证他们是在同一环境下做这个测验。这意味着每一位参加测验的求职者读到或听到的是相同的指导语，都被给予了相同的测验时限来做测验，并且都被安排在相同的测验情境中。

（2）客观性。客观性主要涉及的是测验结果的评分。指的是在评分时，必须坚持统一的打分标准，使任何一个评分者在给同一个测验者的同一份试卷打分时，都能得到相同的结果，从而保证打分过程的客观性，不能带有评分者的主观判断和偏见。实际工作中，对主观性测验（也就是包含诸如论述题的测验）进行评分要困难一些，会受到评分者个人特征和态度的影响。因此，要公平合理地评估求职者，使用客观性测验是更为恰当的。

（3）常模化。常模是指一种标准化样组（与参加测验的求职者同质的一大群人）在某一测验上的平均分数。常模的作用是给测验分数提供一个比较的标准和参照体系，从而对个人在测验中所得到的测验分数加以解释、分析和比较。假如一个大学毕业生申请一份要求具备司法职业技能的工作，他的司法职业能力测验是82分，仅仅这一分数，并不能告诉我们他的能力水平如何。假如一大群大学生在这个测验上分数分布，也即测验常模的平均分是80分，标准差是10，通过比较，我们马上就能知道他的司法职业能力仅仅是平均或一般的水平。有了这个相对的、比较性的信息，我们就能更为客观地对一个求职者作出判断。

（4）可靠性。又称为信度，是指对测验的回答的一致性和稳定性。估计信度的三种方法是重测法、复本法和分半法。

---

① 参见俞文钊等编著：《职业心理学》（第二版），东北财经大学出版社2007年版，第181页。
② ［美］Duane P. Schultz、Sydney Ellen Schultz：《工业与组织心理学——心理学与现代社会的工作》，时勘等译，中国轻工业出版社2004年版，第70页。

(5) 有效性。又称为效度，是指一个测验真正能确实测量到它所欲测量的东西的程度。工业与组织心理学家认为，有几种不同的效度：一是效度关联测验；二是理性效度（内容效度和结构效度）；三是表面效度。[1]

（二）心理测试应着眼于哪些品质

1. 认知（能力）方面的测验

（1）智力测验。又称普通能力测验，是心理学用于测验人的智力水平的一种方法，包括对人的观察能力、记忆能力、注意能力、想象能力、思维能力等项目的考察。在各种心理测验中智力测验是最早出现的，1904年，为了鉴别儿童智力发展是否正常，法国心理学家比奈（Binet）和精神病医生西蒙（Simon）制定了世界上第一个儿童智力量表，随后他们又对量表进行了修订，经过大量的统计学分析，证明了它的效度，从而引起世界各地的重视。1914年，德国心理学家斯特恩（Stern）建议把比奈测验的成绩用智商（IQ）表示，把年龄区分为实足年龄与智力年龄，智商就是测验所达到的实际年龄与实足年龄之比再乘以100。之后，智商测验应用于许多领域，在第二次世界大战中就广泛用于选拔特种军事人员。结合法官的选拔要求，可选用韦克斯勒成人智力测验或者液态智力和晶体智力测验。

韦克斯勒（WKSl）成人智力测验吸收了以前各种智力测验的优点，把通过语言和通过动作的测验方法结合在一起，组成三个衡量指标：语言智商、操作智商与总智商。该测验适用于个体测验，共由11个项目组成，其中双数项目6个用于测语言的智力，另外单数项目5个是测操作智力的。完成测验约需一小时。其中语言智商包括：常识测验、数字记忆、词汇测验、算术测验、理解测验、相似测验共六部分组成；操作智商包括：图画补充、图画排列、方块设计、物体拼凑与数字符号替代测验共五个部分组成。

液态智力和晶体智力的测验是美国丹佛大学的霍恩（Horn）教授提出的关于智力结构的测验理论。他把一般智力分为四个层次：第一层是感觉机构，具体由视觉识别测验与听觉识别测验组成；第二层是联想结构，具体由短时

---

[1] 参见［美］Duane P. Schultz、Sydney Ellen Schultz：《工业与组织心理学——心理学与现代社会的工作》，时勘等译，中国轻工业出版社2004年版，第73-74页。

记忆的回忆测验、长时记忆的回忆测验组成；第三层是知觉结构，具体包括视知觉结构测验、听知觉结构测验、速度测验；第四层是与教育相关的结构，具体包括液态智力测验、晶体智力测验。液态智力与形象思维过程有关，晶体思维与语言的抽象概括性思维过程有关。由于年龄、社会文化与教育背景不同，每个人的液态智力与晶体智力也不相同。这一智力测验的内容包括从感觉、知觉到记忆、思维的整个认知过程，对于测验法官的认知素质具有较高的效度。

（2）性向测验。又称为特殊能力测验，反映的是人们在某些方面的特长和技能。性向与智力是不同的概念，智力是脑力活动的潜在特性，性向则是完成各种复杂作业和操作活动的潜在特性。在智力测验的实践中，人们发现在一些被试者中，在韦克斯勒成人智力测验中所得到的语言测验项目分数与作业项目分数很不一致。于是，人们把传统的智力测验所得结果称为一般智力，而把大量单项或特殊测验方法所得的结果称为特殊能力。直到把因素分析的数理统计应用于各类心理特质结构并进行大量分析后，才奠定了多种性向测验的理论与方法学基础，形成与智力测验相对应的一大类性向测验。而在实际应用中，特种人员的选拔进一步推动了性向测验的发展。

普通性向测验组合（General Aptitude test battery，GATB）具体包括九类职业性向因素：智力、语文性向、数字性向、空间性向、形象的知觉、文书知觉、运动的协调性、手指的灵巧性、手的灵活性。9类性向因素测验的原始分数，都要转化成标准分，才便于对照。每一种类职业都有三种性向因素，要求这三种性向测验分数高于常模。已有研究表明该量表具有较好的信度，除运动协调性性向因素的信度略低外，其他八类性向因素的信度均在 0.8~0.9 之间，结果非常令人满意。

另一个是性向研究项目，由吉尔福特教授领导，用因素分析方法，经过20多年的研究计划才形成了关于智力结构模式。在该研究中提出了发散思维与集中思维。该项目对发散思维用不同的方法加以检测，具体包括：语词流畅程度、概念流畅程度、联想流畅程度、表达流畅程度、变通用法、比喻叙述、情节命名、推断结果、工作联想、拼凑图形、组成物体、火柴题解、修饰填充等13个分测验。这13个因子中，前面9个因子要求语言（语义）反应，后面4个要求图形反应。从已有的测验资料来看，该研究项目具有较高的效度与信度。

2. 人格测验

（1）综合性的人格测验。在招聘、选拔工作中，对应试者进行人格测验（个性测验）是一种从国外引进的科学的人才测评技术，近年来发展很快。所谓人格测验，是指用业已标准化的测验工具，引导被试者陈述自己的看法，然后对结果进行统计处理、研究分析，从而对人的价值观、态度、情绪、气质、性格等素质特征进行测量与评价的一种心理测试方法。把人格测试引入法官的招聘、选拔工作中，有助于在对应聘者的知识、能力和技能考察的基础上，进一步考察其工作动机、工作态度，情绪的稳定性、气质、性格等心理素质，使考察更全面、科学和客观，从而保证能够选拔出具有较高知识素质、能力素质和心理素质的优秀法官人才。在人格测试中，明尼苏达多项个性测验量表是最为流行的测验工具。明尼苏达多项个性测验（又叫人格测验）量表是美国明尼苏达大学教授郝兹威与莫金利于20世纪40年代初期编制的。中国科学院心理研究所宋维真在有关单位的协作下于20世纪80年代将明尼苏达多项人格测验经典心理测验量表（简称MMPI量表）引进我国，称作明尼苏达多项个性调查表。MMPI法有566个自我报告形式的题目，其中16个为重复题目（主要用于检验被试者反应的一致性，看作答是否认真），实际上只有550题。题目的内容范围很广，包括身体各方面的情况，精神状态以及对家庭、婚姻、宗教、政治、法律、社会等问题的态度。被试者对这些问题按"是""不是"或"无法回答"来回答，根据他的回答对被试者的人格特征作出评价。

人格测验用于人才选拔或评价，与其他方法相比较，具有以下三方面的特征：

一是人格测验不仅可以用于对在任人才进行工作绩效的考核、评价，而且更适合对人才的选拔过程，具有一定的预测性。

二是心理测验用于人才选拔，不仅可以反映人才的外在行为特征，对于人们不易观察到的内在特征（诸如情操、工作潜力、心理健康等）也可进行客观描述。

三是人格测验是以自陈为主，打破了以往在人事资料的获取方式上以"他评"为主的一贯做法。当然，他评可以充分反映民意，但也增加了主观意识的参与作用。人格测验完全可以抛开其他方法中对参与评价人员的直接依赖性，主要诉诸被评价者个人和测量工具之间的"刺激—反应"的关系。这样可以有效地避免在人才选拔过程中人为的参与作用。

（2）兴趣测验。职业兴趣的问题早已引起心理学家的重视。职业兴趣测试已成为劳动人事心理研究的重要方面。其基本原理是：如果一个人表现的兴趣和爱好与其在某种职业中取得成功的兴趣和爱好相同的话，那他就有可能在该职业中得到满足。兴趣测验通常列出众多的兴趣选择项，涉及运动、音乐、艺术、文学、科学、社会服务、计算、书写等领域，例如，喜欢踢足球，喜欢看球赛，喜欢听流行音乐，喜欢听交响乐，喜欢看画展，喜欢外出写生，喜欢看爱情小说，喜欢看侦探小说，喜欢看科普杂志，喜欢自己做小家具，喜欢写诗歌，喜欢做数字游戏，喜欢写信，喜欢外出旅游，喜欢独立思考，喜欢下棋，等等。根据被试者对各种兴趣项目的"是"或"否"选择，或依据受试者排列出的兴趣序列，可以对其是否适合某一职业或某一种工作作出判断。这些测验在职业指导和咨询方面具有重大的应用价值，它可以表明一个人最感兴趣的并最可能从中得到满足的工作是什么，该测试是将个人兴趣与那些在某项工作中较成功的员工的兴趣进行比较。这是评估个体的兴趣和偏好的心理测验。兴趣似乎在很长时期内是稳定的，并与某些领域的成功有关。但是兴趣不等于才能或能力。因此，兴趣测验与能力倾向测验结合在一起，能为选择职业、挑选人员等提供更为有效的依据。

两种使用很广泛的兴趣测验是斯特朗兴趣问卷（Strong Interest Inventory）和库德职业兴趣量表（Kuder Occupation Interest Survey）。斯特朗兴趣问卷包括317个项目，是一个由计算机计分的团体测验。它涵盖了职业、学校科目、业余活动、人的各种类型和工作偏好。人们对项目进行"喜欢""不喜欢""无所谓"这样的评定。100多个行业、技术和专业的职业被分成六个类型：艺术型、传统型、社会型、现实型、研究型和企业型。而库德职业兴趣量表包含100组职业，每组中有三个可供选择的职业。在每一个包含三个选项的选择题中，测验者要从中选出最喜欢的一个职业和最不喜欢的一个职业。该测验可以对100多个职业进行计分。①

（3）态度测验。态度测验，是对态度的方向和强度的测量，借助态度量表进行客观测量。态度量表由一组相互关联的叙述句（态度语）或项目构成，根据被试者对态度语或项目作出的反应推测被试者的态度。反应包括认知（同意或不同意）、情感（喜欢或不喜欢）和行为（支持或反对）三类。通用方法主要有自我评定法、自由反应法、行为观察法及生理反应法。由于态度是针对不同对象内容的，所以不能找到现成量表作为工具，但有几种典型的量表编制方法可以借鉴，如"瑟斯顿态度量表法""李克特量表法""哥特曼量表法"等。

（4）价值观测验。价值观是指个人对客观事物（包括人、物、事）及对自己的行为结果的意义、作用、效果和重要性的总体评价，是对什么是好的、是应该的总看法，是推动并指引一个人采取决定和行动的原则、标准。它是个性心理结构的核心因素之一，支配着人的行为、态度、观察、信念、理解等，支配着人认识世界、明白事物对自己的意义和自我了解、自我定向、自我设计等。它使人的行为带有稳定的倾向性。由于个人的身心条件、年龄阅历、教育状况、家庭影响、兴趣爱好等方面的不同，人们对各种职业有着不同的主观评价。从社会来讲，各种职业在劳动性质的内容上，在劳动难度和强度上，在劳动条件和待遇上，在所有制形式和稳定性等诸多问题上，都存在着差别。再加上传统的思想观念等的影响，各类职业在人们心目中的声望地位便也有好坏高低之见，这些评价都形成了人的职业价值观，并影响着人们对就业方向和具体职业岗位的选择。人民法院在维护社会公平正义、实现法治中能否发挥其应有的功效，完成组织目标，往往受组织成员即法官个体的价值取向的影响。因此，通过价值观测验来了解和引导法官的价值观就显得非常重要。这可以借鉴心理学中最流行的一些测量价值观的工具，如罗克奇（Rokeach）价值观测量表，奥尔波特（1931年）、弗农（1951年）和林德西（1960年）编制的"价值研究"量表，以及M. 莫里斯（1956年）所编制的"生活方式"问卷。还有一些与职业价值观相关的测量，从不同侧面反

---

① 参见［美］Duane P. Schultz、Sydney Ellen Schultz：《工业与组织心理学——心理学与现代社会的工作》，时勘等译，中国轻工业出版社2004年版，第82页。

映职业价值观，例如，Hoppock 的"工作满意度测量"，F. Herzberg 的"工作态度问卷"，J. D. Hartfield 等的"工作知觉量表"。

3. 群体社会心理测验

（1）社会交往能力测验。

美国著名教育学家卡耐基先生曾经指出：一个人事业的成功，只有 15% 是由他的专业技术决定的，另外的 85% 则要靠人际关系。当然，法官职业有其特殊性，不需要太多的社会交往，但是不等于说法官不需要沟通、协调等交往能力，其实，法官与法官之间、法官与律师和当事人之间等均需要法官具有较强的协调、沟通能力。法官个体在这方面的心理倾向和能力，影响法院工作的氛围和集体的协调沟通，进而影响审判、调解、执行等具体工作的效率。对一个人的交际、沟通能力可以通过问卷等形式加以测验。例如，我们可以通过以下问卷测试人际交往能力。

社会交往能力自测表

请根据以下情况给每道题目如实打分：符合：2 分；基本符合：1 分；难以判断：0 分；不太符合：-1 分；完全不符合：-2 分。

[测试题目]

1. 我上朋友家做客，首先要问有没有不熟悉的人出席，如有，我的热情就会下降。

2. 我看见陌生人常常无话可说。

3. 在陌生的异性面前，我感到手足无措。

4. 我不喜欢在大庭广众之下说话。

5. 我的文字表达能力远比口头表达能力强。

6. 在公众面前讲话，我不敢看听众的眼睛。

7. 我不喜欢广交朋友。

8. 我只喜欢与我谈得来的人交往。

9. 到一个新的环境，我可以接连好几天不说话。

10. 如果没有熟人在场，我感到很难找到彼此交谈的话题。

11. 如果在"主持会议"和"做会议记录"这两项工作中选择，

我肯定选择后者。

12. 参加一次新的聚会，我不会结识好多人。

13. 别人请求我帮忙而我无法满足对方时，我常感到难以处理。

14. 不是万不得已，我决不求助于别人，这倒不是我的个性好强，而是感到难以开口。

15. 我很少主动到同学、朋友家串门。

16. 我不习惯和别人聊天。

17. 领导、老师在场，我讲话特别紧张。

18. 我不善于说服别人，尽管有时我觉得很有道理。

19. 有人对我不友好时，我常常找不到恰当的对策。

20. 我不知道怎样同嫉妒我的人相处。

21. 我同别人的友谊发展，多数是别人采取主动态度。

22. 我最怕在社交场合中碰到令人尴尬的事情。

23. 我不善于赞美别人，感到很难把话说得自然、亲切。

24. 别人话中带刺愚弄我，除了生气外，我别无他法。

25. 我最怕接待工作，因为要同陌生人打交道。

26. 参加聚会，我总是坐在熟人旁边。

27. 我的朋友都是同我年龄相仿的。

28. 我几乎没有异性朋友。

29. 我不喜欢与地位比我高的人交往，我感到这种交往很拘束，很不自在。

30. 我要好的朋友没几个。

[评分标准]

得分在30以上，说明你的交往能力是很差的，得分在0~30之间，说明你的交往能力比较差；得分在-20~0分，意味着你的社会交往能力还可以；得分在-20分以下，说明你交往能力强，善于交际。

（2）羞怯性测验。

羞怯性测验的目的是测出你的羞怯性程度。下面这个测验是美国维雷斯利学院社会学副教授基克编制的测验。这个测验方便易行。

羞怯性自测量表

[测试题目]

①若你的上级让你叫他的名而不叫姓，你会感到：

A. 高兴（1分）　　B. 无关紧要（2分）　　C. 不自在（3分）

②在私人集会上，你：

A. 感到轻松（2分）

B. 一开始就觉得舒畅（1分）

C. 一直为自己的举动担忧（3分）

③你认为自己：

A. 能吸引人（2分）

B. 不太吸引人（1分）

C. 比他人更吸引人（1分）

④你看到一位名人坐在邻桌时，哪一种情况会使你要求他签名：

A. 不要求（3分）

B. 在配偶或孩子的要求下（2分）

C. 只有自己喜欢的名人才要求他签名（1分）

⑤朋友要你为他的婚礼做傧相，你会：

A. 兴奋地接受（1分）B. 感到紧张（2分）　　C. 吃惊（3分）

⑥在私人集会上，看到吸引你的异性时，你：

A. 希望他/她能注意到自己（3分）

B. 要求人介绍（2分）

C. 自我介绍（1分）

⑦会议上你有一个问题，你会：

A. 站起来提出（1分）

B. 会后私下提出（2分）

C. 希望有人代你提出（3分）

⑧在进入充满陌生人的房间以前，你：

A. 在相当一段时间内犹豫不决（2分）

B. 等有人进去时才进去（3分）

C. 毫不犹豫地走进去（1分）

⑨你找一个人的地址时，因门牌号不清而苦恼，这时你：

A. 按门铃问（1分） B. 打电话问（2分）　 C. 继续找（3分）

[评分标准]

各题分数相加即得总分。

总分9~15分，羞怯心理弱，在社交上有很强的自信心，适合做公关、推销等抛头露面、社交活跃的工作。

总分16~21分，羞怯心理中等，适合于一般的大多数工作。

总分22~27分，羞怯心理强，在社交上顾虑多，较被动，不太适合与人打交道的工作。

（三）法官录用中应关注什么品质

理想中的法官需要什么样的心理品质？对此已有一些学者进行过研究。例如，我国台湾地区学者蔡墩铭先生总结刑事法官的心理素质和条件，提出刑事法官十项要求：

(1) 仁爱；

(2) 自制；

(3) 谦虚；

(4) 精细；

(5) 勤勉；

(6) 忠诚；

(7) 勇气；

(8) 牺牲；

(9) 缄默；

(10) 反省。①

罗大华教授主编的《刑事司法心理学理论与实践》则将法官的心理素质概括为良好的人格素质、优秀的职业素质、高超的能力素质。②

本书前面按心理学的有关原理，从法官的个性要求、认知要求、情意要求三个角度对法官的心理素质作了探讨。概括起来，法官录用工作应当予以关注的法官的个性要求包括：

(1) 健全的智力和高超的理性能力。
(2) 公正的需要和无私的人生追求。
(3) 坚定的信仰和稳固的法治信念。
(4) 稳重的气质和良好的自我克制。
(5) 善思的性格和必要的谦虚谨慎。

法官的认知要求包括：
(1) 法官应当具有包含关于法律、人类行为、物质世界、语言知识的"知识库"。
(2) 法官应当具有较强的感受性与良好的注意品质、有较强的观察力和记忆思维能力。

法官的情意要求是，善于了解自己的情绪和他人的情绪，调节自己和他人的情绪，能控制自己的情绪。

三、面试

除了心理测试外，我们还可以通过非测试的技术方法获得求职者的信息，作为法官人事决策的依据。法官选拔中的非测试技术包括面试、情景模拟、无领导小组讨论、文件筐测验、申请表等。而面试是一种较理想的沟通方式，

---

① 参见蔡墩铭：《审判心理学》，我国台湾地区水牛出版社1999年版，第611-620页。转引自乐国安主编：《法律心理学》，华东师范大学出版社2003年版，第222页。
② 参见罗大华主编：《刑事司法心理学理论与实践》，群众出版社2002年版，第278-291页。

可用于弥补心理测验的不足，提供一些更为直观的印象，同时也是静态的表格式资料的动态延伸，可以随时"查漏补缺"有关信息。因此，面试是一种最常见的方法。在这里重点介绍面试的一般原理与方法。

（一）面试类型

按照面试的结构化或标准化程度的高低可以将面试分为结构化面试和非结构化面试以及半结构化面试。

1. 结构化面试

结构化面试是指依据预先确定的内容、程序、分值结构进行的面试形式。面试过程中，主试人必须根据事先拟定好的面试提纲逐项对被试人测试，不能随意变动面试提纲，被试人也必须针对问题进行回答，面试各个要素的评判也必须按分值结构合成。也就是说，在结构化面试中，面试的程序、内容以及评分方式等标准化程度都比较高，使面试结构严密、层次性强、评分模式固定。面试前，要根据具体职位的需要对人的素质的不同方面进行问题设计，有时还会预先分析这些问题的可能的回答，并针对不同的答案划定评价标准，以帮助主试人进行评定。在面试中，主试人根据面试提纲逐项向被试人提出问题，被试人必须针对问题进行回答。多个被试人都会面对同样的一系列问题，面试的内容具有可比性。这样，对所有面试者来说比较公平。由于被试人对同样的问题进行回答，主试人根据统一的评分标准进行评价，操作起来比较方便而且也容易作出公正的评判。在结构化面试中，考官的人数必须在2人以上，通常有7~9名考官。考官的组成一般也不是随意决定的，而是根据拟任职位的需要，按专业、职务甚至年龄、性别等，按一定比例进行科学配置，其中有一名是主考官，一般由他人负责向应考者提问并把握整个面试的总过程。结构化面试既保持了面试中双向交流、综合评价、与工作实际结合紧密的优点，又吸收了笔试中的一些客观化、标准化的措施，因此显著地提高了面试的信度与效度。目前，结构化面试因其直观、灵活、深入、具有较高的信度和效度而为许多用人单位所接纳和使用，它作为现代人员素质测评中一种非常重要的方法也日益受到人们的重视。但它在实际操作中还存在测评要素设计、评委评分一致性等问题。

2. 非结构化面试（自由式）

非结构化面试，又称为自由式，面试的内容和话题顺序都未作计划，形式比较灵活，只根据主试者与被试者的交互作用而定，带有很大的偶然性，因而在评价候选人时缺乏一致性。有些采用者把这种方法作为一种初步的、开始认识的方法。

3. 半结构化面试

半结构化面试是指面试构成要素中有的内容作统一的要求，有的内容则不作统一的规定，也就是在预先设计好的试题（结构化面试）的基础上，面试中主考官向应试者又提出一些随机性的试题；半结构化面试是介于非结构化面试和结构化面试之间的一种形式。它结合二者的优点，有效避免了单一方法上的不足。总的来说，这种面试方法有很多优势，面试过程中的主动权主要控制在评价者手中，具有双向沟通性，可以获得比材料法中更为丰富、完整和深入的信息，并且面试可以做到内容的结构性和灵活性的结合。所以，半结构化面试越来越得到广泛使用。

（二）面试规则

美国就业局对"就业面谈"有如下一些规定，确立了面试规则：

（1）问题要富有诱导性，不宜提问答案只有简单的"是""否"的问题。

（2）被试者答完第一题后，稍等待几秒钟，以待其偶有补充之处。

（3）多试几种话题，使被试者容易回答，并引发其回答的兴趣。

（4）可重复某些句子。

（5）同一个时间只提问一个问题。

（6）问题要清楚，不暗示何者为好、何者不好。表现得兴趣盎然，语句中不表现出批评或不耐烦的态度。

（7）建立起良好友谊气氛之前，不宜问太多私事。

（8）话题扯远时，不要突然转回本题。

（9）所用的语言和词汇要适合被试者的教育程度。

实践中，主试者还需要注意以下几点：一是应抑制自己想说话的愿望、注意多听；二是不可多作记录；三是避免使用可能引起不必要对抗作用或猜疑的词汇；四是要有敏锐的捕捉信息的能力和判断力；五是善用语言、感觉、行为表情及现代机械辅助手段等技术增进面谈效果。

(三) 主考官可能出现的心理偏差

面试中,主考官起主导作用,其主观态度会影响面试效果。面试中,主考官常见的心理误区主要有以下几种:

(1) 理想候选人模型。许多主考官都有理想的候选人的模型,把它当作对实际候选人进行评估的标准。

(2) 居高临下,施惠于人。主考官表现出优越感和傲慢的"官架子",造成对求职者的低估,影响求职者正常、从容表现。

(3) 先入为主。凭第一印象评估求职者,忽视随后的接触和交往。由于第一印象有表面性、片面性等局限性,易造成判断失误。

(4) 晕轮效应。即以一个特性或特点来概括整个人的现象。这是一种影响个人偏见的心理因素。

(5) 寻求与己相似者。社会心理学研究证明,个体间个性特征,如年龄、社会背景、教育水平、籍贯、资历、社会态度及价值观等方面的相似性,是增进人际吸引的重要因素。有些主考官可能偏向于和自己相似的求职者,而忽视工作的具体要求。

(6) 思维定式。主试者总是带着一种搜索消极信息的谨慎"定式"对候选人作出估价。

(7) 对比效应。面谈中的对比效应有两种情况:一是对先前求职者的印象对主试者判断后面求职者可能产生影响;二是同一申请人提供的有关自己的信息,因时间顺序而造成前后对比。例如,有研究表明,将尾随高适合性申请者与尾随低适合性申请者相比,前者常被评得较低(评分较低)。另外,也有研究显示,尽管总体上呈现的信息是相同的,但评判者倾向于对先提出不利信息的求职者在录用决策和薪水方面作出较低的评定。[1]

---

[1] 参见俞文钊等编著:《职业心理学》(第二版),东北财经大学出版社2007年版,第193-195页。

第三节　法官的培训

心理选拔仅仅是由法官求职者转变成法官的第一步,经过心理选拔合格的法官,还必须接受培训,才能形成和达到规定的心理指标与素质要求。

一、法官培训概述

培训是法官人力资源管理的重要组成部分,是维持整个法院组织有效运转的必要手段。现代社会经济和科学的发展极为迅速,社会生活日新月异,法律制度和司法制度也在不断适应社会需要而更新和完善。在此情况下,法官虽具有丰富的法律知识和实务经验,却也要适应社会的需要不断通过培训而补充和充实新的知识,从而始终保持较高的业务素质,保证裁判的高质量。所以,各国都普遍重视法官的培训工作,许多国家设有非常完备的法官培训制度和专门的培训机构。如日本设立司法研修所专门培训法官。在美国,由于法官素质普遍较高,过去一直不注重法官的培训工作。然而自20世纪60年代以来,美国也加强了对法官的培训。1964年美国初审法官联合会设立了全国州级初审法官学院,为法官的训练和教育提供了一个常设机构。参加培训的法官大多为任职不到两年的法官,同时美国许多著名大学开设了一系列法官培训课程,美国律师协会也举行了一系列研讨会推动法官的培训。美国许多州的议会也拨专款为州法官的培训提供经费。法官的培训已成为一项重要的司法制度。我国最高人民法院历来十分重视法官培训工作。1985年最高人民法院就成立了全国法院干部业余法律大学,1988年5月,最高人民法院提出了全国法院干部文化结构的"七八九计划",即到1995年,全国法院干警大专以上文化结构要达到:全体干警的70%,审判人员的80%,院长、副院长的90%。1988年最高人民法院与国家教育委员会联合创办了中国高级法官培训中心,委托北京大学、中国人民大学每年开设两个高级法官班,并招收一批法院系统定向培养的研究生,截至1997年已培训近600名有高级法官任职资格的学员,并培训了一批法学硕士,还公派了一些出国留学生。1997年,最高人民法院设立了国家法官学院,负责对法官的培训工作。由于多年来最高人民法院极重视法官的培训工作,从而在一定程度上改变了我国法官队伍业务素质过低、法律专业知识缺乏等状况。绝大多数高级法官培训班和研究生毕业的学员,回到各地法院以后,都能成为业务方面的骨干。1994年《法官法》在总结法官培训的经验基础上,专设了培训制度,要求对法官进行有计划的理论培训和业务培训,并将法官在培训期间的学习成绩和鉴定,作为其任职、晋升的依据之一,从而将对法官的培训纳入了法制化的轨道。

不同的培训对象和培训内容,需要不同的培训方式,从而形成不同的培训类型。实际上,法官培训的类型需要多种多样,并随时间的发展而丰富。法官培训的完整内容是,通过引导或影响,从知识、技能、态度等方面全方位改进法官的行为方式和思维方式,以达到期望的行为标准。法官培训工作,一般应包含以下三方面的内容:

(1) 知识培训。通过这方面的培训,应该使法官具备完成审判工作所必需的知识,包括基本知识和法律专业知识。还应让法官了解法院的基本情况,如法院的目标、面临的形势、案件状况、规章制度等,使法官能较好地参与法院审判工作活动。

(2) 技能培训。通过这方面培训,应该使法官掌握完成审判工作所必备的技能,包括一般技能和特殊技能,如庭审主持驾驭技能、裁判文书制作技能、人际关系技能等,并培养开发法官这方面的潜力。

(3) 态度培训。法官的工作态度对法官士气及法院影响甚大。包括是否具有正义感、道德情操高尚、富有同情心和慈善心、充满耐心、对性别和文化极具敏感性、有朴实优雅的风度等。通过这方面的培训,应该树立起法院、庭室与法官之间的相互信任,培养法官的团队精神,培养法官应具备的"人民法官为人民""公正司法、一心为民"等价值观,增强其作为法院一员的归属感和职业尊荣感。

知识、技能和态度,是法官培训工作的三大内容。每一个方面又可以进行具体划分。其中,关于技能内容的划分,对培训工作有直接的指导作用:

(1) 预备法官、初任法官上岗技能培训。这是为确保新法官有一个良好的开端而进行的工作技能培训。

（2）法官审判技能培训。培训内容包括法律适用、事实认定、庭审驾驭、文书制作等。

（3）庭长、审判长培训。培训内容包括审判管理、决策计划技能和交流协作技能，辅导、指导下属等。

（4）院长、副院长培训。培训内容主要是领导艺术培训，包括如何指导下属就职、如何完成审判任务、审判质效管理等。

（5）安全和健康培训。培训内容包括法院安全保卫、如何处理工作压力和建立健康的工作生活方式、法官心理健康的调适和有效维护等。

二、学院制还是学徒制

对法官的培训究竟是采用学院制，还是采用学徒制更好？这一问题值得深入探讨。

从上述情况看，目前各国普遍采取学院制的形式开展法官培训。从传统的学徒制到学院制是法官培训工作发展的结果。但据笔者对我国目前法官培训实践的观察，目前的学院制培训法官的形式尚存在以下几个问题，需引起注意：

一是脱离案件。从培训的内容看，往往集中于单纯的法律知识的继续灌输，或简单的道德说教，并没有以案件的真实形式，让学员参与案件决策和法律应用的真实过程。因此，法官的思维与决策能力和水平往往没有得到真正的训练和提高，同时也容易降低学员参与培训的热情。笔者认为，法官判案是一种实践理性，所谓实践理性，既包括思维理性，又包括行动理性。只有让法官参与到案件决策的真实过程中去，其思维理性和行动理性才能得到真实的训练与提高。就此而言，传统的学徒制（边干边学）还是比较适合法官职业培训的。日常实践中，法官之间的"手把手教""传、帮、带"就显得非常重要。

二是脱离实践。有的地方经常请一些没有实务经验的学者讲一些相对比较抽象、空洞的理论，而对法官究竟怎样办案、案件的事实如何建构、法条规范如何被发现等实在的司法理论与经验却很少得到传授。其实，法官培训应培训什么内容及采用何种方式对法官进行培训比培训机构的设置更为重要。

一套基本稳定、科学的培训内容应当体现"实践的性质",既包括分析法律问题的能力,熟知证据规则和法院运行程序等法律操作技能,把握和处理争议的能力,又包括法官的动手能力和感悟能力,这些技能及能力的结合,才构成一个公正的优秀的法官。在培训方式中除了传统的教学外,还应有庭审观摩,疑难案件讨论,教师、学生辩论,相互提问学习等各种方式,培训方式的多样化能使法官更快、更好地掌握所教学的内容,深刻理解法律原理,充分发挥学员的主观能动性,运用所学知识寻找解决问题的最佳途径,使知识直接转化为实际能力。对照我国目前的法官培训模式,法官培训应以提高实际工作能力为目标,调整培训方式,把培训由理论研究型向理论与实践结合型转变,由知识培训型向知识与能力结合型转变,重点解决审判、执行、调解、管理等工作的指导思想和处理实际问题的能力。而这些内容的落实,最好的培训模式就是"法官教法官"。实践证明,"法官教法官"的培训模式深受广大学员欢迎。

三、心理学对法官培训的介入：法官心理训练

培训法官应不仅仅停留在法律知识的培训上,更要在人格、道德、社会知识等方面加强教育培训。如何改革法官培训内容,应当成为当前人民法院迫切需要研究与解决的一个重大课题。最高人民法院于 2005 年 10 月 26 日公布的《人民法院第二个五年改革纲要》第 39 条明确要求"建立法官任职前的培训制度,改革在职法官培训制度……改革法官培训的内容、方式和管理制度,研究开发适合法官职业特点的培训课程和培训教材"。有学者亦研究指出,对法官的培训教育绝不应仅仅是职业教育、技术教育,还应包括人文教育和审美培育。在社会和科学技术迅猛发展的今天,必须加强科学精神与人文精神的统一,警惕高科技条件下出现的新的非理性问题,避免因过分强调某一方面的文化价值而走向反理性。当前,中国法官职业群体存在知识的局限性和素质的结构性缺陷,首先就是缺乏宽厚的人文素养。如果在法官这个职业群体中,许多人缺乏较高的人文素养,社会大众就很难对其给予足够的尊重和信赖。此外,审美培育在培养人的非理性因素和促进人的全面发展上亦起到重要的作用。司法过程既是一个科学过程,又是一个艺术过程,即司

法是一门实践艺术。它需要法官有健全的审美观,形成以审美为视角的法律思维范式,从而更好地理解法律、领悟法律。通过法学教育要塑造具有综合素质、富有创造力的优秀法官,必须把非智力因素的培养纳入法官培训教育的整个过程,对培训课程作出战略性调整,在法官的培训课程中要适当增加书法、音乐等艺术类的课程。大力加强法院文化建设,积极开展一些文体类如书法、音乐等比赛活动,并且要从提高司法能力的高度来认识,认识到它对司法能力的助益作用。在法官繁忙的审判工作之余,也应鼓励、要求法官通过下棋、绘画、书法、音乐、体育、运动、钓鱼、郊游等健康方式度过闲暇时间,这对积极的非理性因素培养是大有益处的。[①] 由此看来,法官培训诉求交叉学科的介入。

根据前述研究,心理学在法官的录用过程中有一定的价值。同样,心理学在法官培训中亦发挥着重要作用。笔者认为,目前的法官培训迫切需要心理学的介入,一方面可以运用心理学知识与原理对法官的心理品质进行培养和提高,以达到预期目标,可称为"法官心理训练";另一方面是运用心理学的原理对法官的裁判活动进行研究和控制,揭示影响法官断案的心理因素,总结法官断案活动的原理与规律,并运用有关研究改善法官的行动,促进司法政策和法律制度的完善,此即"法官断案的心理机制"。本书主要对"法官心理训练"问题作一些探索。

所谓法官心理训练,指运用一定的方法对法官的心理品质进行培养和提高,并达到预期目标的过程。心理训练具有双重含义:一是培养心理品质;二是提高心理品质。

法官心理训练具有重要的作用。主要体现在以下几方面:一是可以促进法官整体心理水平的提高。二是可以帮助法官培养某些新的心理品质。心理训练有计划、有目的地将审判工作所要求的特殊心理品质介绍给广大法官,可以使广大法官认识法官审判所必需的心理要求,从而自觉地予以培养以适应工作需要。三是可以帮助法官克服心理障碍。

心理训练的方式是多种多样的。根据应用的手段可分为常规方法训练与特殊方法训练。根据训练的时间可以分为横向心理训练(同一时间内对一组

[①] 参见沈舟平:《法官非理性因素对审判的影响及其引导》,载《法律适用》2007年第12期。

或几组受训人员实施训练）与纵向心理训练（在较长时间内对受训人员进行跟踪训练）。根据参加训练的人数可分为集体心理训练与个人心理训练。法官心理训练的方法，主要有以下几种：

法官心理训练的方法

1. 灌输法。如用"灌输法"，通过系统的培训、教育，使广大法官明确职业道德建设的意义和内容，明确法官职业道德的原则、规范、评价标准，提高道德认识。

2. 感染法。如采取形象的、生动的、具体的、启发感染式的方法，通过正面典型引导、反面典型警示、换位思考启发、文学艺术作品感染、健康风气熏陶、领导带头示范等系统方法，使广大法官真正从内心接纳法官的职业道德规范，树立高尚的职业道德情操。

3. 激励法。如建立行之有效的激励机制，激发法官的神圣感、自豪感、使命感。

4. 观摩法。观摩的材料可以是图片、模型、庭审录像、电影、电视以及其他法官的"审判活动"。

5. 咨询法。开展心理咨询，通过解答受训人员提出的问题进行心理训练。

6. 自我训练法。要求受训人员对心理学知识和训练方法有较多的了解，能通过一定的方式、方法对自己的心理活动进行锻炼和调节。如采用各种心理方法，学会自我排解心理压力，宣泄不良情绪，培养良好而稳定的心理素质。

第二章　专家型法官的形成

审判既是一种专业，也是一种职业。当一个专家型法官，是一个职业法官的美好向往。而专家型法官形成的心理机制则应当成为法官心理学必须研究的重大课题。在审判心理学中，对专家知识的研究意味着分析"专家"法官——那些有经验有成效的法官，探讨专家法官是如何分析思考和裁断案件的，寻找专家法官和新手法官之间的区别所在，确定新手法官的成长路径。

第一节　法官的自我监控

自我监控又称自我管理、自我控制、自我调整、自律性管理。法官的自我监控是指法官个体对自身的审判心理与行为的主动掌握，善于调整自己的动机与行动，以达到所预定的模式或目标的自我实现过程。它是法官的一种人格特质，也是专家型法官形成的基础。

一、审判监控能力的分类

根据审判监控的对象，我们不妨将法官的审判监控能力分为自我指向型和任务指向型两大类。所谓自我指向型的审判监控能力，是指法官对自己的审判观念、审判兴趣、动机水平、情绪状态等心理操作因素进行调控的能力。如有的法官虽然家庭出现了一些变故，但是在法庭上，他却能控制住自己的消极情绪而正常地审理案件。所谓任务指向型的审判监控能力，是指法官对审理目标、任务、案件材料、审判方法等任务操作因素进行调控的能力。如有的法官在做审判调解工作中发现有的当事人听不懂法言法语，能及时采取群众语言以当事人听得懂能理解的方式讲解法律、适用法律。

根据作用的范围，法官审判监控能力可以分为一般型监控能力和特殊型监控能力。所谓一般性审判监控能力，是指法官对自己作为法官这种特殊角色的一般性的知觉、体验和调控的能力。也就是说，法官首先要把自己看作法官、当作法官，按法官的角色规范来要求自己、管理自己、监控自己。这是一种超越具体案件审判活动的、具有广泛概括性整体性的能力。而特殊型的审判监控能力，是指法官对自己在个案的阅卷、开庭、调解、评议等具体审判活动中的各个环节进行反馈和调控的能力。它决定法官在案件事实建构、裁判规范的发现、事实与规范的匹配等诸多环节中的具体的自我调节和控制行为。

法官良好的审判监控能力是审判活动达到最优化的保证和形成最佳裁判的基础。一个法官一旦具备了良好的自我监控能力，他就能对千差万别的个案审判进行有效的监控，充分显示出法官的主观能动性。这也是司法能力与水平建设的核心。较强的法官审判监控能力的形成应当成为专家型法官的自觉追求。

二、法官审判监控能力的发展

法官审判监控能力的发展趋势，表现为以下几方面：

（一）从他控到自控

所谓他控，是指审判活动为外界所左右；而自控是指审判活动是由法官自己自主地调节管理。在审判监控能力获得发展之前，法官的审判活动通常受外部环境的影响。在多数情况下，法官只能"书本上怎么写、专家怎么说、领导怎么要求、同事怎么做"被动地开展案件审理活动，机械地适用法律，一旦离开他人的指导，离开书本与教条，就会变得束手无策。随着各方面知识的不断积累，法官监控经验的日益增多，法官的审判监控能力将会由低级向高级发展。这时，在案件审理过程中，同行与专家的指导和监督将不再起主导作用，法官自身的审判监控能力则逐渐起主导作用。专家型法官往往能够依照法律规则，根据个案的具体情况，灵活地开展审判活动，有效地解决案件实际问题。

（二）从不自觉到自觉

在审判监控能力开始形成时，法官的监控行为往往表现出很大的不随意性。随着审判经验的积累和有意识的自我培养，法官开始主动地对审判过程进行监控，然后经进一步发展，能根据案件的具体情况自如地进行自我反馈和调控，能够根据个案的实际情况和社会公众、当事人等各界的反应迅速对案件处理预案的社会效果和法律效果作出评价，并能迅速而有效地采取审判措施进行干预，最终作出恰当的裁判。由此可见，法官的审判监控能力的发展经历了"不自觉—自觉—自动化"的变化过程。

（三）敏感性逐渐增强

审判监控的敏感性是指法官根据审理情况和当事人反应，从而对自己的审判活动作出最佳调节和修正的灵敏程度。敏感性是衡量法官审判监控能力高低的一个重要指标，敏感性的不断提高是法官审判监控能力发展的一个明显特征。

（四）迁移性逐渐提高

审判监控能力的迁移性是指法官审判监控的过程和方式可以从一种具体的审判情境迁移到与其相同或类似的其他案件审判情境中去。迁移性的增强是法官审判监控能力真正提高的一个重要标志。由此可见，专家型法官的一个典型特征就是具有丰富的审判实践经验，善于运用先前的案例解决手头的实际案件。

三、法官审判监控能力的提高

根据心理学的研究成果，有三种技术可以帮助法官提高审判监控能力：

（一）角色改变技术

其目的是让法官形成正确的审判观念，提高其参加审判、调研的自觉性和主动性，研究司法活动的基本原理与心理规律，从而自觉地实现角色的改变。具体的内容包括专家讲座、审判观摩、开示范庭等，参加审判调研工作，并要求法官针对个案的需要设计审判方案，撰写庭审提纲。根据角色改变技术，可以进一步通过树立法官榜样，注重发挥"榜样效应"，带动更多法官提高审判监控能力。

（二）审判反馈技术

其目的在于使法官对自己审判活动的各个环节有一个准确而客观的认识。正确地评价自己的审判效果和案件质量，是法官形成审判监控能力的基础，法官审判监控过程都是从其对审判活动的反思与评价开始的，而这又是通过审判反馈技术来实现的。反馈有自我反馈、测验反馈等。自我反馈主要指法官在审判之后自己与自己进行沟通和对话，反思案件的审判质量状况。而测验反馈则可通过组织查案、走访当事人、民意调查等途径实现。

（三）现场指导技术

通过这种技术帮助法官针对不同的审判情境，选用最佳的审判策略，以达到最佳的审判效果，使其最终能达到对自己审判活动的有效调节和校正。

除了以上三种技术，对于法官个体而言，还可以具体从以下两方面进行努力：

一是不断地进行自我心理修养，对个人偏见保持合理警觉。良好的心理素质的形成不仅仅是掌握一些心理知识，更重要的是具备一定的自我心理修养能力。自我心理的内容包括：认识方面的自我心理修养，情感方面的自我心理修养，意志方面的自我心理修养，性格方面的自我心理修养等。在具体司法裁判活动中，法官要学会摆脱负性经验的干扰，从思维方法上寻求对个人偏见的有限超越。

二是构建完善的"知识库"，实现认知结构的整体优化。法官应当构建包含关于法律知识、关于物质世界的知识、关于人类行为的知识、关于词语的知识等四方面内容的"知识库"。而当前，我国各级法院无不重视对法官进行法律知识的培训。但对除法律知识以外的知识（包括关于物质世界的知识、关于词语的知识以及关于人类行为的知识等背景知识）并不重视，甚至缺乏足够的认识。随着法官职业化进程的加快，对法官职业培训的内容进行反思和调整显得非常迫切。对专家型法官的形成而言，注重全面更新知识，完善知识结构，构建一个适合审判需要的"知识库"，相当重要。

第二节　法官的效能感

一个相信自己能处理好各种事情的法官，在工作、生活中肯定会更积极、更主动。这种"能做什么"的认知反映了一种法官个体对环境的控制感与自信心。它是法官个体对自己面对环境中的各种挑战能否采取适应性行为的知觉或信念，即"自我效能感"。自我效能感是专家型法官形成的又一重要条件。

一、法官效能感作用的机制

自我效能感是美国心理学家班杜拉1977年提出的概念，是指个体对自身将要产生行为的预期和价值判断。即人对自己能否成功地进行某种成就行为的主观推测和判断，它包括两个部分，即结果预期和效能预期。班杜拉提出自我效能感的概念之后，自我效能感这一理论概念，在理论研究和实证研究中都得到了深入发展，美国学者斯塔科维奇和鲁森斯1998年针对组织行为这一领域给出了更广泛、实用性更强的定义："自我效能是指个体对自己能力的一种确切的信念（或自信心），这种能力使自己在某个背景下为了成功地完成某项特定任务，能够调动起必需的动机、认知资源与一系列行动。"班杜拉等人的研究发现，自我效能感的变化受许多因素制约。这些因素就构成了一个判断或评价自我效能感水平高低的效能信息源。

法官的效能感影响着法官的行为，而法官行为必然会对案件当事人产生影响。同时，法官的效能感也会受各种因素影响。这一切究竟是如何在起作用的，这就要考虑法官效能感作用的机制。根据心理学原理，法官的效能感通过影响法官行为而对案件决策起作用。与此同时，环境因素与法官自身因素也对法官的审判效能感产生着影响。

有关研究表明，自我效能感与工作满意度等有着密切的关系。美国学者霍伯克（Hoppock）在其著作《工作满意度》（1935年）一书中提出了工作满意度的概念，认为工作满意度是工作者对工作情境的主观反应，是工作者心理与生理两方面对环境因素的满足感受。

二、法官效能感的形成趋势

法官的效能感是在审判活动中逐渐形成和发展起来的，并存在一定的规律性。法官的一般审判效能感，随着从业时间的增加，有下降的趋势；而个案审判效能感却能随工龄的增加，表现出上升的倾向。法科大学生及刚走上审判工作岗位的年轻法官，往往对自己的工作充满雄心壮志，自然而然地感到法治事业的崇高以及实现法治社会的必然性。但随着年龄的增长，审判实践中的许多现象和问题对他们坚信的观点提出了挑战，他们逐渐感到，法治目标的实现并不是一件容易的事情。

而个案审判的效能感却呈上升趋势。根据班杜拉等人的研究，个人自身行为的成败经验是影响自我效能感形成的主要因素之一。这个效能信息源对自我效能感的影响最大。一般来说，成功经验会提高效能期望，反复的失败则会降低效能期望。新法官经验缺乏，而老法官经验丰富，他们往往能够恰当地处理一些疑难案件。通过自身努力终获成功，将促使法官个体建立起自己拥有克服困难获得成功的能力确信感。不断成功的审判经验使得法官的自信心不断增强，于是法官对个案的审判效能感表现出上升的趋势。

三、外部环境因素对法官效能感的影响

社会环境对法官的审判效能感有很大影响。其中，法官的社会地位与职业声望对法官效能感的影响很大。对法官地位的一般性认知反映了整个社会

对司法权威的基本评价。一个国家司法裁判主体（法官）的社会地位越高，法官的效能感越强，司法的功能也就发挥得越充分。从世界范围内的历史和现实中我们可以清楚地看到，凡是法治的国度，法官无不扮演着维护和实现某种社会秩序的角色，他们是法律实现即司法的直接掌控者，在社会公众心目中享有崇高的社会地位。但由于政治、经济、法律文化、历史背景等方面的差异，各国关于法官的具体社会地位有所不同，两大法系国家的法官地位不同。一般而言，普通法系国家的法官地位比大陆法系国家法官的地位要高。长期以来，我国法官现实化的社会地位并不能适应司法运行的客观需要，法官相对偏低的社会地位，一定程度上削弱了法官在社会事务中的话语权，法官作出的裁判无法建立起应有的权威，形成民众对司法疑虑、不信任的社会心态，解决纠纷的司法功能受到了抑制。反过来，这已影响到法官群体成员的效能感。

法院周围的环境对法官的审判效能感也有明显影响。这种环境常常体现为法官所处环境的社会经济水平、自然环境状况、地方政府和人民群众以及新闻媒体的价值观等。在我国一些沿海地区，法院所处地区的经济发展水平相对比较高，地方党委、政府、人大等重视和支持法院工作，社会各界对法院的期望也比较高，这些地区的法官往往对做好审判工作充满信心，因此，法官的审判效能感比较强。相反，在一些经济、文化欠发达的地区，人们对法院的工作不重视，法官接受培训、再教育、更新知识的机会比较少，法官对做好审判工作的信心相对不足，一般而言，这些法官审判效能感要弱一些。

四、法院因素对法官效能感的影响

首先，法院整体的审判管理和法治理念是否科学，对法官个体的审判效能感高低起着很大的影响。法官间的审判观念、法治信念经相互影响、相互渗透后会形成全院带有倾向性的审判法治观念和审判管理理念，并对法官个人的审判效能感及案件质量造成影响。如果这种带有倾向性的审判观念和固化的审判管理理念是科学的，就会对法官的审判质量起到促进作用；反之，则起促退作用。一个法院关于审判的倾向性的观念、法治理念等因素实际上是一个法院文化的重要组成部分，对于法官自我效能感的形成至关重要，也关涉该法院专家型法官产出的数量与质量。

其次，法院中的人际关系状况，也影响着法官的审判效能感。法官之间通过交往，总会建立一定的联系方式，形成相对稳定的人际关系。现实生活中的每个个体都无时无刻不生活在群体中，而个体的行为也无时无刻不受到其所处群体的影响。法官与法官之间的关系网络中必然伴有人与人之间的相互影响。融洽和谐的同事关系，有助于审判经验的交流，而且还可以从同事那里得到友爱、温暖、帮助和鼓励，有助于法官组成一个合作的群体来共同研究审判实践中遇到的法律热点、难点、重点问题，以取得共同进步。对法官个人来说，在这样的群体中，他也会怀着极大的热情去学习、去工作，进而增强个人的审判效能感。相反，如果同事之间为了利益而钩心斗角，这样的人际关系会给法官带来巨大的心理压力，他们不得不以很多精力去应付不良的人际关系，因而影响对审判工作的热情和信心，也降低了审判效能感。此外，法院的人际关系，还包括法院与社会之间（包括新闻媒体、社会舆论）、法官与当事人之间的关系。近年来，法官与当事人之间发生冲突，当事人辱骂、围攻甚至暴力抗法、殴打报复法官的事件时有发生，法院的工作面临前所未有的压力与挑战，影响着法官审判效能感。

最后，法院的管理制度影响着法官的审判效能感。管理，是一门处理人与事的艺术。法官管理所要应对的也主要是"人"与"事"，而人的思想、行为以及心理情绪差异万千、难以捉摸，各种事物的形态、种类、关系等变化无穷，一般而言，管理是不能用固定不变的法则来应对千变万化的"人"和"事"的。但是，人的心理并非没有规律可循。心理与管理之间，具有一种互动的因果关系。正如某心理学家所言："人是心理的动物，其情绪、价值、思考、意念和抉择莫不被环境、教育和经验所左右。"因此，在法院管理中，运用心理科学的知识与原理，制定合理的科学的管理制度，有利于调动法官的积极性，改善组织结构和领导绩效，提高审判工作质量。就审判管理制度而言，笔者认为，管理制度是否正确地评价法官的审判工作，对法官个体的影响极大。一个科学合理的法院管理制度能够体现公开、民主的管理方式，必然会对法官的工作给予很大的支持与鼓励，并能正确地评价法官的审判工作实绩，对法官在审判工作中出现的问题提出合理、善意的建设性意见。这些都有利于调动法官工作的积极性，促进法官审判效能感的提高。反之，不科学、不公平的管理制度，必然造成法院领导与普通法官之间紧张的人际关系，最终削弱法官个体的审判效能感。

第三节　法官的职业发展

根据新手—熟手—专家的研究范式，法官的职业发展，要经历一个从新手到熟手，再到专家的过程。在这一职业发展生涯中，审判技能专长作为顺利完成审判业务的能力，处于法官职业发展的核心地位。对法官职业发展的新手阶段、熟手阶段、专家阶段在审判策略、人格、工作动机、职业心理等方面的差异进行理论探索，可以帮助法官缩短从新手到专家的成长历程，以及帮助专家型法官通过合作共享将审判经验传授给新手和熟手。

一、法官职业发展的核心：审判专长

所谓专长，顾名思义，应当归结为对"专"与"长"二字的理解上。"专"是指某一领域的人从长期实践中摸索总结出来的专门本领。而专长作为一种解决实际问题的本领，必然有它的过人之处，令门外汉望尘莫及，这就是"长"。法官的审判专长是专家型法官在审判领域所拥有的不同于普通法官的思考和解决案件问题的能力，以及所表现出来的优秀的专业行为。法官审理各类刑事、民事、行政案件，涉及政治、经济、文化、生活的各个领域、各个方面，能否妥善处理这些案件，能否发挥好打击犯罪、保护人民、维护稳定、调处纠纷的职能，直接关系党的执政能力的提高和执政基础的稳固。审判专长既是一种有效办理案件、解决实际问题的能力，也是审判领域特有的优秀的特殊专业行为能力。

审判专长，是法官为了达到审判目标，所掌握的审判策略与裁判方法的"外显知识"与"内隐知识"。"外显知识"可以通过观察或录像来分析，如观看庭审录像、查阅卷宗等；"内隐知识"是指法官潜移默化的审判技能，如了解和把握当事人心理的能力、案件事实建构和裁判法条发现的能力、突发

事件的处置能力等，往往表现为法官对审判活动的计划、监控、控制、评判、应变、决断等综合能力。也可以将其划分为以下几类具体能力：一是确定性质的能力；二是认定事实的能力；三是驾驭庭审能力；四是适用法律能力；五是司法调解能力；六是文书制作能力。

审判专长，是法官职业发展的核心。要想成为一个专家型法官，有的需要几年，有的要十几年有的要几十年，甚至更久。作为一名法官，需不断通过专业训练，习得审判专业技能，提高专业道德和自我素质，才能实现自我提升。

对专家知识研究得最多的当属认知心理学，认知心理学早已研究了熟练工、象棋大师和名医们是如何工作的。认知心理学的这些研究有助于我们了解审判方面的专家知识。以往专长心理学的研究中，一般采用新手—专家的研究范式，最近的研究表明，有些实践领域的人员，随着实践经验的增长，专长有所提高，但他们有些人一直到退休，也很难被称为专家。"专家"这个美誉，应该属于行业中的那些出类拔萃者。因此，最近的研究中采用了"新手—熟手—专家"的研究范式。本书从"新手""熟手""专家"三个阶段来讨论法官的审判专长发展历程。审判心理学中，对专家知识的研究意味着分析"专家"法官——那些有经验的、有成效的法官，探讨专家法官是如何分析思考和裁断案件的，寻找专家法官和新手法官之间的区别所在。通过对"新手""熟手""专家"的研究，本书将大致描述与揭示审判专长发展的三个阶段在审判技术、策略、人格、工作动机、职业心理等方面的差异，并进行比较，为法官的成长实践提供理论支持。

二、职业发展的起点：新手型法官

所谓新手型法官，一般指参加审判工作时间不长（如5年以内）的新法官。主要为一些刚从法学院毕业的年轻大学生。他们一般具有以下几个特点：

（1）年纪轻，社会经验和工作能力相对不足。作为法官，最重要的任务是把案子办好，成功地完成审判工作任务，解决好案件实际问题，表现为如何更好阅卷、如何更好开庭、如何更好地撰写审理报告、如何汇报好案件、如何认定事实和适用法律、如何做好当事人的调解工作等。而这些审判工作需要法官具有丰富的阅历和对社会现实具有深刻的理解。一般而言，新手型法官在解决问题的工作能力上要弱一些。

（2）单身为主，事业上尚缺乏家庭和伴侣的支持。

（3）经济状况拮据，经济压力比较大。因为刚参加工作，工资收入相对较低，而且工作后有结婚生子、买房成家等迫切需求，因此相当多的新手型法官有着沉重的经济压力。

（4）在工作动机上，更加注重周围人对自己的评价，在成就目标上以成绩目标为主，更关心的是能否向他人证明自己的能力。这是一个关注生存的阶段。他们非常关注自己的生存适应性，时刻关心着这样的问题：当事人、同事怎么看我？领导是否觉得我干得不错？

在新手这个阶段，法官承担的办案任务并不比熟手或者专家型法官轻，因此，不少年轻法官感到压力比较大。他们之中，可能有三种典型表现。

（1）狂热投入型。新手型法官刚开始工作时往往带有极强的成功信念，狂热地投入工作，但理想与现实的巨大反差，使得他们逐步怀疑自己的能力，有挫折感，因而感到痛苦，最初的那份工作热情、干劲逐渐退去，伴有厌烦、低落、沮丧、抱怨等不良情绪反应。

（2）不安现状型。此类新手型法官可能会感到法治的理想与现实相差太远，自身也无法给法治带来多大的变化，工作辛苦且报酬低，自我价值感比较差。因此，经常考虑是否"跳槽"，如想辞职干律师等。

（3）精疲力竭型。由于法官要承担繁重的审判任务，有些当事人还要无理纠缠、谩骂法官，新手型法官的心理压力会更大，须经受高度的精神疲劳和紧张。

新手型法官虽然与熟手型法官、专家型法官相比，存在社会经验相对不足、工作能力有待提高等缺点，但也有着自身的优势：

（1）思维活跃，对审判事业充满热情和憧憬，更有激情，更有朝气活力。新手型法官具有的一般人格特征是：热情、外向、朝气蓬勃。

（2）受过系统的法学理论教育，比起一些文凭学历较低的老法官，具有更深厚的法学理论功底。

（3）对新知识的接受能力比较强。特别是信息时代，年轻法官对计算机网络等跨学科知识的学习掌握程度更深，更能适应社会发展的变化。

新手型法官面临的主要任务是尽快适应法官角色，熟练掌握审判操作技能。这个阶段是法官职业发展的起点。新手型法官的发展，有赖于自我心理调节与外部支持两方面。就自我心理调节而言，一是要不断提高自身专业素质，做到"勤学习、多实践、善反思"；二是要注重调整好自己的心态，以平和的心态做好本职工作。就外部支持而言，法院要注重营造良好的氛围和人际环境，实施庭审观摩、集中培训、学徒制"传帮带"等多种形式的培养培训模式，激发新手型法官实现专业成长与发展的强烈动机，促进新手型法官的成长与发展。

三、职业发展的关键点：熟手型法官

所谓熟手型法官，是指处于新手型法官和专家型法官的中间阶段。熟手型法官可分为两种：

第一，"任务"熟手型法官。一个新手型法官从事审判工作若干年以后，对审判业务技能已经熟练掌握，家庭也趋于稳定，自我满足感比较强，从心理上渐渐步入稳定发展期。此类法官发展态势良好，能够逐步朝专家型法官方向发展。

第二，"问题"熟手型法官。此类法官经历了职业单调、重复、封闭、孤独、繁杂、责任大、负荷重、薪水低等困难，在法院"案多人少"、超负荷运转的情况下，最容易出现职业"高原期"、职业倦怠等心理问题，成为"问题法官"。

熟手型法官具有以下几个特点：

（1）从审判业务专长来说，属于"比上不足、比下有余"的情况，是一个"熟练者"的阶段。他们比新手对审判业务更加熟悉，但又比不上专家的炉火纯青。他们能够熟练掌握审判技能，但对审判过程的自我监控、庭审活动的驾驭、复杂问题的分析判断与处置等不如专家型法官。

（2）在心理健康方面，比新手型法官和专家型法官更容易产生苦恼、烦闷、抑郁、无助、疲倦、焦虑等消极情绪。

（3）在工作动机方面，熟手型法官的成就目标已从新手型法官以成绩目标为主转变为以任务目标为主，他们更加关注审判活动本身的价值，关注当

事人的理解与感受。但与专家型法官相比，熟手型法官实现司法公正、建设法治国家的内部动机还不够强烈，法官的角色信念有时还会动摇，从审判活动中获得的成就感尚没有达到专家型法官的境界。

（4）在人格特征方面，熟手型法官具有冷静、理智、关心他人、宽容等人格特点，对人民群众有较深的感情，但在情绪稳定性和自我调节能力上不如专家型法官。

熟手型法官是法官职业发展的关键点。有些熟手型法官在稳定发展期内，逐渐积累必要的知识和经验，其审判专长在熟练的水平上得到新的提升，顺利成为专家型法官。有一些熟手型法官解决了新手型法官时期无力胜任审判工作的问题，解决了经济问题，事业、家庭等各方面都步入稳定期，但在长期单调乏味、周而复始、没有创新、没有激情的生活中丢失了年轻时的理想，或在获得一定的社会认同之后产生自满，贪图方便，不求上进，不注重更新法学理论知识，在年龄增大的同时，感觉工作越来越难做，最终无法超越自己，直至退休还停滞在熟手型法官这一阶段，无法成为专家型法官。有一些熟手型法官因为主观或客观原因而陷入职业倦怠，或心态失衡，误入歧途。

面对社会和环境的压力，熟手型法官首先要学会自我心理调节，正确地认识职业"高原现象"，进行有效的自我调控、自我减压，缓解不良情绪。此外，对于熟手型法官的"高原期"和"职业倦怠"，也需要从法院外部环境中找原因。法院及有关部门要努力构建法官成长的激励机制，为法官可持续发展提供支持性环境。

四、职业发展的目标：专家型法官

无论在哪一个领域，被冠以"专家"的美誉都意味着莫大的荣耀。近年来，检察、法院系统先后开展检察业务专家、审判业务专家评选活动。但评比过程中，面临的一个难题是，如何制定一个客观的标准。在国际象棋中，我们可以从棋手的获胜概率和实力等级来划分什么是专家，大家都认同这种客观的标准。而在社会科学领域，特别是司法审判实践领域，评估谁才是真正的审判业务专家确实比较困难。有的法官理论水平比较高，但办案水平却不一定高。有的法官办案能力不错，而理论功底却不怎么样。在心理学研中,"专家"和"专长"有着紧密的联系,专家必须具备一般人无法比拟的、在某个领域的专长。而在完成这个领域内的任务时,专家会表现出远远超越一般人的特殊优势。有关专家行为的心理学研究,确定了"专家"不同于"新手"的三个基本方面:第一个不同的方面是关于专业知识,在专家擅长的领域内,专家运用知识比新手更有效。第二个不同的方面是关于解决问题的效率。专家与新手相比,在其专长的领域里,能在较短的时间内完成更多的工作。第三个不同的方面是洞察力。专家比新手有更大概率找到新颖和适当的解决问题的方法。

奇、格拉泽和法尔(Chi, Glaser, Farr, 1980年)列举了7个"专家工作的关键特征":

(1) 专家主要在其所从事的领域内表现出色;
(2) 专家能够在其所从事的领域内知觉大量有意义的模型;
(3) 专家反应敏捷,能更快地操作该领域的技能,更快更好地解决问题;
(4) 专家表现出非凡的短时记忆和长时记忆能力;
(5) 在专业领域内洞察和表征问题时,专家处在比新手更高的(更具原则性的)水平上,而新手的问题表征往往停留在表面水平上;
(6) 专家把更多的时间用于分析问题的质的方面;
(7) 专家具有高度的自控能力。[①]

以上关于专家的几个关键特征,在审判实践领域也值得借鉴。就审判领域而言,专家型法官必须具备某一方面的审判业务专长,在办案中应表现出较普通法官无法比拟的专长和特殊优势,比如说人家解决不了的案件他能够解决,能够为疑难案件寻求一个更好的解决方案与出路。一般而言,专家型法官应具有以下几个特点:

(1) 有丰富的组织化的审判业务知识,并能有效运用。专家法官应具有以下几方面的知识:一是所从事的学科知识;二是审判方法和理论,适用于不同案件的一般审判原理和策略;三是办理特定案件所需的知识;四是熟悉当事人的性格特征和文化背景。

(2) 高效率地解决审判领域内的问题。专家法官能够对审判活动中可能

[①] 参见连榕编著:《教师职业生涯发展》,中国轻工业出版社2008年版,第133页。

出现的问题有着丰富和详细的分类；能够根据自己的一整套理论工作，而不是把遇到的每一个问题都当作新情境来处理。他们能够通过直觉预感到案件里什么问题是最重要的，在某些活动中或某一环节里将会出现什么问题。他们的审判活动大多数已经形成了自动化。他们能够经济合理地安排使用审判时间。他们的知识是稳定的、全面的，这能使他们更容易地把握更多的问题和情境。

（3）专家型法官善于创造性地解决问题，有很强的洞察力。专家和非专家都应用知识分析解决问题，但专家更能创造性地解决问题，他们的解答方法既新颖又恰当，往往能够产生独创的、有洞察力的解决方法。专家型法官在审判中能够鉴别出有助于问题解决的信息，并能够有效地将这些信息联系起来，重新加以组织。通过这些过程，专家型法官能够对审判中的问题作出新颖而恰当的解决。

（4）专家型法官善于运用先前案例解决手头案件。美国心理学家约翰·安德逊认为，一个领域的专家和新手在智力上并无多大差别，但专家之所以是专家，就在于专家在遇到一个新问题时，能通过类比推理将过去成功的经验最大限度地转移为解决新问题的知识，也就是迅速将它与一个过去熟悉的"相似块"联系起来，作出判断和推理。[1] 审判实践中同样如此。类比推理的模式与案例指导的过程最为契合。一个初来乍到的年轻法官审理他平生第一起案件时，他的直接反应是：关于本案，法律有没有明文规定，即法律规范中有没有可以直接适用的法律条文；而对于一名资深法官而言，在审理一起与他过去审理过的案件相同或者类似的案件时，他最先会自觉不自觉地运用他积累的审判经验——即运用以前的案例来进行参考、借鉴，然后再寻求（有时甚至是照搬原来判决书中的）相应的法律条文来检验和论证其推测结论的正当性和合法性。案例指导就是一个反复说理、充分对比的过程。

（5）在动机特征上，专家型法官具有强烈且稳定的内在工作动机。专家型法官审判动机的特点可以归纳为对法律的信仰，对法治事业由衷的热爱，表现在他们把审判当作自己的事业来追求，用实现司法公正来体现人生的价值。

---

[1] 罗荻：《关于类比推理》，载《思维科学》1986年第4期。

（6）在人格特征上，具有鲜明的情绪稳定性、理智、无私的人生追求、善思的性格、必要的谦虚谨慎、注重实际、自信等人格特征。与熟手型法官相比，专家型法官能够更好地控制和调节自己的情绪，具有更强烈的法治信念和更协调的自我概念，能够妥善处理审判中出现的各种问题。

（7）在职业心理上，审判的责任感、使命感更强。专家型法官能够真正热爱审判事业。

专家型法官不仅是个人的成功与荣耀，而且可以与人共享其宝贵的职业经验。审判实践中，要注重通过专家型法官与熟手型法官的合作，采用"学徒制""传、帮、带"，组织审判理论研究会、法官论坛等形式，将其积累的宝贵经验传承下去。

第三章 法官激励与管理

激励是管理心理学上一个非常重要的概念，也是法官管理心理学研究的重大问题之一。作为法官管理的一项职能，激励是根据审判事业目标，为满足法官生理、心理上的愿望、兴趣、情感等方面的需要，通过有效地启迪和引导法官的心灵，激发法官的工作动机，挖掘法官的潜能，使之充满内在的活力，朝着所期望的审判目标前进的一种目的性十分明确的管理活动。通俗地说，法官激励就是要用各种管理手段充分调动和发挥法官的主动性、积极性与创造性，用法官集体的聪明才智去实现法院组织的法治事业目标。

第一节 法官激励概述

一、法官激励的含义

激励，指心理上的驱动力，含有激发动机、鼓励行为、形成动力的意思。也就是说，通过某些内部或外部刺激，使人奋发起来、行动起来，去实现特定的目标。法官激励就是激发法官的自动力，调动法官的工作积极性，使法官都朝组织的目标作出持久的努力。由激励激发的法官的自动力和积极性是一种内部心理过程，可以通过法官的行为和工作绩效加以衡量与判断。法官受到高度激励时，其行为通常表现出三个特点：

（1）努力。这是法官在审判工作中所表现出的行为强度。

（2）持久。这是法官在完成工作方面所表现出来的长期性。"五分钟热度"显然不能称作工作积极性高。

（3）与审判组织目标有关。这是法官行为的质量所在。

二、激励过程的基本模式

法官是如何被激励的？答案在于法官的基本行为模式。即：未满足的需要—紧张—动机—采取行动—指向目标—满足需要—紧张消除—新的需要。心理学研究证明，需要是人类所有行为的起点，法官也不例外。所谓需要，是人体内部的一种匮乏状态，既可以是物质要素，也可以是心理要素。它会使人感到生理失衡或心理紧张，进而在躯体内产生驱动力。这种内驱力就是动机，它会产生寻找能够满足需要的特定目标的行为。如果目标达到，就意味着需要得到满足，并进而降低紧张程度。这时又会产生新的需要和动机。人的行为就是这样一个不断循环往复的过程，亦即激励过程的基本模式。所谓目标，就是期望达到的成就和结果。在法院组织环境中，目标表现为一种刺激或诱因，它可以是物质性的，如办案数量、质量、办案指标，或者工资、奖金、奖品及各种物质报酬，也可以是精神性的，如职务、成就、认可、赏识等。激励的本质就是要根据法官的需要提供适当的刺激和目标，诱发广大法官的工作动机，调动他们的积极性。

凡是人的行为就必然具有一些共同的特征。比如，所有的行为都是受动机驱使的，外部的环境和内在的需要都会影响人的行为；所有的行为都是有目标导向的；所有的行为都是趋利避害的；等等。正因为人的行为具有共同点，才使得法官与法官之间的相互理解成为可能。但是，人的行为也是十分复杂的，各位法官个体的价值观、个性、能力特长均有差异，法官的个体差异性，使得对法官的激励成为一项最具有挑战性的工作之一。法院管理者必须学会设计个性化的激励方案，有区别地对待每一位法官。

三、法官激励的种类与方法

(一) 激励的种类

根据不同的标准,可以将法官激励作不同的分类:

1. 物质激励与精神激励

根据激励的内容不同,法官激励可分为物质激励与精神激励。物质激励是从满足法官的物质需要出发,多以加薪、减薪、奖金和罚款等形式出现。而精神激励则从法官的精神需要出发,多以记功表彰、表扬和批评等形式出现。

2. 正激励与负激励

根据激励的性质不同,法官激励可分为正激励与负激励。正激励就是当法官的行为符合法院组织的需要时,通过奖赏的方式肯定与鼓励这种行为,以达到保持和增加这种行为的目的。

3. 外在激励与内在激励

根据激励的方式不同,法官激励可分为外在激励与内在激励。两种激励方式各有利弊。外在激励方式以名利刺激法官,只要法官努力工作,便能获得物质、名誉和地位方面的奖励,从而激发法官的积极性,提高工作效率,具体包括福利、晋升、授衔、表扬、褒奖和认可等。但是如果法官形成了仅为名利而工作的思想倾向,一旦不能满足其名利欲望时,其便可能产生消极情绪。内在激励方式通过提升法官的素质和认识水平,激发法官的工作积极性,这种激励方式显然需时较长,但一旦见效,便能使法官持久地保持高涨的工作热情。[1]

(二) 几种常用的激励方法

1. 物质激励

就是给法官以物质上的满足,通过改善工资、福利、奖金、津贴、补贴、

---

[1] 参见朱宝荣等:《现代心理学原理与应用》,上海人民出版社2006年版,第390页。

住房、医疗、各种保险、办公条件等措施保证法官在经济上无后顾之忧。物质是激励法官的必要而有效的手段，但法官追求的不仅仅是生理和安全的需要，更多是获得尊重、归属和自我实现的需要，是发挥自身的潜力为法治事业作出贡献。

2. 精神激励

就是给法官以精神上的满足。具体包括倾听式激励、赞美式激励、信任激励、关怀激励、参与式激励、内部升迁式激励、培训式激励等。

3. 分类激励

根据不同类型的法官采取不同的激励方法，这本身也是一种方法。包括：（1）根据审判工作业绩进行分类激励；（2）根据法官年龄和性别选择合适的激励方法；（3）根据法官个性类型选择合适的激励方法。

4. 目标激励

一个进步的、明确的、经过努力能够达到的目标，具有相当大的激励作用。如果能够适时、恰当地提出目标，能够激发大家的工作热情，统一思想，共同朝目标努力。

5. 奖惩激励

就是奖罚分明，以奖为主；有功则奖，有过则罚；无功无过，批评教育。通过奖惩措施的落实激励先进，鞭策后进，形成争先恐后的工作氛围。

四、法官激励的重要性

激励问题普遍存在于各类组织之中。激励之所以重要，是因为任何组织的管理，从其根本意义上说就是对人的管理。关于激励的效力，心理学家做了一个警觉性试验，证明经过激励的行为与未经过激励的行为效果大不相同。[1] 在组织管理中，激励的核心就是调动组织成员的积极性。正如美国通用食品公司原总裁 C. 弗朗克斯所说的："你可以买到一个人的时间，你可以雇到一个人到指定的工作岗位，你可以买到按时或按日计算的技术操作，但你买不到热情，买不到创造性，买不到全身心的投入，你不得不设法争取这

---

[1] 参见孙娟主编：《警察组织行为学》，中国人民公安大学出版社2006年版，第100页。

些。"这段话形象地说明了激励的重要性。同理，激励对于调动法官工作的积极性、主动性和创造性，激发法官的潜在能力，不断提高审判工作绩效等具有非常重要的作用。

在法官管理实践中，通过法官激励措施的有效运用来激发和调动法官的积极性和创造力，能够极大地缓解人民法院当前所面临的"案多人少"等突出问题。近年来，随着社会经济的迅猛发展和体制转型，由此产生的冲突和矛盾也日益增加，大量的纠纷和矛盾以案件形式涌向法院，对人民法院的司法审判工作提出了更新更高的要求。特别是东部沿海经济发达地区，法院"案多人少"的矛盾非常突出。

现代管理要体现以人为本。审判工作最终要落实到每位法官身上，审判工作质量与效率的高低最终取决于法官。如何有效地行使法官激励职能，促进法官以最快的速度，办结质量最好的案件，达到法律效果和社会效果、政治效果的有机统一，是当前法院队伍建设的重要内容。当前形势下，构建完善的法官激励机制，包括建立健全科学、合理的法官考核、评价机制，建立有效的培训机制，设立廉洁保障机制，建立健全科学的奖励机制、有效的监督惩罚机制，具有重大现实意义。对此，最高人民法院院长张军强调指出，要紧紧围绕"公正与效率"工作主题，健全完善"全员、全面、全时"干部考核评价体系，要通过全员绩效考核，让干与不干、干多干少、干好干差区分开来，调动法官积极性。

第二节 激励理论与法官管理

激励理论是研究如何调动人的积极性的理论。全面、深入了解管理学家、心理学家和社会学家从不同角度提出的怎样激励人的理论，对于探讨法官激励具有很大的应用价值。

一、内容型激励理论

内容型激励理论所研究的内容均围绕"需要"这一核心要素，因而又称为需要理论。主要有马斯洛的需要层次论、奥德弗的 ERG 理论、麦克利兰的成就需要理论和赫兹伯格的双因素理论。

（一）马斯洛的需要层次论

需要层次论（Hierarchyofneedstheory）是美国人本主义心理学家马斯洛提出的一种需要理论。这种理论认为，人的需要或动机可分为 5 个层次，即生理需要、安全和保障需要、爱和归属的需要、尊重需要和自我实现的需要。后来他又补充了认知需要和审美需要。[1] 马斯洛认为，人类的需要具有层次性，各种需要是相互联系和彼此重叠的一个有层次的系统。只有低级需要满足才会出现高级需要，只有所有的需要都满足后，才会出现自我实现的需要。某一时刻占优势地位的需要就是推动行为的积极力量。自我实现是人主动追求理想的需要，表现为个人发挥自身的潜力，做一些自己想做的事情或是觉得有意义的事情。

马斯洛的观点强调需要分成不同的层次，把人的需要看作一个相互联系的整体，揭示了需要—激励—行为的关系，强调了人的内在需要是激励的主要诱因，不同层次的需要对动机的激发和影响，这对法官管理是颇有参考价值的，具有重要的指导作用。根据法官的不同层次的需要，有关管理机构可以有针对性地制定相应的管理制度和措施。譬如，根据法官的生理需要，通过改善工资福利、工作环境、住房条件等调动法官工作的积极性；根据法官的安全需要，通过制定与落实法官职业保障制度、意外保险制度等增进法官的安全感；通过工会、机关党委、团委组织各种集体活动，满足法官的社会需要；通过制定与完善法官绩效考核、评价制度、干部职务选拔晋升制度、奖金制度、进修制度等，实现法官对地位、名誉、权力、责任等目标的追求，从而满足其受尊重的需要；通过制定与完善审判决策制度等，满足法官自我

---

[1] 参见郭亨杰主编：《〈心理学〉——学习与应用》，上海教育出版社 2001 年版，第 96 页。

实现的需要。司法实践中，管理者应充分了解不同法官的不同需要，找出相应的激励措施，采取积极的组织措施，来满足不同层次的需要，以引导法官的行为，实现审判组织目标。由于法官个体的需要并非一成不变，也不会一旦满足就再也不会发生变化，因此，管理者的激励措施也必须是灵活多变的。在管理上，组织应当特别注重了解和满足法官的主导性需要。

（二）奥德弗的 ERG 理论

这是美国耶鲁大学克雷顿·奥德弗（Clayton. Alderfer）在马斯洛的需要层次理论的基础上提出的一种新的需要理论。他用三种需要代替五种需要，即生存（Existence）的需要、相互关系（Relatedness）的需要和成长发展（Growth）的需要，采用其英文第一个字母，简称为 ERG 理论。其中，生存的需要与人们基本的物质生存需要有关，它包括马斯洛提出的生理和安全需要。第二种需要是相互关系的需要，即指人们对于保持重要的人际关系的要求。这种社会和地位需要的满足是在与其他需要相互作用中达成的，它们与马斯洛的社会需要和自尊需要分类中的外在部分是相对应的。最后，奥德弗把成长发展的需要独立出来，它表示个人谋求发展的内在愿望，包括马斯洛的尊重需要分类中的内在部分和自我实现层次中所包含的特征。与马斯洛的需要层次理论不同的是，ERG 理论还认为，人在同一时间可能有不止一种需要起作用；如果较高层次需要的满足受到抑制的话，那么人们对较低层次的需要的渴望会变得更加强烈。多种需要可以同时作为激励因素而起作用，并且当满足较高层次需要的企图受挫时，会导致人们向较低层次的需要回归。因此，管理措施应该随着人的需要结构的变化而作出相应的改变，并根据每个人不同的需要制定出相应的管理策略。一般认为，马斯洛的需要层次论带有一定的普遍性，而奥德弗的 ERG 理论则更贴近实际，带有一定的特殊性与个体差异。

（三）麦克利兰的成就需要理论

成就需要理论，是美国哈佛大学的心理学家麦克利兰（D. C. McClelland）于 20 世纪 50 年代提出的激励理论。麦克利兰不讨论人的基本生理需要，主要探讨人在基本需要得到满足的前提下，还有哪些高层次需要。他研究的对象是一些比较高级的人才，如企业的经理、政府职能部门的管理人员、科学家、教授、医生、工程师等。他把人的高层次需要归纳为对权力、友谊和成就的需要。他对这三种需要，特别是成就需要作了深入的研究。

1. 权力需要

具有较高权力需要的人，常常希望获得更高的权力、追求领导者的地位，对影响和控制别人表现出很大的兴趣，他们常常表现出喜欢争辩、健谈、直率和头脑冷静；善于提出问题和要求；喜欢教训别人，并乐于演讲。麦克利兰还将组织中管理者的权力区分为两种：一是个人权力。追求个人权力的人表现出来的特征是围绕个人需要行使权力，在工作中需要及时的反馈和倾向于自己亲自操作。二是职位性权力。职位性权力要求管理者与组织共同发展，自觉地接受约束，从体验行使权力的过程中得到一种满足。显然，一个法官如果把权力建立在个人需要的基础上是不利于审判组织发展的，也是非常有害的。

2. 友谊需要

麦克利兰的友谊需要与马斯洛的感情上的需要、奥德弗的关系需要基本相同。麦克利兰指出，注重友谊需要的管理者容易因为讲究交情和义气而违背或不重视管理工作原则，从而会导致组织效率下降。但是，如果将友谊需要强烈的人安排在需要合作的工作岗位上，则会大大提高工作效率。

3. 成就需要

高成就需要的人，对胜任感和成功具有强烈的要求。他们敢于冒风险，愿意承担责任，并希望得到所从事工作的明确而又迅速的反馈。他们把个人成就看得比金钱更重要，从成就中得到的鼓励超过物质鼓励的作用。这类人一般不喜欢经常休息，而喜欢长时间、全身心地工作，并从工作的完成中得到很大的满足。麦克利兰认为，具有高成就需要的人，对一个国家和组织具有重要的作用。一个公司如果有很多具有成就需要的人，那么，公司就会发展得很快；一个国家如果有很多这样的公司，整个国家的经济发展速度就会高于世界平均水平。据此，成就需要理论对于我们把握法官的高层次需要具有积极的参考意义。我们应当通过法官职业培训和教育，培养和造就较多的具有高成就需要的法官。

（四）赫茨伯格的双因素理论

双因素理论又叫激励保健因素理论，是美国行为科学家弗雷德里克·赫茨伯格提出来的，也叫"双因素激励理论"。20世纪50年代末期，赫茨伯格和他的助手们在美国匹兹堡地区11个商业机构对200多位工程师、会计师进行了调查访问。访问主要围绕两个问题：工作中，哪些事项是让他们感到满意的，并估计这种积极情绪持续多长时间；又有哪些事项是让他们感到不满意的，并估计这种消极情绪持续多长时间。赫茨伯格以对这些问题的回答为材料，着手去研究哪些事情使人们在工作中获得快乐和满足，哪些事情造成不愉快和不满足。结果他发现，使受访人员感到满意的大多与工作本身有关，而感到不满的，一般与工作环境有关。他把前者叫作激励因素，后者称作保健因素，据此，提出了双因素理论。

所谓激励因素，就是那些使职工感到满意的因素，包括工作表现机会、工作本身的乐趣、认可、成就感、对未来发展的期望和职务上的责任感，这些因素涉及对工作的积极感情，又和工作本身的内容有关。这些积极感情和个人过去的成就，被人认可以及担负过的责任有关，它们的基础在于工作环境中持久的而不是短暂的成就。

所谓保健因素，就是那些造成职工不满的因素，包括单位政策和行政管理、技术监督、工资发放、劳动保护、工作条件以及各种人际关系处理等。这些因素涉及工作的消极因素，也与工作的氛围和环境有关。也就是说，对工作和工作本身而言，这些因素是外在的，而激励因素是内在的，或者说是与工作相联系的内在因素。

激励、保健因素的提出，为激励理论的发展提供了一个从工作出发的新视角，双因素理论由此成为一个管理学由外在激励向内在激励转化的标志，大大丰富了激励理论，在管理学界产生了很大的影响。这一理论之所以能被广大学者快速接受，很大程度上是因为它与马斯洛的需要层次理论具有极大的相似性。在一些管理学书籍中，往往把双因素理论看作需要层次论的实际应用。双因素理论同马斯洛的需要层次理论确有相似之处。所谓的保健因素相当于马斯洛提出的生理需要、安全需要、感情需要等较低级的需要；而激励因素则相当于受人尊敬的需要、自我实现的需要等较高级的需要。当然，他们的具体分析和解释是不同的。相比之下，赫茨伯格的这种区分，对现实管理的实际运用有更直接的意义。在激励制度的设计中，按照双因素理论更容易操作，而马斯洛的需要层次论，偏重心理学角度的思考，只能提供一种比较抽象的指导。双因素理论对于促使法院管理人员注意法官审判工作内容方面因素的重要性，特别是它们同工作丰富化和工作满足的关系，关注法官的工作安排，注意对法官给予精神鼓励，给予表扬和认可，注意给法官个体以成长、发展、晋升的机会，具有重要的指导意义。

二、过程型激励理论

激励在人的心理上是一个相当长的过程。过程型激励理论主要研究动机的形成和行为、目标选择等，弥补了内容型激励理论的不足。主要有弗鲁姆的期望理论、亚当斯的公平理论、洛克的目标设置理论。

（一）弗鲁姆的期望理论

该理论是由北美著名心理学家和行为科学家维克托·弗鲁姆（Victor H. Vroom）于1964年首先在《工作与激励》一书中提出的。期望理论的理论基础为：人之所以能够完成某项工作并达成组织目标，是因为组织目标会帮助人们完成自己的目标。弗鲁姆认为，人们采取某项行动的动力或激励力取决于其对行动结果的价值评价和预期达成该结果可能性的估计。换言之，激励力的大小取决于该行动所能达成的目标并能导致某种结果的全部预期价值乘以他认为达成该目标并得到某种结果的期望概率。用公式可以表示为：

$$M = V \times E$$

其中，M 表示激励力量（工作动力），是指调动一个人的积极性，激发人内部潜力的强度。

V 表示目标效价（工作态度），是指预定目标对于满足个人需要的意义。

E 是期望值（工作信心），是人们根据过去经验判断自己达到某种目标或满足需要的可能性是大还是小，即能够达到目标的主观概率。

该理论按照人们的期望来解释激励问题，它是以三个因素反映个人需要与组织目标之间的关系，要激励员工，就必须让员工明确：

（1）工作能提供给他们真正需要的东西；

（2）他们欲求的东西是和绩效联系在一起的；

（3）只要努力工作就能提高他们的绩效。

期望理论在管理中可以转化为下列期望过程模式：

个人努力 ⟶ 个人成绩（绩效）⟶ 组织奖励（报酬）⟶ 个人目标（需要）

根据这个期望模式中的四个因素，在进行激励时，需要处理好以下三种关系：

（1）努力与绩效的关系。人们总是希望通过一定的努力达到预期的目标，如果个人主观认为达到目标的概率很高，就会有信心，并激发出很强的工作力量；反之，如果他认为目标太高，通过努力也不会有很好的绩效时，就失去了内在的动力，导致工作消极。为确保个人努力工作，实现特定绩效，组织要从以下几方面努力：一是通过有针对性的培训，使员工掌握与特定工作有关的技能，增强其完成工作的信心；二是管理者与员工要多沟通，了解他们的忧虑，给予员工工作上的支持，对他们进行鼓励；三是向员工展示组织科学有效的、公正的、客观明确的员工绩效评估体系。

（2）绩效与奖励的关系。人总是希望取得成绩后能够得到奖励，当然，这个奖励也是综合的，既包括物质上的，也包括精神上的。如果他认为取得绩效后能得到合理的奖励，就可能产生工作热情，否则就可能没有积极性。因此，组织应该向员工作出针对绩效奖励的承诺：一是完善绩效管理制度，为绩效—奖励的关系提供明确的制度保障；二是建设组织绩效文化，体现为设计浮动的薪酬支付制度以及奖励组织期望的绩效，报酬与绩效挂钩，主要依据贡献进行分配；三是加强沟通、利用情感管理，提高员工对组织的归属感。

（3）奖励与满足个人需要的关系。人总是希望自己所获得的奖励能满足自己某方面的需要。然而，由于人们在年龄、性别、资历、社会地位和经济条件等方面都存在着差异，他们对各种需要要求得到满足的程度也就不同。因此，对于不同的人，采用同一种奖励办法能满足的需要程度不同，能激发出的工作动力也就不同。

期望理论是激励理论中为数极少的量化分析理论。这一理论并不满足于对问题的定性说明，而是非常重视定量分析。它通过对各种权变因素的分析，正确说明了人们在多种可能性中所作出的选择。也就是说，人们的行为选择通常是效用最大的，或者说人们的现实行为是其激励力量最大的行为选择。这不仅是激励理论的重要发展，同时在实践中也更具操作性。

（二）亚当斯的公平理论

公平理论，又称社会比较理论，它是美国行为科学家亚当斯提出来的一种激励理论。该理论侧重于研究工资报酬分配的合理性、公平性及其对职工生产积极性的影响。这一理论认为，公平感是人类的一种基本需要。人的工作积极性不仅与个人实际报酬多少有关，而且与人们对报酬的分配是否感到公平更为密切。人们总会自觉或不自觉地将自己付出的劳动代价及所得到的报酬与他人进行比较，并对公平与否作出判断。公平感直接影响职工的工作动机和行为。因此，从某种意义来讲，动机的激发过程实际上是人与人进行比较，作出公平与否的判断，并据以指导行为的过程。公平理论认为，个人注重的不是他所得到的结果的绝对值，而是与别人比较的相对值。人们判断公平与否的方法是将自己的收获与投入之比与一个参照对象的收获与投入之比进行比较，若比值相等则产生公平感，若两个比值不等则产生不公平感。大量的研究支持了公平理论的基本观点，但公平本身是一个相当复杂的问题，它不仅与个人的主观判断有关，而且与个人所持的公平标准、绩效的评定等因素密切相关。

公平理论中，员工所选择的与自己进行比较的参照对象是一个重要变量，一般可划分为三种参照类型：

一是"他人"。包括同一组织中从事相似工作的其他个体，还包括同学、朋友及同行等。员工通过口头、新闻媒体等渠道获取有关工资标准等信息，在此基础上将自己的收入与他人的进行比较。

二是"制度"。指组织中的薪金政策与程序以及这种制度的运作。

三是"自我"。指的是员工自己在工作中付出与所得的比率。它反映了员工个人过去的经历及交往活动，受员工过去的工资标准及家庭负担程度的影响。

当员工感到不公平时，他们可能会采取以下几种做法：

(1) 通过解释，曲解自己或他人的付出或所得，达到自我安慰；
(2) 采取某种行为使他人的付出或所得发生改变；
(3) 采取某种行为使自己的付出或所得发生改变；
(4) 选择另一个参照对象进行比较；
(5) 辞职。

公平理论对法官管理工作有着重要的启示：首先，影响法官激励效果的不仅有报酬的绝对值，还有报酬的相对值。其次，法官激励时应力求公平，使等式在客观上成立，尽管有主观判断的误差，也不致造成严重的不公平感。最后，在激励过程中应注意对法官公平心理的引导，使其树立正确的公平观，一是要认识到绝对的公平是不存在的，二是不要盲目攀比，三是不要按酬付劳，按酬付劳是在公平问题上造成恶性循环的主要杀手。法官不是在真空中生活，他们也会进行比较。为了避免法官产生不公平的感觉，法官管理机构应采取各种手段，在法院内部营造一种公平合理的氛围，使法官产生一种主观上的公平感，意义重大。

（三）洛克的目标设置理论

目标设置理论是由美国马里兰大学管理学兼心理学教授洛克（E. A. Locke）在20世纪70年代提出。他研究发现，外来的刺激（如奖励、工作反馈、监督的压力）都是通过目标来影响动机的。目标能引导活动指向与目标有关的行为，使人们根据难度的大小来调整努力的程度，并影响行为的持久性。他认为，目标本身就具有激励作用，目标能把人的需要转变为动机，使人们的行为朝着一定的方向努力，并将自己的行为结果与既定的目标相对照，及时进行调整和修正，从而实现目标。这种使需要转化为动机，再由动机支配行动以达成目标的过程就是目标激励。目标激励的效果受目标本身的性质和周围变量的影响。许多学者作了进一步的理论和实证研究，如学者加里·尤克尔（Gary Yukl）和加里·莱瑟姆（Gary Latham）认为，目标设置应与组织成员参与、注意个别差异和解决目标艰巨性等因素结合运用，并提出了目标设置的综合模式。班杜拉（Bandura）和洛克等人则认识到目标对动机的影响受自我效能感等中介变量的影响；德韦克（Dweck）及其同事在能力理论基础上，区分了目标的性质，并结合社会认知研究的最新成果，提出了动机的目标取向理论等。

组织目标是组织凝聚力的核心,它体现了员工工作的意义,能够在理想和信念的层次上激励全体员工。管理者和员工在目标设置过程中应注意以下几方面的问题:

(1) 目标应当符合激励对象的需要。员工只有真正认识到设置的目标合乎自己的期望和需要时,才会在目标实现的过程中付出大量有效的努力,否则不会对员工的工作产生激励作用。

(2) 目标应当是具体的。目标的内容要具体明确,能够有定量要求的目标更好,切忌笼统抽象。具体的目标更接近于员工自己的利益,并使员工能够在不断的反馈中体验到成就感。

(3) 目标应当是难度适中的。设置的目标既要切实可行,又要振奋人心。同一目标对不同人有着不同的难度,员工可以根据不同的任务难度调整自己的努力程度。针对不同岗位上的员工以及员工能力间的差异设置合适的目标,将目标难度的设立与员工能力的高低和目标承诺结合起来,即有足够的能力和高度的目标承诺时可以设置难度较大的目标,否则要作出适当调整。

(4) 必须对达到目标的进程有及时客观的反馈信息。反馈可以帮助员工认清自己已做的和要做的之间的差距,保证行为向目标前进。

(5) 个人参与设置的目标比别人为他设置的目标更有效。因为参与目标设置本身就是增强了员工对目标的承诺,而员工被动地接受目标会导致出现设置的目标与自身需要不一致的地方,因此,可能影响工作效率和目标的实现。

目标设置理论对法官管理的最大启示是,管理者应当帮助法官设立具体的、有相当难度的审判事业目标,使法官个体认同并内化成他们自己的目标。

三、行为修正型激励理论

行为修正型激励理论,又称行为改造型激励理论,重点研究怎样转化和修正人的行为,如何使人的心理和行为化消极为积极的理论。这一理论主要有强化理论、归因理论、挫折理论等。这里主要介绍强化理论。

强化理论是美国心理学家和行为科学家斯金纳、赫西、布兰查德等人提出的一种理论,也称为行为修正理论或行为矫正理论。斯金纳认为人是没有尊严和自由的,人们作出某种行为,不作出某种行为,只取决于一个影响因素,那就是行为的后果。他提出了一种"操作条件反射"理论,认为人或动物为了达到某种目的,会采取一定的行为作用于环境。当这种行为的后果对他有利时,这种行为就会在以后重复出现;不利时,这种行为就减弱或消失。人们可以用这种正强化或负强化的办法来影响行为的后果,从而修正其行为。强化理论不考虑人的内在心态,而是注重行为及其结果。

强化通常有以下几种形式:

(1) 正强化。又称积极强化,是指在行为发生之后,立即用物质和精神的鼓励来肯定这种行为,在这种刺激作用下,使个体感到对他很有利,从而增强和增加以后的行为反应及频率,以达到改变行为的目的。在管理中,起正强化作用的因素是奖酬,如表扬、赞赏、增加工资、奖金、奖品、职务提升等。

(2) 负强化。又称消极强化,是指预先告知某种不符合要求的行为或不良绩效可能引起的后果,允许员工通过按所要求的方式行事,或避免不符合要求的行为来回避一种令人不愉快的处境。

(3) 惩罚。惩罚是指在消极行为发生之后,给予某些令人不愉快、不喜欢甚至痛苦的对待,或取消某些为人所喜欢的条件,以示对某种不符合要求的行为的否定,从而减少或消除消极行为。常见的惩罚手段有批评、降薪、罚款、开除等。

(4) 自然消退。指撤销对人的某种行为的积极强化,使这种行为出现的频率逐渐减少、衰弱,乃至最终消失。

上述激励理论在法官管理中具有重大的应用价值。综合以上激励理论,当前的法官工作应当塑造正确的激励理念:一是激励必须透明,照章办事;二是建立以激励对象偏好为导向的差异性激励组合模式;三是应满足最大参与性原则;四是奖酬结合,以奖为主;五是奖励与绩效挂钩。其中公平分配是最重要的激励因素。尤其要注意发挥内在激励的巨大作用,充分发挥目标的激励作用。

第三节 法官的考评机制

法官考评是法官管理制度的重要组成部分，与法官个人利益密切相关，也涉及法官选任、奖惩等激励制度能否顺利推进。虽然《法官法》对法官考核作了专门规定，但从现实情况来看，法官考核评价机制的科学、合理构建仍是当前法院管理制度建设的薄弱环节，探索行之有效、职能明确、合理缜密的法官考核模式仍是人民法院当前及本轮司法体制改革后相当长时期内需要持续关注的重大课题。

一、法官考评的功能

法官考评，又称为法官绩效评估、绩效评价、法官考核等，是以法官在其审判岗位上的工作状态、工作成绩为对象，评定其在一定期间内执行任务、履行职责的状况，并根据考察的结果，给予其适当的奖励或处罚，以达到发掘人才、培养人才、合理使用人才、提高工作效率的目的。法官考评是法官人事管理中一项十分重要的基础工作，是法官晋职晋级、提拔使用和培训的主要依据，是激励法官从事审判工作积极性的重要环节。

具体而言，对法官进行考评主要有以下几方面功能：

（1）控制功能。考评是法官人事管理中的主要控制手段，通过考评，不仅可以使法官保持合理的办案数量、质量、进度和审判工作中的协作关系，使法官的工作根据法院的整体目标和工作部署有计划地进行，而且可以使法官个体更加明确自身的岗位职责和审判任务，严格照章办事。

（2）激励功能。法院通过考评对法官个体的工作予以及时肯定，可以使法官及时体验到成功的快乐，激发其工作热情。同时，通过考评对一些不称职法官的工作及时予以否定，起到"修正"作用。

（3）标准功能。科学的考评能够为法官管理提供一个客观公平的衡量标准，法院可依据这个考评结果对法官进行晋职晋级、提拔使用和培训。不断的考评，并按照标准进行奖惩、晋升，会使法院形成时时处处按标准办事的良好氛围，推动法官管理的标准化。

（4）发展功能。一方面，法院通过考评增强法官工作的责任心，提高工作能力与水平，推动法院科学发展；另一方面，通过考评发现法官的长处和短处，根据个人特点确定培养目标和使用办法，促进法官个体的发展。

（5）沟通功能。考评结果出来以后，管理者要和法官个人谈话，并向他说明考核的结果，听取其申诉与想法，这样就给法院领导与法官个人之间创造了沟通的机会，有利于增进双方的了解。

二、法官考评的原则

我国《法官法》规定，对法官的考核，应当客观公正，实行领导和群众相结合，平时考核和年度考核相结合。据此，法官考评应当遵循以下几个原则：

（一）客观公正

客观公正原则，是指对法官的考评必须严格按照考评标准，实事求是、公平合理地确定考评结果。所谓客观原则，是指从被考评的实际工作表现出发，对法官进行实事求是的评价，既不能夸大成绩或者忽视成绩，也不能夸大出现的问题或者掩饰缺点、问题。也即，应当根据被考核法官的实际情况作出评价，而不能凭主观意见去随意作出评价。所谓公正原则，是指对法官进行考评时，不能因党派、性别、民族、年龄、出身、信仰、文化以及远近亲疏等因素而尺度不一，必须一视同仁，不偏不倚，做到考评标准面前人人平等。只有客观公正地对待每一个被考评的法官，才能使考评的情况符合法官的实际，被考评者才会对考评结果心服口服，考评才能发挥应有的作用，而考评也才能得以正常进行。近年来，随着司法改革的不断深化，建立符合审判工作规律的法官考评管理机制已成为人民法院队伍建设的课题之一，各级人民法院通过积极的探索和实践，对法官的考评日趋客观、公正。但还存在着许多违背审判工作规律和法官职业特点的管理模式，尤其在对法官的考评上缺乏客观公正，在考核标准、考核方法、评价方式和任用等方面仍有许多纰漏，值得我们对现行法官考核工作进行理性的审视和深刻的反思。由于以往的考核依据及其考核方法的不科学，导致考核人员容易感情用事，凭主观印象臆断，缺乏理性和说服力，使考核结果的公正性大打折扣。而且，这样的考核也缺乏真实性，考核人员不认真考核，被考核人员也对考核抱着无所谓态度，使考核流于形式。所以，对法官进行综合考核时，不能任意扩大或者缩小法官的实绩，更不能先入为主，主观臆断甚至凭个人的好恶恩怨进行偏向性评断。

（二）领导和群众相结合

坚持领导与群众相结合原则是法官考评质量及全面性的重要保障。考评实行领导和群众相结合，是指在考评中既要注意倾听群众的意见、评价，又要考虑该法官主管领导对其审判工作实绩、法学理论和业务水平等方面的评价。《法官法》这样规定，是考虑到在考核中要注意倾听群众的意见，坚持我们一贯倡导的群众路线，加强群众的参与、监督作用；同时，又考虑到法官考核中更重要的是对法官审判工作实绩以及审判业务的考察，在这方面，法官的主管领导有着直接的了解，可以作出中肯的评价。这种领导和群众相结合的做法，也有利于防止一个人说了算和使考核流于形式的情况发生。根据这一原则，在每次考核中，在法官个人自我评价的基础上，要由群众进行评议，以及评定法官是否优秀、称职，或者不称职，然后由法官的主管领导签署评定意见。领导评价还包括法官考评委员会委员的考评，即由法官考评委员会每年年终以民主集中制和不记名投票的方式对每位法官的德、能、勤、绩、廉作出总体评价。群众评价既包括法院工作人员的民主评议，还包括法院外部人员的评价。实践中，对内可采取民主测评的方式进行，同时吸收人民陪审员、特邀调解员以及行风监督员参加，而对当事人、律师、群众及各级领导、人大代表、政协委员等的社会评价，则可通过各种渠道包括发放《征求意见表》《律师调查表》、群众信访举报等方式，听取外部人员的意见。[①]

[①] 参见李广兴：《法官业绩考核评价机制初探》，载中国法院网，最后访问时间：2023年11月20日。

(三) 平时考评和年度考评相结合

平时考评与年度考评相结合，是指日常对法官的考评工作与年度的考评工作相结合。这样更有利于发挥考核的作用，促进法官素质的提高、业务的进步和工作的开展。"平时考评"的含义较为宽泛，包括日常工作中对法官的考察、民主生活会中对法官的批评，以及对法官在处理个人问题、工作问题上做法的考察等。通过这种平时考核可以及时指出法官存在的问题，同时也为年度考核奠定了基础。在法官考评工作实践中，不少法院将法官业绩表现的考评内容进一步细化、具体化，落实工作机构和人员，明确职责分工，使日常考核纳入法院各项日常工作管理，为年度考评打下基础。比如，有的法院运用计算机系统进行案件流程管理，业绩考评数据直接来源于系统，不再由各部门手工填报，确保了数据的准确及时。有的建立起法官业绩信息定期收集建档制度，通过建立审判工作业绩档案，把历次考评资料保存下来，进行积累。有的注重落实好考评委员会委员定期旁听庭审、定期抽查裁判文书、定期抽查合议庭笔录及案件评查等制度，为年终集中考评提供翔实的法官业绩基础信息和数据，使年度考核以平时考核为基础，防止年度考核以印象论。这些举措都是坚持平时考评与年度考评相结合的重要体现。

三、法官考评的基本要素

法官考评的基本要素，指对法官进行考评的基本内容。在管理学中，人事考核的基本内容一般包括个体的基本能力（知识、技能或技术、体能）、主观能力（思维能力、人事工作能力）、态度或士气、工作绩效四个方面。[1] 根据《法官法》的规定，对法官的考核内容包括：审判工作实绩、思想品德、审判业务和法学理论水平、工作态度和审判作风。重点考核审判工作实绩。据此，法官考评基本要素至少应包含以下几方面：

---

[1] 参见王坚平编著：《现代管理学》，浙江大学出版社2004年版，第282页。

(一) 审判工作实绩

一个法官的能力与职业态度、作风等最终都要体现在他的审判工作绩效上。因此,《法官法》规定法官的考核重点是审判工作实绩。对法官管理而言,应以案件质量、效率和审判效果为管理目标。考核审判工作实绩的核心是在遵循审判工作规律的前提下,按法律要求把各个环节的审判质效按项分解,具体可以从办案质量、办案效率、办案效果、审判技能和调研能力等方面考核。

1. 办案质量

办案质量指标重点考核法官办案或者相关业务工作中证据审查、事实认定、法律适用、文书制作、执行实施、释法说理、裁判结果等情况,以及信息录入、案件归档、办案规范性等情况。质量指标和计分分值可以根据诉前调解、实质化解、案件改判发回、执行等情况合理确定。

2. 办案效率

办案效率指标重点考核法官在考核周期内办理案件的数量和相关业务工作的数量、投入和时效等情况。效率指标和计分分值可以考虑引入案件类型、办案强度、个人贡献度等因素合理确定,同时可以结合审限内结案率、审限变更率、平均结案时间等设置加减分指标。

3. 办案效果

办案效果指标重点考核法官办案履职过程中践行习近平法治思想、贯彻党中央重大决策部署,落实"抓前端、治未病"要求,实现政治效果、法律效果和社会效果有机统一等情况。效果指标和计分分值可以结合服判息诉、申诉信访、社会评价等情况合理确定,同时可以参考结合司法建议是否被采纳,案件是否入选指导性、参考性案例,是否引发负面舆情等情况设置加减分指标。

此外,对于参与诉源治理、办理涉诉信访、进行业务指导等难以细化设置质量、效率、效果具体指标的工作以及开展调研信息宣传、制定规范性文件、编写案例等综合业务工作,可通过目标绩效评分、综合评分等方式进行考核,计入业绩指标得分。

（二）法官职业道德

在考核中，对法官的工作态度或士气进行考评是必不可少的。态度包括政治思想觉悟、纪律性、协调性、积极性和责任心等。这些内容都为法官的职业道德所包含，外化成对法官行为的法律和纪律的约束。根据《法官职业道德基本准则》的规定，① 法官职业道德的核心是公正、廉洁、为民。基本要求是忠诚司法事业、保证司法公正、确保司法廉洁、坚持司法为民、维护司法形象。法官应具备为社会担道义、为公众谋福祉的职业精神和崇高的职业道德。对法官职业道德的考核可从保障司法公正、提高司法效率、保持清正廉洁、遵守司法礼仪、加强自身修养、约束业外活动等方面具体衡量。

1. 司法公正

司法公正包括实体公正、程序公正和形象公正。法官的一切言行，不论是职务内的，还是职务外的，都不同程度地影响着公正的实现与司法的公正形象。一个法官，是否做到司法公正，具体应从以下几方面加以考评：

（1）看其能否正确处理实体公正与程序公正的关系。法官在履行职责时，应当切实做到实体公正和程序公正，并通过自己在法庭内外的言行体现出公正，避免公众对司法公正产生合理的怀疑。

（2）看其是否坚持和维护依法独立行使审判权。法官在履行职责时，应当忠实于宪法和法律，坚持和维护依法独立行使审判权的原则，不受任何行政机关、社会团体和个人的非法干涉，不受来自法律规定之外的影响。在审判活动中，应当独立思考、自主判断，敢于坚持正确的意见。法官应当自觉抵制当事人及其代理人、辩护人或者案外人利用各种社会关系的说情，并按照有关规定处理。

（3）看其是否遵守回避制度。法官除了应当自觉遵守法定回避制度外，如果认为自己审理某案件时可能引起公众对该案件公正裁判产生合理怀疑的，应当提出不宜审理该案件的请求。

（4）看其是否坚持公开审判、自觉接受监督。法官应当公开并且客观地审理案件，自觉接受公众监督。

---

① 《法官职业道德基本准则》于2001年10月18日发布，2010年12月修订后重新发布。

(5) 看其是否坚持审判中立。法官应当不偏不倚，不得私自单独会见一方当事人及其代理人。应当避免主观偏见、滥用职权和忽视法律等情形的发生。应当平等地对待当事人和其他诉讼参与人，不得以其言语和行为表现出任何歧视，并有义务制止和纠正诉讼参与人和其他人员的任何歧视性言行。应当充分注意到由于当事人和其他诉讼参与人的民族、种族、性别、职业、宗教信仰、教育程度、健康状况和居住地等因素而可能产生的差别，保障诉讼各方平等、充分地行使诉讼权利和实体权利。在宣判前，不得通过言语、表情或者行为流露出自己对裁判结果的观点或者态度。法官调解案件应当依法进行，并注意言行审慎，避免当事人和其他诉讼参与人对其公正性产生合理的怀疑。

(6) 看其是否有干预其他法官办案的行为。法官应当尊重其他法官对审判权的依法独立行使，不得探询其他法官承办案件的情况和信息。

(7) 看其是否发表有损生效裁判的评论。法官在公众场合和新闻媒体上，不得发表有损生效裁判严肃性和权威性的评论。

(8) 看其是否对违反职业道德的法官进行劝告与举报。法官根据获得的情况确信其他法官有可能或已经违反法官职业道德，或者其他法律工作者有可能或已违反职业道德，影响司法公正的，应当采取适当的措施向有关部门或者有关机关反映。

2. 司法效率

司法效率是指法官以单位司法资源的投入获得尽可能多的案件处理，在保证案件质量的前提下，提高效率、降低成本，减少案件的积压和司法拖延等现象。法官在提高效率方面的考评有五个基本要求：

(1) 看其是否勤勉敬业。法官应当勤勉敬业，全身心地致力于履行职责，不得因个人的事务、日程安排或者其他行为影响职责的正常履行。

(2) 看其是否遵守审理期限。法官应当遵守法律规定的诉讼期限，在法定期限内尽快地立案、审理、判决。

(3) 看其是否合理安排审判事务。法官必须杜绝粗心大意、无故拖延、贻误工作的行为，认真、及时、有效地完成本职工作，并做到：合理安排各项审判事务，提高诉讼效率；对于各项司法职责的履行都给予足够的重视，对于所承办的案件都给予同样审慎的关注，并且投入合理的、足够的时间；

在保证审判质量的前提下，注意节省当事人及其代理人、辩护人的时间，注重与其他法官和其他工作人员共事的有效性。

（4）看其能否监督当事人及时诉讼。法官在审判活动中应当监督当事人遵守诉讼程序和各种时限规定，避免因诉讼参与人的原因导致不合理或者不必要的延误。

（5）看其是否快速执结案件。法官在执行生效法律文书时，应当依法采取有效措施，尽快予以执结。

3. 清正廉洁

保持清正廉洁是法官职业道德规范的重要内容。法官保持清正廉洁意味着法官对法律具有坚定的信仰，对审判具有高度的职业责任感，具备较高的司法能力。对法官是否清正廉洁的考评，主要围绕以下几方面加以考察：

（1）看其有无利用职务便利谋取不正当利益。法官在履行职责时，不得直接或者间接地利用职务和地位谋取任何不正当利益，不得接受当事人及其代理人、辩护人的款待、财物和其他利益。

（2）看其有无从事与身份不符的事务。法官不得参与可能导致公众对其廉洁形象产生不信任感的商业活动或者其他经济活动。应当妥善处理个人事务，不得为了获得特殊照顾而有意披露自己的法官身份；不得利用法官的声誉和影响为自己、亲属或者他人谋取私人利益；不得兼任律师、企事业单位或者个人的法律顾问等职务；不得就未决案件给当事人及其代理人、辩护人提供咨询意见和法律意见。

（3）看其是否注意规范日常生活行为。法官及其家庭成员的生活方式和水准，应当与他们的职位和收入相符；应当按照国家有关规定如实申报财产。必须向其家庭成员告知法官行为守则和职业道德的要求，并督促其家庭成员不得违反有关规定。

4. 司法礼仪

法官是最需要讲究礼仪的职业之一。司法礼仪是法官在审判活动中应当遵循的礼节、仪式与言行方式。对法官司法礼仪的考评主要涵盖以下几个要素：

（1）看其是否举止良好。法官应当严格遵守各项司法礼仪，保持良好的仪表和文明的举止，维护人民法院的尊严和法官的良好形象。

（2）看其是否尊重他人人格尊严。法官应当尊重当事人和其他诉讼参与人的人格尊严，并做到认真、耐心地听取意见。

（3）看其是否规范进行庭审活动。法庭是说理的地方，法官在开庭时不得随意打断当事人发言，要用规范、准确、文明的语言。

（4）看其是否遵守法庭规则。法庭是法官开展审判活动的主要场所，也是法官表现司法礼仪最集中、最充分的地方。法官开庭时应当遵守法庭规则，并监督法庭内所有人员遵守法庭规则，保持法庭的庄严。法官应按照有关规定穿着法官袍或者法官制服、佩戴徽章，并保持整洁；准时出庭，不缺席、迟到、早退，不随意进出；应集中精力，专注庭审，不做与审判活动无关的事。

5. 自身修养

法官应当加强自身修养，具备良好的政治、业务素质和良好的品行，忠实地执行宪法和法律，全心全意为人民服务。法官的道德修养包括优秀的政治素养、过硬的业务素质和良好的平时操守。对法官道德修养的考评要素有：

（1）看其是否具有丰富的社会阅历。法官应当具有丰富的社会经验和对社会现实的深刻理解。

（2）看其是否具备必要的职业理念、社会良知和品格修养。法官应当具备忠于职守、秉公办案、刚正不阿、不徇私情的理念，惩恶扬善、弘扬正义的良知，正直善良、谦虚谨慎的品格，享有良好的个人声誉。

（3）看其是否具有必备的专业知识。法官应当具备审判工作所必需的知识和专业能力。

（4）看其是否具有高尚的道德操守。法官在日常生活中，应当严格自律，行为检点，培养高尚的道德操守，成为遵守社会公德和家庭美德的楷模。

6. 业外活动

法官业外活动是指法官在非工作时间所从事的审判职责以外的活动。《法官职业道德基本准则》对约束业外活动内容作了规定，法官应当杜绝与法官职业形象不相称、与法官职业道德相违背的不良嗜好和行为，遵守社会公德和家庭美德，维护良好的个人声誉。

(三) 司法技能

审判是法官职业之魂，审判工作具有极强的专业性、复杂性和思辨性。有关审判技能的考核自然是法官能力考核的重中之重。法官的能力可分为一般能力和特殊能力。一般能力是指在各种活动中必须具备的基本能力，它保证法官较容易和有效地认识世界，所以也被称为认识能力，例如法官的观察能力、记忆能力、思维能力、想象能力等。特殊能力是指法官顺利地从事审判活动所必须具备的司法专业能力，例如法官的庭审驾驭能力、法律适用能力、事实认定能力等。这是履行法官职责所必备的司法能力，是指法官为了从事各类案件的审理裁判活动所必需的能力，是法官完成审判工作任务所不可缺少的能力。法官的能力构成应从认知、操作、表达三方面考察。具体而言，法官应当具备以下几点能力：

1. 良好的认知能力

法官应当具有较强的感受性与良好的注意品质、较强的观察能力、良好的记忆和思维能力。复杂案件中，法官必须具有较强的推理能力与较好的思维习惯。有的总结为法官的"职业的思维能力"，即法官必须形成独立的、理智的、以法律逻辑为基础的思维方式。[1]

2. 实际操作能力

法官的实际操作能力，即审判技能。法官的职业素养融入实际的审判操作技能之中，集中体现在确定案件性质的能力、案件事实的建构能力、法律适用能力、庭审驾驭能力、司法调解能力、裁判文书的制作能力上。

3. 表达能力

法官的表达能力包括：

（1）口头表达能力；

（2）书面表达能力（法律文书制作能力）。

(四) 调研水平

调研，是更高层次的审判。对法官进行调研水平考核，也是现在打造学

---

[1] 参见马军：《法官的思维与技能》，法律出版社 2007 年版，第 11 页。

习型法院的重要途径，是培养专家型、专业化职业法官的必然趋势。对法官调研能力的考核，可将软任务变成硬指标，规定撰写调研报告并转化调研成果的，对在具有正式刊号的国家、省、市级刊物发表论文或在各级别学术讨论会、论文比赛中获奖的，可依级别不同给予不同程度的加分。同时，按不同职务设定调研分值标准，定期通报，跟踪考核。

四、法官考评的方法

总的来说，法官考评方法可分为客观评价方法与主观评价方法、定性考评与定量考评。从实践情况来看，法官考评的具体方法或基本形式主要有以下几种：

1. **分类考评**。各法院一般将本院工作人员分为院领导、中层领导、法官及其他工作人员四类进行考评。

2. **案件质量评查**。案件质量评查是法官考评的最重要手段，评查结果纳入当年对法官的考评内容。

3. **审判执行质量效率系统评估**。如浙江法院系统打造的审判执行质量效率评估体系。一段时期以来，浙江法院间由于地区差异，审判管理水平差异较大，缺乏一套科学有效的评价标准。2008年以来，浙江省高级人民法院作出决定在全省三级法院联网，采用办案数据评估审判质效。该评估数据确定了收案数、结案率、上诉率、上诉改判发回率、申诉率、再审改判率、平均审理天数、上诉案件平均移送天数、人均结案数和月均存案工作量等20余项指标，相当于对三级法院审判质效做"健康体检"，每季度排名通报。包括省高级人民法院在内的100多家法院被端上了审判质效评估数据的平台，让每一位院长一下子看清了当前本院办案质效的态势，看清了本院办案工作中的强项和弱项，看清了自身在全省法院上下左右之间所处的位置和相应的差距。近年来，浙江省高级人民法院深入学习贯彻习近平法治思想，紧紧围绕"努力让人民群众在每一个司法案件中感受到公平正义"工作目标，聚焦抓实抓好"公正与效率"，坚持系统观念、法治思维和强基导向，加强顶层设计，以"质量建设年"活动为抓手，以"全域数字法院"改革为动力，遵循规律、真抓实干，持续推进审判管理改革创新，针对不同时期的重点任务，适应形势变化需要，不断健全完善质效评估指标体系，以高质量的审判管理推动审判执行工作高质量发展。在大量调研基础上，浙江省高级人民法院于2021年年底经党组会审议通过，以"案件全生命周期""当事人一件事"为核心，构建了"浙江法院案件质量综合指数"，对原指标体系进行了系统性的调整完善，于2022年2月向全省法院印发了《浙江法院案件质量综合指数评估指标体系》，经试点后，嵌入全省法院统一的办案办公平台，实现指标数据的自动生成、动态更新，供各级法院自助查询、实时监测。修订后的评估指标体系根据当前审判执行工作管理的需要，坚持系统观念，运用"多指标综合评估""无量纲化""加权合成"等方法，引入"案件质量综合指数"作为一级指标，划分4个二级指标，涵盖立案、审判、执行全过程、各环节办案的公正程度、效率程度、效果程度、当事人满意度等4个维度，全面反映案件质量的整体状况。二级指标由29个三级指标组成，分类设置权重，按中级法院、基层法院、条线、能否分解到个人等确定适用范围，并根据评估目的、审判执行工作的特点，参考历年评估指标的全省值、最大值和最小值，确定评估指标的合理区间、满意值和警示值等赋分标准。重点突出服判息诉率、自动履行率、一审判决改判发回瑕疵率、二审改判发回认定一审瑕疵率、生效案件改判发回瑕疵率、再审率、再审改判发回认定瑕疵率、正常审限内结案率、有财产可供执行案件法定期限内实际执结率、程序比、长期未结案件占比等核心指标，着力解决不同维度关联指标之间相互咬合制约不够，同向、同维度指标之间存在价值冲突等问题，有效发挥了评估指标的"体检表"和"指挥棒"作用。2023年7月，最高人民法院系统构建了新的审判质量管理指标体系，并自7月1日至9月30日在11个省（直辖市）组织开展试点工作。该指标体系分为质量、效率、效果三大类指标，充分体现以人民为中心，突出"公正与效率"主题，尊重司法规律。坚持质量优先，将一审裁判被发改率、生效案件被发改率等质量指标作为首要评价标准。兼顾审判效率，综合运用审限内结案率、审限变更率、平均结案时间等指标督促科学提升办案效率。重视裁判效果，设置案—件比等指标，防控程序空转，让法院办案质效更高、司法资源投入更少、当事人的体验更好。同时，为了防止唯指标、数据论英雄，克服"反管理"现象，对指标设置从严把控，该合并的合并，该取消的取消。通过对每个指标设置"合理区间"，防止"唯数据""造数据"、盲目追高。坚持精准务实，在一视同仁的基础上，充分考虑地区经济发展水平差异，避免摊大饼、搞平衡。根据试点情况，最高人民法院将对指标体系作进一步修改完善后，再全面铺开。

4. 分级考评与评价。实践中，绝大多数法院都成立了专门的考评领导小组负责对各个部门进行考评，各部门则负责考评本部门的法官及其他工作人员。

5. 以年终考评为主，法官述职和民主测评是最主要的考评形式。①

五、法官考评的程序

规范、合理、公开的程序是考评结果客观公正的重要保障。一般而言，法官的考评程序涉及以下几个环节：

1. 情况汇总。主要是将法官的德、能、勤、绩、廉等情况予以汇总。

2. 公示业绩。主要由组织人事部门或考评委员会其他办事机构将汇总的法官业绩等情况提交考评委员会审核，然后通过法院内网公布、发布书面材料等形式在所在部门或全院公示，允许法官在规定期限内提出遗漏、补正等事项，也欢迎广大法官相互监督。

3. 个人述职。法官在所在部门或全院考评会议上对自身素质建设和履行职责情况进行总结和评价，向其他工作人员和考评委员会公开述职。

4. 相互点评、民主测评。在分组会议或全体会议上，在场的工作人员对述职法官展开民主评议，总结评价该法官个人职业道德、职业技能、工作实绩表现等，指出其存在的不足和今后的努力方向。在法官个人口头述职、相互点评基础上，组织者当即发放《法官民主测评表》，组织全体法官相互民主测评。测评结果由考评委员会办事机构人员在法官代表的监督下汇总统计并公开。

5. 全院联评。在院长或主任主持下，考评委员会或院务会等根据前述程序了解掌握的法官业绩表现，对每名法官进行全院联评，提出初步考评意见。

---

① 参见广西壮族自治区高级人民法院课题组：《关于法官考评与评价制度的调研》，载最高人民法院政治部编：《法官职业化建设指导与研究》2007年第2辑，人民法院出版社2008年版，第58-59页。

6. 考评委员会决定考评结果。考评委员会根据联评情况确定各法官的考评等次。具有直接否决因素的法官，经审核后直接确定为不称职。

7. 申诉救济程序。根据《法官法》的规定，法官对考评结果有异议的，可以在考评结果公布之日起 10 日内向考评委员会申请复议一次。申请复议应当有相应的事实和理由。考评委员会应当在 15 日内开会认真讨论研究并作出复议意见，以书面形式通知法官本人。复议意见为终局结果。

第四节　法官的奖惩机制

人是趋利避害的，为了获得奖励而努力，为了避免惩罚而克制某种行为，这是一个古老而简单的心理学规律。法官也是人，合理的奖惩制度有利于激发法官个体的活力，促进司法效能的提高。

一、奖惩的功能

（一）动机功能

奖惩机制首先表现为动机效果。动机是引起与维持个体的行为向某个目标推进的内部动力，具有激发个体活力、提高个体活动效率的功效。正是因为奖惩具有这一功能，所以管理者通常利用奖惩来提升个体的活动效率。对法官来说，奖惩是满足法官成就需要、实现职业目标必不可少的。古语云：重赏之下，必有勇夫。对于个人的奖励不单单是一种物质利益的给予，更重要的是对于其自身价值和努力的承认。马斯洛认为，驱使个人成长和创造的动机，是由数个需求层次组成的，最高层次的需求是自我实现。在此之下，动机由其他四种需要组成，即生理需求（如呼吸、水、食物等）、安全需求（人身安全、健康保障、资源所有等）、社交需求（如友情、爱情、性亲密等）、尊重需求（如自我尊重、信心、成就等）。人的一生都在围绕着这些"需要"展开努力和行动，而努力和行动的目的就是获得别人的认可——自我实现的形式就是获得认可及达致自身价值最大化。因此，如果顺应个人的努力和行动，对其表现进行积极的肯定甚至奖励，将极大地激发个人的积极性。一个合理的奖惩机制势必能够促进法官素质的养成和司法能力的提高。

（二）导向功能

奖惩的导向功能主要指其具有示范和引导作用，能够促进法官的同质化和内部认同感。奖惩制度的制定和实施不是目的，而是一种手段，最终是为了形成一种良好的工作氛围。在制定与实施奖惩制度中，奖励制度是积极的、主动的、带有鼓励性的，是对法官工作业绩或其他优点的肯定和鼓舞，奖励能加强法官的行为倾向，导致某一行为定型。与奖励相伴随的是法官高兴、愉快等积极情感。就如同家长用一切肯定的方式对待孩子的言行，表扬、赞许、微笑、鼓励、给予奖品等都属于奖励。奖励给人提供的信息是："这种言行很好，继续保持下去。"法官也是如此。而惩罚是对法官工作不足或错误的否定，能够削弱或制止法官的某种行为倾向。这样一来，势必在一个组织系统内形成一种组织赞赏什么、反对什么、提倡什么、禁止什么，让每一位法官都明确自己该干什么、不该干什么。现实生活中，榜样的力量是无穷的。近年来，法院系统涌现了宋鱼水、金桂兰、陈燕萍[①]等模范法官，这种激励举措实际上已经在司法系统中发挥着相当大的导向作用。

（三）激励功能

此处奖惩的激励功能主要指能够调动法官的工作积极性，使法官都朝组织的目标作出持久的努力，同时激发法官的创新意识。当今社会，是一个充满竞争的时代。法官之间也存在职业竞争。合理的奖惩机制可以激发法官的职业竞争意识，激发其创新意识，围绕审判组织制定的目标，付出更大的努力。

---

① 陈燕萍法官主动申请到案子多、任务重、条件比较艰苦的基层人民法庭工作，一干就是14年。她审理的3100多件案件，无一错案、无一投诉、无一上访，真正做到原告放心、被告信服、群众满意。2009年9月7日，最高人民法院授予其"全国模范法官"荣誉称号。详细事迹请见最高人民法院政治部、江苏省高级人民法院编：《人民信服的好法官陈燕萍》，人民法院出版社2010年版。

二、奖励模式的设定

设定合理的奖惩模式,包括奖惩什么行为、怎样奖惩、在什么时间奖惩等,是发挥奖惩功能的前提与基础。对法官的奖励与惩戒模式展开探究,显然非常重要。

(一) 法官奖励的条件

奖励的条件,也就是对法官奖励的范围,在什么情况下给予奖励。《法官法》第 30 条对法官奖励的范围作了明确的规定,即在哪些情况下应当给予法官奖励。《法官法》规定,法官有下列表现之一的,应当给予奖励:

(1) 在审理案件中秉公执法,成绩显著的。秉公执法是法官素质的基本要求,也是法官的一项法定义务,属于法官的基本要求。因此,法官只有在秉公执法方面作出显著成绩的,才能受到奖励。

(2) 总结审判实践经验成果突出,对审判工作有指导作用的。"总结审判实践经验成果突出",是指法官对审判工作中的疑难问题或者带有普遍性、倾向性的问题,经过研究和总结,提出符合法律精神、促进法律正确适用的方法和建议,而这一经验成果对于全国或者部分地区审判工作的开展具有指导价值。法官不仅会办案,而且要善于总结经验。法官总结审判实践经验的成果突出、指导审判工作成绩突出的,应当受到奖励。

(3) 对审判工作提出改革建议被采纳,效果显著的。近几十年来,法院的工作取得了长足的进步,法院的地位和作用也更为突出,法院从未像今天这样对社会的各个方面产生如此大的影响,取得的成绩有目共睹,但是我们司法所处的最根本的背景是社会转型期,新形势下,审判工作仍然面临诸多压力与挑战,比如案多人少的矛盾,目前大量的社会矛盾纠纷最终都以案件的形式涌向法院,无论是刑事还是民事案件,收案数一直在高位运行,且有的地方是逐年上升,一些法院特别是基层法院法官长期处于高负荷的运转中;又比如说,法官工作的整体成绩有目共睹,进步明显,但是,社会对法官的评价似乎并没有随之越来越高,立法规定的不完善与司法实践的需要之间存在矛盾,目前形势下,司法审判工作只有不断改革完善,才能更好地适应社会改革的需要。而对于审判工作的改革和创新需要充分调动广大法官的积极性和创造性,需要法官对审判工作提出改革建议。因此,法官对审判工作提出改革建议被采纳,效果显著的,应当予以相应的奖励。

(4) 保护国家、集体和人民的利益,使其免受重大损失,事迹突出的。法官的审判工作需要依法、公正、公开进行,要严格依照法律的规定,认真处理各种类型的案件,并且应当做到及时、迅速、有效,这样才能充分保护国家、集体和人民的利益,使其免受重大损失。对于在审判工作中,依照法律的有关规定,有力地保护国家、集体和人民利益,使其免受重大损失,事迹突出的,应当给予相应的奖励。

(5) 勇于同违法犯罪行为作斗争,事迹突出的。该奖励条件的确立主要是考虑到法官职业的特殊性,其代表国家行使审判权,是国家权力的象征。无论在工作中,还是在日常生活中,当发生违法犯罪行为时,法官都应当勇于挺身而出,与之作坚决的斗争。这样既能制止违法犯罪,又能教育他人同违法犯罪作斗争。

(6) 提出司法建议被采纳或者开展法治宣传、指导人民调解委员会工作,效果显著的。法官的工作不仅限于在法庭上判案,提出司法建议、开展法治宣传、指导人民调解委员会的工作,也是法官工作的重要组成部分。对于开展提出司法建议、开展法治宣传、指导人民调解委员会工作取得显著效果的,应当予以奖励。

(7) 保护国家秘密和审判工作秘密,有显著成绩的。保守国家秘密是每一个公民应当履行的义务,作为法官更应当保守国家秘密。而保守审判工作秘密是对法官的特殊要求,是由其从事的工作性质决定的。

(8) 有其他功绩的。这主要是指在上述七种条件之外,在审判工作中有显著成绩和贡献的,或者有其他突出事迹的,应当给予奖励的行为。

(二) 法官奖励的种类和程序

《法官法》规定了奖励的种类以及奖励的权限和程序。根据规定,对法官的奖励分为三个等次,即嘉奖、记功、授予称号。其中记功又分为记三等功、二等功、一等功。这三种奖励都属于精神奖励的范畴,最高的奖励是授予称号,如在全国法院系统内,对模范履行法官职责成绩特别显著、献身于法官事业有突出贡献的,可以由最高人民法院授予"全国优秀法官""全国法院模范法官"等荣誉称号。对法官的奖励,体现了对法官工作成绩的肯定与褒奖。通过树立先进典型,对于弘扬正气、提高法官素质、加强法官队伍建设,具有积极意义。

根据《法官法》的规定,对法官的奖励实行精神鼓励和物质鼓励相结合的原则,即在对法官进行奖励时,可以在给予精神奖励的同时给予物质奖励,如在对法官进行嘉奖、记功或者授予荣誉称号的同时,审批机关应根据情况给予其一定的物质奖励。物质奖励既包括实物,也包括奖金。

根据《法官法》第45条规定,法官有下列表现之一的,应当给予奖励:(1)公正司法,成绩显著的;(2)总结审判实践经验成果突出,对审判工作有指导作用的;(3)在办理重大案件、处理突发事件和承担专项重要工作中,作出显著成绩和贡献的;(4)对审判工作提出改革建议被采纳,效果显著的;(5)提出司法建议被采纳或者开展法治宣传、指导调解组织调解各类纠纷,效果显著的;(6)有其他功绩的。法官的奖励按照有关规定办理。

从司法实践情况来看,上述奖励条件的设定与奖励种类、程序还是比较符合法官工作的特点和实际工作需要的。但是有关奖励原则、标准、种类、程序等方面也有诸多不完善的地方,需要专题研究。

三、惩戒模式的设定

法官的惩戒,是指审判机关等有权管理法官的机构,依据法定的条件和程序,对法官的违法行为,区别不同性质、情节,给予一定的惩处。[①] 法官惩戒制度在我国是一个全新的课题,对实现司法公正有着至关重要的作用,因此,应予以高度重视和进行深入细致的研究。法官惩戒模式的设定应当包含惩戒事由、惩戒手段、惩戒机构和程序等内容。

(一)惩戒事由

惩戒事由除应包括法官贪污、渎职、枉法裁判以及其他应受刑事诉讼追

---

① 参见陈文兴:《法官职业与司法改革》,中国人民大学出版社2004年版,第154页。

究的行为，还应将法官在职业道德方面的失职行为以及违反法官职业典范的行为纳入惩戒的范畴。因此，根据《法官法》规定的法官"十三个不得有"，法官不得有下列行为：

1. 贪污受贿、徇私舞弊、枉法裁判的；
2. 隐瞒、伪造、变造、故意损毁证据、案件材料的；
3. 泄露国家秘密、审判工作秘密、商业秘密或者个人隐私的；
4. 故意违反法律法规办理案件的；
5. 因重大过失导致裁判结果错误并造成严重后果的；
6. 拖延办案，贻误工作的；
7. 利用职权为自己或者他人谋取私利的；
8. 接受当事人及其代理人利益输送，或者违反有关规定会见当事人及其代理人的；
9. 违反有关规定从事或者参与营利性活动，在企业或者其他营利性组织中兼任职务的；
10. 其他违纪违法行为。

（二）惩戒手段

有《法官法》所列上述行为之一的，应当给予处分；构成犯罪的，依法追究刑事责任。处分分为：警告、记过、记大过、降级、撤职、开除。受撤职处分的，同时降低工资和等级。法官的惩戒事由同职务息息相关，而惩戒手段也应与裁判职能有切实的关联。因此，惩戒手段的设置上应体现出法官职业的特色，并区别于行政惩戒手段。但是，从上述规定来看，我国目前对法官的惩戒规定在体现法官职业特色上尚显不够，有待于完善。

（三）惩戒机构

虽然我国《法官法》以立法的形式规定了惩戒的内容，但仍然缺乏必要的实质要件。不管是惩戒、监督还是考评，没有明确由一个固定的组织机构来进行。世界各主要法治发达国家，基本都遵循法官的惩戒处分不得由行政机关施行的原则，建立由法官或者由法官和其他人士组成的惩戒组织，大致有三种具体形式：第一种是法院自己作为法官的惩戒机构，上一级法院负责审理下级法院的惩戒案件，像日本和德国以及美国的一些州，他们在最高法院内部都设有专门的机构，如德国的"纪律惩戒法庭"。第二种是美国联邦所采取的司法系统的管理机构（司法行政决策机构）行使法官惩戒权，其在各巡回区上诉法院依法设立"司法委员会"，成员由地区法院法官和上诉法院的法官组成。第三种是法国模式，由国家设立专门的司法委员会，兼管法官惩戒事务，组成人员由总统、司法部部长、法官、检察官等人员构成。可以看出，不论采取哪一种形式，都是由一个独立于当事法院的机构来处理法官惩戒事务。在我国，过去的法官惩戒制度是从我国党政机关统一实行的"纪检监察制度"基础上照搬过来的，法院内部设立纪检或监察机构。本轮司法体制改革过程中，法官惩戒制度是司法改革的重要组成部分。根据最高人民法院、最高人民检察院于2016年10月12日发布的《关于建立法官、检察官惩戒制度的意见（试行）》规定，法官、检察官的惩戒工作由人民法院、人民检察院与法官、检察官惩戒委员会分工负责。人民法院、人民检察院负责对法官、检察官涉嫌违反审判、检察职责的行为进行调查核实，并根据法官、检察官惩戒委员会的意见作出决定。同时，明确在省（自治区、直辖市）一级设立法官、检察官惩戒委员会。法官惩戒工作办公室设在高级人民法院。

（四）惩戒程序

我国《法官法》规定，处分的权限和程序按照有关规定办理。从世界各国的经验来看，有必要由法律专门规定出严密、详尽、操作性强的程序制度，建立司法式或准司法式的惩戒程序，侧重于保护被惩戒法官在程序中的各种权利，公平地听取双方证据和意见等。

第四篇
法官健康心理与司法压力

第一章　法官心理健康概述

心理学家对心理健康问题已有比较深入的研究，提出了心理健康的若干标准和内容等多项成果，但目前的法学理论与实践部门对法官的心理健康问题却少有专门研究。如何运用心理学研究的一般成果，对法官心理健康问题展开全面、系统、深入的探究，对法官心理健康的系统性维护提供足够的理论支持，无疑具有十分重要的现实意义。

第一节　法官心理健康的含义与标准

一般认为，心理健康建立在生理健康的基础上，探究法官心理健康的定义必须将其纳入总体健康的定义中去。

一、法官心理健康的含义

（一）健康的含义

什么是健康呢？世界卫生组织于1948年在其宪章中指出："健康不仅是免于疾病和衰弱，而是保持体格方面、精神方面和社会方面的完美状态。"1978年9月，国际初级卫生保健大会在《阿拉木图宣言》中宣称："健康不仅是疾病与体弱的匿迹，还是身心健康、社会幸福的完美状态"，又提出："健康是基本人权，达到尽可能的健康水平，是世界范围内的一项最重要的社会性目标。"1989年，世界卫生组织对健康作了新的定义，即"健康不仅是没有疾病，而且包括躯体健康、心理健康、社会适应良好和道德健康"。由此可知，健康不仅仅指躯体健康，还包括心理、社会适应、道德品质相互依存、相互促进、有机结合。当人体在这几个方面同时健全，才算得上真正的健康。

根据世界卫生组织对健康的定义，健康的主要标志是：

（1）有足够充沛的精力，能从容不迫地应对日常生活和工作压力而不感到过分紧张；

（2）处事乐观，态度积极，乐于承担责任，不论事情大小都不挑剔；

（3）善于休息，睡眠良好；

（4）能适应外界环境的各种变化，应变能力强；

（5）能够抵抗一般性的感冒和传染病；

（6）体重得当，身材均匀，站立时，头、肩、臂的位置协调；

（7）眼睛明亮，反应敏锐，眼睑不易发炎；

（8）牙齿清洁，无空洞，无痛感，齿龈颜色正常，无出血现象；

（9）头发有光泽，无头屑；

（10）肌肉、皮肤有弹性。

其中前四条为心理健康的内容，后六条则为生物学方面的内容（生理、形态）。

（二）心理健康的含义

对于心理健康的定义，历来有多种看法，从不同的侧面来描述怎样才能叫作心理健康。

日本学者松田岩男指出："所谓心理健康，是指这样一种心理状态，即人对内部环境具有安全感，对外部环境能以社会上认可的形式进行适应。也就是说，遇到任何障碍和困难的问题，心理都不会失调，都能以社会上认可的行为进行克服，凡是有这种耐性的状态，就可以说是心理健康状态。"

英国心理学家麦灵格尔（K. Menniger, 1945）认为："心理健康是指人们对于环境及相互之间具有最高效率及快乐的适应情况。不仅是要效率，也不仅是要有满足之感，或是能愉快地接受生活的规范，而是需要三者俱备。心理健康的人应能保持平静的情绪，敏锐的智能，适于社会环境的行为和愉快的气质。"

美国心理学家亚伯拉罕·马斯洛则认为,心理健康应包括以下内容:良好的现实知觉,接纳自然、他人与自己,自发、坦率、真实,以自身以外的问题为中心,有独处和自立的需要,功能发挥自主,愉快体验常新,有神秘或顶峰的体验,有社会兴趣,人际关系良好。

法官心理健康的标准既要符合一般心理健康的要求,又要符合法官职业的特殊性。根据以上论述,我们可以对法官的心理健康作如下定义:法官心理健康指法官个体在审判工作、生活和学习中表现出来的正常的心理状态,即认知正常,情感协调,意志健全,个性完整和适应良好。

二、法官心理健康的基本标准

(一) 心理健康的一般标准

对法官心理健康标准的探究,首先离不开探讨一般人的心理健康标准。
美国心理学家马斯洛和密特尔曼提出了衡量心理健康的经典标准:
(1) 有充分的安全感,即不会感到有某种危险对自己造成威胁;
(2) 充分了解自己,并能对自己的能力作恰当的估计,即人们常说的有"自知之明";
(3) 生活目标和理想切合实际,而非有过高的或缺乏明确的生活目标;
(4) 与现实环境保持接触,即知行结合,而不是空想与自我封闭;
(5) 能保持个性的完整和谐,悦纳自己,有好的个人修养;
(6) 具有从经验中学习的能力,而非固执、我行我素;
(7) 能保持良好的人际关系,而非独来独往;
(8) 适度的情绪发泄与控制能力,而非任意冲动或苦行僧式的压抑;
(9) 在不违背集体意志的前提下有限度地发挥个性,而非盲从和随波逐流;
(10) 在不违背社会道德规范的情况下能适当满足个人基本需要,也就是人们常说的要处理好集体与个人的关系。

我国知名心理学家郭念锋先生对心理健康的标准进行了总结与概括,提出了心理健康的10条标准:

（1）周期节律性。人的心理活动在形式和效率上都有着自己内在的节律性，比如白天思维清晰，注意力集中，适于工作；晚上能进入睡眠，以便养精蓄锐，第二天工作。如果一个人每到晚上就睡不着觉，那表明他的心理活动的固有节律处在紊乱状态。

（2）意识水平。意识水平的高低，往往以注意力水平为客观指标。如果一个人不能专注于某种工作，不能专注于思考问题，思想经常开小差或者因注意力分散而出现工作上的差错，就有可能存在心理健康方面的问题了。

（3）暗示性。易受暗示性的人，往往容易被周围环境引起情绪的波动和思维的动摇，有时表现为意志力薄弱。他们的情绪和思维很容易随环境而变化，给精神活动带来不太稳定的特点。

（4）心理活动强度。指对于精神刺激的抵抗能力。一种强烈的精神打击出现在面前，抵抗力低的人往往容易留下后遗症，可能因为一次精神刺激而导致反应性精神病或癔症，而抵抗力强的人虽有反应但不致病。

（5）心理活动耐受力。指人的心理对于现实生活中长期反复出现的精神刺激的抵抗能力。这种慢性刺激虽不如一次性的强大剧烈，却久久不会消失，几乎每日每时都要缠绕着人的心灵。

（6）心理康复能力。由于人们各自的认识能力不同、经验不同，从一次打击中恢复过来所需要的时间也会有所不同，恢复的程度也有差别。这种从创伤刺激中恢复到往常水平的能力，被称为心理康复能力。

（7）心理自控力。情绪的强度、情感的表达、思维的方向和过程都是在人的自觉控制下实现的。当一个人身心十分健康时，他的心理活动会十分自如，情感的表达恰如其分，辞令通畅、仪态大方，既不拘谨也不放肆。

（8）自信心。一个人是否有恰当的自信心是精神健康与否的一种标准。自信心实质上是一种自我认知和思维分析综合能力，这种能力可以在生活实践中逐步提高。

（9）社会交往。一个人与社会中其他人的交往，也往往标志着一个人的精神健康水平。当一个人严重地、毫无理由地与亲友断绝来往，或者变得十分冷漠时，这就构成了精神病症状，称为接触不良。如果过分地进行社会交往，也可能处于一种躁狂状态。

（10）环境适应能力。环境就是人的生存环境，包括工作环境、生活环境、工作性质、人际关系等。人不仅能适应环境,而且可以通过实践和认识去改造环境。

(二) 法官心理健康的基本标准

根据上述法官心理健康的定义及心理健康的一般标准,可以将法官心理健康的标准归纳为以下几方面:

(1) 具有良好的心理品质。心理过程和个性特征等均能保持正常的发展水平,没有明显的心理疾病;

(2) 能保持正确的自我意识;

(3) 具有良好的情绪控制能力和自控能力;

(4) 具有良好的人际关系;

(5) 社会化良好;

(6) 具有完善且统一的人格。

第二节 关注法官心理健康的重要意义

心理健康是法官完成审判工作、践行司法公正的重要保证,在裁判心理活动中占有十分重要的作用,是法官心理学的重要组成部分。

一、法官心理健康是确保法官正常思维、作出公正裁判的前提

法官对事实的认知活动是法官建构案件事实并进一步作出裁判的前提和基础。正如有位法学家所言:"不管人们赋予法律制度以什么性质,它总具有每一个程序共有的特点。首先,要有输入,从制度一端进来的原料……下一步是法院,法院工作人员开始对输入的材料进行加工……然后,法院交付输出:裁判或判决。"根据法的发现与证立二分的理论,法律发现的过程,是指法官对法律的司法认知的内在过程,是一个在正义理念指导下寻求、检索、选择法律规范的心理过程,而"法律解释""法律推理"等工作,是对"发

现结果"的检验和证成,是确立"发现"的正当性并将"发现的法律"正当化,进而作出裁判。也就是说,法律发现实际上是获取法律推理之大前提的心理过程。法官心理健康则是法官建构法律判断大小前提并进行裁判思维的基础。

二、法官心理健康是确保法官队伍健康可持续发展的现实需要

作为国家法律的执行者,法官职业的特殊性,决定了对法官心理素质的要求标准更高,心理健康的法官才能成为最忠诚的法律信仰者,并善于以实际行动弘扬法治精神,实现司法行为的公平正义,才能确保有适度的行为反应。同时,关注心理健康、缓解法官压力是确保法官身体健康的重要条件。近几十年来,法院的各项工作取得了长足的进步,法院的地位和作用也更为突出,法院从未像今天这样对社会的各个方面产生如此大的影响,成绩有目共睹,但是我们司法所处的最根本的背景是社会转型期,新形势下,法官的工作仍然面临着诸多的压力与挑战。在上述形势下,关注法官的心理健康,提高法官的心理承受能力,有利于法官更好地适应新形势下审判工作的新要求与新期待。

三、法官心理健康是确保法官完成使命履行审判职责的重要保障

新时代新征程,从世情变化来看,当今世界正处于百年未有之大变局,正经历着新一轮大发展大变革大调整时期,人类文明发展面临的新机遇、新挑战层出不穷,不确定、不稳定因素明显增多,司法领域日益成为西方敌对势力对我国西化、分化的突破口。从国情变化来看,在社会主义市场经济取得飞速发展,社会财富不断增长,社会结构、社会组织形式、社会利益格局的调整变动之中,人们思想活动的独立性、选择性、多变性、差异性明显增强,人民法院面临一系列新情况、新问题。面对境外因素与境内因素相互交织,法律问题与社会问题相互交织,司法个案与网络舆情相互交织的复杂局面,人民法院化解矛盾、维护稳定、促进和谐的任务繁重且艰巨。从法院自身情况来看,法官的思想、素质、能力出现许多新情况。这些深刻变化和严

峻考验，要求我们必须大力培育人民法官核心价值观，为确保人民法院的性质提供坚强的思想保证。① 而法官心理健康，则是培育法官核心价值观的前提与基础。法官只有心理健康，才能以良好的精神状态投入学习和审判工作中去，而且以较强的自制力来调节自己的行为，控制自己的情绪，优质高效地完成审判工作任务。但是，目前的工作实践中，如何对法官进行心理教育、心理训练和心理支持，强化和提高法官的心理素质，还并未引起足够的重视，更没有完全纳入思想政治工作的应有范围。

四、法官心理健康是法官廉洁司法的基本保证

当代人民法官的核心价值观，简约清楚地标识出了当代人民法官应有的价值追求就是"公正、廉洁、为民"。司法公正是人民法院的生命线，司法廉洁是实现司法公正的基本保证。要解决影响司法公正的突出问题，真正做到严格公正文明司法，重点是抓好廉洁司法问题。目前，我国法院队伍廉政建设的形势仍然严峻。在那些违法违纪的案件中，法官与律师勾连牟利的占绝大多数，已成为法院队伍的突出问题。法官违法违纪的根本原因是内心的腐化蜕变造成，是由于自身心态失衡而引发。常言道："正事先正人，正人先在正心，心正则行端。"一名法官如果业务水平有欠缺，可以通过学习来弥补，但若法官的良知出了问题，就会成为司法毒瘤。美国大法官奥康纳女士曾说："公正的法律并不保证法律的公正。这是因为，任何法律制定无不贯穿着追求公正的主旨，而这一主旨能否实现，很大程度上依赖于司法官员的良心。"意大利法学家克拉玛德雷在《程序与民主》一书中指出："司法判决是经由法官良心过滤后的法律。"② 可见，良心、良知以及良好的心态对于司法公正的重要性。而我们法院的年轻同志，特别是30岁到40岁这个年龄段，正是最有压力的时候。上有父母，下有子女，往左右看看，总会有同龄人已经跑到前面去了，社会竞争的压力很大，心态容易焦虑。如果年龄真的到了"奔五""奔六"，人又会平和起来，所以才有"四十而不惑，五十知天命"之说，这

---

① 参见刘小宝：《试论当代人民法官的核心价值观》，载《人民法院报》2010年7月21日。
② ［意］皮罗·克拉玛德雷：《程序与民主》，翟小波、刘刚译，高等教育出版社2005年版，第35页。

里有一个人生的心路历程变化的过程。三四十岁的法官正处于压力最大、最不容易平衡的时候，也是最需要关心、最需要组织上理解的时候。关注法官的心理健康，维护和管理法官的心理健康问题，对保证法官保持健康积极的心态，廉洁、公正地办案，十分重要。

第二章　法官的职业压力与心理健康

平时看到法官坐在庄严的法庭中开庭审理案件,往往会让人敬羡。但是,你可否想过这些法官正在承受着越来越大的工作压力。法官与普通人一样,脱下那身法官服,也会回归凡人的本性,有恐惧、有牢骚,有生活的压力、有职业的竞争、有人际的困惑。特别是职业规范给他们带来更多普通人体会不到的精神与心理压力。这个特殊群体更需要心灵的呵护和心理的支持。

第一节　职业压力与法官心理健康

职业压力既是一种强大的推动力,也是一个影响法官工作绩效和职业健康的消极因素。如何利用和管理好职业压力,保障法官的心理健康,是法官心理学的重要研究领域之一。

一、压力概述

现实生活中,一些生活事件、心理的和社会文化方面的因素,均会成为生理、心理功能紊乱的紧张性刺激物,引起生理、心理反应。这种具有破坏和影响机体内稳态的内外环境因素,在心理学上被称为心理压力。压力是由英文"stress"一词翻译过来的,有"重压""压抑""压迫"等含义,也有"重要""强调"的含义,译成中文有心理紧张、心理压力、应激等不同的含义。

目前,学界对压力的研究和定义形成了生物学、社会学和心理学三个取向。生理学取向强调生理反应，压力指超过一定临界阈值后，破坏机体内环境平衡的一切物理、化学和情感刺激。他们强调压力是机体为直接应对生理和心理两方面的要求，而由生理组织、结构和系统所采取的活动。坚持社会学取向的科学家认为，在人类许多疾病的发生中，外界环境中的压力源起到了重要的致病作用。也就是说，现实生活中的工作、学习、人际关系和家庭生活相关的种种问题，经常使人们处于压力状态之中。根据心理学取向的研究，压力则是内外环境中各种因素作用于机体时所产生的特异性反应，表现为一种特殊综合征。

综观各种学说，人们对压力概念的解释主要包含以下三层含义：

一是用压力源来表示那些造成生理、心理功能紊乱的事件或内外紧张性刺激物；

二是用压力反应来表示压力是一种主观反应；

三是压力是主客观相互作用的结果。[①]

二、职业压力对法官心理健康的影响

作为承办全国80%以上一审案件的基层人民法院的法官，在当今社会飞速发展和社会转型的交互作用下，承受着越来越大的司法压力。近十几年来，法官职业压力逐步受到关注。早在2005年年底，浙江省宁波市北仑区人民法院就曾对法官的心理压力作过专项调查，报道之后引发了不少人对法官工作压力的关注，不少来自实务部门的人士或学者对法官的心理压力问题作专题

---

① 参见李虹：《健康心理学》，武汉大学出版社2007年版，第300~307页。

调研或撰写文章。① 据有关统计，现在越来越多的人不愿意到基层、业务部门工作，有法官说："我周围有很多人不想在一线办案，即使在一线，也不愿意多办案，不愿意办难案。为什么？怕烦，怕出错案，这正是心理压力大的表现。我想做一个公正、超脱的法官，凭证据规则去认定事实、判断案件，但实践中经常遇到阻力，不尽如人意。"有关调查测试的结果表明，心理压力偏高是法官群体普遍的心理状态。

据浙江省宁波市北仑区人民法院以问卷、座谈以及个别访谈等形式，对基层法院法官的心理压力问题所进行的调查表明，高达 52.6% 的法官或多或少存在心理问题。主要表现在：

（1）倦怠逃避心理。② 如手中积案太多时，法官们大多希望"不要再分到新案子"，或者干脆就"不去想了，办一件算一件吧"，希望在内在认知中把繁重的工作屏蔽在思维之外不去触及。在遇到疑难案件时，法官们大多渴望能调解结案，借以回避裁断，或通过上报审判委员会决定、请示上级法院来分散压力和风险。

（2）机械麻木。某种程度上，机械麻木心理是倦怠逃避心理"更上一层楼"的表现形式。对于产生这种心理的法官来说，工作不过是一种机械的习惯、一种不得不从事的谋生手段而已。如在测试中，有的法官选项中出现频率最高的就是"无所谓"。

---

① 例如，山东省烟台市芝罘区人民法院课题组：《关于基层法官工作负荷情况的调查》，载《山东审判》2005 年第 4 期；李建平：《中国法官职业风险调查：重压下易生倦怠麻木心理》，载《法制日报》2006 年 11 月 14 日；严克新：《法官心理健康存在的问题及对策分析》，载中国法院网，最后访问时间：2023 年 11 月 20 日；李宇先、李买生：《法官职业倦怠的成因及对策分析》，载湖南法院网，最后访问时间：2023 年 11 月 20 日；于鑫：《法官职业压力的内在原因与组织支持完善——基于基层法官心理健康与职业压力测试的实证分析》，载《山东审判》2013 年第 4 期；谢鹏远：《和谐社会构建中法官的心理压力及其缓解对策》，载《陕西教育》2014 年第 10 期；王鑫、王惠萍：《法官的心理压力与纾解》，载《山东审判》2015 年第 3 期；刘建清：《试论法官职业倦怠及其应对策略》，载《新余学院学报》2017 年第 4 期；曾玲娟等：《法官角色压力及其对职业倦怠的影响》，载《广西师范学院学报》2018 年第 6 期；等等。

② 工作倦怠，也称为"职业衰竭""职业枯竭"。根据国际标准，它包括三个指标：情绪衰竭、玩世不恭和成就感低落。情绪衰竭是指个人认为自己所有的情绪资源都已耗尽，对工作缺乏冲动，有挫折感、紧张感，甚至害怕工作；玩世不恭，是指刻意与工作以及其他与工作相关的人员保持一定距离，对工作不热心和投入，对自己工作的意义表示怀疑；成就感低落，是指个体对自身持有负面的评价，认为自己不能有效地胜任工作。工作倦怠是世界范围内的普遍现象，患有工作倦怠的人生理和心理上均处于"亚健康"状态。从调查的情况来看，法官群体的心理压力主要表现为工作倦怠。

（3）紧张焦躁心理。很多法官在结案时会有如释重负的感觉，这说明某种程度上日常的工作已给法官们造成了心理上的重压。在这样压抑紧张的心态下，个体很难有舒缓平和的心境而时常处在如箭在弦的张力中。与之伴生的则是焦躁不满，对当事人难以保持耐心宽和的态度，当遇到个别无理取闹的当事人时，法官很容易情绪冲动，感到"非常愤怒，不能忍耐"。

（4）担忧焦虑心理。如果说紧张焦躁的心理表现形式是外放的，那么担忧焦虑心理更多的是向内的投射。担忧有时还可以说是面对事态的一种适当的情绪反应，而焦虑则是对"危机"不适当的反应，或者甚至是对想象出来的"危机"的一种反应。对法官个体来说，个别案件判决后因对事实认定或法律适用无十足把握而担忧是在所难免的，但如果案件判决后惴惴不安的心情成为一种常态时，恐怕就很难将其定义为正常范围内的担忧了。

对于法官心理问题的具体表现，有人还作了如下三方面的归纳：[①]

一是疲劳或压抑的。不少法官感觉工作压力过大，工作频率过快，工作要求过严，在审理案件过程中因担心出现差错而时时如履薄冰，常常处于一种"案未结、心难安、情难稳"的压抑状态，时间一长就有疲劳感和厌倦感。

二是不平衡的。有的法官认为法官与公安等其他政法部门人员相比，要求更高、管理更严、责任更重、工作更累，但在有关待遇方面则是地位偏弱、经费偏少、工资偏低、条件偏差。

三是浮躁。极少数法官不满现状，羡慕党政领导机关干部提升机会多、晋升快、办事方便，不能安心工作。

第二节 法官职业的压力源分析

在压力理论中，压力源是指能够引起机体稳态失调并唤起适应反应的环境事件与情境等。探究法官的压力源对于管理和缓解法官的职业压力，意义重大。一般来说，法官的压力主要来自社会环境、工作岗位、个体因素以及

[①] 参见严克新：《法官心理健康存在的问题及对策分析》，载中国法院网，最后访问时间：2023年11月20日。

家庭环境等方面。

一、社会环境压力源

法官生活在社会里就要与各种人打交道,人与人之间相互影响,同时,社会中的文化、舆论以及其他一些观念也都影响着法官的心理健康。造成法官心理压力的社会环境因素中,大的方面有:经济和政治的不确定性,技术革新,以及重大的、特殊的、无法预料的事件,社会公众对法官的期待和评价等;小的方面有:邻里纠纷、同事纠纷、法律纠纷、与上司冲突、迁居他乡、住房拥挤、交通不便、噪声等。就国内环境来看,在社会主义市场经济飞速发展,社会财富不断增长,社会结构、社会组织形式、社会利益格局的深刻调整变动之中,人们思想活动的独立性、选择性、多变性、差异性明显增强,人民法院面临一系列新情况、新问题,已经呈现出境外因素与境内因素相互交织,法律问题与社会问题相互交织,司法个案与网络舆情相互交织的复杂局面,法官面临的社会环境日益错综复杂。

二、工作压力源

工作压力源起源于与法官审判岗位工作有关的因素。主要包括两大类:一类是职业内在压力源,包括审判工作条件、审判任务范围、工作负荷等;另一类是法官职业组织政策、司法制度及运行状况的压力源。具体又可细分为五种压力源:

(1)工作构成。包括工作内容的复杂性、工作结构的可变性、工作量的大小、工作职责的轻重、职责明确与否等。

(2)工作环境。尤其是在恶劣的劳动条件下,会产生不安全、焦虑甚至恐惧感。

(3)工作关系。包括审判工作中的人际关系和谐与否,工作中的信息沟通、交流的程度,法官同事之间友谊、尊重、信任的程度,工作中竞争的程度等。

(4)法官本人的情况。包括审判工作价值观、对法官职业生涯发展的期望（职业保障、晋升、调动与发展机会的多少）等。

（5）组织的作用。包括组织管理制度与策略、管理者的素质、管理方式、工作安排的不合理变更等。①

对法官来说，工作压力源主要表现在审判工作强度大、法官职业高风险，这是来自法院内部的主要压力。② 具体而言：

1."案多人少"，法官工作负荷超载

目前，大量的社会矛盾纠纷最终都以案件的形式涌向法院，无论是刑事还是民事案件，收案数一直在高位运行，且有的地方是逐年上升。譬如民商事案件由改革开放时的1年50多万件上升到2023年1～9月一审审结案件1243万件，③ 就说明了这一问题。而且这些案件中，新类型、疑难复杂案件逐渐增多，难办的案子越来越多，但是办案的人数却没有多大改变，有的地方法院甚至出现人才流失、法官断层现象。特别是基层法院法官、一线的法官长期处于高负荷运转状态，一定程度上导致已有的规定难以落到实处，有的工作疲于被动应付，影响了司法的质量，也造成法官职业面临前所未有的压力。④ 以浙江省为例，法官人均结案2018年最高达345.8件，经过诉源治理，此后逐渐下降，到2022年法官人均结案仍高达271.8件。"案多人少"的矛盾使得法官长期处于疲于应对的状态，司法日益缺少个性而呈现"流水线"作业模式，源源不断的案件可能使法官的不良情绪逐渐萌生，乃至出现情绪不稳、焦躁不安的不健康症状。

2. 案件越来越难办，法官角色失调

随着政治、经济体制改革的深入，新情况、新问题层出不穷，各种新类

---

① 参见俞文钊等编著：《职业心理学》，东北财经大学出版社2007年版，第290页。
② 平时生活中，有的同志将法官的职业特点总结为"五高"：一是职业风险高；二是工作负荷高；三是办案难度高；四是工作压力高；五是群众对法官的要求高。面对"五高"压力，法官群体普遍存在一定的焦躁、浮躁情绪，一些法官对办案产生了厌倦、排斥心理，主动要求调离审判岗位到后勤部门工作，许多干警甚至因心理压力过大而出现健康问题。
③ 最高人民法院新闻局：《最高法公布2023年1～9月司法审判工作主要数据》，载最高人民法院官网，最后访问时间：2023年11月10日。
④ 一方面，当前法院的受案范围不断扩大，诉讼费用不断下降，诉讼门槛不断降低，种种因素促成了诉至法院的案件数量越来越多，许多基层法院的年均收案数量都在5000件以上。另一方面，法官数量并未相应增加，尤其在一些沿海发达城市，外来民工以数倍于本地居民的数量长住某一辖区，但法官员额仍按本地居民数量编定，司法供给远远满足不了日益增长的司法需求。

型案件不断出现，案件的办理难度不断增大。如涉及劳动合同、物业管理合同、医疗服务合同的案件大量涌现，此类案件关乎群众切身利益，而有关的法律规定相对空白或不够完善，造成工作难度增加。社会的新需求新期待不断更新发展，司法的供给与社会对司法的需求始终存在一定的距离，司法权不可能无限延伸，有些甚至是涉及整个社会、有待于社会环境和政策全面改善的社会问题，都希望在司法环节得以解决，比如说由于整个社会诚信的缺失而带来的执行难问题，这种过高的期待会给法官工作带来空前的压力。社会对司法的过高期待和过多指责最终影响司法的权威，一定程度上造成恶性循环。而这些问题的解决，需要法官与社会的有效沟通，需要建立在相互理解和支持的基础上，才能逐步走出困境。这也给法官提出了更新更高的要求。正如有的学者研究指出："转轨期的中国司法，为世界司法史提供了一个有趣的样本""今天的中国基层民事法官们，在案件审理过程中，常处于多种角色的互动之中""翻摆案件审理这一'多棱镜'，在镜头的一面，我们仿佛看到法官们犹如孤坐于法律城堡之中的僧侣，不食人间烟火一样地操摆手中的法条，从对概念逻辑的严密的推演之中，寻找判决的答案；而转动一下镜头，我们又易窥见基层法官走出了法律城堡，在田野、炕头貌似悠闲地与案件当事人聊案，倾听社会大众见解，并适时对判决结论作出一些微调；再看镜头的第三面，你可能又会发现一位完全不同的法官形象，从那位忙于请示汇报的基层法官的匆匆身影中，你完全可能认为，他（她）仅是一名合格的公务员。基层法官的角色，在法律人、社会人、行政人之间游荡，这或许是转型时期中国法官所特有的现象"。[1] 法官"在法律人、社会人、行政人之间游荡"，难免会出现角色冲突、角色模糊等角色失调现象，产生工作压力。角色冲突和角色模糊是工作压力研究中被广泛关注的两种压力源。研究表明，角色冲突和角色模糊可能会导致工作不满意感、高焦虑感和离职倾向。[2]

3. 法官面临上访闹访的巨大压力

近年来，涉法信访总量居高不下，有的对已判决的案件不服，有的为正在审理中的案件上访、闹访，目的是给审理法院与法官施加压力；有的对审

---

[1] 黄涌：《基层民事法官如何办案——从一则案件的审理看法官角色混同》，载《法律适用》2007年第1期。

[2] 参见孟慧等：《人事心理学》，上海社会科学院出版社2009年版，第249页。

判工作不服，有的则对执行工作不满，案件形式多样，涉及面广。其中，重访、缠访、无理访的案件数量上升。有的案件上访至上级法院，甚至多次进京上访，上访数年。上访行为方式呈现多样化，有的行为表现偏激。面对严峻的信访形势，法官的工作压力前所未有，有的身心疲惫，有的积劳成疾。

4. 法官职业高风险

现实中，法官因受贿被查处的案件时有发生。法官群体一时成了舆论议论的中心。正如有的法官在面对记者调查时所言："实际上，这些事件反映出当今法官职业有风险而且是高危度的风险。"其一，法官职业接触诱惑机会多，稍有不慎便有可能失足。"法官办案是为了定分止争，定权益之分，止权益之争，而且是其他手段已无法解决的激烈纷争。刑事案件涉及被告人的身家性命，民事案件涉及当事人的财富得失，行政案件涉及公权力和私权利的强烈对抗。双方当事人在法庭上博弈，同时也会运用自己拥有的资源，试图影响法官，以达到自己的目的。有些当事人独占资源优势，或金钱、或权力、或名望、或人事关系，无所不用其极。这对法官来说，无疑是可怕的诱惑和巨大的陷阱，一不小心就会被拉下水或者自蹈火坑。"其二，法律事实与客观事实存在冲突难免给法官造成审判风险。其三，审判质量与司法效率有时难以兼顾，出现错案将面临处罚。其四，至少有一方当事人期待与判决结果存在冲突，法官屡屡遭受人身伤害。实践中，法官在工作中遭受伤害的情况并不鲜见。以Z省为例，据调查，近三年Z省法院发生扰乱诉讼秩序的行为5652件5926人次，其中2020年1419件1497人次，2021年1913件1991人次，2022年1月至10月2320件2438人次，总体上呈逐年增长趋势，年均增速28%。从扰乱诉讼秩序行为具体形态来看，近九成为妨害司法活动行为，部分与打击拒执等存在竞合。其中，扰乱法庭秩序的有182件197人次，多发的情形主要为侮辱、诽谤、威胁、殴打司法工作人员或诉讼参与人，哄闹、冲击法庭；危害法院机关安全及扰乱法院办公秩序的有142件163人次，多发的情形主要是大声喧哗、哄闹、不听劝阻、严重扰乱人民法院办公秩序，侮辱、诽谤、威胁、殴打法院工作人员或者诉讼参与人，在人民法院哄闹、滞留，不听从司法人员劝阻等。此外，法官被侵权、受伤害的事件亦时有发生，例如，2017年广西退休法官被连砍13刀身亡，歹徒称"他判我离婚，他该死！"2021年湖南法官周春梅因拒"打招呼"被害案，这些都是典型例证。

5. 来自新闻媒体和社会舆论的压力

揭露依法独立审判中的腐败现象，反对司法权的滥用，是新闻舆论上监督的重要使命。但是，"媒体审判"现象与依法独立行使审判权之间存在一定的冲突，在案件没有作出判决之前媒介的事先介入或不当报道，或者在报道中有意识地掺杂对审判结果的猜测和价值导向下，使受众在审判前就对案件的定性先入为主，并对法官形成共同的期待，使得法官面临各种各样的压力。

三、个体差异方面的因素

工作压力是法官工作条件与法官个性特征相互作用的结果。个体方面的因素主要有以下几方面：

第一，性别因素。法官的性别不仅影响法官个体对审判工作压力的感知，而且还会影响法官个体对压力的应对策略。一般来说，法官职业压力对女性法官的影响要大于男性法官。

第二，A型人格。不同的员工具有迥异的人格特质，因此他们受到工作压力影响的程度也随之不同。有关研究表明，有4种特质会让人陷于工作中饱受煎熬，它们分别是A型人格、消极情感、知觉性控制能力低下以及自我效能低下。[①] 其中，A型人格又称A型行为模式，其主要特征是：一个具有A型行为的人往往是苛刻的、烦躁的以及过分努力的，因此他们容易感到紧张和忧虑。A型行为有两个主要的组成部分。其中一个倾向是希望在很少的时间里完成很多的事情，这使得具有A型行为的人变得苛刻和烦躁不安；另一倾向是对他人充满敌意。从积极的一面看，A型人格的法官往往会埋头工作并具有高度的职业自尊，工作效率比较高。但他们倾向于承担繁重和复杂的工作任务，容易成为"工作狂"，并且特别害怕失败，更可能感到被他人疏远，情绪压抑，并且婚姻也容易出现问题。而B型人格的人则刚好相反，不大愿意承担繁重的工作任务，不喜欢竞争性和攻击性行为，总是按部就班而不是分秒必争地工作，因此较少遇到压力。

[①] 参见［美］安德鲁·杜布林：《心理学与工作》，王佳艺译，中国人民大学出版社2007年版，第155-156页。

第三，消极情感（悲观）。消极情感是指容易体验消极情绪状态的倾向。具有消极情绪情感的法官容易感受到各种消极情绪，包括紧张、不安、忧虑、悲伤，同时还伴有发怒、轻蔑、退缩、有负罪感、对自己感到不满等各种消极行为。

第四，知觉性控制能力。所谓知觉性控制能力，是指个人认识到自己能够控制事态负面影响的能力。如果法官相信自己可以应对审判工作潜在的负面事件，那就不会忧心忡忡，进而减少工作压力，同时提高工作满意度。

第五，自我效能。自我效能与知觉性控制能力一样，对法官是否容易受到压力的负面作用有影响。有两项涉及2300名美军士兵的研究结果显示，具有较高自我效能的士兵能在长时间高负荷的工作时较少出现生理和心理上的负面症状，包括头痛、背痛、肠胃不适等。[①]

四、家庭因素

家庭是社会的细胞，是影响个体社会化的最早最重要的因素。结婚、离婚、家庭成员的产生、死亡等个人生活中经历的突发事件、重大人生变故，足以扰乱法官的生理与心理稳定。过度的家庭压力会给法官的情绪造成不良的影响，进而影响他的工作积极性与工作效率。法官家庭方面的压力主要来自三方面：一是情感压力。法官工作很忙，组织上较少考虑家庭、人性因素，法官很少有完整陪伴家人的时间与从事休闲活动的时间，容易遭到父母、妻子儿女的埋怨、误解。二是经济压力。法官属于公务员序列，日子一般过得比较清贫，不少法官住房比较紧张，改善居住条件的压力比较大。三是教子压力。当今社会，家长望子成龙的心态普遍存在，为了子女的入托、上学、就业，许多家长煞费苦心，法官也不例外。法官由于超负荷的工作，无暇顾及子女的教育，往往是心有余而力不足，日积月累下，影响心理健康。

---

① 参见 [美] 安德鲁·杜布林：《心理学与工作》，王佳艺译，中国人民大学出版社2007年版，第157页。

第三章　法官职业压力的应对策略

在健康心理学中，应对的研究在压力研究中占有十分重要的地位和作用。所谓应对，是指个体或组织有能力或成功地对付环境的挑战或处理问题。美国学者坎布斯认为，应对是个体面临压力挑战时采取的一种有意识、有目的的调节行为，其主要功能是调节压力事件的作用，包括改变对压力事件的评估，调节与压力事件有关的躯体和情感反应。[1] 积极的应对有助于缓解法官精神紧张，帮助法官个体最终解决问题，从而起到平衡法官心理和保护法官心理健康的作用。应对法官职业压力的关键在于构建法官心理支持系统。而法官心理支持包括能被本人感受到的，来自社会、国家、法院组织系统以及个人的支持和帮助。[2]

第一节　组织层面的应对策略

从组织层面对法官个体提供精神上和物质上的帮助和支持，是缓解法官心理压力的当务之急。而组织层面既包括国家层面，又包括法院系统自身的管理。法官只有获得组织支持，才能产生归属性和安全感，增强挫折承受能力，消除或减轻挫折带来的精神紧张。组织层面应对法官职业压力的具体举措可从以下几方面着手抓起：

---

[1] 参见李虹：《健康心理学》，武汉大学出版社2007年版，第315页。
[2] 参见侯祎等：《法官心理健康与人格特征、社会支持的关系》，载《中国健康心理学杂志》2008年第4期。

一、加强法官心理健康教育，提高队伍整体应对能力

心身疾病中的心血管病是影响身体健康的世界第一大病，每年死于心脑血管病的人几乎占世界疾病总死亡数的四分之一。于是，有人认为，这些都是因为经济发达、生活富裕造成的。其实，有专家早就研究提出，这些病并不是因为物质文明的提高而造成的，而是因为精神文明不足、健康知识缺乏造成的。加强健康知识的教育，树立健康的观念，是预防和减少身心疾病最简单、最有效的办法。预防和缓解法官的心理压力，必须先加强法官心理健康教育，要将心理健康教育纳入法官职业培训内容的范围。在课程设置上，可多安排一些有关心理压力原理及其缓解策略的心理学课程，为高压力的法官提供更多的培训机会，让他们多掌握心理学知识，提高应对自身心理压力的能力。

二、建立法官心理机构，提供专门的心理咨询服务

全国法院系统要尽快尝试建立专门的法官心理服务机构，建立一支法院系统内部心理辅导队伍，缓解法官因为工作、生活等产生的不良情绪。有条件的法院可以先尝试建立心理咨询中心，或设立心理咨询工作室，由具有专业心理学知识的法官或临时聘请有资质的心理咨询师为法官提供心理咨询服务；设立心理宣泄室、组建法官沙龙、成立法官减压俱乐部、建立心理健康教育网站、心理咨询热线等，以运动、音乐、倾诉等方式降低干警心理压力，促使法官树立正确的成就观与价值观，增强法官职业信念，多措并举帮助法官减轻心理负荷。

三、发挥法官协会的职能作用，提供充分的情感支持

面对压力，除了制度保护外，还需借助法官自身的力量。在执业过程中所形成的对法律的相近意识，使法官之间更易相互认同。这种认同感应是法官克服心理压力的力量之一。故应加强法官间的交流和对话，注意培养法官

在思维方式和价值标准上的同质性，努力建设一种有着相近的知识背景、学术训练、职业意识及共同的职业利益的法官职业共同体，使众多法官形成和谐有效的整体，以内部的统一和团结，促进司法行为的一致和协调，保障法律的正确适用，从而有效化解压力。一些研究发现，给予员工社会支持可以预防和减少工作压力。其中，管理者与被管理者保持沟通渠道的畅通、提供正确的情感支持十分重要。管理者可以通过鼓励员工说出自己的真实想法或者想得到解决的问题来释放压力，也可以扮演"催化剂"的角色，帮助他们提高解决问题的能力。法官协会作为法官自治机构，一方面它可在统一法官司法理念上有所作为，通过研讨会、组建法官沙龙等形式，增强法官之间的交流和价值观的融合，使法官作为一个整体具有更强的凝聚力和战斗力；另一方面，它可在维护法官合法权益方面为法官代言，促进组织管理措施的完善，特别是在维护法官尊严和保障法官人身安全方面更应该采取有效措施，使法官产生职业归属感与安全感。此外，法官协会还可尝试定期举办法官家属联谊座谈会，帮助干警协调好与家属的关系，使干警感觉到自己始终在被组织关心、关注着。推行谈心谈话制度，及时了解法官的工作、生活、心理情况和需求，帮助他们解决思想问题，达到释放压力的目的。通过法官协会这一平台，充分发挥法官协会的职能作用，可以增强法官之间的交流和沟通，缓解法官心理压力。

四、加强法院文化建设，营造健康的法院组织文化

"让员工保持健康并且有效应对压力的一种综合策略就是营造健康的组织文化。"[1] 关注法官心理健康、缓解法官心理压力必须与当前正在大力推动的法院文化建设相结合。法院文化对法官来说也是一个崭新的命题，它兼具文化的一般性和司法的特殊性，是法官群体在长期司法实践中形成的、具有鲜明审判特征的知识体系。法院文化建设的不断发展，能够使法官多途径地学习心理学知识，提高应对自身心理问题的能力，增强心理防范意识，指导法

---

[1] 参见［美］安德鲁·杜布林：《心理学与工作》，王佳艺译，中国人民大学出版社2007年版，第165页。

官积极地寻找缓解内心压力的途径，及时清除情绪垃圾。法院文化建设既包括物质文化建设，又包括精神文化建设。物质文化建设方面，比如法院大楼建设，威严庄重、布局合理、沉稳大气的审判法庭，不仅给当事人带来敬畏和尊崇之感，也会让置身于其中的法官增强职业尊荣感，有意识地使自己的一言一行与环境相匹配，会更加努力地塑造良好的司法形象，以实际行动体现出法官应有的公正、中立、权威的精神风貌。改善办公条件，营造宽松、舒畅、卫生的办公环境，也能使法官心平气和、全神贯注地投入工作。而精神文化建设则会为法官心理上注入生机和活力，激发法官群体的进取心、责任感、使命感，增强法官群体的凝聚力和战斗力。通过法院文化建设，营造法官的精神家园，让法官产生归属性的安全感，催生团队精神，形成积极防御的心理体制。在司法管理过程中，应注重体现人文关怀，积极为法官提供调节、放松、交流、沟通的平台，如通过组织旅游、演讲比赛、营建活动室、举办法官文化节等方式，丰富法官文化生活，培养法官广泛的兴趣爱好，营造健康的文化氛围。

五、完善法官职业保障，提供优良的执业条件

国家应下大力气完善法官职业保障制度，为法官提供优良的执业条件。主要内容包括以下几方面：

1. 合理确定法官编制

笔者认为，根据法院工作的特殊性，应建立有别于其他国家机关的独立的法院人员编制体系：一是要改变单纯依据辖区常住人口数确定编制的做法，兼顾辖区常住人口数与流动人口数和法院收案量；二是要按照工作性质和人员序列化管理的改革思路，按法官、司法辅助人员、司法行政人员三大部分确定人员的编制比例；三是在确定编制数额的同时，建立法官工作量定额标准，保证法官能有充足的时间和精力从容地处理案件，从事审判调研，以及参加业务培训、带薪休假等。

2. 构建科学的选任、考核制度

建立严格的法官选任制度，确保法官专业素养的同时必须保证法官有较高的心理素质。目前，有些考核内容与审判工作的性质、规律不相符，如果

仅以办案数量论英雄,以改判率、发回重审率论质量,将致使基层法院忙于应付,使法官身心俱疲。因此,建立一个科学合理的综合考核评估体系,是应对法官职业压力的重要途径。

3. 合理提高法官的经济收入和政治待遇

提高待遇是预防和缓解法官职业压力的基础。一方面要合理提高法官收入,确保法官的劳动价值在经济上得以体现,这样才能为预防与缓解法官的职业倦怠提供经济基础;另一方面,提高法官的政治待遇。特别是基层法院因为机构规格和职位数量的限制,使法官的晋升机会较小,因此要建立合理的法官流动机制,让更多的上级法院的组织领导能力强的法官有机会到下级法院担任领导职务,让更多的下级法院的业务能力强的法官有机会到上级法院工作。要增加法院的领导和非领导职务的编制,充分体现法官的地位及法官职业的尊荣,为预防和缓解法官职业倦怠提供坚固的心理防线。

4. 建立或完善其他保障制度

如法官职业权力保障制度,避免法官因依法独立公正办案,拒绝办人情案、关系案而被停职、调离;建立法官职业安全保障制度;完善法官业务培训制度;建立法官休假休养制度等。

六、深化司法改革,改进法官的工作设计

减少工作压力以及不满的一个重要措施就是设计出压力较小的工作。根据心理学的有关研究,决定压力大小的四个主要因素是:工作复杂程度、身体紧张疲劳程度、工作意义、可控程度。[①] 一个压力较小的工作是一个复杂程度和生理紧张程度适中、非常有意义又能被有效控制进展的工作。工作复杂程度是指从事不同工作种类数量的多少,以及掌握工作技能困难程度的大小。工作的复杂程度受个体认知与能力影响,压力小的工作设计对个体而言,表现为"我可以做到"。身体紧张程度是指工作要求员工付出多大的体力。压力小的工作设计,对个体而言,表现为"不用出汗"。有意义的工作是指那些让

---

① 参见[美]安德鲁·杜布林:《心理学与工作》,王佳艺译,中国人民大学出版社2007年版,第164页。

员工认为有价值的工作，比如可以直接为社会作出贡献的工作。低压力、高满意度的工作，往往体现为"我感觉良好""工作有意义"。控制程度是指员工有多大的自主权可以设定自己的工作内容，并且能够自主地根据重要性进行排序。就工作丰富化而言，控制程度高意味着员工可以自己安排何时完成何种任务。对于工作的控制程度高一般可以缓解压力。

当前形势下，缓解法官的心理压力，关键在于深化司法体制和工作机制改革，理顺法官、法院与国家、社会的工作关系，改进法官的工作设计。如完善法官审判岗位职责，加强审判过程监督管理，明确界定审判负荷与岗位目标，发挥法官工作的主动性和积极性，让法官自主地预测和安排工作，减少不确定性带来的压力；深化审判团队和法官助理制度改革，将法官从烦琐的辅助性事务中解放出来，减轻法官的办案压力；深化审判组织改革，逐步扩大独任法官的审判权限，全面、准确地落实司法责任制；转变院长、庭长和审判委员会职能，建立健全院庭长阅核制度，做实审判监督管理；建立科学合理、操作性强的审判绩效评价指标体系，减少评价过程中的不确定感，提高法官的自我评价和自我管理能力，在绩效评价公平的基础上，建立合理的奖惩机制与报酬机制。通过以上各种改革举措形成合力，使法官的合理主张可以得到较好实现，法官的才能可以得到更加充分地发挥，法官的成就感也可以得到更好地满足，不易产生职业倦怠，从而为法官心理健康提供更加有效的体制保障。

七、树立司法权威，创设良好的司法环境

从法院内部环境看，法院本身也给法官带来了心理压力，比如不合理的规章制度等。有的法官把自己的工作环境形象地比喻为："上有高压线，下有地雷线，前后左右都有警戒线。"从法院外部环境看，由于全民法律素质不高的制约和法官自身素质有待提高的现状，法官职业的权威性和特殊性并未被社会普遍认同。从基层的实际运行情况看，法官角色过度负荷，承担大量与法官专业无关的社会性工作，往往让法官疲于应付，压力重重。与此同时，法官被指责、投诉、谩骂、人身攻击，甚至被伤害的事件时有发生。

良好的司法环境和社会氛围是确保法官中立、超然地进行司法活动的基

本条件。司法信用危机是社会信用危机最为突出和严重的部分。司法的信用危机来源于司法公信力的下降和缺失。当下司法体制改革必须以建构司法公信力为目标。而构建司法公信力是司法与公众互动的过程，既要建立司法对公众的信用，又要恢复公众对司法的信任，离不开公众对司法公正与司法满意度的理解与认定。[①] 当前形势下，应通过立法来杜绝新闻媒体对在审案件的倾向性报道以及对法院生效裁判的恣意点评，减少法官司法过程中的外来干预。同时，要进一步弱化法院的地方化色彩，逐步解除对司法活动的各种"违背司法规律"的考核指标，确保法官依法独立公正行使审判权；建立科学的信访机制，正确处置和减少当事人信访，减少因信访和"错案"对法官进行不科学、不合理的追究，减轻法官的思想负担。

第二节　法官个体的应对策略

法官个体层面的应对策略主要是要做好自身的压力管理工作。压力管理是指将压力转变为积极的影响因素这一过程。管理既是指预防压力，也是指减缓压力。法官压力管理所使用的方法多种多样，既有诸如自我放松这样非常具体的技巧，也有诸如采用健康生活方式、健康饮食这样的普遍原则。锻炼身体不但可以缓解压力，而且可以培养健康的生活方式来预防压力的产生。在这里，本书介绍六种自主的压力管理技巧。

一、识别自己的压力信号

法官要管理压力首先必须具备识别压力的能力。法官应当设法清楚地识别自己独有的对于压力的反应。当这些症状发生的时候，请用纸笔记录下它们发生的时间和强度。哪怕仅仅是记录这些症状都能减少这些症状发生的次数和强度。这样做意味着你开始掌控自己的健康状态。在清楚识别压力引发的症状后，接着，必须搞清楚在这些症状之前你都想了解什么，有什么感受。

[①] 有关司法公信力的研究，请参见关玫：《司法公信力的研究》，人民法院出版社2008年版。

比如，如果你的团队领导要你马上提交报告，你就会感到焦躁不安。通常引发压力的是自己的消极想法，比如"如果报告没有及时完成，我就会受到领导的批评"。学会如何消除这些没有建设性的忧虑是非常重要的。当你陷入这些消极想法中的时候，不妨试着在心里反复默念"停止"。刚开始的时候，也许每天要重复默念很多次。[1]

二、减少或者改进实际的压力源

职业心理学的有关研究表明，工作压力的个人调适归根到底就是两种类型：一种是问题解决法，另一种就是情绪调节法。所谓问题解决法，是指直接改变压力源的方法，它能使应激引起的不良情绪最直接、最快速地消解；所谓情绪调节法则是一种间接的调节方法，它在不改变应激物的情况下，个人通过改变自己的观念或行为反应来削弱或消除应激物所带来的不利影响，在弱化应激情绪反应的基础上，个人可以继续维持自己的希望和勇气，并重新恢复自尊。在应激物无法改变的情况下，情绪调节法则是最理想的。[2] 对法官而言，引起法官压力的应激物有些是可以减少或改变的。因此，法官管理压力最有效的办法就是消除或改变压力的诱发因素。换句话说，就是尝试改变产生法官压力的环境，减少或者改进实际的法官压力源。设法明确工作目标、减少工作负担、承担多样化的任务或改换工作。比如，尝试着消除工作中的繁重部分；增加人手，以减轻压力；设法使工作更具弹性；多听取别人的建议和对自己工作的反馈；通过法官职业培训或积累工作经验来提高司法能力和水平；与上级、同事发生冲突时设法予以及时解决；等等。

三、建立法官个人心理支持网络

个人心理支持网络，是指一群可以听你倾诉并提供情感支持的人。这些人可以帮助你度过艰难的时刻，让你觉得亲切、温暖，也会让你觉得被他们

---

[1] 参见［美］安德鲁·杜布林：《心理学与工作》，王佳艺译，中国人民大学出版社2007年版，第161-162页。
[2] 参见俞文钊等编著：《职业心理学》，东北财经大学出版社2007年版，第304页。

接受，这些都可以帮助你减轻压力。当法官发生倦怠情绪时，不妨去主动寻求社会的支持，如向好友倾诉，取得他们的支持；当法官的职业倦怠严重时，还可以及时进行心理咨询及治疗，寻求心理医生的帮助。法官的个人心理支持网络中，同事的支持相当重要。可以这么说，同事关系是法官职业生活中占主导地位的人际关系。由同事关系带来情绪体验成为法官主要的情绪内容之一，它能长期影响法官的心境。比如，对抗型的同事关系使法官产生挫败感、失落感，体验到焦虑、气愤和无奈等负面情绪。因此，法官要致力于建设良好和谐的同事关系。法官要学会盘活人际关系，寻求朋友和同事的支持。当法官心理压力巨大时，往往被委屈、焦虑、烦闷、痛苦、悲哀的情绪所困扰。这时，当事人一个理解的眼神，同事一次专注的倾听，领导一句温和的问候，都会引起法官心灵的共鸣，形成良性心理互动。有时候，高压力下的法官哪怕只是把自己的情感说出来，这种行为本身就已是一种释放压力的有效方式。因此，法官应当学会建立个人心理支持网络，缓解自己的压力。当法官遇到个人无法排解的心理压力时，要主动向身边的家人、朋友、同事等寻求支持，必要时敢于接受心理医生的治疗，切忌讳疾忌医，形成心理危机。当然，我们提倡法官交几个可以交心的朋友，决不是说乱交朋友，在一个物欲横流的时代，法官交友必须有所选择。

四、建设和保持良好的心态

法官要保持愉快、稳定的情绪，除了要有一个宽松、友善、和谐、协调的外部环境之外，更重要的是还必须营造一个良好的内部心理环境，随时调节、控制自己的心情。因此，心态建设对于法官来说，是一个不容忽视的问题。《中共中央关于构建社会主义和谐社会若干重大问题的决定》中指出："注重促进人的心理和谐，加强人文关怀和心理疏导，引导人们正确对待自己、他人和社会，正确对待困难、挫折和荣誉。加强心理健康教育和保健，健全心理咨询网络，塑造自尊自信、理性平和、积极向上的心态。"法官在整个社会群体中具有形象价值和导向意义，因此，把法官队伍的心态建设好，对于建立良好的社会心态具有重大意义。有学者曾把当前社会群体中的不健康心态总结为以下八种：

一是焦虑浮躁；

二是自负狂妄；

三是狭隘偏执；

四是怨愤贪婪；

五是愤怒暴躁；

六是放纵轻慢；

七是牢骚太盛；

八是嫉妒太强。[1]

这对于法官来说，也是值得注意的地方。法官要从困难中看到长远的希望，既要看到法官职业的辛苦，同时还要时刻认清自己所从事的职业的重要性，还要看到别的行业的苦衷。既要重视个人的物质追求，更要注重精神追求和从事法官职业所带来的成就感。工作中，法官要注重调整好自己的心态，努力使自己保持豁达、宽容之心，保持一种合作的心态和学习的心态。现实生活中，要想获得良好的心态，具体方法有很多。有专家将有关技巧总结为"三个三"，值得借鉴：

第一个，学说"三句话"。

第一句话："算了！"对于一个无法改变的事实，最好的办法就是接受这个事实。

第二句话："不要紧！"不管发生什么样的事情，积极乐观的态度是解决任何困难的第一步。

第三句话："会过去的！"不管雨下得多大，天总会放晴的。

第二个，记住"三不要"。

一是不要拿别人的错误来惩罚自己。

二是不要拿自己的错误来惩罚别人。

---

[1] 参见薛泽通：《当代公务员心态健康讲座》，红旗出版社2007年版，第21页。

第四篇 法官健康心理与司法压力

三是不要拿自己的错误来惩罚自己。

第三个,做到"三正确"。

一是正确对待自己,人贵有自知之明。
二是正确对待他人,心中常有爱心。
三是正确对待社会,常怀感激之情。①

对法官而言,一种积极的心态的形成来源于良好的品德和个性修养。比如法官尊崇宪法法律、崇尚公平正义、热爱祖国人民、热爱审判事业,有春蚕红烛的献身精神,那么就会爱岗敬业、以苦为乐、以苦为荣;法官的胸怀开阔、兴趣广泛、为人友善,那么心态就会平和,不会患得患失、斤斤计较,对生活充满信心和希望,因而耐挫力也更强。因此,法官想保持良好的心态,平时要注意树立正确的世界观、人生观,注意陶冶情操,形成优良的思想品德和个性品质。

五、追求健康的生活方式

许多心身疾病归根到底是不健康的生活方式造成的。因此,许多学者把文明健康的生活方式概括为十六个字:合理膳食、适量运动、戒烟限酒、心理平衡。② 具体而言:

1. 合理膳食

合理膳食的目的是均衡饮食、平衡营养。遵循健康、平衡的饮食结构,保持身体的最佳健康状态,这是法官承担巨大压力挑战的生理基础。有的法官为了方便省事,常用快餐食品来应付日常饮食,结果导致高热量高脂肪食品摄入过多,蔬菜水果摄入太少。热量摄入多会造成代谢物质在体内堆积,加重了身体器官的负担,会感到身体容易疲劳,耐负荷力也相应变差。有些

---

① 参见皮华英:《警察心理健康及其维护》,知识产权出版社2008年版,第130-131页。
② 参见皮华英:《警察心理健康及其维护》,知识产权出版社2008年版,第212-213页。

高负荷的法官养成了靠浓咖啡和浓茶提神的习惯，以此缓解紧张情绪，应对睡眠的不足。事实上，疲劳是承担过度压力后的正常生理反应，最佳消除疲劳的方式是睡眠，咖啡和浓茶只能起到暂时兴奋的作用，且会加速体能的消耗，对真正缓解疲劳和减轻压力并无益处。压力大的人可经常吃一些燕麦片等富含纤维的食品。

2. 适量运动

运动是保持健康非常重要的因素。现代人出门坐汽车，上楼坐电梯，上班对着电脑坐转椅，回家躺在床上看电视。不要说锻炼和运动，连走路步行都不多。其实，走路和跑步是最好的运动，尤其是快走和慢跑，被健康专家称为"最简便有效的有氧运动"。对法官来说，动静结合相当重要。

3. 戒烟限酒

从健康的角度来说，过量的烟和酒是要绝对避免的。长期过量的烟、酒刺激，不仅严重危害法官的身体健康，而且容易降低其记忆力，分散注意力，有的场合还可能会损坏司法公信力。

4. 心理平衡

心理平衡是我们保健最主要的措施，它的作用超过其他一切措施保健作用的总和。对长寿老人的调查显示：长寿老人的生活方式和习惯五花八门，但有两条是共同的：一是每个健康的长寿老人都爱劳动或爱运动，二是每个健康的长寿老人都心胸开阔、性格随和、心地善良。

六、练习日常的放松技巧

日常的放松技巧是一种自我调整方法，能有效地预防和缓解职业倦怠。日常可以放松自己或减轻压力的方法有：

1. 适时的休息与小睡

工作并不意味着弦总是绷着。适时放松一下，会对法官的身心有益处。当你忙碌或面临重压的时候，不妨抽出一天时间好好休息，或百忙之中抽空小睡片刻。小睡被认为是能够有效减轻和预防压力的最有效方法之一。比较轻的压力和忧虑，通常在一个充足踏实的睡眠后就可能消失了，或干脆休假，放松一段时间，眼不见，心不烦。

2. 顺应自己的情绪

要学会积极适应变化，主动适应竞争，驾驭竞争。如果你生气、厌恶或者疑惑，那就坦然接受这些情绪的存在。心理学研究证明，压抑自己的情绪往往会增加压力。要善于把自己的痛苦和烦恼倾吐出来，把消极情绪释放出来，这是一种很好的缓解压力的办法。可以找一个和自己经历比较接近的知心朋友谈一谈你的苦恼，听取一些来自他人的建议。

3. 多培养一些能抗压的个人爱好

比如参加某项自己喜欢的体育活动，或是旅游。集中精力也往往能够减轻压力，比如集中精力于阅读、网上冲浪、运动或其他兴趣爱好。这些都是调剂心情的良方。

4. 创造温馨的家庭氛围

家庭支持是社会支持的重要组成部分。一个安宁、和谐、幸福的家庭环境可以减少法官的后顾之忧，使他们能够集中精力去应对工作中的问题，减轻工作压力。家庭支持，主要体现在三个方面：一是家庭结构完整，配偶和子女都健康的生活；二是和谐的家庭生活，家庭成员之间的关系融洽，有幸福感；三是家庭成员对法官工作的理解与支持，是法官应对工作压力的精神支柱。

5. 完成某些小事

无论多小，完成事情的感觉会释放部分压力。从身边一些小困难入手；或做做手工，干些开心的小事情；或停下来闻闻花香，和孩子或者年轻朋友交朋友；或者和小猫或其他动物玩耍。

6. 努力做好工作，但不是一味追求完美

在职场中，每一个人努力做好本职工作，既是工作要求，也是实现自我价值的需要。尤其是年轻人，只有放下那些不必要的顾虑，心无旁骛地学本领、干事业，方能成就人生价值。但努力工作，并非意味着事事过分追求完美。追求完美，是积极进取精神的体现，想办法把工作做到极致，这本身不仅没有错，反而应该倡导。但是过分苛求完美有可能使我们的目光过度专注于细节，全身心地死磕细节，徒增心理压力，而失去对全局的分析判断和掌控。因此，在实践中，我们既要有努力工作追求完美的积极进取精神，又不必过分追求完美。

7. 主动找点乐子

比如观看卡通节目、电影、电视节目或者浏览幽默网站等，甚至和自己开玩笑。

第三节 法官心理健康的系统维护

司法公正离不开法官队伍，应对法官职业压力的关键在于构建法官心理支持系统。而法官心理支持包括能被本人感受到的，来自国家、社会、法院等组织系统以及个人的支持和帮助。在案多人少且工作要求越来越高的新形势下，如何进一步提高思想认识，切实遵循法官职业发展规律，针对不同成长阶段的法官群体有针对性地抓好"革命化、正规化、专业化、职业化"建设，管理、引导和帮助新手法官健康成长，有效地预防熟手法官所面临的职业"高原期"和"职业倦怠"现象，系统维护法官身心健康，意义重大。

一、从《精神卫生法》的高度维护法官心理健康

2012年10月全国人大常委会通过的《精神卫生法》已于2013年5月1日起施行。《精神卫生法》的颁布实施填补了我国精神卫生领域的法律空白，是我国精神卫生领域具有里程碑意义的大事，将对我国的精神卫生工作产生广泛而深远的影响。

社会转型期，各行各业的精神压力与日俱增，社会公众的心理健康问题值得关注。法官职业更是如此。平时看到法官坐在庄严的审判庭上开庭审理案件，往往会让人敬而远之。实际上，脱下那身法官服，法官与普通人一样，也会回归自然人的本性，他们有恐惧、有牢骚，有生活的压力、有职业的竞争压力，也有人际的困惑。近十几年来，法律职业规范标准和社会公众期待日益提高，给法官带来了更多普通人体会不到的精神压力。因此，在《精神卫生法》颁布实施之后，确有必要将法官心理健康的维护问题提上议事日程。

法官心理健康是法官履行审判职责、践行司法公正的重要保证。关注法

官的心理健康，维护和管理法官的心理健康问题，对法官队伍保持健康积极的心态，促进廉洁、公正地办案，意义重大。在健康心理学中，"应对"的研究在压力研究中占有十分重要的地位和作用。应对是个体或组织面临压力挑战时采取的一种有意识、有目的的调节行为。积极的应对有助于缓解法官精神紧张，帮助法官解决问题，从而起到平衡法官心理和维护法官心理健康的作用。

应对法官职业压力的关键在于构建法官心理支持系统。而法官心理支持包括能被本人感受到的，来自国家、社会、法院等组织系统以及个人的支持和帮助。从组织层面对法官个体提供精神上和物质上的帮助和支持，是缓解法官心理压力的重要途径。而组织层面既包括国家政策层面，又包括法院系统自身的管理。法官只有获得组织支持，才能产生归属感和安全感，增强抗压能力，消除或减轻挫折带来的神经紧张。根据前述，从组织层面看，应对法官职业压力的具体举措可从加强法官心理健康教育、发挥法官协会的职能作用、加强法院文化建设、深化司法改革等几方面抓起。当前形势下，缓解法官的心理压力，关键在于深化司法体制和工作机制改革，理顺法官、法院与其他国家机关、社会的工作关系，改进法官的工作设计。

面对压力，除了组织层面的制度保护外，还需借助于法官自身的力量。法官个体层面的应对策略主要是要做好自身的压力管理工作，将压力转变为积极的影响因素。自身压力管理所使用的方法多种多样，既有诸如自我放松这样非常具体的技巧，也有诸如采用健康生活方式、健康饮食、建设和保持良好的心态等这样的普遍原则。对法官来说，要从困难中看到长远的希望。既要重视个人合理的物质追求，更要注重从精神层面追求法官职业所带来的尊荣感，为法治中国建设贡献自己的一份力量。

二、新手法官成长的内外支撑

近年来，全国各级法院不同程度地面临案件数量不断攀升且疑难复杂、法官结构层次不合理、人手少且新手多等实际困难，而破解新类型案件、化解历史遗留的矛盾纠纷等司法难题，又给广大法官提出了更高的要求。新形势下，如何应对和加强新手法官的"革命化、正规化、专业化、职业化"建设、管理、引导和帮助新手法官健康成长,已成为各级法院需要研究解决的重大课题。

新手法官,一般指参加审判工作时间不长的新法官,主要为一些刚从法学院校毕业的青年法官。一般而言,这一法官职业群体具有以下几个特点:一是年纪较轻,社会经验相对不足,在化解法律纠纷、解决实际问题的能力上相对较弱一些。二是单身为主,事业上尚缺乏家庭和伴侣的支持,身边可以听其倾诉并提供情感支持的人不多,法官个人心理的社会支持网络不够健全。三是工作收入相对较低,又面临结婚生子、买房成家等迫切需求,相当多的青年法官有着沉重的经济压力。四是在工作动机上,更加注重周围人对自己的评价,在成就目标上以成绩目标为主,更关心的是能否向他人证明自己的能力。这是一个"关注生存"的阶段。他们非常关注自己的生存适应性,时刻关心着这样的问题:当事人、同事怎么看我?领导是否认为我干得不错?

在这个阶段,青年法官承担的审判任务并不比熟手或者专家型法官轻,因此,不少法官会感到心理压力比较大。实践中,法官遇到当事人的缠诉以及自杀、暴力相威胁的不在少数,有的法官曾被当事人谩骂,有的法官存在长期的担忧、焦虑或恐慌心理。相比之下,新手法官的心理压力会更大,经受着高度的精神疲劳和紧张。新手法官虽然与熟手法官、专家型法官相比,存在社会阅历和审判经验相对不足、调解工作能力有待提高等缺点,但也有着自身的优势。他们受过系统的法学专业训练,具有扎实的法学理论功底。他们对新知识的接受能力比较强。特别是网络高度发达的新媒体时代,年轻法官对信息化等跨学科知识的学习更及时、掌握更深,更能适应社会发展的变化和审判管理的新需要。

社会转型期,人民法院处理的纠纷越来越复杂、多样,当事人的矛盾冲突有时非常尖锐,法官除了根据理性和良知准确适用法律、依法裁判外,还应不断提升做群众工作的能力。新手法官面临的主要任务是尽快适应法官角色的需要,根据"革命化、正规化、专业化、职业化"的建设要求,熟练掌握审判操作技能,不断提升司法能力和水平。新手这个阶段是法官职业发展的起点。新手法官的健康成长,有赖于及时的自我心理调节与有效的外部支持两方面。

就自我心理调节而言,一是要保持"学习"的心态,不断提高自身专业素质，做到"勤学习、多实践、善反思"；二是要注重保持"平衡"的心态，及时调整好自己的心态，以平和、阳光的心态做好审判工作；三是保持"合作"的心态，在处理复杂疑难案件时善于发挥合议庭、审判委员会集体决策的优势。青年法官一般知识水平都较高，能做到谈问题头头是道、写文章妙笔生花，但是一旦遇到实际问题就不知所措，其根源在于历练较少。在现实生活和司法实践中，青年法官个体应当注重完善自己的知识结构，学点心理学、社会学等交叉学科知识，掌握人类情感活动的一般规律，提高自我调控和驾驭他人情绪的实际工作能力。在学好理论知识的同时，还应注重实践锻炼。

就外部支持而言，司法管理等组织层面要加强对新手法官的心理辅导，注重营造良好的工作氛围、和谐的人际关系和良好的法治环境，完善法官奖惩和激励机制，通过开设法官讲坛，开展院庭长、审判委员会委员开示范庭，案件质量评查，裁判文书评选，优秀庭审观摩，青年法官导师制等活动，以"传、帮、带"等多种形式，引导和激发新手法官钻研审判业务、主动应对办案压力的强烈动机，促进新手法官的心理成长，保障司法公正的有效实现。

三、熟手法官职业倦怠的有效预防

从实践情况来看，不少法官随着年龄的增长和经验的积累，审判业务专长有较大提高，但他们在司法管理和技术岗位阶梯上往往难以继续提升，有的到了退休也难以被公认为"专家"。这种成长相对停滞于"中间段"的法官群体，可称之为熟手法官。

一般而言，熟手法官具有以下几个特点：一是从审判业务专长上来说，属于"比上不足、比下有余"，是地地道道的"熟练工"。他们能够熟练掌握实务技能，承担大量案件审理任务，对常规案件的分析裁判游刃有余，但对复杂疑难案件事实证据的审查判断、问题症结的法理辨析与协调处置能力相对较弱。二是在心理健康方面，比新手和专家法官更容易产生苦恼、无助、疲倦、抑郁等负性情绪。特别是到了40岁这个年龄段，他们上有老、下有小，社会竞争压力很大，容易焦虑。三是在工作动机方面，比新手更关注司法审判维护社会公平正义的意义和价值，更尊重人民群众的普遍认知与共同感受，能更好地将司法审判与社会生活融合。但与专家法官相比，熟手法官的使命感、积极投身法治建设的内在动机有时还不够主动、强烈和稳固，维护法治的理想信念有时还容易受人情、关系等外界因素的干扰。他们从审判活动中体验到的价值感、成就感和幸福感尚没有达到法官的至高境界，敢于坚持、敢于担当的法官职业品格有待进一步强化。四是在人格特征方面，熟手法官具有成熟、冷静、理智、关心他人、宽容等特点，对群众有较深的感情，能够带着感情做事，但在情绪稳定性和心理调节能力上有待进一步提升。

熟手法官是法官职业发展的关键点。作为连接新手与专家的中段法官，往往是各级法院的办案骨干和中坚力量。根据发展走向，熟手法官可分为两类：一类是"任务"熟手型法官。他们从事审判工作多年，对实务技能的操作相当熟练，家庭也趋于稳定，自我满足感比较强，心理上渐渐步入稳定发展期，能够逐步朝专家型法官方向发展。另一类是"问题"熟手型法官。他们解决了新手时期无力胜任审判工作的问题，解决了经济问题，事业、家庭都步入稳定期，但在长期单调乏味、周而复始、没有创新、缺乏激情的工作生活以及外界的侵蚀影响下逐步丢失了年轻时的法治梦想，或在获得一定的社会认同之后产生自满，安于现状，不注重更新知识，不去主动适应信息化、网络化背景下的审判管理和舆情应对新需要，在年龄增大的同时，感觉法官这份工作越来越难做，最终无法超越自己，基本停滞于熟手阶段。承受了长期的超负荷、机械、重复、封闭、孤独、责任重且待遇低等心理压力，在上升渠道狭窄、发展机会越来越少的情况下，他们最容易出现职业"高原期"，产生"职业倦怠"等心理现象，如果组织或法官自身不能有效地对之加以预防、克服和应对，就很有可能成为"问题法官"。实践证明，各行各业均没有人具有天然的免疫力，有的法官正是因为主客观原因形成职业倦怠，引发心态失衡，误入歧途，个别人还走上了违法犯罪的道路，这无论对自身家庭，还是对整个法院和法治事业，危害都十分严重。法官职业倦怠是由个体、社会和工作压力等因素引起的以身心极度疲惫为主要标志的综合反应，具体表现为情感衰竭、去个性化、无力感或低成就感等。熟手法官职业倦怠的有效预防，有赖于自身的心理调适与有效的外部支持两方面。

面对心理压力，熟手法官个体首先要学会自我调适：一是调整认知，正确对待。当职业生涯进入"高原期"时，每个法官均应正确看待这一常见的心理现象，先从内心接受职级待遇、审判技术等方面形成的"高原"现实，换个角度看问题，通过改变自身的思想观念平衡心态，努力克服挫折感和不安。二是立足本职，积极应对。要注重潜心"修炼"本职工作，立足现有的平凡岗位，去展现自身不平凡的闪光点，努力实现自我价值、完善信念体系，把简单的事情做好就是不简单。三是充电加油，忙而不乱。要以良好的学习心态，利用这一相对稳定的时机以参加职业培训、总结审判经验、开展应用法学研究或培养个人兴趣爱好等途径进行自我充电、自我充实，挖掘自己的潜能，提升自身心理自由度。当千头万绪、不知所措时，不轻言放弃、抱怨、退缩、自怨自艾，而是以自我调控、自我减压恢复良好的身心状态和工作状态。

从司法政务管理等组织层面看，针对"高原期"和"职业倦怠"现象，要注重营造公平的竞争环境、完善法官奖惩和激励机制、畅通职业咨询通道，进一步优化司法环境、改进法官工作设计，为从源头上缓解法官心理压力、预防"职业倦怠"提供支持保障。新媒体时代，尤其要注重完善司法公开机制，顺应和利用信息传播规律，强化司法与传媒的良性互动，积极运用官方微博、微信等新媒体推进阳光司法，增进社会公众对法官工作的了解、理解、信任，为法官职业倦怠的有效预防创造全面良好的体制机制和社会环境。

四、构建法官心理辅导的长效工作机制

当前，如何缓解法官的办案压力，切实维护法官的心理健康，为司法公正的有效实现提供更强有力的人才保障，已成为全国各级法院需要研究解决的重大课题。近十几年来，浙江法院一直致力于心理学在司法领域的跨界融合，已连续针对法院工作人员开展心理咨询师的专项培训工作，在2016年就已在各级法院实现心理咨询师全覆盖，这一举措在立案接待、息诉罢访、审判调解、法官心理健康的有效维护等实际工作中发挥的作用日益明显。

在法院队伍建设革命化、专业化、正规化和职业化的新背景下，强化对上述经验做法的理论认同和实践认同，构建法官心理辅导长效工作机制，全面倡导心理学在司法领域的应用，充分发挥司法与心理学"正能量"的叠加效应，夯实司法为民、公正司法的人本基础，真正彰显人本主义法治精神，

具有十分重大的司法理论价值和现实意义。

　　法官身心健康是公正裁判的保证，是确保法官队伍可持续发展的现实需要。近年来，全国各级法院不同程度地面临案件数不断攀升且疑难复杂、法官人手少且新手多、责任重等实际困难，而破解新类型案件、化解历史遗留的矛盾纠纷等司法难题，又给广大法官提出了更高的要求。以浙江为例，全省法院一线办案法官年均结案数于2018年最高达345.8件，曾是全国平均数的2倍，居全国第一，此后逐渐下降，到2022年降至271.8件，法官的工作压力之大、任务之重，可想而知。调研显示，法官队伍的心理健康现状堪忧，在参加调查的656名浙江法院干警中，超四成干警认为工作负担沉重、心理压力大。就工作岗位而言，民事法官压力最大，执行法官次之，其后是刑事、行政审判法官。与此同时，超过76%的干警认为自身缺少很多与工作相关的心理学知识，从获取心理健康知识的角度，仅有14%的干警是从"专门训练"等正规渠道获取。针对上述队伍现状，浙江省高级人民法院以大力开展心理咨询师培训工作为抓手，通过设立心理健康服务中心、邀请全国心理健康教育专家作专题辅导、印发《浙江法官健康手册》等有力举措，着力构建切实有效的心理健康教育工作机制，全面提高了干警心理素质，提升了法官队伍的整体素质和战斗力。

　　司法是人的行为过程，意味着心理学在司法领域具有广阔的应用空间。法律心理学作为一门心理学与法学相结合的交叉学科，其实质就是用心理现象来解释法律问题，为实践提供更为科学的理论支持。心理学知识在司法中的作用至少体现在以下三方面：首先，研究司法中的人。司法是人的现象，凡是人的现象都可以成为法律心理学研究的内容。心理学知识不仅帮助法官拓展自身的心理自由度，维护自身的心理健康，而且可以帮助法官提升群众工作能力和水平，有效化解当事人的诉讼"心结"。其次，研究司法裁判的形成过程。法律心理学对司法决策的研究旨趣，区别于传统的诉讼法学研究，在于借助心理学的科学知识，从外在的视角转向裁判形成的内在过程，从案件事实认定和裁判规范发现的心理机制切入，研究司法的原理与方法。再次，研究司法的评价标准。在法律心理学看来，当事人（公众）对司法的评判与他们所感受到的公正程度和司法体验密切相关。因此，如何通过完善的制度设计和良好的实务操作，实现司法者"行为公正"与公众"认同公正"之间的协调统一，应当成为法律心理学需要研究解决的重大课题。最后，心理学知识在目击证人的辨认、测谎、法律能力的评估、受害人的心理恢复、未成年人的心理干预等领域亦具有非常重要的作用。

上述实践经验做法表明，心理辅导和心理健康教育毕竟是一门新兴学科，在法院推广并非易事，还需要广大法院干警的共同努力和组织层面的内外支撑。就个体而言，法官个体不仅要注重学习专业的法律知识，还应该自觉学习心理学知识，不断完善自己的知识结构，培养理性、平和、持中的职业素养。特别要重视在理性的制度程序中注入"情感"因素，恪守司法良知，带着司法为民之情怀尽心尽力履职，力求做到"谦恭地听取，机智地答复，冷静地思考，公正地判决"。"能感受、会倾听、会沟通、能说理"应当成为每一位法官的基本功。

就组织层面而言，司法政务管理部门要以改革为统领，在注重将心理学知识引入审判实践的同时，不断强化心理服务在传统思想政治工作领域的应用，注重采集法官心理健康数据，研究探索法官心理健康的发展规律，不断完善心理辅导长效工作机制，尤其要注重营造良好的工作氛围、和谐的人际关系和良好的法治环境，完善法官奖惩和激励机制，引导和激发办案法官钻研审判业务、主动应对办案压力的强烈动机，有效维护法官的心理健康，促进法官队伍可持续发展，保证裁判公正。

参考文献

一、书籍类

[1] M. J. 萨克斯，R. 黑斯蒂. 法庭社会心理学 [M]. 刘红松等，译. 北京：军事科学出版社，1989.

[2] 汉斯·托奇. 司法和犯罪心理学 [M]. 周嘉桂，译. 北京：群众出版社，1986.

[3] 唐纳德·布莱克. 社会学视野中的司法 [M]. 郭星华等，译. 北京：法律出版社，2002.

[4] S. E. Taylor，L. A. Peplau，D. O. Sears. 社会心理学 [M]. 谢晓非等，译. 北京：北京大学出版社，2004.

[5] John B. Best. 认知心理学 [M]. 黄希庭等，译. 北京：中国轻工业出版社，2000.

[6] 斯科特·普劳斯. 决策与判断 [M]. 施俊琦等，译. 北京：人民邮电出版社，2004.

[7] Duane P. Schultz，Sydney Ellen Schultz. 工业与组织心理学——心理学与现代社会的工作 [M]. 时勘等，译. 北京：中国轻工业出版社，2004.

[8] S. Lan Robertson. 问题解决心理学 [M]. 张奇等，译. 北京：中国轻工业出版社，2004.

[9] 罗大华主编. 法律中的心理学 [M]. 北京：群众出版社，2010.

[10] 乐国安主编. 法律心理学 [M]. 上海：华东师范大学出版社，2003.

[11] 戴健林. 法律社会心理学 [M]. 广州：广东高等教育出版社，2002.

[12] 侯玉波编著. 社会心理学 [M]. 北京：北京大学出版社，2002.

［13］刘爱伦主编．思维心理学［M］．上海：上海教育出版社，2002．

［14］朱宝荣，周楚，黄加锐．现代心理学原理与应用［M］．上海：上海人民出版社，2006．

［15］潘久维．审判心理学［M］．成都：四川科学技术出版社，1989．

［16］朱吉玉编著．管理心理学［M］．大连：东北财经大学出版社，2007．

［17］叶龙，吕海军主编．管理沟通——理念与技能［M］．北京：清华大学出版社，北京交通大学出版社，2006．

［18］薛泽通．当代公务员心态健康讲座［M］．北京：红旗出版社，2007．

［19］皮华英．警察心理健康及其维护［M］．北京：知识产权出版社，2008．

［20］乐国安等编著．证人心理学［M］．北京：中国人民公安大学出版社，1987．

［21］罗大华主编．刑事司法心理学理论与实践［M］．北京：群众出版社，2002．

［22］李安，房绪兴：侦查心理学——侦查心理的理论与实践［M］．北京：中国法制出版社，2005．

［23］孙娟主编．警察组织行为学［M］．北京：中国人民公安大学出版社，2006．

［24］张振声．警察心理学［M］．北京：中国人民公安大学出版社，2003．

［25］徐伟，鲁千晓．诉讼心理学［M］．北京：人民法院出版社，2002．

［26］俞文钊等编著．职业心理学［M］．大连：东北财经大学出版社，2007．

［27］黄步琪编著．管理者心理结构［M］．杭州：浙江大学出版社，2001．

［28］张厚粲主编．大学心理学［M］．北京：北京师范大学出版社，2001．

［29］李虹．健康心理学［M］．武汉：武汉大学出版社，2007．

［30］郭亨杰主编．《心理学》——学习与应用［M］．上海：上海教育出版社，2001．

［31］人民教育出版社师范教材中心组编．心理学［M］．北京：人民教育出版社，1999．

［32］刘志雅主编．思维心理学［M］．广州：暨南大学出版社，2005．

［34］王甦，汪圣安．认知心理学［M］．北京：北京大学出版社，1992．

［35］张春兴．现代心理学［M］．杭州：浙江教育出版社，2000．

［36］崔丽娟等．心理学是什么［M］．北京：北京大学出版社，2002．

［37］陈波．逻辑学是什么［M］．北京：北京大学出版社，2002．

［38］廖美珍．法庭问答及其互动研究［M］．北京：法律出版社，2003．

［39］连榕编．教师职业生涯发展［M］．北京：中国轻工业出版社，2008．

［40］王坚平编著．现代管理学［M］．杭州：浙江大学出版社，2004．

［41］孟慧等．人事心理学［M］．上海：上海社会科学院出版社，2009．

［42］牡之，张震主编．管理要读心理学［M］．北京：新世界出版社，2007．

［43］李勇进，王迎春．提高领导干部心理调适能力［M］．北京：中国方正出版社，2009．

［44］曼叶平编著．干部心理减压手册［M］．北京：光明日报出版社，2007．

［45］李傲，Pamela N. Phan 编．实践型法律人才的培养——诊所式法律教育的经验［M］．北京：法律出版社，2005．

［46］凯斯·R. 孙斯坦．法律推理与政治冲突［M］．金朝武等，译．北京：法律出版社，2004．

［47］卡尔·拉伦茨．法学方法论［M］．陈爱娥，译．北京：商务印书馆，2003．

［48］哈贝马斯．在事实与规范之间［M］．童世骏，译．北京：三联书店，2003．

［49］史蒂文·J. 伯顿．法律和法律推理导论［M］．张志铭等，译．北京：中国政法大学出版社，2000．

［50］维拉曼特．法律导引［M］．张智仁等，译．上海：上海人民出版社，2003．

［51］韦恩·莫里森．法理学［M］．李桂林等，译．武汉：武汉大学出版社，2003．

［52］皮罗·克拉玛德雷．程序与民主［M］．翟小波等，译．北京：高等教育出版社，2005．

［53］斯蒂文·J. 伯顿主编．法律的道路及其影响——小奥利弗·温德尔·霍姆斯的遗产［M］．张芝梅，陈绪刚，译，北京：北京大学出版社，2005．

［54］霍姆斯．普通法［M］．冉昊，姚中秋，译．北京：中国政法大学出版社，2006．

［55］博西格诺．法律之门［M］．邓子滨，译．北京：华夏出版社，2002.

［56］米尔伊安·R. 达玛什卡．司法和国家权力的多种面孔——比较视野中的法律程序［M］．郑戈，译，北京：中国政法大学出版社，2004.

［57］伯恩·魏德士．法理学［M］．丁晓春，吴越，译，北京：法律出版社，2003.

［58］卡尔·恩吉施．法律思维导论［M］．郑永流，译，北京：法律出版社，2004.

［59］考夫曼．法律哲学［M］．刘幸义等，译，北京：法律出版社，2004.

［60］理查德·A. 波斯纳．法理学问题［M］．苏力，译，北京：中国政法大学出版社，1994.

［61］卡多佐．司法过程的性质［M］．苏力，译，北京：商务印书馆，1998.

［62］孟德斯鸠．论法的精神［M］．张雁深，译，北京：商务印书馆，1995.

［63］巴里·海格．法治：决策者概念指南［M］．曼斯菲尔德太平洋事务中心，译，北京：中国政法大学出版社，2005.

［64］卡尔·尼可森·卢埃林．普通法传统［M］．陈绪刚等，译，北京：中国政法大学出版社，2002.

［65］德沃金．法律帝国［M］．李常青，译，北京：中国大百科全书出版社，1996.

［66］H. 科殷．法哲学［M］．林荣远，译，北京：华夏出版社，2004.

［67］丹宁勋爵．法律的训诫［M］．杨百揆等，译，北京：法律出版社，1999.

［68］E. 博登海默．法理学——法哲学及其方法［M］．邓正来等，译，北京：华夏出版社，1987.

［69］棚濑孝雄．纠纷的解决与审判制度［M］．王亚新，译，北京：中国政法大学出版社，1994.

［70］谷口安平．程序的正义与诉讼［M］．王亚新等，译，北京：中国政法大学出版社，1996.

［71］哈特．法律的概念［M］．张文显等，译，北京：中国大百科全书出版社，1996.

［72］克里斯托弗·沃尔夫．司法能动主义——自由的保障还是安全的威

胁［M］.黄金荣，译，北京：中国政法大学出版社，2004.

［73］罗斯科·庞德．普通法的精神［M］.唐前宏等，译，北京：法律出版社，2005.

［74］丹尼斯·罗伊德．法律的理念［M］.张茂柏，译，北京：新星出版社，2005.

［75］理查德·A.波斯纳．法律理论的前沿［M］.武欣等，译，北京：中国政法大学出版社，2003.

［76］麦高伟，切斯特·米尔斯基．陪审制度与辩诉交易——一部真实的历史［M］.陈碧等，译，北京：中国检察出版社，2006.

［77］沈宗灵．比较法总论［M］.北京：北京大学出版社，1987.

［78］梁迎修．法官自由裁量权［M］.北京：中国法制出版社，2005.

［79］杨仁寿．法学方法论［M］.北京：中国政法大学出版社，1999.

［80］陈林林．裁判的进路与方法——司法论证理论导论［M］.北京：中国政法大学出版社，2007.

［81］武建敏．司法理论与司法模式［M］.北京：华夏出版社，2006.

［82］方金刚．案件事实认定论［M］.北京：中国人民公安大学出版社，2005.

［83］付池斌．现实主义法学［M］.北京：法律出版社，2005.

［84］孙文恺．社会学法学［M］.北京：法律出版社，2005.

［85］赵震江主编．法律社会学［M］.北京：北京大学出版社，1998.

［86］孙笑侠等．法律人之治——法律职业的中国思考［M］.北京：中国政法大学出版社，2005.

［87］杨凯．裁判的艺术——法官职业的境界与追求［M］.北京：法律出版社，2005.

［88］王纳新．法官的思维——司法认知的基本规律［M］.北京：法律出版社，2005.

［89］顾培东．社会冲突与诉讼机制（修订版）［M］.北京：法律出版社，2004.

［90］马军．法官的思维与技能［M］.北京：法律出版社，2007.

［91］张启楣主编．法官岗位培训读本［M］.北京：人民法院出版社，2005.

[92] 怀效锋主编. 法院与法官, 北京: 法律出版社, 2006.

[93] 李安. 刑事裁判思维模式研究 [M]. 北京: 中国法制出版社, 2007.

[94] 王泽鉴. 法律思维与民法实例 [M]. 北京: 中国政法大学出版社, 2001.

[95] 商磊. 组织与人格——现代管理中的心理因素 [M]. 北京: 中国政法大学出版社, 2006.

[96] 徐忠明. 包公故事: 一个考察中国法律文化的视角 [M]. 北京: 中国政法大学出版社, 2002.

[97] 陈文兴. 法官职业与司法改革 [M]. 北京: 中国人民大学出版社, 2004.

[98] 汪明亮. 多维视野中的定罪量刑问题 [M]. 北京: 法律出版社, 2006.

[99] 左卫民, 周长军. 刑事诉讼的理念 [M]. 北京: 法律出版社, 1999.

[100] 龙宗智. 刑事庭审制度研究 [M]. 北京: 中国政法大学出版社, 2001.

[101] 吴英姿. 法官角色与司法行为 [M]. 北京: 中国大百科全书出版社, 2008.

[102] 宋才发, 刘玉民主编. 调解要点与技巧总论 [M]. 北京: 人民法院出版社, 2007.

[103] 王亚新. 社会变革中的民事诉讼 [M]. 北京: 中国法制出版社, 2001.

[104] 梁书文. 执行的理论与实践 [M]. 北京: 人民法院出版社, 1993.

[105] 钱卫清. 法官决策论——影响司法过程的力量 [M]. 北京: 北京大学出版社, 2008.

[106] 关玫. 司法公信力的研究 [M]. 北京: 人民法院出版社, 2008.

[107] 陈增宝. 法官如何阅卷——案卷材料的阅读技能与审查方法 [M]. 北京: 人民法院出版社, 2023.

[108] 陈增宝. 法官如何庭审——庭审的驾驭技能与处置方法 [M]. 北京: 人民法院出版社, 2023.

[109] 陈增宝. 法官如何讨论——案件的汇报技能与讨论方法 [M]. 北京: 人民法院出版社, 2023.

二、论文类

[1] 玛里琳·T. 迈克瑞蒙. 事实认定: 常识、司法任职与社会科学证据[M]//王敏远编. 公法(第四卷). 北京: 法律出版社, 2003.

[2] 汪明亮. 论定罪量刑中的法官情感[J]. 甘肃政法学院学报(社会科学版), 2004(06).

[3] 赵仁洋. 法官如何思维——兼评(2002)湖民初字第432号判决[J]. 法哲学与法社会学论丛, 2004(01).

[4] 李富洪等. 归纳推理的多样性效应及其机制探索[J]. 心理科学进展, 2006(03).

[5] 万斯庭. 美国法官工作[M]//宋冰编. 程序、正义与现代化——外国法学家在华演讲录. 北京: 中国政法大学出版社, 1998.

[6] 李龙, 周亚刚. 法律人的思维模式[N]. 检察日报, 2002-10-08.

[7] 吕忠梅. 论法官的法律思维特性[N]. 人民法院报, 2003-08-04.

[8] 孙笑侠. 法治乃法律人之治[N]. 法制日报, 2005-11-16.

[9] 范愉. 法治的实现与法律家素质的提高[N]. 检察日报, 1999-12-08.

[10] 彭文会等. 知识背景对归纳推理的影响[J]. 重庆工商大学学报(自然科学版), 2005(06).

[11] 贾济东. 关于我国法官和检察官法律地位的思考[J]. 学习月刊, 2008(12).

[12] 吕忠梅. 职业化视野下的法官特质研究[J]. 中国法学, 2003(06).

[13] 秦策. 法官角色冲突的社会学分析——对司法不公现象的理性思考[J]. 南京师范大学学报(社会科学版), 1999(02).

[14] 夏明贵. 论法官的多重角色冲突与司法公正[J]. 湖南省政法管理干部学院学报(社会科学版), 2000(05).

[15] 袁月全. 审理婚姻家庭案件的十二字工作方法[N]. 人民法院报, 2005-07-06.

[16] 江晨, 周斌. 心理学方法在信访工作中的应用[J]. 长沙铁道学院学报(社会科学版), 2009(01).

[17] 柳福华. 法官的出版自由与审判回避制度 [N]. 人民法院报, 2004-11-17.

[18] 戴昕. 心理学对法律研究的介入 [J]. 法律和社会科学, 2007 (01): 1-49.

[19] 刘兴波. 群体决策分析 [J]. 党政论坛, 2006 (02).

[20] 吴泽俊, 李平香. 群体决策中的投票行为分析 [J]. 江西社会科学, 2001 (04).

[21] 胡毓达. 群体决策的不可能性定理和多数规则 [J]. 科学, 2004, 56 (06).

[22] 叶向阳. 对当前职业法官合议制实施情况的调查与思考 [J]. 法律适用, 2004 (07).

[23] 周永坤. 人民陪审员不宜精英化 [J]. 法学, 2005 (10).

[24] 沈舟平. 法官非理性因素对审判的影响及其引导 [J]. 法律适用, 2007 (12).

[25] 罗荻. 关于类比推理 [J]. 思维科学, 1986 (04).

[26] 黄湧. 基层民事法官如何办案——从一则案件的审理看法官角色混同 [J]. 法律适用, 2007 (01).

[27] 李建平. 中国法官职业风险调查: 重压下易生倦怠麻木心理 [N]. 法制日报, 2006-11-14.

[28] 董晓军. 基层法官心理压力现状分析和缓解对策研究 [J]. 法律适用, 2007 (01).

[29] 侯祎等. 法官心理健康与人格特征、社会支持的关系 [J]. 中国健康心理学杂志, 2008 (04).

[30] 山东省烟台市芝罘区人民法院课题组. 关于基层法官工作负荷情况的调查 [J]. 山东审判, 2005 (04).

初版后记

本书的写作始于 2007 年 6 月，是在完成《裁判的形成——法官断案的心理机制》之后就开始动笔的。写写停停，历经四个年头。

心理学是一门以解释、预测和调控人的行为为目的，通过研究、分析人的行为，揭示人的活动规律的科学。本书的学术旨趣是体现心理学对法律问题与司法研究的介入，检验这样的信念：司法裁判是人的现象，凡是人的现象都可以成为心理学研究的内容。每一种法律制度、司法政策和每一个法律活动的研究都应建立在对人的本质的看法和对决定人的行为的方式的理解的基础上。而法官永远是司法裁判的主体，对法官心理与司法技巧的探究也不例外。

近几年来，法律职业规范标准和社会公众期待日益提高，给法官带来了更多普通人体会不到的精神与心理压力。作为一名法官，我的确感同身受。我深知这个特殊群体太需要更多心灵的呵护和心理的支持。将"法官心理与司法技巧"作为专题进行集中研究，不仅希望通过经验总结与理论归纳帮助新手法官健康成长，启迪法官更好地认识"自己"、完善"自己"，塑造良好的法官角色，而且更希望能以这样的思考和努力促进司法政策和法律制度的不断完善，引导社会公众给予法官更多的理解与支持。

平时工作很忙，只有在做好本职工作的前提下，才有可能挤出时间，用于看书和写作。但我依然习惯并喜欢把读书和写作当作自己的生活方式，而且希望能够一直坚持下去。书稿是在无数个夜晚、周末，利用点滴的业余时间不断积累的结果，自然凝聚着点点滴滴、长期汇集而成的心血和汗水。但由于心理学是一门专业性较强的学问，用心理学作为法学的自觉的研究领域和理论体系还是晚近的事。用心理学研究法官，这是一种关于法学和心理学结合的新尝试。套用一句老话,将这样主题的所谓研究成果摆在读者面前,而读者则自然是审判它的法官。作为研究法官心理与司法技巧的前沿话题,的确还有待在今后的工作、学习中进行更深入的研究。

能够将自己的所思、所想、所得、所悟转化成一本书来出版,更是得益于各位领导、师长、同学、朋友和家人的关心、鼓励、指导和帮助!在此,要特别感谢中国法制出版社,以及出版社的张雪纯博士、编辑冯雨春女士!感谢中国政法大学法律心理学教授、博士生导师乐国安先生!感谢杭州师范大学法学院李安教授!

文稿既成,疏误亦见。说自己粗浅,不是谦虚,而是事实!若能得到方家赐正,我将不胜感激。

陈增宝
2010年12月初稿
2011年10月改定于杭州

再版后记
——几点修订说明

本书初版于 2012 年，目的就是为法官、律师等法律职业群体提供一本了解法官的角色心理、成长机制以及发展促进这一过程的方法和司法技巧的法律心理学作品，也为一般读者提供研究和学习法官心理与司法技巧的有效途径。该书出版后，受到法官、律师、学者以及社会公众的欢迎，有的法院还将之列为法官审判技能培训教材。从初版出版至今，已经过去十余年时间。十多年来，国家法治建设出现了许多可喜的变化。尤其是党的十八大以来，随着依法治国和司法体制改革的全面推进，司法责任制、法官员额制、以审判为中心的诉讼制度改革等司法领域具有"四梁八柱"性质的改革主体框架已经搭建完成，有力推动了国家治理体系和治理能力现代化。

在司法改革持续深化的背景下，本书于 2017 年 3 月即开始着手修订，着重从以下几方面作了补充、完善：一是充分吸收本轮司法体制改革的最新成果，在法官群体决策、法官管理和激励等章节中对有关专业法官会议、惩戒机制等内容作了补充；二是适应法律已作修改或即将修改的实际，对原先有关《法官法》《公务员法》的具体法条引用作了删除或"笼统表述"的技术性处理；三是增加了部分内容，比如在第二篇中围绕"法官社会心理与司法活动"这一主题作了较大篇幅的修订，增加了以法律心理学为视角的实证考察等内容，在第四篇第三章法官职业压力的应对策略中增设"法官心理健康的系统维护"作为第三节，吸收了"从《精神卫生法》的高度维护法官的心理健康""新手法官成长的内外支撑""熟手法官职业倦怠的有效预防"等新近研究成果，在员额制改革的背景下，更加全面系统地倡导构建法官心理辅导的长效工作机制；四是对原先冗长的文字表述或个别错字作了调整、修改；五是在本书书名的副标题中增加了"法官成长的心理机制"，与作者第一本专著《法官断案的心理机制》成为姊妹篇；六是在再版序言中增加了近年来在《法律适用》《法治日报》《人民法院报》等刊物发表的《认知视野中的司法公正及其情感依赖》《让柔性情感滋养司法公正》《"三大机制"建设的核心技术在哪里》《让法官心理辅导机制推广开来》等文章的部分内容，旨在倡导心理学对司法工作的全面介入，并作为本书"法官心理与司法技巧"修订后的引论，充分体现法学与心理学交叉结合的全新特点和学术旨趣。

  本书能够得以顺利再版，得益于人民法院出版社的精心策划以及编辑张奎、杨佳瑞老师的辛劳付出和大力支持，在此表示衷心的感谢。同时，也要感谢家人的默默奉献和一以贯之的支持，感谢诸多师长同事给予的悉心帮助。由于时间仓促和水平有限，书中不足之处和错误仍在所难免，敬请读者谅解并多提宝贵意见。

陈增宝

2023年10月6日修订于钱塘江畔

2023年12月15日改定于杭州